Marcus Kiefer

Kritische Analyse der Kapitalmarktregulierung der U.S. Securities and Exchange Commission

GABLER EDITION WISSENSCHAFT

Rechnungswesen und Unternehmensüberwachung

Herausgegeben von
Professor Dr. Hans-Joachim Böcking und
Professor Dr. Michael Hommel

Die Schriftenreihe präsentiert Ergebnisse der betriebswirtschaftlichen Forschung zu den Themengebieten Financial Accounting, Business Reporting, Business Audit, Business Valuation und Corporate Governance. Die Beiträge dieser Reihe verfolgen das Ziel, Vorgaben der Gesetzgebung, der nationalen und internationalen Standardsetter sowie Empfehlungen der Wirtschaftspraxis mittels des Instrumentariums der betriebswirtschaftlichen Theorie zu beschreiben, zu analysieren und insbesondere vor dem Hintergrund der Anforderungen des Kapitalmarktes weiterzuentwickeln.

Marcus Kiefer

Kritische Analyse der Kapitalmarktregulierung der U.S. Securities and Exchange Commission

Lösungsansatz für eine deutsche und europäische Enforcement-Instanz als Bestandteil der Corporate Governance

Mit einem Geleitwort von Prof. Dr. Hans-Joachim Böcking

Deutscher Universitäts-Verlag

Bibliografische Information Der Deutschen Bibliothek
Die Deutsche Bibliothek verzeichnet diese Publikation in der Deutschen Nationalbibliografie; detaillierte bibliografische Daten sind im Internet über <http://dnb.ddb.de> abrufbar.

Dissertation Universität Frankfurt am Main, 2003

1. Auflage Dezember 2003

Lektorat: Brigitte Siegel / Sabine Schöller

Der Deutsche Universitäts-Verlag ist ein Unternehmen von Springer Science+Business Media.
www.duv.de

Umschlaggestaltung: Regine Zimmer, Dipl.-Designerin, Frankfurt/Main
Gedruckt auf säurefreiem und chlorfrei gebleichtem Papier

ISBN-13: 978-3-8244-7960-3 **e-ISBN-13: 978-3-322-81631-3**
DOI: 10.1007/ 978-3-322-81631-3

Meinen Eltern und meiner Frau

Geleitwort

In der fortgeschrittenen Diskussion in Deutschland über die Einrichtung einer *enforcement*-Instanz als vertrauensstärkende Maßnahme am Kapitalmarkt wird regelmäßig auf die US-amerikanische *enforcement*-Instanz *Securities and Exchange Commission* (SEC) als Referenzobjekt verwiesen. Doch scheinen die Hinweise auf die SEC zuweilen nicht substanziell begründet, sondern vielmehr plakativ zu sein, denn an aufschlussreichen und detaillierten Erkenntnissen über die Regulierungstätigkeit der SEC mangelt es in dem Diskurs noch.

Dieses Informationsdefizit wird mit der hier vorliegenden Arbeit geschlossen. Herr Kiefer hat mit seiner akribischen und kritischen Analyse der SEC einen Beitrag geleistet, der für Theorie und Praxis gleichermaßen lehrreich und wegweisend ist. Dies macht die Dissertation somit nicht zuletzt für den deutschen Gesetzgeber und die europäische Kommission zur Pflichtlektüre. Da der Aktionsradius der SEC nicht auf die USA begrenzt ist, ist es für sämtliche an der Rechnungslegung Interessierten notwendig, sich eingehender mit den Strukturen der SEC zu befassen, um ein klares Verständnis über die SEC zu erlangen.

Im Hinblick auf die Ausgestaltung der *enforcement*-Instanz divergieren die Auffassungen in Deutschland, ob es sich bei dieser Einrichtung um eine private, eine staatliche Instanz oder eine Kombination aus beidem handeln soll. Des Weiteren ist streitig, ob die Instanz auf nationaler oder europäischer Ebene gegründet werden soll. Herr Kiefer legt in seiner Arbeit wesentliche Gründe für die Stärkung des deutschen Kapitalmarkts um eine *enforcement*-Instanz dar. Um die Wirkungsweise einer *enforcement*-Instanz zu verdeutlichen, wird die komplexe Institution SEC von Herrn Kiefer sorgfältig analysiert. Hierauf aufbauend wird geprüft, wie eine deutsche *enforcement*-Instanz ausgestaltet werden kann. Es zeigt sich, dass ein wirksames *enforcement* am ehesten durch die Schaffung einer staatlichen Institution gewährleistet werden kann. Nach einem konkreten Vorschlag für eine *enforcement*-Behörde in Deutschland wird erläutert, warum die Gründung einer nationalen Instanz nicht weit genug reicht, sondern ergänzend die Schaffung einer europäischen *enforcement*-Behörde notwendig ist. Demzufolge schlägt Herr Kiefer eine zweistufige Aufsicht der europäischen Kapitalmärkte vor. Neben einer europäischen Behörde sollen nationale Instanzen als „verlängerter Arm" der europäischen Instanz fungieren. In Deutschland soll diese Aufgabe durch die Bundesanstalt für Finanzdienstleistungsaufsicht (BaFin) wahrgenommen werden.

Prof. Dr. Hans-Joachim Böcking

Vorwort

Die vorliegende Arbeit entstand während meiner Tätigkeit als wissenschaftlicher Mitarbeiter, zunächst am Lehrstuhl für Allgemeine Betriebswirtschaftslehre, Wirtschaftsprüfung und Treuhandwesen an der Universität Mannheim und aufgrund einer Berufung von Herrn Professor Dr. Hans-Joachim Böcking anschließend am Lehrstuhl für Betriebswirtschaftslehre, insb. Wirtschaftsprüfung und Corporate Governance der Johann Wolfgang Goethe-Universität Frankfurt am Main. Sie wurde vom Fachbereich Wirtschaftswissenschaften der Johann Wolfgang Goethe-Universität Frankfurt am Main im Juli 2003 als Dissertation angenommen.

Mein aufrichtiger Dank gilt meinem akademischen Lehrer, Herrn Professor Dr. Hans-Joachim Böcking, der mir während meines Betriebswirtschaftsstudiums eine Promotion in Kooperation mit einer Wirtschaftsprüfungsgesellschaft antrug, mich zu Beginn meiner Promotion in der Umsetzung meines Forschungsthemas bestärkte und die Erstellung der Arbeit stets mit außerordentlichem Engagement unterstützte. Herr Professor Dr. Hans-Joachim Böcking zeigte sich zudem bei der zeitlichen Planung meiner Aufenthalte in New York stets überaus entgegenkommend. Bedanken möchte ich mich auch bei Herrn Professor Dr. Michael Hommel für die freundliche Übernahme des Korreferats.

Danken möchte ich der KPMG, namentlich Herrn Dr. Norbert Fischer, Herrn Georg von Hohnhorst, Herrn Volker Reineke, Herrn Hans-Jürgen Fahrion und Herrn Jürgen Wiederhold, für die Unterstützung meiner Promotion. Mir wurde zum parallelen Berufseinstieg der hohe Vertrauensvorschuss entgegengebracht, insgesamt ein Jahr in der *German Practice New York* der KPMG arbeiten zu dürfen, wodurch ich einen exzellenten Einblick in die Rechnungslegung nach US-GAAP gewinnen konnte. Ferner durfte ich sechs Wochen im *Department of Professional Practice* (DPP) *New York* verbringen, eine Chance, die bisher nur wenigen deutschen Mitarbeitern der KPMG zuteil wurde. Während meines Aufenthalts im DPP, der US-amerikanischen Know-how-Zentrale der KPMG, im September und Oktober 2001 konnte ich durch Gespräche mit Mitarbeitern der SEC-Gruppe und der Rechtsabteilung sowie durch die Nutzung der DPP-internen Bibliothek Informationen aus erster Hand über die SEC einholen. Der Interessengemeinschaft Frankfurter Kreditinstitute GmbH möchte ich für den großzügigen Zuschuss zum Druck dieses Buchs danken.

Bei meinen Kolleginnen und Kollegen am Lehrstuhl möchte ich mich für die vielen Stunden bedanken, die wir miteinander verbracht haben und die mir in schöner Erinnerung bleiben werden. Besonders erwähnen möchte ich Frau Dr. Gabriele Klein und Frau Dipl.-Ök. Kerstin Lopatta für ihr fleißiges Korrekturlesen meiner Arbeit und ihr konstruktives Feedback.

Dies gilt im privaten Umfeld ebenso für Herrn Dr. Wolf-Dieter Schlechthaupt, Herrn Dipl.-Kfm. Markus Steilen und Herrn Dipl.-Kfm. Dipl.-Vw. Martin Risau.

Ein herzliches Dankeschön verdient meine Frau Pascale, die immer großes Verständnis dafür aufbrachte, wenn ich mich auch in meiner Freizeit mit meiner Dissertation beschäftigt habe. Sie war es auch, die mich permanent motiviert hat, mit meiner Arbeit voranzukommen und zum Abschluss zu bringen.

Mein größter Dank gilt meinen Eltern, die mir eine exzellente Ausbildung ermöglichten und mich stets ermutigten, vor allem Zeit im Ausland zu verbringen, um wertvolle Erfahrungen sammeln zu können.

Marcus Kiefer

„Have we finally reached the point in the evolution of business practice where dishonesty has become the norm rather than the exception?“

Michael R. Young (2000),
Accounting Irregularities and Financial Fraud:
A Corporate Governance Guide, S. 2.

Inhaltsverzeichnis

Abbildungsverzeichnis

Tabellenverzeichnis

Abkürzungsverzeichnis

a. A.	anderer Auffassung
a. F.	alte Fassung
AAA	American Accounting Association
AAER	Accounting and Auditing Enforcement Releases
Abb.	Abbildung
ABlEG	Amtsblatt der Europäischen Gemeinschaften
Abs.	Absatz
AcSEC	Accounting Standards Executive Committee of the AICPA
ADR(s)	American Depositary Receipt(s)
ADS	Adler/Düring/Schmaltz, Rechnungslegung und Prüfung der Unternehmen, Kommentar zum HGB, AktG, GmbHG, PublG
AER	The American Economic Review
AEWRB	Ausschuss der europäischen Wertpapierregulierungsbehörden
AG	Aktiengesellschaft/Die Aktiengesellschaft (Zeitschrift)
AIA	American Institute of Accountants
AICPA	American Institute of Certified Public Accountants
AktG	Aktiengesetz, mit Stand vom 19.07.2002
AO	Abgabenordnung, mit Stand vom 23.12.2002
APB	Accounting Principles Board
App.	Appeal
ARB	Accounting Research Bulletin
Art.	Artikel
ASB	Accounting Standards Board
ASR	Accounting Series Release
AU	Codification of Statements on Auditing Standards
Aufl.	Auflage
AZ	Arizona
BaFin	Bundesanstalt für Finanzdienstleistungsaufsicht
BAKred	Bundesaufsichtsamt für das Kreditwesen
BAV	Bundesaufsichtsamt für das Versicherungswesen
BAWe	Bundesaufsichtsamt für den Wertpapierhandel
BB	Betriebs-Berater (Zeitschrift)
bearb.	bearbeitet

BFH	Bundesfinanzhof
BFuP	Betriebswirtschaftliche Forschung und Praxis (Zeitschrift)
BGBl.	Bundesgesetzblatt
BiRiLiG	Bilanzrichtlinien-Gesetz
BMF	Bundesministerium der Finanzen
BörsG	Börsengesetz, mit Stand vom 21.06.2002
BörsZulV	Börsenzulassungsverordnung, mit Stand vom 21.06.2002
BPO	Betriebsprüfungsordnung, mit Stand vom 15.03.2000
BStBl.	Bundessteuerblatt
BT	Bundestag
bzw.	beziehungsweise
ca.	circa
CA/Cal.	California
CAP	Committee on Accounting Procedures
CEO	Chief Executive Officer
CESR	Committee of European Securities Regulators
CFO	Chief Financial Officer
CFR	Code of Federal Regulations
CFTC	Commodity Futures Trading Commission
CPA	Certified Public Accountant
CT	Connecticut
D&O	Directors & Officers
d. h.	das heißt
DAX	Deutscher Aktienindex
DB	Der Betrieb (Zeitschrift)
DBW	Die Betriebswirtschaft (Zeitschrift)
DC	District of Columbia
DCF	Division of Corporation Finance
DCG-Kodex	Deutscher Corporate Governance Kodex
DRS	Deutsche Rechnungslegungsstandards
DRSC	Deutsches Rechnungslegungs Standards Committee e. V.
DSR	Deutscher Standardisierungsrat
DStR	Deutsches Steuerrecht (Zeitschrift)
DSWR	Datenverarbeitung Steuer Wirtschaft Recht (Zeitschrift)

DTI	Department of Trade and Industries
DVFA	Deutsche Vereinigung für Finanzanalyse und Asset Management e. V.
e. V.	eingetragener Verein
EASDAQ	European Association of Securities Dealers Automated Quotation
EBBS	Earnings Before Bad Stuff
EBITDA	Earnings Before Interest, Tax, Depreciation, and Amortization
EBS	Everything but Bad Stuff
ECOFIN	Ministers for economic affairs and finance
EDGAR	Electronic Data Gathering, Analysis and Retrieval System
E-DRS	Entwurf eines Deutschen Rechnungslegungs Standards
EFRAG	European Financial Reporting Advisory Group
EGV	Vertrag zur Gründung der Europäischen Gemeinschaften
EITF	Emergency Issues Task Force
EMNID	Erforschung der öffentlichen Meinung, Marktforschung, Nachrichten, Informationen, Dienstleistungen, Markt-, Media- und Meinungsforschungsinstitut
EPS	Entwurf Prüfungsstandard
EStG	Einkommensteuergesetz, mit Stand vom 15.01.2003
ET	Code of Professional Ethics
et al.	et alii
etc.	et cetera
ETS	European Trading System
EU	Europäische Union
EuGH	Europäischer Gerichtshof
EWG	Europäische Wirtschaftsgemeinschaften
EWGV	Vertrag zur Gründung der Europäischen Wirtschaftsgemeinschaft
EWR	Europäischer Wirtschaftsraum
EWS	Zeitschrift für Europäisches Wirtschafts- und Steuerrecht
FAF	Financial Accounting Foundation
FASAC	Financial Accounting Standards Advisory Council
FASB	Financial Accounting Standards Board
FAZ/F.A.Z.	Frankfurter Allgemeine Zeitung
FB	Finanz Betrieb (Zeitschrift)
FD	Fair Disclosure

FEE	Fédération des Experts Comptables Européens
FEI	Financial Executives International
FESCO	Forum of European Securities Commission
FESE	Fédération of European Stock Exchanges
FFG	Finanzmarktförderungsgesetz
FinDAG	Gesetz über die integrierte Finanzdienstleistungsaufsicht (Finanzdienstleistungsaufsichtsgesetz), mit Stand vom 22.04.2002
FR	Finanz-Rundschau (Zeitschrift)
FRC	Financial Reporting Council
FRR	Financial Reporting Release(s)
FRRP	Financial Reporting Review Panel
FSAP	Financial Services Action Plan
FTC	Federal Trade Commission
GAAS	Generally Accepted Accounting Standards
GAO	General Accounting Office
GASB	Governmental Accounting Standards Board
GG	Grundgesetz der Bundesrepublik Deutschland, mit Stand vom 26.07.2002
ggf.	gegebenenfalls
GmbH	Gesellschaft mit beschränkter Haftung
GmbHG	Gesetz betreffend die Gesellschaften mit beschränkter Haftung, mit Stand vom 19.07.2002
GmbHR	GmbH-Rundschau (Zeitschrift)
GoB	Grundsätze ordnungsmäßiger Buchführung
GPRA	Government Performance and Results Act
GWB	Gesetz gegen Wettbewerbsbeschränkungen, mit Stand vom 20.05.2003
HFA	Hauptfachausschuss (des IDW)
HGB	Handelsgesetzbuch, mit Stand vom 24.08.2002
HBR	Harvard Business Review
Hrsg.	Herausgeber
hrsg.	herausgegeben
i. V. m.	in Verbindung mit
i. w. S.	im weiteren Sinne
IA	Iowa

IAS	International Accounting Standard(s)
IASB	International Accounting Standards Board
IASC	International Accounting Standards Committee
IBM	Industrial Business Machines
ICC	Interstate Commerce Commission
IDW	Institut der Wirtschaftsprüfer in Deutschland e. V.
IFAC	International Federation of Accountants
IFRIC	International Financial Reporting Interpretations Committee
IFRS	International Financial Reporting Standards
IL	Illinois
Inc.	Incorporated
IOSCO	International Organisation of Securities Commission
IRC	Internal Revenue Code, mit Stand vom 26.06.2003
ISA	International Standard(s) on Auditing
ISB	Independence Standards Board
iX	iX-international exchanges plc
Jg.	Jahrgang
JoA	Journal of Accountancy
JWG	Joint Working Group
Jr.	Junior
KapAEG	Gesetz zur Verbesserung der Wettbewerbsfähigkeit deutscher Konzerne an Kapitalmärkten und zur Erleichterung der Aufnahme von Gesellschafterdarlehen (Kapitalaufnahmeerleichterungsgesetz), mit Stand vom 20.04.1998
KapCoRiLiG	Gesetz zur Durchführung der Richtlinie des Rates der Europäischen Union zur Änderung der Bilanz- und Konzernbilanzrichtlinie hinsichtlich ihres Anwendungsbereichs (90/605/EWG), zur Verbesserung und Offenlegung von Jahresabschlüssen und zur Änderung anderer handelsrechtlicher Bestimmungen (Kapitalgesellschaften- und Co-Richtlinie-Gesetz), mit Stand vom 24.02.2000
KG	Kommanditgesellschaft
KOM	Mitteilung der Kommission
KonTraG	Gesetz zur Kontrolle und Transparenz im Unternehmensbereich, mit Stand vom 27.04.1998

KoR	Kapitalmarktorientierte Rechnungslegung (Zeitschrift)
KPMG	Klynveld Peat Marvick Goerdeler, Wirtschaftsprüfungs-, Steuerberatungs-, Rechtsberatungs- und Finanzberatungsgesellschaft
KWG	Kreditwesengesetz, mit Stand vom 22.08.2002
LLP	Limited Liability Partnerships
LSE	London Stock Exchange
m. E.	meines Erachtens
m. w. N.	mit weiteren Nachweisen
MD	Maryland
MD&A	Management's Discussion and Analysis
MDAX	Mid Cap DAX
MI	Michigan
NASD	National Association of Securities Dealers
NASDAQ	National Association of Securities Dealers Automated Quotation System
NEMAX	Neuer Markt Index
NJ	New Jersey
NLRB	National Labor Relations Board
No(s).	Number(s)
Nr.	Nummer
NSMIA	National Securities Markets Improvement Act, mit Stand vom 11.10.1996
NY	New York
NYSE	New York Stock Exchange
NYSSCPA	New York State Society of Certified Public Accountants
NYU	New York University
o. V.	ohne Verfasser
OCA	Office of the Chief Accountant
OCIE	Office of Compliance Inspections and Examinations
OECD	Organisation for Economic Cooperation and Development
oHG	offene Handelsgesellschaft
OMB	Office of Management and Budget
OWIG	Gesetz über Ordnungswidrigkeiten

PCAOB	Public Company Accounting Oversight Board
plc	Public Limited Company
POB	Public Oversight Board
PS	Prüfungsstandard
PublG	Gesetz über die Rechnungslegung von bestimmten Unternehmen und Konzernen (Publizitätsgesetz), mit Stand vom 10.12.2001
PwC	PricewaterhouseCoopers, Wirtschaftsprüfungs-, Steuerberatungs-, Rechtsberatungs- und Finanzberatungsgesellschaft
Q&A	Questions and Answers
Reg.	Regulation
Rn.	Randnummer
S.	Seite
SA	Securities Act, mit Stand vom 30.07.2002
SAB	Staff Accounting Bulletins
SAC	Standard Advisory Council
SAS	Statement of Auditing Standards
SEA	Securities Exchange Act, mit Stand vom 30.07.2002
SEC	Securities and Exchange Commission
Sec.	Section(s)
SECPS	Securities and Exchange Commission Practice Section
SFAC	Statement of Financial Accounting Concept(s)
SFAS	Statement of Financial Accounting Standard(s)
SIA	Securities Industry Association
SIC	Standing Interpretations Committee
SMAX	Small Cap Exchange
SOA	Sarbanes-Oxley Act, mit Stand vom 30.07.2002
SOP	Statement of Position
Sp.	Spalte
Sr.	Senior
SRO	Self-Regulatory Organisation(s), Selbstregulierungsorgan(e)
StGB	Strafgesetzbuch, mit Stand vom 22.08.2002
StuB	Steuern und Bilanzen (Zeitschrift)

TransPuG	Gesetz zur weiteren Reform des Aktien- und Bilanzrechts, zu Transparenz und Publizität (Transparenz- und Publizitätsgesetz), mit Stand vom 19.07.2002
TX	Texas
Tz.	Textziffer
u. a.	unter anderem
UITF	Urgent Issues Task Force
UK-GAAP	United Kingdom-Generally Accepted Accounting Standards
UNICE	Union des Confédérations de l 'Industrie et des Employeurs d 'Europe
Urt.	Urteil
U.S./US	United States
USA	United States of America
USC	United States Code, mit Stand vom 26.06.2003
US-GAAP	US-Generally Accepted Accounting Standards
US-GAAS	US-Generally Accepted Auditing Standards
UT	Utah
vs.	versus
vgl.	vergleiche
Vol.	Volume
WI	Wisconsin
WP	Wirtschaftsprüfer
WPg	Die Wirtschaftsprüfung (Zeitschrift)
WpHG	Wertpapierhandelsgesetz, mit Stand vom 23.07.2002
WPK	Wirtschaftsprüferkammer Körperschaft des öffentlichen Rechts
WPO	Wirtschaftsprüferordnung, mit Stand vom 21.08.2002
WPOÄG	Gesetz zur Änderung von Vorschriften über die Tätigkeit der Wirtschaftsprüfer (Wirtschaftsprüferordnungs-Änderungsgesetz), mit Stand vom 19.12.2000
WPRefG	Gesetz zur Reform des Zulassungs- und Prüfungsverfahrens des Wirtschaftsprüfungsexamens (Wirtschaftsprüfungsexamens-Reformgesetz), mit Stand vom 9.05.03
WpÜG	Gesetz zur Regelung von öffentlichen Angeboten zum Erwerb von Wertpapieren und von Unternehmensübernahmen (Wertpapiererwerbs- und Übernahmegesetz), mit Stand vom 23.07.2002

z. B.	zum Beispiel
ZfB	Zeitschrift für Betriebswirtschaft
ZfbF	Zeitschrift für betriebswirtschaftliche Forschung
ZfgK	Zeitschrift für das gesamte Kreditwesen
ZGR	Zeitschrift für Unternehmens- und Gesellschaftsrecht
zit.	zitiert

1 Einleitung und Problemstellung

Die Diskussion über die Errichtung eines staatlichen Aufsichtsamts für den Kapitalmarkt in Deutschland bzw. Europa reicht lange zurück. Bereits im Jahr 1873 wurde die Gründung einer Behörde zur Kontrolle von Aktiengesellschaften in Deutschland erörtert.[1] Seitdem wurden im deutschen Schrifttum bei der Forderung nach einer Staatsbehörde wiederholt als potenzielle Aufgaben die Kontrolle der Publizität einschließlich der Überwachung der Rechnungslegung bzw. seit Einführung der gesetzlichen Abschlussprüfung die Wahrung der Unabhängigkeit der Wirtschaftsprüfer genannt.[2] Der Gesetzgeber erkannte die Notwendigkeit des verstärkten Schutzes der Aktionäre und anderer Interessengruppen, insbesondere vor betrügerischen und manipulativen Praktiken von Aktiengesellschaften. Seine Maßnahmen zur Umsetzung dieses Ziels beschränkten sich jedoch lange Zeit im Wesentlichen auf die Ausweitung der Aktionärsrechte sowie die Verbesserung der Unternehmenspublizität.[3] Die Vorschläge zur Einrichtung eines Börsenaufsichtsamts[4] fanden erst Mitte der 90er Jahre Resonanz beim Gesetzgeber, indem mit dem Wertpapierhandelsgesetz[5] die rechtlichen Voraussetzungen für die Gründung einer Kapitalmarktaufsicht in Deutschland geschaffen wurden. Auf der Grundlage dieses Gesetzes wurde das Bundesaufsichtsamt für den Wertpapierhandel (BAWe) in Frankfurt am Main errichtet, das am 1. Januar 1995 seine Tätigkeit aufnahm. Inzwischen wurde das Bundesaufsichtsamt für den Wertpapierhandel mit den ehemaligen Bundesaufsichtsbehörden für das Kreditwesen (BAKred) und das Versicherungswesen (BAV) unter dem Dach der neuen Bundesanstalt für Finanzdienstleistungsaufsicht (BaFin) zusammengeführt, jedoch ohne dass mit der Neuorganisation der Aufsicht materielle Änderungen der Rechtsgrundlagen der Auf-

---

1 So wurde auf Veranlassung der „Eisenacher Versammlung zur Besprechung der Socialen Frage" von Wiener/Goldschmidt/Behrend (1873), S. 1-90, unter anderem die Frage begutachtet: „Soll außer der Controle des Publicums (Actionäre, Gläubiger) eine weitere Controle durch den Staat und welcher Art (Controlämter, oder im einzelnen Fall beauftragte Behörden) eingeführt werden?" (vor S. 1, Inhalt, B. Einzelne Punkte).

2 Vgl. Richter (1975), S. 245-254 m. w. N., der eine chronologische Abfolge der Diskussion in der Literatur über die Schaffung eines „Aktienamts" vermittelt.

3 Zur Stärkung der Stellung des Aktionärs verabschiedete die Legislative verschiedene Gesetzesvorschriften, so z. B. die Regelungen im Zusammenhang mit der Aktienrechtsreform 1965 und der Börsenreform 1968 sowie das Publizitätsgesetz 1969. Die wesentlichen Grundlagen des deutschen Kapitalmarktrechts sind das Börsengesetz, das am 1.01.1897 in Kraft trat, und das Wertpapierhandelsgesetz, das seit 1.01.1995 anzuwenden ist. Vgl. Kümpel (2000), S. 1209-1210, 1765, 1954. Zum Begriff des Kapitalmarktrechts vgl. Deckert/von Rüden (1998), S. 46-48 mit einer Darstellung verschiedener Definitionsmöglichkeiten.

4 Vgl. z. B. Engler (1967), S. 289, der sich dafür ausspricht, eine Behörde zur Kontrolle von Geschäftsberichten und von Auskunftserteilungen auf Hauptversammlungen zu gründen; als suboptimale Lösung wertend Bremer (1970), S. 1.

5 Das Wertpapierhandelsgesetz in seiner ursprünglichen Fassung ist Bestandteil des Zweiten Finanzmarktförderungsgesetzes (FFG) vom 26. Juli 1994. Vgl. BGBl I, 1994, S. 1749-1760. Durch das 2. FFG wurden unter anderem die EU-Insiderrichtlinie und die EU-Transparenzrichtlinie in nationales Recht umgesetzt.

sicht verbunden waren.[6] Die BaFin formiert sich in die drei Aufsichtssäulen „Banken", „Versicherungen" und „Wertpapieraufsicht/Asset-Management".[7]

Das primäre Ziel der BaFin in Bezug auf die Wertpapieraufsicht besteht in der Stärkung der Funktionsfähigkeit des Kapitalmarkts[8], um die Attraktivität und Wettbewerbsfähigkeit des deutschen Finanzplatzes zu verbessern. Daraus ergeben sich als untergeordnete Ziele der Schutz der Anleger[9] sowie die Sicherstellung der Markttransparenz[10] und der Marktintegrität. Im Bereich der Kommunikation der Unternehmen am Kapitalmarkt wurde ihr als Aufgabe die Überwachung der Ad-hoc-Publizität[11] und der Einhaltung des Verbots der Manipulation des Börsen- oder Marktpreises[12] zugewiesen.[13]

Zwar ist die BaFin somit berechtigt, den Missbrauch der Verbreitung falscher, kursbeeinflussender Unternehmensinformationen zu ahnden, im Gegensatz zur US-amerikanischen Börsenaufsichtsbehörde *Securities and Exchange Commission* (SEC) ist die BaFin jedoch nicht für die Durchsetzung einer ordnungsgemäßen Anwendung von Rechnungslegungsgrundsätzen (*enforcement*) zuständig.

Rechnungslegung als Teil der Unternehmenspublizität dient unter anderem dem Zweck der

---

6 Die rechtliche Grundlage ist das Gesetz über die Bundesanstalt für Finanzdienstleistungsaufsicht vom 22. April 2002, vgl. BGBl. I 2002, S. 1310-1337.

7 Gemäß § 1 Abs. 1 Finanzdienstleistungsaufsichtsgesetz (FinDAG) ist die BaFin eine bundesunmittelbare, rechtsfähige Anstalt des öffentlichen Rechts. Die Bundesanstalt untersteht der Rechts- und Fachaufsicht des Bundesministeriums der Finanzen (§ 2 FinDAG). Der Präsident der BaFin wird nach § 9 Abs. 2 FinDAG auf Vorschlag der Bundesregierung durch den Bundespräsidenten ernannt. Die Behörde beschäftigt etwa 140 Mitarbeiter.

8 Die Bestimmungsfaktoren eines funktionsfähigen Kapitalmarkts sind die Marktfunktion, die Bewertungsfunktion sowie die Allokationsfunktion. Vgl. Kress (1996), S. 33. Die Marktfunktion des Kapitalmarkts besteht darin, das Kapital derart von den Sparern zu den Investoren zu leiten, dass Angebot und Nachfrage nach längerfristigen Finanzierungsobjekten in Übereinstimmung gebracht werden. Die Bewertungsfunktion kommt an der Börse durch die Feststellung aktueller Marktpreise zur Bewertung von Wertpapieren zum Ausdruck. Die Allokationsfunktion ist erfüllt, wenn das angebotene Kapital der Anleger bei gleichen Risiken (Renditen) alternativer Kapitalanlagen in die Anlage mit der höchsten Rendite (dem geringsten Risiko) fließt. Vgl. Assmann (1997), S. 14, Tz. 24.

9 Anlegerschutz ist in diesem Zusammenhang der „Schutz von Privaten, die Ansprüche gegen ein oder Beteiligungen an einem Unternehmen erwerben, zu dessen Finanzierung sie beitragen ...". Schwark (1979), S. 6.

10 Voraussetzung für eine hohe Markttransparenz ist die Veröffentlichung von Unternehmensinformationen. Vgl. Schimmöller (1974), S. 183.

11 Ein börsennotiertes Unternehmen hat noch nicht öffentlich bekannte Tatsachen, die den Börsenkurs erheblich beeinflussen können, schnellstmöglich der Öffentlichkeit mitzuteilen (§ 15 WpHG). Zur Ausgestaltung der Regelungen der Ad-hoc-Publizität in Deutschland nach Verabschiedung des Gesetzes zur weiteren Fortentwicklung des Finanzplatzes Deutschland (Viertes Finanzmarktförderungsgesetz) vom 21. Juni 2002 vgl. Großmann/Nikoleyczik (2002), S. 2032-2033.

12 Vgl. §§ 20a und 20b WpHG. Zum darüber hinausgehenden Geltungsbereich der Regelung siehe §§ 20a Abs. 1 und Abs. 2 WpHG. Die Vorschrift trat an die Stelle von § 88 BörsG a. F., deren Einhaltung von der Staatsanwaltschaft überwacht wurde. Vgl. Lenzen (2002), S. 3.

13 Zu weiteren Aufgaben siehe ausführlicher Gliederungspunkt 5.1.1.

Bereitstellung von Informationen für Kapitalmärkte,[14] d. h. sie gilt als „Instrument, mit dessen Hilfe Unternehmungen ihre Beziehungen zum Kapitalmarkt gestalten."[15] Der Begriff des Kapitalmarkts ist nicht einheitlich definiert. Gemäß dem gemeinhin verwendeten Kriterium der Fristigkeit des bereitgestellten Kapitals gilt der Kapitalmarkt als Ort, an dem längerfristige Finanzierungsobjekte gehandelt werden.[16] Der Kapitalmarkt wird in einem engeren Sinne mit dem Wertpapiermarkt gleichgesetzt.[17] Der in erster Linie durch die Börsen organisierte Wertpapiermarkt zeichnet sich durch eine selbstverwaltende Marktordnung aus, die meist einer staatlichen Aufsicht unterworfen ist.[18] Die auf dem Wertpapiermarkt gehandelten Finanzierungstitel umfassen im Allgemeinen Anteilsrechte, festverzinsliche Wertpapiere und Investmentzertifikate.[19] Für das Funktionieren eines Kapitalmarkts ist das Vertrauen der Anleger eine der wichtigsten Voraussetzungen. Die Stärke des Vertrauens resultiert in hohem Maße aus den deregulierenden und regulierenden Mitteln in einem Staat, die zur Sicherstellung der Funktionsfähigkeit des Kapitalmarkts[20] und zum Schutz der Anleger eingesetzt werden.[21] Ein wesentlicher Aspekt sind dabei nicht nur die einschlägigen Regeln, sondern auch die Überwachung der Einhaltung jener Normen.[22] Die rasante Öffnung der Kapitalmärkte und der damit einhergehende Wettbewerb der Finanzmärkte um Kapital zwingen den deutschen Gesetzgeber permanent, die nationalen Rahmenbedingungen unter Berücksichtigung der Veränderung nationaler und internationaler Wettbewerbsparameter fortzuentwickeln.

Durch die Offenlegung entscheidungsrelevanter Rechnungslegungsinformationen in situationsgebundenen Publizitätsinstrumenten[23], wie die Ad-hoc-Publizität und die Prospektpublizi-

---

[14] Daneben dient die „Informationsproduktion" den Kreditmärkten. *Hax* trifft somit – anders als in dieser Arbeit – eine generelle Unterscheidung in Eigen- und Fremdkapital. Des Weiteren soll die Rechnungslegung Informationen vermitteln, an die „gesetzliche oder vertragliche Rechtsfolgen" anschließen und für eine „nicht genauer umrissene allgemeine Öffentlichkeit". Hax (1988), S. 190-191.

[15] Hax (1988), S. 200.

[16] Vgl. Kress (1996), S. 30; Häuser (1995), Sp. 1123. Kurzfristige Finanzierungsmittel werden auf dem Geldmarkt gehandelt.

[17] Für Zwecke dieser Arbeit soll von diesem Verständnis ausgegangen werden. Vgl. auch Gehrmann (1978), S. 24-25. Bestimmte Bereiche des Finanzmarkts (z. B. Bausparwesen, Versicherungen) werden dadurch ausgeklammert. Vgl. Häuser (1995), S. 1123.

[18] Vgl. Büschgen (1998), S. 199; Häuser (1995), S. 1127.

[19] Vgl. Schacht (1980), S. 11-15; Schneider (1981), S. 20. Als Wertpapiere im Sinne des § 2 Abs. 1 WpHG gelten im Wesentlichen Aktien, Aktien vertretende Zertifikate, Schuldverschreibungen, Genussscheine, Optionsscheine und mit Aktien oder Schuldverschreibungen vergleichbare Wertpapiere sowie Anteilsscheine an Investmentfonds, wenn sie an einem Markt gehandelt werden können. Für *Böcking* verliert vor dem Hintergrund der genannten, anerkannten Kapitalmarktdefinition die Trennung von Gläubigerschutz und Investororientierung der Rechnungslegung an Relevanz, weil in Effekten verbriefte Schuldtitel von Individuen erworben werden, die aus ökonomischer Perspektive Anleger (Investoren) und aus juristischer Sicht Gläubiger sind. Vgl. Böcking (1998), S. 21.

[20] Vgl. Kress (1996), S. 1.

[21] Vgl. Engels (1992), S. 15; Hopt (1985), S. 108.

[22] Vgl. BT-Drucksache 12/6679, S. 33-34.

[23] Zur Einteilung der Publizitätsinstrumente börsennotierter Unternehmen vgl. Alvarez/Wotschofsky (2000),

tät sowie in periodischen Publizitätsinstrumenten, wie dem Jahres- und Quartalsabschluss, haben die jeweiligen Publizitätsadressaten die Möglichkeit, sich ein Bild über die Unternehmen zu machen.[24] Aus Sicht der (potenziellen) Investoren haben die publizierten Unternehmensinformationen Auswirkungen auf ihre Kapitalanlageentscheidungen.[25] Die Kommunikation der entscheidungsrelevanten Informationen der Unternehmen an den Markt ermöglicht die Funktion des Börsenkurses als Preissignal.[26] Die Preise haben damit eine Informationsträgerfunktion.[27] Ökonomisch betrachtet, sollen die quantitativen und qualitativen Informationen einen Nutzen für die Investoren erzeugen, da ihre jeweilige Entscheidungsgrundlage über Kauf oder Verkauf verbessert wird.[28] Eine unwahre oder unrealistische Rechenschaft über die Lage eines Unternehmens kann zu Fehlanreizen bei den Rechnungslegungsadressaten führen.

Die Kontrolle der Einhaltung der einschlägigen Vorschriften zur Bilanzierung, Bewertung und zum Ausweis von Angaben in den Jahresabschlüssen[29] der Unternehmen wird in Deutschland in erster Linie durch Abschlussprüfer und Aufsichtsrat wahrgenommen. Daneben bestehen ergänzende Mechanismen zur Sicherung der wahrheitsgemäßen und realistischen Rechenschaft über die Lage eines Unternehmens. Hierzu zählen im Wesentlichen die Nichtigkeitsklage des Jahresabschlusses (§ 256 AktG), die Beantragung einer Sonderprüfung wegen einer unzulässigen Unterbewertung von Jahresabschlusspositionen (§ 258 AktG), die Straf-, Buß- und Zwangsgeldvorschriften (§§ 331 bis 335b HGB; § 400 AktG), die Regelungen in Bezug

S. 3-10.

24 Rechnungslegungsdaten können ferner in den Publizitätsinstrumenten Hauptversammlung, Bilanzpressekonferenz, DVFA-Meetings, Road-Shows etc. veröffentlicht werden. Vgl. zu den Kommunikationsinstrumenten Diehl/Loistl/Rehkugler (1998), S. 11-13.

25 Vgl. Baetge/Armeloh/Schulze (1997), S. 176; grundlegend zum Stellenwert von Informationen im ökonomischen Verhaltensmodell Blankart (1994), S. 12. Informationen ergänzen das unvollständige Wissen eines Individuums, das sich in einem Prozess der Entscheidung befindet. Vgl. Wessling (1991), S. 26.

26 Vgl. Nowak (2000), S. 12. Mit der Kommunikationsfunktion der Preise und der Anpassungsgeschwindigkeit der Preise auf Informationen beschäftigt sich das gleichgewichtstheoretische Konzept der Informationseffizienz, ein Begriff, dessen klassische Definition auf *Fama* zurückgeht. Nach *Fama* ist ein Markt in diesem Zusammenhang effizient, wenn die Kurse der Finanztitel immer sämtliche öffentlich zugänglichen Informationen über ein Unternehmen (z. B. in Jahresabschlüssen, Zwischenberichten und sonstigen Bekanntmachungen) vollständig widerspiegeln (halbstrenge Informationseffizienz). Vgl. Fama (1970), S. 388; Fama (1991), S. 1607. Sein modelltheoretischer Ansatz hat in der wissenschaftlichen Diskussion in signifikantem Maße Verwendung gefunden. Vgl. Lorie/Hamilton (1973), S. 70-71; Müller (1992), S. 30-33; Sapusek (1998), S. 263. Eine einführende Erklärung des Kriteriums „Effizienz" liefert Posner (1993), S. 86-88. Auch der oberste Gerichtshof der Vereinigten Staaten (*Supreme Court*) traf in einem einschlägigen Urteil die Annahme, dass „*the price of a company's stock is determined by the available material information regarding the company and its business.*" Basic Inc. vs. Levinson, 485 U.S. 224, 241 (1988). Auch wenn die praktische Gültigkeit der These von der halbstrengen Informationseffizienz nicht zuletzt wegen der Annahme streng rationaler Individuen fragwürdig ist, so verdeutlicht das Modell *Famas* zumindest das Verhältnis zwischen Informationen und Preisen. Vgl. Beaver (1998), S. 125-158.

27 Vgl. Weber (1994), S. 32; Sapusek (1998), S. 5.

28 Vgl. Feldhoff (1992), S. 6.

29 Der Begriff Jahresabschluss bezieht sich im Kontext dieser Arbeit sowohl auf rechtlich abgegrenzte Unternehmenseinheiten als auch auf wirtschaftlich verbundene (Konzern-)Unternehmen, sofern nicht explizit ausschließlich auf einen Konzernabschluss Bezug genommen wird.

auf Konkursstraftaten (§§ 283 Abs. 1 Nr. 5 und 6, 283b StGB), die steuerliche Außenprüfung und die neu geschaffenen, sich in der Praxis noch zu bewährenden Anspruchsgrundlagen für Anleger bei unterlassenen, verspäteten oder unwahren Veröffentlichungen kursbeeinflussender Tatsachen durch börsennotierte Unternehmen (§§ 37b, 37c WpHG).[30] Darüber hinaus überwacht die Wirtschaftsprüferkammer (WPK) im Rahmen der Selbstverwaltung aller Wirtschaftsprüfer die Berufsausübung ihrer Mitglieder. Sie ist allerdings weder berechtigt, einen fehlerhaften Abschluss korrigieren zu lassen noch ein Unternehmen bei einem Verstoß zu maßregeln. Vielmehr ist die Kontrolle primär als kontinuierliche Qualitätsverbesserung der Abschlussprüfung zu werten.

Zwischen dem US-amerikanischen und dem deutschen *enforcement*-System besteht eine weitgehend funktionelle Deckungsgleichheit im Hinblick auf die Normdurchsetzung durch Abschlussprüfer.[31] Auch das grundsätzlich aus *outside directors* (unternehmensexterne Mitglieder) zusammengesetzte Organ des *audit committee* als ständiges Gremium des *board of directors* im monistischen Überwachungsmodell US-amerikanischer Unternehmen ist in Bezug auf Teilaufgaben in den Sachgebieten Prüfung und Rechnungslegung einem deutschen Aufsichtsrat mit einem Bilanz- oder Prüfungsausschuss[32] nicht unähnlich.[33] *Audit committees* wählen unter anderem den Wirtschaftsprüfer, legen den Umfang und die Schwerpunkte der Prüfung fest und diskutieren den Jahresabschluss und die Prüfungsergebnisse.[34]

Gerade im Vergleich zu dem Normdurchsetzungssystem der USA und anderer Staaten (z. B. Frankreich, Großbritannien, Italien) besteht ein Defizit des deutschen Kapitalmarktsystems darin, dass faktisch keine Instanz existiert, die möglichen Verstößen in festgestellten und publizierten Jahresabschlüssen nachgeht und dabei die Unternehmen zur Berichtigung ihrer Rechnungslegung anhalten sowie Verstöße gegebenenfalls sanktionieren kann.[35]

Nicht zuletzt neuere nationale (z. B. der Zusammenbruch des Neuen Markts) und internationale Entwicklungen (z. B. der weltweite Zusammenschluss von Börsen) seit Gründung der

---

[30] Zur Schaffung dieser eigenständigen Anspruchsgrundlagen vgl. BMF (2001), S. 3-4.

[31] Vgl. Wüstemann (2002), S. 723.

[32] Ein Aufsichtsrat kann jederzeit einen Ausschuss bilden und ihm Einzelaufgaben gemäß § 111 Abs. 2 Satz 1 und 2 AktG übertragen, wobei ein solches Gremium nach dem Negativkatalog des § 107 Abs. 3 Satz 2 AktG unter anderem bei der Prüfung des Jahresabschlusses, des Lageberichts und des Vorschlags für die Gewinnverwendung nur vorbereitend tätig sein darf. Auch im Deutschen Corporate Governance Kodex (DCG-Kodex) wird die Bildung eines Prüfungsausschusses empfohlen. Vgl. Regierungskommission Deutscher Corporate Governance Kodex (2003), Tz. 5.3.2. Zur Delegation von Aufgaben an einen Aufsichtsratsausschuss vgl. Ziemons (2000), S. 77-81.

[33] Vgl. Girnghuber (1998), S. 215.

[34] Vgl. NYSE (2003a), Sec. 303.01 Listed Company Manual; Blue Ribbon Committee (1999), S. 29-33, 43.

[35] Vgl. Regierungskommission Corporate Governance (2001), Rn. 277.

deutschen Börsenaufsichtsbehörde im Jahr 1995 werfen die Frage auf, ob die BaFin unter Berücksichtigung der de lege lata festgelegten Kompetenzen zu einer effektiven Regulierung[36] des Kapitalmarkts geeignet ist oder ob nicht weitreichendere Kompetenzen als bisher für die Ausstattung einer Kapitalmarktinstanz erforderlich sind.[37] Ökonomisch gilt der Kapitalmarkt als der staatlich am strengsten regulierte Wirtschaftssektor weltweit,[38] so auch in Deutschland. Für die Reputation eines Finanzmarkts fällt dabei dem Faktor *enforcement* eine richtungsweisende Rolle zu. Die vorliegende Arbeit greift durch eine kritische Darlegung Gründe auf, die die Neuordnung des Kapitalmarkts in Deutschland erforderlich machen und verdeutlicht, dass eine *enforcement*-Stelle im Rahmen der deutschen Gesetzgebung unumgänglich ist. Bei der Frage der Ausgestaltung der *enforcement*-Instanz soll die US-amerikanische Börsenaufsichtsbehörde SEC als mögliches Leitbild analysiert werden, um anschließend konkrete Lösungsempfehlungen für eine Einrichtung in Deutschland bzw. Europa geben zu können.

---

[36] Unter dem Begriff Regulierung wird in diesem Kontext allgemein die Festlegung und Durchsetzung von Vorschriften zur Beeinflussung von Märkten verstanden. Das US-amerikanische System der Regulierung zeichnet sich durch Kommissionen mit eigener Rechtspersönlichkeit aus, die einen gesetzlichen Auftrag durchführen; vgl. sinngemäß die drei Definitionsansätze der staatlichen Regulierung von Müller/Vogelsang (1979a), S. 342. Die Regulierung ist demnach ein „Instrument zur Erreichung von Zielen." Feldhoff (1992), S. 9. Die Regulierung macht sich durch den Eingriff in die „individuelle Handlungs- und Vertragsfreiheit" bemerkbar. Cassel (1989), S. 37, 48.

[37] Zur Notwendigkeit der institutionellen Neuerung des deutschen Kapitalmarkts vgl. umfassend Böckem (2000) und Tielmann (2001), die eine marktergänzende Instanz zur Kontrolle und zur Durchsetzung von Rechnungslegungsstandards für erforderlich halten.

[38] Vgl. Baltensperger (1988), S. 165.

2 Gründe zur Neuordnung des deutschen Kapitalmarkts durch die Errichtung einer *enforcement*-Instanz

2.1 Gegenwärtige Tendenzen als Gründe

2.1.1 Internationalisierung der Rechnungslegung

Rechnungslegung wird verstanden als *financial accounting* und *business reporting*.[39] Das *financial accounting* ist die einwertige, vergangenheitsbezogene und quantitative Ermittlung eines objektivierten Gewinns. Die Erfolgsermittlung ist obligatorisch und bedient sich der Bilanz sowie der Gewinn- und Verlustrechnung.[40] Das *business reporting* ist die primär kapitalmarktinduzierte Publizität[41] mehrwertiger, vergangenheits- und zukunftsorientierter sowie quantitativer und qualitativer (Mindest-)Informationen in Anhang, Lagebericht und anderen Publizitätsinstrumenten.[42]

In der deutschen Rechnungslegung hat sich als Folge der strategisch bedingten weltweiten Ausrichtung der Unternehmen ein Paradigmenwechsel vollzogen.[43] Die Umsetzung der Globalisierungsstrategie hat zu einer Zunahme des Eigenkapital- und Fremdkapitalbedarfs geführt. Die gestiegene Inanspruchnahme des Kapitalmarkts hat den Zweck der Rechnungslegung verändert.[44] Denn die Kapitalanbieter sind verstärkt an zukunftsbezogenen sowie nichtfinanziellen Informationen, d. h. am *business reporting* interessiert. Auch der deutsche Gesetzgeber hat auf diesen kapitalmarktinduzierten Wandel reagiert, indem Mutterunternehmen[45], die einen organisierten Markt[46] durch von ihnen oder einem ihrer Tochterunternehmen ausgegebene Wertpapiere[47] in Anspruch nehmen, ermöglicht wird, anstelle eines HGB konformen Konzernabschlusses einen befreienden Konzernabschluss nach IAS[48] oder US-GAAP

---

39 Die Differenzierung wird durch die Weiterentwicklung der Abkopplungsthese von *Moxter* erreicht. Vgl. Moxter (1984), S. 157-159; Moxter (1986), S. 67-68; Böcking/Dietz/Kiefer (2001); eingehend Böcking/Benecke (1998), S. 93-95.

40 Vgl. Böcking (1998), S. 29-30.

41 Für *Moxter* ist Publizität allgemein die Informierung über „betriebliche Sachverhalte". Moxter (1962), S. 1. Die hier im Vordergrund stehende Konkretisierung des Begriffs ist von *Richter*, der Publizität als Angaben über die Tätigkeit, wirtschaftliche Lage und Struktur des Unternehmens definiert. Vgl. Richter (1975), S. 5-7.

42 Vgl. Böcking (1998), S. 30; Böcking/Kiefer (2002a), Tz. 1.

43 Vgl. Böcking (1998), S. 52.

44 Vgl. Küting (2000), S. 451.

45 Mutterunternehmen sind Gesellschaften im Sinne der §§ 264a, 290 HGB.

46 Zur Definition eines organisierten Markts siehe § 2 Abs. 5 WpHG.

47 Wertpapiere gemäß § 2 Abs. 1 WpHG.

48 Nach seiner Umstrukturierung hat das Rechnungslegungsgremium IASB (vormals IASC) beschlossen, die IAS im Hinblick auf zukünftige internationale Rechnungslegungsstandards in *International Financial Reporting Standards* (IFRS) umzubenennen.

zu erstellen. Dieser „Wendepunkt ... der Konzernrechnungslegung in Deutschland“[49] wurde durch die Einführung des § 292a HGB durch das Gesetz zur Verbesserung der Wettbewerbsfähigkeit deutscher Konzerne an Kapitalmärkten und zur Erleichterung der Aufnahme von Gesellschafterdarlehen (Kapitalaufnahmeerleichterungsgesetz, KapAEG)[50] vom 20. April 1998 in die Wege geleitet.[51] Mit der Befreiungsnorm hat der Gesetzgeber beschleunigend zur Internationalisierung der Rechnungslegung in Deutschland beigetragen.[52] Zuvor erfolgte die Anwendung internationaler Grundsätze prinzipiell nur ergänzend neben den handelsrechtlichen Regelungen auf freiwilliger Basis. Dem deutschen Rechnungslegungssystem wurde ein Mangel an Informationsqualität angelastet.[53] In der Europäischen Union (EU) führten offizielle Äußerungen der EU-Kommission zu einer raschen Hinwendung zu internationalen Rechnungslegungsprinzipien. So wurde im November 1995 von der Kommission mitgeteilt, dass die gemäß nationaler Vorschriften auf der Basis der EU-Richtlinien erstellten Jahresabschlüsse die internationalen Anforderungen nicht erfüllen und daher für Unternehmen mit internationaler Ausrichtung am Kapitalmarkt nicht mehr geeignet seien.[54] Der deutsche Gesetzgeber rechtfertigte die Übernahme internationaler Regelungen unter anderem mit einem weltweiten Misstrauen gegenüber der deutschen Konzernrechnungslegung wegen der „weitgehenden bilanzpolitischen Spielräume“[55]. Des Weiteren wurde angeführt, dass die Abschlüsse nach IAS[56] und US-GAAP vor dem Hintergrund ihrer Ausrichtung des Investorenschutzes „für Aktionäre informativer als deutsche Konzernabschlüsse [seien]“.[57]

Der primäre Zweck internationaler Konzernabschlüsse ist die Bereitstellung geeigneter Informationen über die Leistung und die wirtschaftliche Lage des Unternehmens, um gegenwärtige und potenzielle Investoren und andere Rechnungslegungsadressaten in ihrer ökonomischen

---

49 Ordelheide (1996), S. 545; mit Verweis auf *Ordelheide* Berger/Lütticke (2003), § 292a HGB Tz. 2.

50 Vgl. BGBl. I 1998, S. 707-709.

51 Eine Voraussetzung für die Anwendung des § 292a HGB ist der Einklang eines befreienden Konzernabschlusses mit der Gesamtheit der Regelungen der 4. und 7. EU-Richtlinie. Ein Vergleich der Studien des Kontaktausschusses für Richtlinien in der Rechnungslegung, des IDW und des DRSC zur Konformität der IAS/IFRS mit den EU-Richtlinien zeigt ein inkongruentes Bild hinsichtlich der festgestellten Abweichungen. Im Einzelfall können tatsächliche Abweichungen im Jahresabschluss durch ergänzende Angaben ausgeglichen werden. Vgl. ausführlich zu weiteren Voraussetzungen und im Besonderen zum Kompatibilitätserfordernis Wollmert/Oser (2002), Teil A, Kapitel VI.

52 Vgl. Krawitz/Albrecht/Büttgen (2000), S. 543.

53 Vgl. Schmidt (2000), S. 2.

54 Vgl. EU-Kommission (1995), S. 5.

55 BT-Drucksache 13/7141, Anlage 1, Artikel 3, A. II. 1.1.

56 Mit der Umstrukturierung des Rechnungslegungsgremiums erlässt das Board nunmehr International Financial Reporting Standards (IFRS).

57 BT-Drucksache 13/7141, Anlage 1, Artikel 3, B. I. 4.

Entscheidungsfindung zu unterstützen.[58] Die Adressaten sollen insbesondere Aussagen über die künftigen Unternehmensentwicklungen treffen können.[59]

Zeitnahe Statistiken über die Anwendung der internationalen Rechnungslegungsgrundsätze spiegeln wider, dass das Vertrauen in die deutsche Rechnungslegung innerhalb weniger Jahre verloren[60] und die traditionelle „deutsche Rechnungslegung auf dem Weg ins Abseits"[61] ist. So haben nach einer Untersuchung der Deutschen Börse AG zum 30.11.2001 nur noch 148 Unternehmen der Marktsegmente DAX, MDAX, SMAX und Neuer Markt ihre Rechnungslegung nach den handelsrechtlichen Grundsätzen erstellt, während 405 Unternehmen die IAS oder US-GAAP angewandt haben.[62] Diese Entwicklung wurde sicherlich auch durch die Regelung der Deutschen Börse AG gefördert, dass die am Neuen Markt notierten Unternehmen grundsätzlich verpflichtet waren[63], ihre Jahresabschlüsse nach den IAS oder US-GAAP zu erstellen.[64]

Die empirischen Studien kommen ferner zu dem Ergebnis, dass nicht alle Unternehmen, die nach internationalen Rechnungslegungsvorschriften bilanzieren, von der Befreiungsvorschrift nach § 292a HGB Gebrauch machen.[65] Vielmehr erstellt ein Teil der Unternehmen einen parallelen Konzernabschluss, d. h. einen freiwilligen IAS/US-GAAP-Abschluss neben einem HGB-Abschluss. Daneben haben sich andere Unternehmen für die Aufstellung eines dualen Konzernabschlusses entschieden, indem sie durch eine entsprechende Ausübung der handelsrechtlichen Bilanzierungs- und Bewertungswahlrechte (z. B. kein Ansatz eines Sonderposten mit Rücklageanteil gemäß § 247 Abs. 3 HGB, keine Bilanzierung von Aufwandsrückstellungen nach § 249 Abs. 1 Satz 3 HGB) versuchen, auch die Anforderungen der IAS/US-GAAP zu erfüllen. Ein weiterer Anteil der Unternehmen passt seine Rechnungslegung gemäß HGB in einer Überleitungsrechnung den Vorschriften nach IAS und US-GAAP an.

Der beschriebene Wandel in der Anwendung der internationalen Rechnungslegung ist noch

---

58 Vgl. SFAC 1.34; IAS F.12.

59 Vgl. SFAC 1.37; IAS F.15.

60 Vgl. Schildbach (1999), S. 359.

61 Krumnow (1994), S. 679, der sich dies als Frage stellt und zum Ergebnis kommt, dass „die deutsche Rechnungslegung ... international im Abseits [steht], jedoch nicht überholt [ist]." Krumnow (1994), S. 698.

62 Vgl. Deutsche Börse (2001a), http://deutsche-boerse.com/ (Abfrage: 17.02.2003). Für die Unternehmen am SMAX sind die internationalen Regelungen seit 2002 verbindlich. Vgl. Küting/Dürr/Zwirner (2002), S. 1, 5.

63 Zur Entwicklung des Neuen Markts siehe Abschnitt 2.1.4.

64 Auf Antrag des Emittenten kann auch eine Überleitungsrechnung der lokalen Rechnungslegung auf IAS oder US-GAAP ausreichen. Vgl. Deutsche Börse (2002a), Abschnitt 2, Ziffer 7.3.2 (1) Regelwerk Neuer Markt.

65 Dies zeigt eine Auswertung der Bilanzierungspraxis durch Spanheimer/Koch (2000), S. 307, mit einem Untersuchungszeitraum bis einschließlich des Geschäftsjahrs 1999. Auch Krawitz/Albrecht/Büttgen (2000), S. 543-544, treffen diese Feststellung auf der Grundlage einer Befragung von 205 börsennotierten Unternehmen über ihre bisherige und künftige Bilanzierung.

nicht abgeschlossen. Denn die verschiedenen Optionen für deutsche Unternehmen Rechnung zu legen werden ab 1. Januar 2005 wegfallen, da nach einer Beschlussfassung des Europäischen Parlaments und des Rats vom 19. Juli 2002 betreffend die Anwendung internationaler Rechnungslegungsstandards sämtliche kapitalmarktorientierten[66] Unternehmen mit Sitz in der europäischen Union ihre Konzernabschlüsse ab diesem Zeitpunkt zwingend nach den IAS/IFRS bzw. den SIC/IFRIC-Interpretationen zu erstellen haben.[67] Erklärtes Ziel der Verordnung ist es, die Finanzinformationen von Unternehmen in der EU zu harmonisieren, „um einen hohen Grad an Transparenz und Vergleichbarkeit der Abschlüsse und damit eine effiziente Funktionsweise des Kapitalmarkts in der Gemeinschaft und im Binnenmarkt sicherzustellen.“[68]

Die Hinwendung der deutschen Unternehmen zu den kapitalmarktorientierten Rechnungslegungsgrundsätzen ist mit zahlreichen gravierenden Problemen verbunden. So sind die bisherige Möglichkeit der Wahl zwischen IAS/IFRS und US-GAAP zum einen und die Vielfalt bei der Abschlusserstellung zum anderen vor dem Hintergrund einer harmonisierten Rechnungslegung kritisch zu beurteilen. Fraglich ist, ob diese formale Heterogenität aus der Perspektive eines einzelnen Investors noch überschaubar ist, auch wenn diese Wahlrechte durch die EU-Verordnung im Zeitablauf wegfallen werden. Von vergleichsweise größerer Tragweite sind vor dem Hintergrund der Internationalisierung der Rechnungslegung materielle Ungleichheiten. Die Berücksichtigung spezieller deutscher Vorschriften bei der Abschlusserstellung birgt die Gefahr, dass die IAS/IFRS und US-GAAP zu *„German IAS“* bzw. *„German US-GAAP“* entarten.[69] Im Unterschied dazu ist anzunehmen, dass es solche Jahresabschlüsse deutscher Unternehmen gibt, in denen die internationalen Vorschriften streng befolgt sind. Zudem ist mangels persönlicher und fachlicher Erfahrung in der Anwendung von IAS/IFRS und US-GAAP in Deutschland zu vermuten, dass Interpretationsspielräume bei der Abbildung von Sachverhalten durch die Unternehmen und Abschlussprüfer unterschiedlich genutzt werden.

---

66 Der der Beschlussfassung zugrunde liegende Begriff „Kapitalmarktorientierung“ schließt keine Unternehmen des deutschen Freiverkehrs i. S. v. § 57 BörsG ein. Vgl. EU-Verordnung vom 19.07.2002, ABlEG Nr. L 243, 2002, Artikel 4 i. V. m. Übersicht der EU vom 16.11.2002, ABlEG Nr. C 280, S. 3. In dieser Arbeit wird der Begriff im deutschen und europäischen Kontext analog verwendet.

67 In Bezug auf den Einzelabschluss sowie für nicht kapitalmarktorientierte Unternehmen wird den Mitgliedstaaten ein Wahlrecht eingeräumt, die Anwendung der IAS/IFRS zu gestatten oder vorzuschreiben. Die Mitgliedstaaten können ferner den Gesellschaften, deren Wertpapiere sowohl in der EU als auch in einem Drittstaat zum Handel an einem geregelten Markt zugelassen sind und die ihren Konzernabschluss bereits nach anderen international anerkannten Rechnungslegungsgrundsätzen aufstellen (z. B. US-GAAP) sowie für Gesellschaften, von denen ausschließlich Schuldtitel zum Handel in einem geregelten Markt zugelassen sind, einen Aufschub zubilligen, indem sie definitiv erst ab 2007 auf die IAS/IFRS umstellen müssen. Vgl. EU-Verordnung vom 19.07.2002, ABlEG Nr. L 243, 2002, Artikel 5 und 9.

68 EU-Verordnung vom 19.07.2002, ABlEG Nr. L 243, 2002, Artikel 1.

69 Küting/Lorson (1999), S. 33; Spanheimer/Koch (2000), S. 310.

Hierunter leidet gerade die Vergleichbarkeit von Jahresabschlüssen.[70] *von Keitz* hat jüngst in einer Studie die IFRS-Bilanzierungspraxis von 100 börsennotierten Unternehmen in Deutschland untersucht.[71] In ihrer Analyse der Konzernabschlüsse des Geschäftsjahrs 2001 bzw. 2000/2001 kommt sie zu dem Ergebnis, dass die IAS/IFRS weder korrekt noch einheitlich angewandt wurden, da Unternehmen unter anderem vereinzelt nicht mehr gültige IAS/IFRS zugrunde gelegt haben und eine von den IAS/IFRS abweichende Bilanzierung und Bewertung vorgenommen haben.[72] *Lenz* fordert „[a]ngesichts der teilweise schlechten Qualität von angeblich in Übereinstimmung mit IAS und US-GAAP aufgestellten und auch testierten Jahresabschlüssen ... in Deutschland zukünftig dringend eine öffentlich-rechtlich legitimierte und hierauf spezialisierte Institution, die rechnungslegende Unternehmen und Abschlußprüfer wirksam überwacht und Verstöße gegen IAS und US-GAAP aufdeckt und sanktioniert."[73]

Während in den USA seit nahezu 70 Jahren die Börsenaufsichtsbehörde *Securities and Exchange Commission* über eine US-GAAP getreue, einheitliche Berichterstattung wacht, fehlt in Deutschland eine vergleichbare Institution, die die Einhaltung der US-amerikanischen Rechnungslegungsgrundsätze (US-GAAP) kontrolliert und bei Verstößen gegen die Vorschriften Sanktionen bewehren kann. Eine solche Instanz fehlt in Deutschland in gleicher Weise für die Rechnungslegungsinformationen nach den IAS/IFRS sowie dem HGB bzw. den DRS.[74] Die Funktion der SEC am Kapitalmarkt wurde von *Hütten/Brakensiek* in einer metaphorischen Weise mit der einer Autobremse verglichen.[75] Eine Bremse sorgt bei den Verkehrsteilnehmern für eine erhöhte Sicherheit. Fehlt eine derartige Vorrichtung am Kapitalmarkt, dürfte im übertragenen Sinne die Fahrt der Rechnungslegung in der Regel schon frühzeitig vor dem Ziel zu Ende sein.[76]

In entsprechender Weise dürfte auch die von der EU beschlossene Verpflichtung für Unternehmen zur Erstellung von Konzernabschlüssen in Übereinstimmung mit den IAS, ihr Ziel einer Verbesserung der Information und Transparenz verfehlen, wenn nicht zugleich EU-weit die Marktaufsicht erheblich gestärkt wird.

---

70 Vgl. Küting/Lorson (1999a), S. 28, die die Liberalisierung der externen Rechnungslegung bezogen auf ein einzelnes Unternehmen wegen der höheren Transparenz positiv werten, zugleich aber als eine weitere Folge eine Heterogenität im Vergleich aller Unternehmensabschlüsse konstatieren.

71 von Keitz (2003), S. 8-9.

72 von Keitz (2003), S. 269-270.

73 Lenz (1999), S. 451-452.

74 Vgl. Böckem (2000), S. 136.

75 Vgl. Hütten/Brakensiek (2000), S. 870, 872, die die Konsequenzen der Anwendung der US-GAAP in Deutschland bei einer fehlenden Börsenaufsichtsbehörde untersuchen.

76 Vgl. Hütten/Brakensiek (2000), S. 870.

2.1.2 Die Börsennotierung deutscher Unternehmen in den USA

Der Börsengang der Daimler-Benz AG an der *New York Stock Exchange* (NYSE) am 5. Oktober 1993 wird in der Literatur vielfach als Beispiel angeführt, um die Unterschiede zwischen HGB und US-GAAP zu verdeutlichen und gleichzeitig auf den Zeitpunkt hinzuweisen, zu dem das deutsche Bilanzrecht weltweit in die öffentliche Kritik geriet.[77] Der damalige Technologiekonzern war das erste deutsche Unternehmen, das sich an der New Yorker Börse notieren ließ. Eine Voraussetzung für das Börsenlisting war die Registrierung der Wertpapiere der Daimler-Benz AG bei der SEC. Die SEC weigerte sich, einen ausschließlich nach den Vorschriften des HGB erstellten Konzernabschluss von Daimler-Benz anzuerkennen, da ihrer Auffassung nach das HGB zu stark vom Vorsichtsprinzip geprägt ist. Daher müssen deutsche Unternehmen, wie auch andere ausländische Gesellschaften, für die Zulassung an den US-amerikanischen Börsen Jahresabschlüsse, die auf der Grundlage der US-GAAP aufgestellt sind, einreichen. Alternativ können sie auch Überleitungsrechnungen (*reconciliations*) erstellen, in denen das Eigenkapital und der Jahresüberschuss nach HGB bzw. IAS/IFRS zum Eigenkapital und Ergebnis nach US-amerikanischen Regelungen übergeleitet werden.[78]

Seit dem Börsengang von Daimler-Benz in New York hat der Trend zur Inanspruchnahme des US-Kapitalmarkts durch deutsche Unternehmen zugenommen. Die Gründe hierfür sind verschiedenartig, so z. B. die Möglichkeit des Einsatzes der Aktien als Akquisitionswährung[79], die Erweiterung der Kapitalaufnahmemöglichkeit, die Verminderung des Wechselkursrisikos und die Erhöhung des Bekanntheitsgrads. Am 31. Dezember 2001 waren bereits 31 deutsche Unternehmen bei der SEC registriert und ihr gegenüber berichtspflichtig.[80]

Die an einer US-amerikanischen Börse notierten deutschen Unternehmen müssen im Vergleich zu deutschen Unternehmen, die ausschließlich an einer inländischen Börse kotiert sind und ebenso nach US-GAAP bilanzieren, zusätzliche Angabevorschriften beachten, da sie neben den US-GAAP die Normen der Börsenaufsichtsbehörde SEC einzuhalten haben. Diese zusätzlichen Vorschriften gelten als so umfangreich, dass durch sie der Zugang zum US-

---

77 Vgl. Biener (1996), S. 66-67; Küting (1993b), S. 357-379, vergleicht die Rechnungslegung nach US-GAAP und HGB unter Berücksichtigung des Listing von Daimler-Benz an der New Yorker Börse.

78 Vgl. Glaum/Mandler (1996), S. 22. Mit der Möglichkeit der Überleitungsrechnung einschließlich der allgemeinen Angaben nach *Form 20-F* ist die SEC der Auffassung, eine noch vertretbare Grenze eines Kompromisses eingegangen zu sein, um ausländischen Unternehmen die Börsenzulassung in den USA zu ermöglichen. Eine Überleitungsrechnung ohne zusätzliche Angaben kann nur dann von Unternehmen angewandt werden, wenn bereits im Umlauf befindliche Aktien in den US-amerikanischen Handel gelangen sollen. Ansonsten ist eine Überleitungsrechnung mit dem Ausweis zusätzlicher Angaben oder ein vollständiger US-GAAP Abschluss erforderlich. Vgl. KPMG (2003b), S. XXXIII; Biener (1996), S. 65.

79 Vgl. von Rosen (1998), S. 17; Fitzgerald/Carnall (1999), S. 975-976.

80 Abrufbar im Internet unter: http://www.sec.gov/divisions/corpfin/internatl/companysummary.htm (Abfrage: 6.09.2002).

amerikanischen Kapitalmarkt erschwert wird.[81] Nicht zuletzt wegen der großen Regelungsdichte und -reichweite gilt der US-amerikanische Kapitalmarkt als der weltweit am strengsten regulierte.[82]

In einer Studie hat das *Deutsche Aktieninstitut* (2002) die Geschäftsberichte der Unternehmen am Neuen Markt auf der Grundlage detaillierter Checklisten systematisch auf die Einhaltung der Offenlegungspflichten[83] nach den spezifischen Rechnungslegungssystemen untersucht. Dabei erwies sich unter anderem, dass die nach US-GAAP bilanzierenden Unternehmen, die nicht wie andere Unternehmen am Neuen Markt parallel an einer US-amerikanischen Börse notiert sind, „ohne den Druck einer starken SEC an Vollständigkeit der Offenlegung nachlassen“[84]. Eine Börsenaufsicht als Überwachungs- und Kontrollinstanz ist für eine hohe Qualität der Rechnungslegung unverzichtbar.[85]

Zudem unterwirft sich ein deutsches Unternehmen bei einer Notierung am US-amerikanischen Kapitalmarkt der permanenten Kontrolle durch die SEC, da sie die regelkonforme Anwendung der US-GAAP und anderer US-amerikanischer Normen durch die Unternehmen überprüft. Verstöße gegen diese Kapitalmarktbestimmungen ahndet sie im Einzelfall mit drastischen Sanktionen (*enforcement*). Die USA sehen also am Kapitalmarkt restriktivere Sicherungsmechanismen vor als Deutschland.

Schon gegenwärtig werden daher deutsche Unternehmen, die nach US-GAAP bilanzieren, nicht gleich streng reguliert. Aus deutscher Perspektive kann eine Zweiklassengesellschaft der US-GAAP Anwender jedoch nicht wünschenswert sein. Aufgrund dieser Erwägungen ist die Schaffung einer vergleichbaren Instanz in Deutschland unumgänglich.

---

81 Vgl. Wilhelm (1997), S. 4.

82 Vgl. Wilhelm (1997), S. 4.

83 Der Begriff „Offenlegung“ wird in der vorliegenden Arbeit synonym für den Ausweis oder die Angabe von Informationen gebraucht; unter Offenlegung wird folglich weder die Einreichung von Jahresabschlüssen an die Gesellschafter bzw. zum Handelsregister noch ihre Bekanntmachung im Bundesanzeiger im Sinne von § 325 HGB verstanden.

84 Deutsches Aktieninstitut (2002), S. 5-6. Auch nach Auffassung des amtierenden Vorsitzenden des *International Accounting Standards Board* (IASB), *Sir David Tweedie*, der Kritik an der fehlenden Durchsetzung der IAS/IFRS als einseitig zurückweist, sei in gleicher Weise zu prüfen wie US-amerikanische Rechnungslegungsstandards von Unternehmen eingesetzt werden, die nicht in den USA kotiert und daher nicht der Kontrolle der US-Börsenaufsichtsbehörde unterworfen sind. Vgl. Tweedie (2002), S. 89.

85 Vgl. Hütten/Brakensiek (2000), S. 872.

2.1.3 Konsolidierung europäischer Börsen

Im Mai 2000 gaben die *London Stock Exchange plc* (LSE) und die Deutsche Börse AG überraschend bekannt, sich unter dem Dach einer Holding-Gesellschaft mit dem Namen „*iX-international exchanges plc (iX)*" zusammen zu schließen.[86] Die iX wäre nach den Kriterien Handelsvolumen und Marktkapitalisierung die mit Abstand größte Börse Europas geworden. Der Handel großer Standardwerte (*blue chips*) war in London vorgesehen, während der An- und Verkauf von Wachstumswerten in Frankfurt gebündelt werden sollte.[87] In einem weitergehenden Schritt war ein Gemeinschaftsunternehmen für eine paneuropäische Wachstumsbörse der Börse iX mit der US-amerikanischen Technologiebörse *National Association of Securities Dealers Automated Quotation System* (NASDAQ) geplant.[88] Im August 2000 unterbreitete jedoch die schwedische OM-Gruppe den Aktionären der LSE ein feindliches Übernahmeangebot (*hostile takeover*) als Reaktion auf das geplante iX-Projekt. Als Konsequenz scheiterte die Börsenfusion iX, da die LSE nicht zugleich den *hostile takeover* abwehren und die Fusion mit der Deutschen Börse vorbereiten konnte.[89]

In der Vorbereitungsphase der Fusion wurde diskutiert, welche aufsichtsrechtlichen Folgen der Zusammenschluss haben würde, da die Gemeinschaftsbörse mit zwei vorgesehenen Handelsplätzen, in London und Frankfurt, in zwei unterschiedlichen Staaten mit verschiedenen Rechtssystemen beheimatet gewesen wäre.[90] Die Unternehmen des *Blue Chip*-Handels hätten der Überwachung und der Börsenaufsicht auf der Grundlage der britischen Regelungen unterlegen, wohingegen die Unternehmen des Wachstumsmarkts das deutsche Börsen- und Kapitalmarktrecht hätten einhalten müssen. In Bezug auf die Kapitalmarktaufsicht existiert im Gegensatz zu Deutschland in Großbritannien mit dem *Financial Reporting Review Panel* (FRRP) eine privatrechtliche Regulierungsinstanz, welche die Kompetenzen besitzt, die Einhaltung von Rechnungslegungsvorschriften von Unternehmen mit Sitz in Großbritannien zu überwachen und Verstöße gegen einschlägige Regelungen zu sanktionieren. Eine vergleichbare Instanz ist dem deutschen Börsenaufsichtssystem fremd. Wäre darüber hinaus die angestrebte Fusion mit der NASDAQ verwirklicht worden, wäre zusätzlich die SEC als Aufsichtsorgan einbezogen worden, die inländische und ausländische Unternehmen beaufsichtigt. Folg-

---

86 Vgl. iX-international exchanges (2000), S. 5. Zu den vermeintlichen Vorteilen eines Zusammenschlusses für die Volkswirtschaft, den Finanzplatz Frankfurt und die Anteilseigner siehe Seifert (2000), S. 30.

87 Vgl. o. V. (2000a), http://www.ftd.de/bm/ma/1050999.html?nv=rs (Abfrage: 24.07.2000).

88 Vgl. Grass (2000), http://www.ftd.de/bm/ma/FTD963864922149.html?nv=se (Abfrage: 24.07.2000).

89 Vgl. o. V. (2000c), http://www.ftd.de/ub/fi/1058765.html?nv=se (Abfrage: 15.10.2000); o. V. (2000e), http://www.ftd.de/bm/bo/1059231.html?nv=se (Abfrage: 15.10.2000).

90 Zu einer Diskussion der juristischen Problematik des Zusammenschlusses siehe Köndgen (2000), S. 32 und eine Replik o. V. (2000b), S. 30. Zu diversen Aspekten der Aufsicht über die Gesellschaft iX vgl. BAWe et al. (2000), http://www.bawe.de/down/erkl_ix.pdf (Abfrage: 29.10.2002).

lich wären die Unternehmen bei einem Zusammenschluss dreier Börsen mit drei in ihrer Ausprägung unterschiedlichen Aufsichtssystemen konfrontiert worden. Welchem nationalen Überwachungssystem ein Unternehmen unterworfen worden wäre, wäre durch den Sitz des Unternehmens und die Zuordnung zum Handelssegment bestimmt worden.

Auch wenn die Fusion nicht zustande kam und dadurch die tatsächlichen Auswirkungen einer Großbörse unter deutscher Einbeziehung für den Kapitalmarkt in Deutschland in der Praxis unbeantwortet bleiben, ist die Frage nach den potenziellen Konsequenzen weiterhin aktuell. Denn es erscheint angesichts eines zunehmenden Wettbewerbs der Börsen unwahrscheinlich, „daß die europäischen Börsen auf lange Sicht eigenständig bleiben“[91] können.

2.1.4 Die Flucht der Anleger vom Börsensegment „Neuer Markt“

Nach dem Vorbild der US-amerikanischen Technologiebörse NASDAQ wurde an der Frankfurter Wertpapierbörse im März 1997 der Neue Markt als eigenständiges Segment gegründet, um innovativen Gesellschaften kleinerer und mittlerer Größe, vorwiegend den Wirtschaftszweigen Telekommunikation, Medien und Technologie zugehörend, die Möglichkeit der Eigenkapitalbeschaffung zu bieten.[92] Der Neue Markt war eine privatrechtliche Einrichtung der Deutsche Börse AG, Trägerin der öffentlich-rechtlichen Frankfurter Wertpapierbörse.[93] Für eine Notierung am Neuen Markt mussten die Unternehmen formal zum Geregelten Markt[94] der Frankfurter Wertpapierbörse zugelassen werden,[95] wodurch erreicht wurde, dass die Unternehmen der staatlichen Aufsicht unterworfen und alle einschlägigen Gesetze und Verordnungen anzuwenden sind (z. B. Börsengesetz, Verkaufsprospektgesetz, Wertpapierhandelsgesetz).[96] Für die Regulierung des Marktsegments fertigte die Deutsche Börse AG zudem ein eigenes (privatrechtliches) Regelwerk[97] an, das im Vergleich zu anderen Börsensegmenten in Deutschland und in anderen europäischen Staaten striktere Zulassungs- und Handelsbedingungen sowie Publizitätspflichten vorsah.[98] So forderte die Deutsche Börse AG von den Un-

---

91 o. V. (2000d), S. 29.

92 Vgl. Küting (2001), S. 1.

93 Zur Trennung von Börse und Börsenträger siehe Segna (1999), S. 2-3, 11-13.

94 Der Geregelte Markt ist ein Marktsegment, an dem insbesondere die Wertpapiere kleinerer und mittlerer Aktiengesellschaften zugelassen sind. Vgl. Kümpel (2000), S. 2056-2066.

95 Vgl. Deutsche Börse (2001), S. 63, die eine ausführliche, jedoch nicht lückenlose Analyse des Neuen Markts aus volkswirtschaftlicher und juristischer Perspektive sowie aus Kapitalmarktsicht herausgegeben hat. Schwerpunktmäßig werden in diesem Report Vergleiche zu dem US-amerikanischen Kapitalmarkt, insbesondere zur NASDAQ, angestellt.

96 Um eine Doppelnotierung zu vermeiden, verzichtet der Emittent auf eine Notierung am Geregelten Markt. Vgl. Deutsche Börse (2002a), Abschnitt 2, Ziffer 2.3 (4) Regelwerk Neuer Markt.

97 Abrufbar im Internet unter http://deutsche-boerse.com/nm/.

98 Vgl. Deutsches Aktieninstitut (2002), S. 17.

ternehmen, ihre Jahres- und Quartalsabschlüsse nach IAS oder US-GAAP zu erstellen.[99] Bis zum März 2000 stieg der NEMAX-50 Index, der die Aktienkursentwicklung der 50 marktkapitalisierungsstärksten Unternehmen des Neuen Markts repräsentierte, auf 9.631,53 Punkte und war damit fast zehnmal so hoch wie vor Beginn des erstmaligen Handels 1997. Die Kapitalisierung lag zu diesem Zeitpunkt bei etwa 207 Milliarden Euro. Danach fand die Erfolgsstory des Neuen Markts jedoch ein jähes Ende. Gewinnwarnungen, Verstöße gegen Bilanzierungs-, Bewertungs- und Ausweisvorschriften[100], Insolvenzanträge von Unternehmen, unwahre öffentliche Aussagen von Unternehmensvertretern, Betrug durch Vorstände und Insiderhandel ließen den Neuen Markt kollabieren und den NEMAX-50 innerhalb von 18 Monaten im September 2001 auf einen Stand von 641,31 Punkten fallen. Der Tiefstand wurde im Oktober 2002 mit 306,32 Punkten erreicht.[101]

Hinsichtlich der Nichteinhaltung von Rechnungslegungsvorschriften sieht sich die Deutsche Börse AG nicht als kontrollierendes und durchsetzendes Organ.[102] Die an der Börse zugelassenen Unternehmen müssen der Deutschen Börse AG regelmäßig ihre Quartals- und Jahresabschlüsse übermitteln.[103] Eine Prüfung der Deutschen Börse AG findet nach Empfang der Rechenwerke lediglich dahingehend statt, ob die Quartals- und Jahresabschlüsse vollständig eingegangen sind.[104] Eine „inhaltliche Prüfung im engeren Sinne“ wird hingegen nicht durchgeführt.[105] Folgerichtig bestätigt *D'Arcy*, Mitarbeiterin der Deutsche Börse AG, dass die „Forderung nach einer neuen Durchsetzungsinstanz von Rechnungslegungsstandards...durchaus nachvollziehbar [ist].“[106]

Die Glaubwürdigkeit der Unternehmen am Neuen Markt ist erodiert. Kaum ein Unternehmen wagte es im vergangenen Jahr, Aktien am Neuen Markt zu emittieren. Als Reaktion hat die Deutsche Börse AG die Marktsegmente zum 1. Januar 2003 neu geordnet und die Einstellung des Neuen Markts zum 5. Juni 2003 beschlossen.[107] Der Neue Markt hat unstreitig zum Entstehen einer Kapitalmarktkultur in Deutschland beigetragen. Die Kapitalanlage in Aktien ist bei Kleinanlegern populär geworden. Doch so sehr der Neue Markt auch zu dieser Entwick-

---

99 Vgl. Deutsche Börse (2002a), Abschnitt 2, Ziffer 7.3.2 (1) und 7.1.2 (1) Regelwerk Neuer Markt.

100 Vgl. Ballwieser (2001), S. 850-852, der die Qualität von Unternehmensabschlüssen am Neuen Markt geprüft und dabei zahlreiche Mängel festgestellt hat.

101 Siehe http://www.exchange.de (Stand: 1.04.2003).

102 Vgl. d'Arcy/Leuz (2000), S. 390.

103 Vgl. Benz/Kiwitz (1999), S. 1167.

104 Vgl. o. V. (2000), S. 32. Zu den Bestandteilen eines Quartalsabschlusses nach erfolgter Zulassung siehe Deutsche Börse (2002a), Abschnitt 2, Ziffer 7.1.2 (2) Regelwerk Neuer Markt. Zu einem Geschäftsjahresende sind der Jahresabschluss mit dem Bestätigungs- oder Versagungsvermerk und der Lagebericht einzureichen. Vgl. Deutsche Börse (2002a), Abschnitt 2, Ziffer 7.3.2 (2) Regelwerk Neuer Markt.

105 d'Arcy/Leuz (2000), S. 390.

106 d'Arcy (2001), S. 171.

lung beigesteuert hat, ist er in gleichem Maße ein Symbol für das Versagen und für Unzulänglichkeiten der Kontrollmechanismen des deutschen Kapitalmarkts geworden.[108] Darüber hinaus ist der Neue Markt ein Exempel für das Scheitern einer privaten Aufsicht.

Seit der Einstellung des Neuen Markts gibt es im Amtlichen[109] und Geregelten Markt nur noch die neu geschaffenen Segmente „*Prime Standard*" und „*General Standard*". Die beiden Segmente zeichnen sich durch unterschiedlich hohe Transparenzanforderungen aus. Sofern die Unternehmen des Neuen Markts keinen Antrag auf Aufnahme in den *Prime Standard* gestellt haben oder ihr Antrag auf Zulassung für dieses Segment abgelehnt wurde, werden diese Aktien im *General Standard* notiert.[110] Während sich die Zulassungsfolgepflichten im *Prime Standard* an den bisherigen Anforderungen des Neuen Markts orientieren, müssen für den *General Standard* vergleichsweise weniger Bedingungen im Hinblick auf die Transparenz erfüllt werden.[111]

Der Vertrauensverlust am Kapitalmarkt kann nur durch einen Neuanfang zurückgewonnen werden. Ein strenges Regelwerk der Deutschen Börse AG reicht nicht aus, solange keine Aufsichtsinstanz existiert, die die IAS/IFRS und US-GAAP durchsetzt.[112] Die Schaffung einer Überwachungsinstanz der Rechnungslegung kann einen solchen Neubeginn darstellen. Ob sich die neue Börsenordnung als geeignete Reform erweist, ist dagegen zu bezweifeln. Denn durch eine Neusegmentierung allein wird kaum Vertrauen bei den Anlegern erweckt werden können.

2.1.5 Unternehmensschieflagen als evidentes Beispiel für die Erwartungslücke

Die Unternehmenskrise der Holzmann AG sowie der Betrugsfall Flowtex Technologie GmbH & Co. KG haben zu Beginn des Jahrs 2000 zu einer harschen Medienberichterstattung über

107 Vgl. Deutsche Börse (2003a), http://deutsche-boerse.com/ (Abfrage: 30.06.2003).

108 Zu dieser Entwicklung hat sicherlich auch die Tatsache beigetragen, dass der Gesetzgeber die gesetzliche Prüfung des Risikofrüherkennungssystems auf Unternehmen des Amtlichen Handels begrenzt hat (§§ 317 Abs. 4 i. V. m. 321 Abs. 4 HGB und § 91 Ab. 2 AktG). Für die Prüfung von Unternehmen am Neuen Markt galt diese Vorschrift somit nicht. Erst durch die Verabschiedung des Transparenz- und Publizitätsgesetzes (TransPuG) im Jahr 2002 wurde diese Prüfungspflicht auf alle börsennotierten Aktiengesellschaften ausgeweitet. Vgl. BGBl. I 2002, S. 2684. Vgl. zur Eignung des Risikofrüherkennungssystems als Indikator für bestandsgefährdende Risiken eines Unternehmens Gischer/Hommel (2003), S. 950.

109 Der Amtliche Handel ist ein reglementiertes Marktsegment, an dem die Wertpapiere der traditionellen und etablierten Unternehmen (z. B. die DAX-Werte) zugelassen sind und gehandelt werden. Für die Wertpapierzulassung zu diesem Marktsegment gelten im Wesentlichen das Börsengesetz und die Börsenzulassungsverordnung. Vgl. Rödl/Zinser (1999), S. 48.

110 Vgl. Deutsche Börse (2002), http://deutsche-boerse.com/ (Abfrage: 17.02.2003).

111 Vgl. Zielke/Kronner (2003), S. 46.

112 *Küting* fordert die Deutsche Börse AG auf, in verstärktem Maße die Abschlüsse zu kontrollieren und Verfehlungen zu sanktionieren, vgl. Küting (2001), S. 547.

die Tätigkeit der Wirtschaftsprüfer in Deutschland geführt.[113] Noch stärker ins Blickfeld der Öffentlichkeit trat der Berufsstand der Wirtschaftsprüfer schließlich mit weiteren Fällen von Bilanzmanipulationen, die sich anschließend in Deutschland (z. B. Berliner Bankgesellschaft, Comroad) und in den USA (z. B. *Enron*, *Worldcom*) ereigneten. Der bisherige Tiefpunkt war die Verurteilung der Wirtschaftsprüfungsgesellschaft *Arthur Andersen* wegen Behinderung der Justiz in den USA und ihre daraus resultierende Zerschlagung.[114] Die öffentliche Kritik angesichts der Skandalfälle hat dem Berufstand insgesamt geschadet und eine nachhaltige Glaubwürdigkeitskrise der Wirtschaftsprüfer ausgelöst. Die Art und Weise der journalistischen Beiträge hat zum Teil deutlich gemacht, welche überzogenen Vorstellungen an die Prüfung von Jahresabschlüssen geknüpft werden.[115] Eine zeitlich nach den beiden im Jahr 2000 bekannt gewordenen Unternehmensskandalen im Auftrag von KPMG durchgeführte Studie des EMNID-Instituts belegt bei den befragten Personen ein mangelndes Wissen bezüglich des Tätigkeitsfelds von Wirtschaftsprüfern.[116] Insgesamt 4011 Personen in Deutschland wurden unter anderem zu den Aufgaben, der Häufigkeit der Prüfung und den Rechten sowie Pflichten der Wirtschaftsprüfer befragt. Bei der Frage nach den Aufgaben von Wirtschaftsprüfern gaben 66% der Befragten an, dass der Wirtschaftsprüfer die Rechtmäßigkeit der Aktivitäten des Managements überprüfen würde. 60% der Personen waren der Meinung, Wirtschaftsprüfer würden (auch) den Erfolg der Geschäftspolitik eines Unternehmens kontrollieren. Immerhin 33% der Interviewten nannten außerdem die Bewertung der gesamtwirtschaftlichen Situation eines Lands als eine (weitere) Aufgabe von Wirtschaftsprüfern.[117] Diese Antworten gehen weit über die handelsrechtlichen Vorschriften zur Prüfungstätigkeit hinaus, die grundsätzlich die Kontrolle der Ordnungsmäßigkeit der Buchführung und der Berichterstattung über die Lage des Unternehmens vorsehen (§ 317 Abs. 1 bis 3 HGB). 39% der Personen gaben an, die Prüfung würde in einem Turnus von 3-5 Jahren durchgeführt. Gesetzlich ist hingegen geregelt, dass die Prüfung des Jahresabschlusses jährlich zu erfolgen hat (§ 316 Abs. 1 Satz 1 bzw. Abs. 2 HGB). Anhand der Antworten zur Frage nach den Rechten und Pflichten von Wirtschaftsprüfern ist zu erkennen, dass der befragte Personenkreis von tendenziell weniger Rechten, aber dafür von mehr Pflichten für den Berufsstand der Wirtschaftsprüfer ausgeht als die gesetzli-

113 Die Schlagzeilen lauteten unter anderem „Holzmann-Prüfer am Pranger", o. V. (2000f), http://www.spiegel.de/wirtschaft/0,1518,59719,00.html (Abfrage: 25.05.2000) und „Zahme Wachhunde", o. V. (2000g), http://www.ftd.de/ub/di/1051785.html?nv=se (Abfrage: 25.05.2000).

114 Vgl. o. V. (2002), S. 17.

115 Vgl. statt vieler Wetzel (2000), http://www.welt.de/daten/2000/03/24/0324un158556.htx (Abfrage: 25.10.2002), der im Zusammenhang mit dem FlowTex-Betrug kommentiert „In einer idealen Welt hätte nicht ein Staatsanwalt, sondern der Wirtschaftsprüfer den Betrug entdeckt. Darin hätte nämlich erst seine Existenzberechtigung gelegen."

116 Vgl. EMNID-Institut (2000).

117 Offenbar verwechselten diese Befragten eine Wirtschaftsprüfungsgesellschaft mit einem Wirtschaftsforschungsinstitut. Vgl. Wiedmann (2001), S. 25.

chen Vorschriften und berufsständischen Grundsätze[118] bestimmen. Die Ergebnisse der Befragung decken sich mit Erkenntnissen früherer Studien[119] zur Evaluation der Erwartungshaltung der Öffentlichkeit an die Abschlussprüfung. Die objektiven und subjektiven Abweichungen von den gesetzlichen Vorschriften zur Abschlussprüfung werden wissenschaftlich als Erwartungslücke bezeichnet. Zum einen kann die tatsächliche Berufsausübung unzureichend sein, wenn die gesetzlichen Vorschriften nicht erfüllt werden (Umsetzungslücke)[120] oder falls die Abschlussprüfung über die gesetzlichen Anforderungen hinausgeht (Regelungslücke)[121]. Zum anderen existiert neben diesem Erwartungsbereich der objektiven Wirklichkeit, der aus der tatsächlichen Berufsausübung resultiert, ein Erwartungsbereich der subjektiven Wahrnehmung. Die Wahrnehmung der Öffentlichkeit[122] hinsichtlich der Berufsausübung kann verzerrt sein (Wahrnehmungslücke)[123] oder die Erwartungen der Öffentlichkeit an die Abschlussprüfung können die erbringbare Berufsausübung übersteigen (Realitätslücke)[124].

Das aktienrechtliche Überwachungssystem in Deutschland ist durch die Trennung von Geschäftsführung und Überwachung gekennzeichnet. Dem Aufsichtsrat obliegt gemäß § 111 Abs. 1 AktG die Überwachung der Geschäftsführung des Vorstands. Für die Erfüllung dieser Aufgabe ist der Aufsichtsrat unter anderem auf den Abschlussprüfer als unabhängigen Sachverständigen angewiesen, da ihm der Abschlussprüfer für seine Aufgaben erforderliche Informationen bereitstellt.[125] So stützt sich der Aufsichtsrat bei der Prüfung des vom Vorstand nach § 170 Abs. 1 und 2 AktG vorgelegten (Konzern-)Jahresabschlusses und des (Konzern-)Lageberichts auf die Ergebnisse der Wirtschaftsprüfer.[126] Auch bei der Berichterstattung

---

118 Berufsständische Verlautbarungen zur einheitlichen und fachkonformen Berufsausübung der Wirtschaftsprüfer werden in Deutschland grundsätzlich vom Institut der Wirtschaftsprüfer in Deutschland e. V. (IDW) allein oder gemeinsam mit der WPK herausgegeben. Für die Beratungen der fachlichen Fragestellungen wurden vom IDW der Hauptfachausschuss (HFA) und besondere Fachausschüsse (z. B. Bankenfachausschuss, Steuerfachausschuss) gebildet. Internationale Verlautbarungen werden insbesondere von der *International Federation of Accountants* (IFAC), der wiederum das IDW und die WPK angehören, veröffentlicht. Vgl. IDW (2000a), Abschnitt B, Tz. 18-21 und Tz. 64-67. Zur Umsetzungspflicht der Verlautbarungen der IFAC in Deutschland vgl. Böcking/Orth/Brinkmann (2000), S. 220-221.

119 Vgl. die empirischen Untersuchungen zur Erwartungslücke von Knief (1976), S. 120-124; Hunger (1981), S. 154-155 sowie Ruhnke/Deters (1997), S. 929-931.

120 Vgl. Orth (2000), S. 55.

121 Vgl. Orth (2000), S. 57.

122 Der Begriff „Öffentlichkeit" ist in diesem Zusammenhang nicht mit dem politisch-historisch geprägten Begriff der öffentlichen Meinung, sondern im weitesten Sinne mit den *stakeholders* und den Anteilseignern, im Sinne der an der Abschlussprüfung interessierten Personen, gleichbedeutend. Vgl. ähnlich Böcking/Orth (1998), S. 352 m. w. N. Zur Definition der öffentlichen Meinung vgl. Zünd (1992), S. 372.

123 Vgl. Orth (2000), S. 55.

124 Vgl. Störk (1999), S. 77.

125 Vgl. Theisen (1999), S. 341; Schwegler (1995), S. 1683; Hommelhoff (1998), S. 2627.

126 Der Bereitstellung von Informationen an den Aufsichtsrat kommt der Abschlussprüfer gewöhnlich durch den Prüfungsbericht (§ 321 Abs. 5 Satz 2 HGB i. V. m. § 170 Abs. 3 AktG) und der (aus der allgemeinen Treuepflicht abgeleiteten) Redepflicht nach. Vgl. IDW (2000a), Abschnitt Q, Tz. 1114. Nach § 171 Abs. 1 Satz 2 AktG hat der Abschlussprüfer außerdem eine Auskunftspflicht über die wesentlichen Ergebnisse seiner Prü-

über das Ergebnis dieser Prüfung an die Hauptversammlung (§ 171 Abs. 1 Satz 1 und Abs. 2 Satz 1 AktG) greift er im Wesentlichen auf Informationen des Abschlussprüfers und damit auf Informationen „aus zweiter Hand" zurück. Der Abschlussprüfer übt also eine unterstützende Funktion für die Überwachungstätigkeit des Aufsichtsrats aus, wodurch er einen integralen Bestandteil des dualistischen Überwachungsmodells in Deutschland bildet.[127] Daher fällt ein zu Unternehmenskrisen bzw. -zusammenbrüchen führendes Versagen auf der Ebene des Vorstands oder des Aufsichtsrats in der Regel auf den Abschlussprüfer zurück. Bei Unternehmenskrisen kann ein Kleinaktionär grundsätzlich nicht nachvollziehen, welche Informationen der Abschlussprüfer an den Aufsichtsrat kommuniziert hat (Wahrnehmungslücke) bzw. welche Informationen er an den Aufsichtsrat unter Beachtung der rechtlichen Vorschriften hätte weitergeben müssen (Realitätslücke).[128] Ferner kann die tatsächliche Überwachung unzureichend sein, wenn die gesetzlichen Vorschriften nicht erfüllt werden (Umsetzungslücke) oder falls die Kontrolle über die gesetzlichen Anforderungen hinausgeht (Regelungslücke). Somit existiert also eine Erwartungslücke in Bezug auf die Unternehmensüberwachung, die eine Rückwirkung auf die Erwartungslücke der Abschlussprüfung hat.[129]

Des Weiteren ist fraglich, inwieweit der Abschlussprüfer die ordnungsgemäße Anwendung der Rechnungslegungsvorschriften gewährleisten kann. Auf der Grundlage der Prüfung eines deutschen Konzernunternehmens, das nach HGB, IAS/IFRS oder US-GAAP bilanziert, testiert der Abschlussprüfer, sofern er einen uneingeschränkten Bestätigungsvermerk erteilt, dass der Konzernabschluss ein den tatsächlichen Verhältnissen entsprechendes Bild der Vermögens-, Finanz- und Ertragslage sowie der Zahlungsströme eines Jahrs vermittelt.[130] Ökonomisch betrachtet trägt die Abschlussprüfung unter anderem dazu bei, das Informationsrisiko

---

fung auf der Bilanzsitzung des Aufsichtsrats(-ausschusses) zu erfüllen. Vgl. Dörner (2000), S. 101-102; Arbeitskreis Externe und Interne Überwachung der Unternehmung der Schmalenbach-Gesellschaft für Betriebswirtschaft (2000), Rn. 176-181. Zur Berichterstattung gegenüber dem Vorstand dienen grundsätzlich der Prüfungsbericht und der *management letter*. Die Informationen an die Hauptversammlung sind prinzipiell begrenzt, da der Abschlussprüfer keine Auskunftspflicht hat (§ 176 Abs. 2 AktG).

127 Vgl. Böcking (1999), S. 724.

128 Eine der wesentlichen Ursachen für die Erwartungslücke der Abschlussprüfung ist die Verschwiegenheitspflicht des Abschlussprüfers, die ihn grundsätzlich daran hindert, Kenntnisse von unternehmensinternen Tatsachen und Umständen an Dritte, d. h. auch an die Öffentlichkeit, weiterzugeben. Die Pflicht zur Verschwiegenheit ist durch berufsrechtliche, strafrechtliche sowie weitere besondere gesetzliche Vorschriften vorgeschrieben. Für die Rechtsquellen zur Verschwiegenheitspflicht siehe z. B. § 43 Abs. 1 Satz 1 WPO im Berufsrecht, § 203 StGB im Strafrecht sowie § 323 Abs. 1 Satz 1, 1. Halbsatz HGB im Zivilrecht. Die Verpflichtung zur Verschwiegenheit des Wirtschaftsprüfers entfällt grundsätzlich nur dann, wenn der Prüfer durch seinen Auftraggeber, in der Regel der Aufsichtsrat (§ 318 Abs. 1 Satz 4 HGB), hiervon befreit wird und eine Aussagegenehmigung erhält; zu weiteren Ausnahmen vgl. im Einzelnen IDW (2000a), S. 71-73, Tz. 270-279. Die Verschwiegenheitspflicht gegenüber der WPK in Aufsichts- und Beschwerdesachen wird möglicherweise aufgehoben, siehe Abschnitt 5.1.3.

129 Vgl. auch Orth (2000), S. 65-70.

130 Grundsätzlich stimmt der deutsche Prüfungsstandard 400 des IDW zur Erteilung von Bestätigungsvermerken bei Abschlussprüfungen mit dem *International Standard on Auditing* (ISA) 700 *The Auditor's Report on Fi-*

zu verringern. Sie reduziert das Risiko, dass der Jahresabschluss materiell falsch und irreführend ist.[131] Dementsprechend wird die Vertrauenswürdigkeit der Rechnungslegung gestärkt.[132] Die Öffentlichkeit verlässt sich auf den Bestätigungsvermerk des Abschlussprüfers, indem sie davon ausgeht, dass die Unternehmensberichterstattung die unter Beachtung der spezifischen Rechnungslegungsvorschriften entsprechende tatsächliche wirtschaftliche Lage der Gesellschaft widerspiegelt.

Hingegen wird im Schrifttum darauf verwiesen, dass die Darstellung der Unternehmenssituation von der realiter wirtschaftlichen Lage abweichen kann, auch wenn die Abbildung der Unternehmenslage mit den Rechnungslegungsvorschriften in Einklang steht.[133] Eine Ursache[134] für diese Diskrepanz ist die Ausübung von Wahlrechten, die Ausnutzung von Ermessens- und Gestaltungsspielräumen oder das Verstoßen gegen (nicht-)bilanzielle Vorschriften durch die Unternehmen, um die Vermögens-, Finanz- und Ertragslage in dem gewünschten Sinne darzustellen.[135] Der Abschlussprüfer hat im Falle der Anwendung regelkonformer Mittel durch das Unternehmen nicht notwendigerweise die Veranlassung oder die Möglichkeit, die Lagedarstellung korrigieren zu lassen, weil trotz der verzerrten Darstellung der Unternehmenslage die Rechnungslegungsvorschriften eingehalten werden. Für den Fall tatsächlicher Verstöße der Unternehmen gegen (nicht-)bilanzielle Vorschriften gilt handelsrechtlich die wenig konkrete Regelung, dass der Abschlussprüfer nur wesentliche Unregelmäßigkeiten bei gewissenhafter Berufsausübung aufdecken muss.[136] Da die Öffentlichkeit von einer geprüften, die tatsächliche wirtschaftliche Lage wiedergebenden Berichterstattung des Unternehmens ausgeht, unterliegt sie hinsichtlich der (il-)legal verwendeten Maßnahmen des Unternehmens

---

nancial Statements und dessen Anforderungen überein. Vgl. IDW (1999), S. 652, 655.

131 Vgl. Mulford/Comiskey (1996), S. 376.

132 Vgl. Clemm (1984), S. 646; mit Verweis auf *Clemm* Nonnenmacher (1996), S. 261.

133 Vgl. etwa Orth (2000), S. 61.

134 Einem Rechnungslegungssystem sind Defizite der Aussagefähigkeit immanent. Um die tatsächliche ökonomische Leistung eines Unternehmens beurteilen zu können, bedarf es einer Unternehmensbewertung. Vgl. Nowak (2000), S. 15.

135 Bei jedem Rechnungslegungskonzept verbleiben Unzulänglichkeiten in der Abbildung einzelner Sachverhalte. Vgl. Behr (1996), S. 545-546. Zur Systematisierung der bei der Abschlussprüfung zu berücksichtigenden Gesetzesverstöße siehe die Übersicht von Sell (1999), S. 43.

136 Siehe § 317 Abs. 1 Satz 3 HGB. Die handelsrechtliche Regelung, neu formuliert durch das Gesetz zur Kontrolle und Transparenz im Unternehmensbereich (KonTraG), wird in der Gesetzesbegründung als Festschreibung einer bereits gängigen Berufspraxis qualifiziert. Vgl. BT-Drucksache 13/9712, S. 27; ähnlich Ludewig (2000), S. 634. Eine entsprechende berufsständische Verlautbarung des IDW existierte schon länger mit der Stellungnahme HFA 7/1997. Vgl. IDW (1998), S. 29-33. An deren Stelle ist der Prüfungsstandard IDW PS 210 getreten, vgl. IDW (2003a), der das deutsche Pendant zu den internationalen Anforderungen ISA 240, vgl. IFAC (2001), und ISA 250, vgl. IFAC (2001a), darstellt. Die beiden Rechtsbegriffe „Wesentlichkeit" und „Gewissenhaftigkeit" werden handelsrechtlich nicht weiter bestimmt. Vgl. Arbeitskreis Externe und Interne Überwachung der Unternehmung der Schmalenbach-Gesellschaft für Betriebswirtschaft (2000), Rn. 94; zum Kriterium der Wesentlichkeit bei der Prüfung des Jahresabschlusses vgl. Ossadnik (1995), S. 35.

zur Beeinflussung der Lagedarstellung einem Informationsdefizit.[137] Analog zur Erwartungslücke im Zusammenhang mit der Abschlussprüfung wird die Bandbreite zwischen der von der Öffentlichkeit wahrgenommenen Berichterstattung und den überzogenen öffentlichen Erwartungen an die Informationsbereitstellung als Erwartungslücke der Rechnungslegung bezeichnet.[138] Im Erwartungsbereich der objektiven Wirklichkeit kann die tatsächliche Rechenschaft eines Unternehmens über seine Lage den Rechnungslegungsnormen nicht genügen (Umsetzungslücke) oder sie kann über die gestellten Anforderungen hinausgehen (Regelungslücke).

Die vorangegangenen Überlegungen haben die Erwartungslücke der Abschlussprüfung verdeutlicht. Des Weiteren sind Erwartungslücken der Unternehmensüberwachung und der Rechnungslegung zu konstatieren, die eine Rückkopplung auf die Erwartungslücke der Abschlussprüfung haben. Allen drei Erwartungslücken gemeinsam ist die Existenz des Erwartungsbereichs der objektiven Wirklichkeit in Bezug auf die tatsächliche Prüfung, Überwachung und Rechnungslegung und das Vorhandensein eines Erwartungsbereichs der subjektiven Wahrnehmung der Öffentlichkeit.

Ein Ansatzpunkt zur Verringerung der Erwartungslücken ist die Stärkung der Corporate Governance.[139] Bei dem System der Corporate Governance handelt es sich allgemein um die regulatorischen und deregulierenden Rahmenbedingungen für eine auf Wertsteigerung ausgerichtete Unternehmensführung und eine verantwortungsbewusste Unternehmensüberwachung. Corporate Governance umfasst die Regelungen und Grundsätze von Rechten, Pflichten und Verantwortlichkeiten, durch die ein kapitalmarktorientiertes Unternehmen geleitet und überwacht wird.[140] Die Einrichtung einer *enforcement*-Instanz als externes Überwachungsorgan ist eine mögliche regulierende Maßnahme, die Wirksamkeit des Corporate Governance-Gefüges eines Staats zu verbessern und dadurch die Erwartungslücke der Abschlussprüfung zu verringern.

Ein *enforcement*-Gremium dient der Kontrolle der Rechnungslegung. Es führt keine gesetzliche Jahresabschlussprüfung im Sinne des § 316 Abs. 1 und 2 HGB durch. Seine präzise Aufgabe liegt vielmehr darin, die mit einem Bestätigungs- oder Versagungsvermerk festgestellten Jahresabschlüsse von Unternehmen systematisch oder auf Basis von Stichproben in Bezug auf die Bilanzierung, Bewertung und den Ausweis von Angaben zu prüfen. Stellt die Instanz Un-

---

137 Vgl. Orth (2000), S. 50-51.

138 Für *Hoffmann* besteht anlässlich der Bilanzierungsprobleme bei der früheren Hypo-Bank (jetzt: Hypovereinsbank) und bei Holzmann das Erfordernis die Öffentlichkeit über die der Rechnungslegung innewohnenden Schätzungenauigkeiten aufzuklären. Vgl. Hoffmann (2000), S. 490.

139 Vgl. Böcking (1999), S. 724.

140 Vgl. KPMG (2001), Rn. 5; ähnlich DVFA (2000), S. 3.

zulänglichkeiten in der Finanzberichterstattung eines Unternehmens fest, kann sie Sanktionen anordnen. Es ist sicherlich unbestreitbar, dass diese Durchsicht der Abschlüsse Auswirkungen auf die Prüfer hat. Identifiziert die Regulierungsinstanz eine unzureichende Rechnungslegung, für die ein Abschlussprüfer zuvor ein uneingeschränktes Testat erteilt hat, wird das Auswirkungen auf den Markt der Wirtschaftsprüfer haben. Die Feststellungen der *enforcement*-Instanz können das Verhältnis zwischen dem Aufsichtsrat, der den Prüfungsauftrag vergibt, und dem Abschlussprüfer belasten, wenn der Prüfer wesentliche Unregelmäßigkeiten nicht bemerkt hat. Werden die Regelwidrigkeiten durch die Instanz veröffentlicht, wird die unzureichende Berufsausübung der Öffentlichkeit bekannt. Angesichts eines drohenden Verlusts von Marktanteilen der Prüfungsgesellschaften vor dem Hintergrund eines harten Wettbewerbs und mögliche persönliche Konsequenzen für die einzelnen verantwortlichen Wirtschaftsprüfer, ist von einer qualitativen Verbesserung der Berufsausführung der Abschlussprüfer auszugehen, um derartige Fälle zu verhindern. Ein zusätzlicher Druck auf die Tätigkeit der Wirtschaftsprüfer wird darüber hinaus ausgeübt, wenn die Instanz berechtigt ist, Sanktionen gegen die Prüfer zu verhängen.

Ferner würden entdeckte und veröffentlichte Normabweichungen sicherlich Konsequenzen für die Abschlussersteller haben. Die verantwortlichen Führungskräfte müssen mit Beeinträchtigungen ihres Ansehens und finanziellen Einbußen ihres „Marktwerts" rechnen. Unmittelbare Sanktionen für die Manager drohen zudem, wenn die Aufsichtsinstanz zur Bestrafung einzelner Geschäftsführungs- bzw. Vorstandsmitglieder berechtigt ist. Dieses Drohpotenzial diszipliniert das Management, wahrheitsgemäß und realitätskonform Auskunft über die Lage des Unternehmens zu geben.

Übertragen auf den Problembereich der Erwartungslücke ist festzuhalten, dass ein *enforcement*-Gremium sowohl am Erwartungsbereich der objektiven Wirklichkeit als auch am Bereich der subjektiven Wahrnehmung der Öffentlichkeit ansetzt. Mit der Schaffung einer Durchsetzungsinstanz werden die gesetzlichen Vorschriften um eine marktergänzende Kontrolle mit der Befugnis zur Offenlegung und Sanktionierung von Verstößen erweitert, wodurch die Umsetzungslücke der Abschlussprüfung, Überwachung und Rechnungslegung (tatsächlich unzureichend versus gesetzlich bzw. in Standards vorgeschrieben), sowie die Wahrnehmungslücke der Berufsausübung, Überwachung und Rechnungslegung (von der Öffentlichkeit wahrgenommen versus faktisch normunterschreitend) gemindert wird.

Zusammenfassend ist festzuhalten, dass ein Durchsetzungsgremium die genannten Erwartungslücken reduziert. Die Dimension der Verringerung hängt maßgeblich von den Ausgestaltungsmerkmalen der Instanz ab. Je weitreichender die Kontrollrechte und das Sanktionspotenzial sind, desto wirksamer werden die Diskrepanzen vermindert.

2.2 Das Gefangenendilemma als Grund für die Regulierung der Rechnungslegungsinformationen am Kapitalmarkt

Ein Unternehmen ist ein gegenüber seiner Umwelt offenes Gebilde, das von vielschichtigen Interessengruppen geprägt ist. Die Beziehungen zwischen einem Unternehmen und seinen unterschiedlichen Gruppen von Personen (z. B. Eigner, Gläubiger, Lieferanten und Arbeitnehmer) werden im Wesentlichen über Märkte (z. B. Kapitalmarkt, Beschaffungsmarkt) abgewickelt.[141] Zwischen Management, Anteilseignern (*shareholders*) und den übrigen Anspruchsgruppen eines Unternehmens (*stakeholders*) kann es zu Interessenkonflikten kommen. Der Konflikt zwischen den Einzelinteressen und dem gemeinschaftlichen Konsens von Personengruppen wurde in dem spieltheoretischen Modell[142] des Gefangenendilemmas analysiert.[143] Im Gefangenendilemma befindet sich die Gemeinschaft in einer „Rationalitätenfalle"[144]. Solange sich jeder Einzelne gemäß dem gemeinschaftlichen Interesse (regelkonform) benimmt, erzielen jene Individuen einen zusätzlichen Nutzen, die sich rational nicht an die Bestimmungen halten.[145] Anders formuliert: Das Interesse des Einzelnen konterkariert das Interesse der Gemeinschaft.[146]

Im Anwendungsfall der Rechnungslegung kann es besonders bei Publikumsgesellschaften, die durch eine Trennung von Management und Eigentum gekennzeichnet sind, zu einem Widerstreit der Interessen kommen.[147] Die Aufteilung in Management und Eigentum kann eine asymmetrische Informationsverteilung zur Folge haben.[148] Die Manager erhalten aufgrund ihrer Stellung und Funktion im Unternehmen einen Informationsvorsprung gegenüber den externen Investoren.[149] Zwar tragen Rechnungslegungsinformationen dazu bei, diese Ungleichmäßigkeit abzubauen, die Bereitstellung von Informationen der Führungskräfte gegenüber den Kapitalgebern als Empfänger kann jedoch durch eigennützige Handlungen der Füh-

---

141 Vgl. Kloock (1996), S. 1-2.

142 Mellwig weist auf den handlungsanalytischen Aspekt der Spieltheorie hin und verdeutlicht, dass sich bei der Ableitung optimaler Verhaltensweisen ein Bezug zur Gleichgewichtsanalyse zeigt. Vgl. Mellwig (1993), Sp. 1608.

143 Das Gefangenendilemma wurde von *Albert William Tucker* hervorgebracht und erstmalig 1950 in einer Vorlesung vor Psychologen öffentlich präsentiert. Vgl. Princeton University (1995), http://www.princeton.edu/pr/news/95/q1/0126tucker.html (Abfrage: 14.11.2002); Luce/Raiffa (1957), S. 94-97. Weimann (2001), S. 115-126, veranschaulicht das Dilemma verständlich durch Beispiele.

144 Schumann (1992), S. 462.

145 Vgl. Stobbe (1991), S. 473.

146 Vgl. Stobbe (1991), S. 473.

147 Grundlegend zur Trennung von Eigentum und Management Berle/Means (1932/1968). *Berle/Means* haben die Separierung von Eigentum und Management für die 200 größten Unternehmen (nach Vermögen) im Jahre 1929 empirisch untersucht, S. 84-111.

148 Vgl. Watrin (2001a), S. 27. Die Beobachtung asymmetrischer Informationen geht auf Akerlof (1970), S. 488-500 zurück.

149 Vgl. Akerlof (1970), S. 489, in Bezug auf den Informationsstand der Käufer und Verkäufer auf dem Gebrauchtwagenmarkt.

rungskräfte zu Lasten der *shareholder*[150] gekennzeichnet sein.[151] Die Empfänger der Informationen sind von dem Wohlverhalten der Manager abhängig, wenn die Führungskräfte vor Entscheidungen stehen, einen eigenen Vorteil zu erzielen oder darauf zu verzichten.[152] Die Erzielung materieller Vorteile, die Sicherung des Arbeitsplatzes, der Erhalt von Macht und die Verschaffung hohen Ansehens können die Manager veranlassen, entgegen den Interessen der Rechnungslegungsadressaten zu handeln[153] und von einer wahrheitsgemäßen und realistischen Berichterstattung über das Unternehmen abzuweichen.[154, 155] Diese Situation muss kein einmaliger Vorgang bleiben, sondern kann wiederholt eintreten.[156] *Grundfest*, ehemaliges Kommissionsmitglied der SEC, konstatierte zum Ende seiner Amtszeit: „*Investors' ability to monitor corporate performance ... has been subordinated to the interests of other constituencies, most notable corporate management.*"[157] Im Bereich der Rechnungslegung haben die Manager diskretionäre Entscheidungsspielräume, die sie zu ihren Gunsten nutzen können.[158] Die Manager haben sowohl Einfluss auf den Urbildspielraum als auch auf den Abbildungsspielraum eines Geschäftsvorfalls. Auf den Urbildspielraum kann das Management durch eine opportune Sachverhaltsgestaltung (z. B. Festlegung entsprechender Vertragsklauseln) einwirken, um die eigenen Interessen zu erreichen. Im Abbildungsspielraum, d. h. bei der Präsentation der Unternehmensinformationen, werden egoistisch handelnde Manager versuchen, ein eventuelles Fehlverhalten zu Lasten der Adressaten zu verschleiern bzw. ihre eigenen Interessen zu berücksichtigen.[159]

Das Ausmaß einer Fehlinformation kann für jeden individuellen Marktteilnehmer verschieden sein. In der Realität verfügen die Marktteilnehmer über unterschiedliche subjektive Informati-

---

150 Eine von Eigennutz gekennzeichnete Aktion kann außerdem die *stakeholders* benachteiligen.

151 Vgl. generell zu einer von Eigennutz bestimmten Verhaltensweise Buchanan/Tullock (1962/1997), S. 303-304. Das Verhältnis von Vorstand und Kleinaktionären erläutert Olson (1968), S. 54.

152 Vgl. Weimann (2001), S. 121-122.

153 Vgl. Watrin (2001a), S. 36.

154 Die fehlerhafte Unternehmensdarstellung kann zum Zeitpunkt der Emission oder während des daran anschließenden Handels von Wertpapieren erfolgen.

155 Es liegt eine enge Verknüfung zum Prinzipal-Agenten-Problem vor, bei dem es darum geht, dass ein Eigentümer (Prinzipal) einen Manager (Agenten), den er nicht ständig überwachen kann, vertraglich zu einem festgelegten Verhalten verpflichten muss. Vgl. Weimann (2001), S. 145-149; Ballwieser (1987), S. 354-355. Die im Kontrakt festgelegten Anreize werden von Parametern bestimmt, die von Eigentümer und Manager beobachtet werden können. Vgl. Hartmann-Wendels (1991), S. 143. Zu einer grundlegenden Erläuterung der Prinzipal-Agenten-Theorie vgl. Schubarth (1997), S. 178-181.

156 In der Spieltheorie lässt sich experimentell nachweisen, dass das Phänomen des unkollektiven Verhaltens auch bei mehrmaligem Spielen beobachtet werden kann (z. B. *Tit-for-tat*-Strategie). Vgl. Weimann (2001), S. 125-126; Frank (1992), S. 35-39. *Dunn* weist anhand einer sozialwissenschaftlichen Untersuchung des Beschäftigungsverhältnisses darauf hin, dass das eigentliche Kooperationsproblem nicht darin besteht, „*ob* überhaupt kooperiert wird, sondern *wie*" zusammengearbeitet wird. Dunn (1998), S. 169.

157 Grundfest (1990), S. 90-91; vgl. ebenso Wenger (1996), S. 425.

158 Vgl. Watrin (2001a), S. 33.

159 Vgl. Nadvornik (1994), S. 39-40. Schildbach bezeichnet Urbild- und Abbildungsspielräume als „Löcher" der Überprüfbarkeit aus Sicht der Anteilseigner. Schildbach (1997), S. 35.

onszustände und folglich über heterogene Erwartungen an die Entwicklungen des Börsenkurses.[160] Die Investoren werden durch Fehlinformationen geschädigt, falls sie aufgrund einer verzerrenden Unternehmensdarstellung Dispositionsentscheidungen treffen, die kurz- oder langfristig zu einer persönlichen Vermögenseinbuße führen.

Selbst wenn nur einzelne unseriöse Unternehmen die Informationsadressaten durch unwahre oder unrealistische Angaben täuschen, wird auch die Glaubwürdigkeit der wahrheitsgetreuen Unternehmen in Mitleidenschaft gezogen.[161] Einzelne Unternehmen werden kaum verhindern können, dass die Adressaten nicht präzise zwischen ehrlichen und unaufrichtigen Unternehmen differenzieren können. Das bei den Kapitalgebern entstehende Misstrauen führt zu höheren Finanzierungskosten. Davon sind auch die Unternehmen betroffen, die eine realitätsgetreue Lage des Unternehmens beschreiben.[162] Für die Adressaten liegt das Problem in der Möglichkeit der Nachprüfbarkeit der bereitgestellten Informationen.[163]

Warum sollte etwas gegen die Handlungen eigennütziger Manager zu Lasten der Rechnungslegungsadressaten (Gefangenendilemma) getan werden und was könnte konkret unternommen werden? „Die Gemeinwohlverpflichtung erweist sich als kulturübergreifendes Bindeglied"[164] der Manager. Ein Eingriff in das Gefangenendilemma kann die soziale Wohlfahrt der Gemeinschaft erhöhen, da Interventionen zur Reallokation von Ressourcen[165] und zu einer von dem Kollektiv als gerechter beurteilten Nutzenverteilung[166] führen. Zwingende Maßnahmen zur Unterbindung eigennützigen Verhaltens zu Lasten des Kollektivs im Gefangenendilemma machen ihrerseits einen Einsatz von Ressourcen notwendig. Die Wohlfahrt könnte durch einen Appell an das soziale Verantwortungsbewusstsein der Manager gesteigert werden. Die Führungskräfte müssten auf freiwilliger Basis ihr eigennütziges Verhalten unterlassen und die Regeln einhalten.[167] Menschen können auch einen Nutzen erzielen, wenn sie sich ehrlich, fair und treu verhalten.[168] Empirische Erkenntnisse zeigen, dass ein moralischer Aufruf tatsächlich

160 Vgl. May (1994), S. 11.
161 So die Feststellung von Gerke (1993), S. 626 für den außerbörslichen Kapitalmarkt.
162 Vgl. Gerke (1993), S. 625.
163 Vgl. Ballwieser (2002), S. 298. Die Anforderungen an die intersubjektive Überprüfbarkeit von prognosebasierten Informationen im Rahmen des *business reporting* sind im Allgemeinen weniger restriktiv als bei vergangenheits- und gegenwartsbezogenen Daten. Vgl. ähnlich Hartmann-Wendels (1991), S. 362. Zur Problematik der Qualitätsunsicherheit unter Hinweis auf das Beispiel des Gebrauchtwagenmarkts von Akerlof (1970) vgl. Kunz (1985), S. 48; Hopf (1983), S. 30-31.
164 Wenger (1996), S. 425; vgl. auch Axelrod (1997), S. 120-122.
165 Vgl. Phillips/Zecher (1981), S. 21.
166 Vgl. Rosen (2002), S. 64-65.
167 Vgl. Stobbe (1991), S. 475. Diese Forderung beruht auf dem kategorischen Imperativ Kants: „Handle so, dass die Maxime deines Willens jederzeit zugleich als Prinzip einer allgemeinen Gesetzgebung gelten könne." Kant (1869), S. 35.
168 Vgl. Frank (1992), S. 25-27 zur Ehrlichkeit, S. 24 zur Fairness und S. 77-78 zur Treue.

Wirkung bei individuell rational Handelnden hinterlässt. Dies wird im Alltag beispielsweise an der Spendenbereitschaft der Bevölkerung deutlich. Die Erwartung der Einhaltung von Regeln durch Individuen zur Wahrung ihres „gute[n] Gewissen[s]“[169] stößt jedoch realiter an ihre Grenzen. Es bedarf außerdem des Einsatzes von Zwang und der persönlichen Strafandrohung, um die Interessen der Publizitätsadressaten einschließlich der Investoren besser zu schützen. Die Sanktionskosten müssen für den einzelnen Manager prohibitiv hoch sein, um eine die tatsächliche Unternehmenssituation widerspiegelnde Berichterstattung zu gewährleisten. Für verpflichtende Verhaltensregeln und die Überwachung ihrer Befolgung[170] kann grundsätzlich der Staat oder eine private Regulierungsinstanz[171] Sorge tragen.

2.3 Die *Securities and Exchange Commission* (SEC) in den USA als Leitbild einer Aufsichtsinstanz am Kapitalmarkt?

Um die Wirkungsweise einer *enforcement*-Instanz zu verstehen, ist die konkrete einzelstaatliche Analyse einer solchen Einrichtung, einschließlich ihrer Regulierungskompetenzen, eine adäquate methodische Vorgehensweise. Das Untersuchungsobjekt dieser Arbeit ist die US-amerikanische *Securities and Exchange Commission*, die einen wichtigen Beitrag zur Funktionsfähigkeit des US-amerikanischen Kapitalmarkts leistet. Der US-amerikanische Finanzplatz gilt als der bedeutsamste Finanzmarkt der Welt. Der SEC werden in der US-amerikanischen Literatur im Vergleich zu anderen US-amerikanischen Behörden positive Attribute mannigfaltigster Art zugeschrieben: *„most successful of all federal regulatory agencies“*[172], *„preeminent protector of the capital markets“*[173] und *„most effective regulatory agency“*[174] sind nur einige der vorzufindenden Beschreibungen. Nach Auffassung *Herzogs* wird der Blick in die USA gerne dazu verwendet, um zu untersuchen, welche dortigen Entwicklungen auch in Deutschland und/oder Europa zu erwarten sind.[175] Zwar ist der Beobachtung *Herzogs* zuzustimmen, im Fall der Forderung, eine Kontrollinstanz zur Durchsetzung von Rechnungslegungsnormen zu schaffen, ist diese Vorgehensweise der Betrachtung einer US-amerikanischen Institution

---

169 Stobbe (1991), S. 475.

170 *Buchanan* liefert das folgende simple Beispiel: Zwei Kinder teilen sich einmütig Murmeln in einem bestimmten Verhältnis auf, um anschließend mit ihnen zu spielen. Die Beiden wissen voneinander, dass der jeweils andere mogelt, wenn er nicht beaufsichtigt wird. Daher einigen sie sich auf einen Schiedsrichter, der bei ihrem Spiel die Einhaltung der Spielregeln kontrollieren soll. Ausgehend von diesem Beispiel sieht *Buchanan* eine Rechtfertigung des Staats in der Rolle des institutionellen Schiedsrichters. Als Einrichtung zur Durchsetzung tritt der Staat vorhandenen Vertragsparteien gegenüber, um die Einhaltung der Vertragsklauseln zu gewährleisten. Vgl. Buchanan (1984), S. 96-97.

171 Zum Begriff der Regulierung siehe Fußnote 36. Eine private Instanz als Eingriff in das Marktgeschehen ist möglich, sofern sich ihr die betroffenen Individuen bzw. Unternehmen freiwillig oder gesetzlich unterwerfen.

172 McCraw (1984), S. 153.

173 Shapiro (1984), S. 4.

174 Koslow (1990), S. 103.

175 Vgl. Herzog (1989), S. 171.

als mögliches Modell für Deutschland bzw. Europa allerdings tatsächlich angebracht. Denn seit Ende 1999 ist eine deutliche Intensivierung der Diskussion in Deutschland um eine *enforcement*-Instanz, die grundsätzlich privat oder staatlich organisiert werden kann, zu konstatieren.[176] Wird die Ausgestaltung einer derartigen Instanz im Schrifttum veranschaulicht, werden für gewöhnlich das privatrechtliche FRRP in Großbritannien und die staatliche *Securities and Exchange Commission* (*SEC*) in den USA als Praxisbeispiele herangezogen. Insofern ist die Perspektive in der sich ausdehnenden Diskussion nicht auf die USA begrenzt. Trotz eines Fokus auf die Funktionsweise der SEC in dieser Arbeit werden alternativ vorstellbare Strukturparameter einer *enforcement*-Instanz dargelegt. Durch die intensive Auseinandersetzung mit der SEC sollen die Mechanismen der Kapitalmarktregulierung in den USA begreiflich gemacht werden, um zur aktuellen Reformdebatte über die Gestaltung einer kapitalmarktregulierenden Instanz in Deutschland und/oder auf europäischer Ebene beizutragen.

Schildbach stellte angesichts der Übernahme der US-GAAP durch deutsche Unternehmen, die wenig Ablehnung im Schrifttum fand, fest: „das Ansehen der Wissenschaft nimmt Schaden, wenn Wissenschaftler sie zu einer reinen Modeveranstaltung verkommen lassen, in der der jeweils aktuelle Trend unkritisch als letzter Stand der Erkenntnis präsentiert wird."[177] In diesem Sinne wird die vorliegende Analyse der SEC nicht kritiklos geführt, sondern es werden auch Schwächen des US-amerikanischen Aufsichtssystems aufgezeigt.

Ungeachtet der Implementierung vergleichbarer institutioneller Elemente der SEC oder eines privaten Gremiums auf dem deutschen bzw. europäischen Kapitalmarkt ist schon heute abzusehen, dass der Aktionsradius der SEC auf Dauer nicht auf die Vereinigten Staaten von Amerika begrenzt bleibt. Bereits ein Mal wurde gegen ein deutsches Unternehmen eine Sanktion wegen eines Verstoßes gegen die Offenlegung angeordnet. Die E.ON AG (ehemals Veba) wurde bezichtigt, wider besseren Wissens deutsche und US-amerikanische Presseartikel über Fusionsverhandlungen zwischen Veba und Viag dementiert zu haben. Veba verstieß damit gegen Rechtsvorschriften[178], die eine unvollständige oder unrichtige Berichterstattung verbie-

---

[176] Vgl. allein im Jahr 2002 insbesondere Böcking/Kiefer (2002); Hütten/Lorson (2002); IDW/F.A.Z.-Institut (2002); Naumann (2002); Küting/Wohlgemuth (2002); Arbeitskreis Externe Unternehmensrechnung der Schmalenbach-Gesellschaft für Betriebswirtschaft (2002); Tielmann (2002); Wüstemann (2002).

[177] Schildbach (1999), S. 414. Entgegen der Aussage *Schildbachs* z. B. kritisch zur bilanziellen Abbildung der Einstellung von Geschäftsbereichen nach IAS und US-GAAP sowie einer Befürwortung der HGB-Bilanzierung im Falle der Einstelllung von Geschäftsbereichen Böcking/Dietz/Kiefer (2001), S. 382.

[178] Vgl. Sec. 10(b) und *rule* 10b-5 *Securities Exchange Act* (SEA). Siehe zu den Vorschriften Abschnitt 4.1.8.2.

ten.[179] Als Folge dieser faktischen Präsenz der SEC in Europa ist es unerlässlich, sich eingehender mit den Regulierungsstrukturen vertraut zu machen.

179 Als Folge einer mangelnden Verlässlichkeit auf die Unternehmensinformationen werden die potenziellen Anleger nach Auffassung der SEC aller Voraussicht nach nicht investieren, wodurch die Marktliquidität zum Nachteil der Kapitalmarktteilnehmer reduziert wird. In ihrer Begründung stellte die SEC fest: „*the Commission will not apply a different standard with respect to foreign issuers...*". SEC (2000c), http://www.sec.gov/litigation/admin/34-43372.htm (Abfrage: 6.12.2002).

3 Die SEC als gesetzliches Gremium zur Regulierung des Kapitalmarkts

3.1 Aufbau und Handlungsgrundsätze der SEC

3.1.1 Organisation der SEC

Die SEC ist eine unabhängige und überparteiliche Behörde. Sie ist keine Behörde der Regierung und steht damit nicht unmittelbar unter dem Einfluss des Präsidenten.[180] Sie ist allerdings dem Kongress[181] zur Rechenschaft verpflichtet.[182] Sie ist mit umfassenden legislativen, judikativen und exekutiven Befugnissen[183] zur Durchsetzung ihrer Aufgaben[184] ausgestattet. Sie ist eine Behörde mit Kollegialleitung, die mit anderen Bundesbehörden[185] in den USA als „vierte Gewalt"[186] gilt. Die SEC wird von einem Vorsitzenden und vier Kommissaren geleitet (Kommission). Der US-amerikanische Präsident ernennt die fünf Mitglieder der Kommission.[187] In der Regel gehört der Vorsitzende derselben Partei an wie der Präsident. Zur Wahrung der Neutralität dürfen nur maximal drei Mitglieder derselben politischen Partei zugehören.[188] Für die Ernennung der Mitglieder bedarf es der Zustimmung des Senats, nicht aber der des Repräsentantenhauses.[189] Die Amtsperiode eines jeden Direktoriummitglieds beträgt grundsätzlich

---

180 Vgl. Siebert (1996), S. 34.

181 Dem Kongress unterliegt die gesetzgebende Gewalt. Er besteht aus dem Repräsentantenhaus und dem Senat. Beide können Gesetzesvorlagen einbringen. Ein Gesetz gilt als angenommen, wenn in beiden Plenen eine Mehrheit zustimmt und das Gesetz danach vom Präsidenten unterzeichnet wird. Üblicherweise werden Finanzgesetze zuerst dem Repräsentantenhaus vorgelegt. Im Repräsentantenhaus verteilen sich die Sitze auf die einzelnen Staaten im Verhältnis der jeweiligen Bevölkerungszahl. Im Senat sind aus jedem Bundesstaat zwei Senatoren vertreten. Vgl. Treumann/Peltzer/Kuehn (1990), S. 30.

182 Vgl. Küting/Hayn (1993), S. 402.

183 Vgl. Pellens (2001), S. 79-80.

184 Zu den Aufgaben siehe Gliederungspunkt 3.1.2.

185 Regulierungsbehörden wurden für zahlreiche Bereiche des öffentlichen Lebens eingerichtet. Außer der SEC wurden etwa die zwischenzeitlich aufgelöste *Interstate Commerce Commission* (ICC; Gründung 1887) für die Regulierung des Wettbewerbs im Transportwesen, die *Federal Trade Commission* (FTC) für das Wettbewerbsrecht und den Verbraucherschutz und das *National Labor Relations Board* (NLRB) mit dem Schwerpunkt auf kollektivem Arbeitsrecht gebildet. Vgl. zur ICC Müller/Vogelsang (1979), S. 8-9; FTC (1999), http://www.ftc.gov/ftc/mission.htm (Abfrage: 20.11.2002); NLRB (2002), http://www.nlrb.gov/facts.html (Abfrage: 20.11.2002). Im Gegensatz zu den Kompetenzen der SEC und der ICC ist die Zuständigkeit der FTC und des NLRB eher auf die Überwachung der Gesamtwirtschaft und die Behebung genereller sozialer und volkswirtschaftlicher Probleme ausgerichtet. Vgl. Landis (1938), S. 16-17. Die Einrichtung der Behörden „ist wohl einem gewissen Mißtrauen des Kongresses gegenüber der ausübenden Gewalt [an deren Spitze steht der US-amerikanische Präsident, Anmerkung des Verfassers] zuzurechnen." Herzog (1989), S. 178.

186 Treumann/Peltzer/Kuehn (1990), S. 32. Gemäß *Müller/Vogelsang* stellt die SEC zusammen mit anderen US-amerikanischen Regulierungskommissionen eine „sui generis" zwischen den Staatsgewalten dar. Müller/Vogelsang (1979), S. 6.

187 Vgl. Sec. 4A Securities Exchange Act (SEA). Dem Präsidenten steht jedoch kein Absetzungsrecht zu. Vgl. Herzog (1989), S. 178.

188 Vgl. Sec. 4A SEA.

189 Vgl. Siebert (1996), S. 34-35.

fünf Jahre.[190] Kein Mitglied darf unmittelbar oder mittelbar Geschäfte abschließen, deren Regelung der Zuständigkeit der Kommission (*Commission*) unterliegt.[191] Die SEC ist verpflichtet, dem Kongress jährlich einen Bericht über ihre Tätigkeit zur Verfügung zu erstellen.[192] Die SEC unterliegt ferner der Kontrolle durch *The U.S. General Accounting Office* (GAO), einer im Jahr 1921 gegründeten Einrichtung des Bunds zur Überwachung der Aufgaben und Tätigkeiten der Bundesorgane. Das GAO ist die Untersuchungsinstanz des Kongresses, den es über seine Feststellungen informiert. Das GAO unterstützt den Kongress in seiner Verantwortlichkeit gegenüber dem US-amerikanischen Volk, da es die Verwendung des Steueraufkommens durch den Bund überprüft.[193] Das GAO fertigt auf Aufforderung von Mitgliedern des Kongresses Finanz- und Untersuchungsberichte an.[194] In der Vergangenheit hat das GAO schon mehrfach Berichte über die SEC erstellt.[195]

3.1.1.2 Divisionen

Die Behörde hat ihre Zentrale in *Washington, DC* und fünf weitere regionale Niederlassungen in *Chicago*, *Denver*, *Los Angeles*, *Miami* und *New York* mit sechs Bezirksbüros in *Atlanta*, *Boston*, *Fort Worth*, *Philadelphia*, *Salt Lake City* und *San Francisco*.[196] In *Washington* befinden sich die Direktoren der Divisionen und die Büroleiter. Die Regionalbüros werden von regionalen Verwaltungsbeamten geführt.[197] Die SEC besteht aus vier Divisionen und 18 Büros, in denen etwa 3.300 Mitarbeiter, hauptsächlich Rechtsanwälte, Rechnungslegungsspezialisten[198] und Finanzanalysten[199], tätig sind. Die vier Divisionen lauten:

- *Division of Corporation Finance* (DCF)
- *Division of Market Regulation*
- *Division of Investment Management Regulation*
- *Division of Enforcement*

---

190 Vgl. Sec. 4A SEA. Die Amtszeit endet gewöhnlich am 5. Juni eines jeden Jahres. Vgl. SEC (1997a), S. 5. Die Mitglieder sind nur kündbar, wenn sie sich als inkompetent erweisen, ihre Pflichten vernachlässigen oder sich Verfehlungen im Amt erlauben. Vgl. Müller/Vogelsang (1979), S. 13, 60.

191 Vgl. Sec. 4A SEA.

192 Vgl. Altendorfer (1995), S. 20.

193 Vgl. GAO (2002), http://www.gao.gov (Abfrage: 21.11.2002).

194 Vgl. Thomson Financial Disclosure (2000), S. 45.

195 Die Dokumente können unter der Rubrik „*GAO Reports*" auf der Homepage http://www.gao.gov heruntergeladen werden.

196 Vgl. SEC (2002a), S. XV-XVI.

197 Vgl. Siebert (1996), S. 35.

198 Im Englischen wird der Begriff *accountants* verwendet. Die Bezeichnung *accountants* setzt keine Zertifizierung als Wirtschaftsprüfer (*Certified Public Accountant*) voraus.

199 Der Anteil der Anwälte zum 30. September 2001 betrug ca. 39% aller Mitarbeiter. Außerdem waren zu diesem Stichtag etwa 18% aller Mitarbeiter Rechnungslegungsspezialisten oder Finanzanalysten. Vgl. GAO

Die Kommissionsmitglieder treffen sich mehrere Male im Monat zu grundsätzlich öffentlichen[200] Sitzungen, um über aktuelle Probleme und Sachverhalte, die Ihnen von den Mitarbeitern vorgelegt werden, zu diskutieren.[201] Im Rahmen ihrer Beratungen beschließen sie insbesondere Neuregelungen oder Änderungen existierender Vorschriften. Des Weiteren erteilen sie Weisungen zur Einleitung von administrativen und zivilrechtlichen Verfahren sowie zur Anzeige strafrechtlicher Tatbestände gegen Personen.[202, 203] In Anbetracht ihrer Beschlüsse müssen die Kommissare bestehende Regelungen auslegen.

Die *Division of Corporation Finance* mit etwa 330 Mitarbeitern ist in zehn Industriebereiche untergliedert.[204] Zu ihren wesentlichen Aufgaben gehören die Unterstützung der *Commission* in dem Erlass von Vorschriften zur Berichterstattung wirtschaftlicher und finanzieller Daten sowie zur Offenlegung von Informationen der bei der SEC registrierten, kapitalmarktorientierten Unternehmen[205] und die Kontrolle ihrer Einhaltung. Ferner obliegt ihr die Festsetzung von Publizitätserfordernissen bei Stimmrechtsermächtigungen und die Überwachung der Einhaltung der Offenlegungsvorschriften nach dem *Securities Act* (SA) von 1933, dem SEA von 1934 und dem *Trust Indenture Act* von 1939[206].[207] Die Division überprüft die Registrierungsanträge, die Wertpapierprospekte, die Quartals- und Jahresabschlüsse, die Stimmrechtsdokumente und die Verkaufsbroschüren auf ihre Übereinstimmung mit den Vorschriften.[208] Zur Aufklärung von Sachverhalten führt sie dabei auch formale Anhörungen und informelle Unterredungen mit den Unternehmensverantwortlichen durch. Den Emittenten, Rechnungslegungsspezialisten, Wirtschaftsprüfern, Rechtsanwälten und Konsortiumsmitgliedern steht die Division bei der Auslegung der einschlägigen Kapitalmarktvorschriften und für Beratungen in den Bereichen Registrierung und Berichterstattung zur Seite. Der Zweck dieser Tätigkeiten besteht darin, dass die Rechtsvorschriften von den Kapitalmarktteilnehmern korrekt ange-

---

(2002a), S. 3.

200 Streng vertrauliche Diskussionen, z. B. über Durchsetzungen, werden selbstverständlich unter Ausschluss der Öffentlichkeit geführt. Vgl. 17 CFR §§ 200.400 i. V. m. 200.402.

201 Vgl. Altendorfer (1995), S. 20.

202 Mit dem Begriff „Personen" sind in diesem Zusammenhang Unternehmen und Individuen gemeint. Siehe Kapitel 4.1.5.

203 Vgl. Altendorfer (1995), S. 20-21.

204 Vgl. Buckley/Buckley/Plank (1980), S. 36. Eine weitere Gruppe ist ausschließlich für Kleinunternehmen zuständig. Vgl. Staff to the Senate Committee on Governmental Affairs (2002), S. 9.

205 Nicht-kapitalmarktorientierte US-Unternehmen und US-amerikanische Tochtergesellschaften deutscher Mutterunternehmen, die nicht in den USA börsennotiert sind, unterliegen nicht der Aufsicht der SEC.

206 Der *Trust Indenture Act* enthält Regelungen zu bestimmten Schuldtiteln, die treuhänderisch gesichert werden.

207 Mehrere Gesetze bilden das US-amerikanische Wertpapierrecht auf Bundesebene. Neben den drei genannten Gesetzen gelten der *Public Utility Holding Company Act* von 1935, der *Investment Advisers Act* von 1940, der *Investment Company Act* von 1940 sowie der *Securities Investor Protection Act* von 1970. Vgl. auch Loss/Seligman (2001), S. 7-8.

208 Vgl. International Business Publications (2002), S. 17.

wandt werden.[209] Beispielsweise kann ein Unternehmen anfragen, ob für die Emission bestimmter Wertpapiere die Registrierung bei der SEC erforderlich ist. Die Division teilt dem Unternehmen daraufhin seine Auslegung der einschlägigen Wertpapiervorschriften mit und einen Hinweis, welche Publizitätsvoraussetzungen erfüllt werden müssen. Handelt es sich um rechtliches Neuland gibt die Division so genannte *no-action letters*[210] heraus, um in einer förmlicheren Weise Auskunft zu Fragestellungen zu erteilen.[211] In der Praxis verschafft sich ein Unternehmen außerdem häufig auf andere Weise informell Aufschluss über die adäquate Registrierung und Berichterstattung: Es beauftragt einen Rechtsanwalt, ohne Nennung der Unternehmensbezeichnung (*no name basis*) telefonisch Auskunft bei der SEC einzuholen.[212] In Zusammenarbeit mit dem *Office of the Chief Accountant* überwacht die Division die Aktivitäten der Wirtschaftsprüfer und des privaten Rechnungslegungsgremiums *Financial Accounting Standards Board* (FASB).[213]

Die *Division of Market Regulation* überwacht im Wesentlichen die registrierten nationalen Wertpapierbörsen, Makler und Händler.[214] Eine ihrer Aufgaben besteht darin, Manipulationen oder Betrügereien beim Kauf und Verkauf von Wertpapieren zu verhindern. Bei Verstößen gegen geltende Vorschriften kann diese Division Börsen sowie Makler bzw. Händler vom Handel ausschließen.[215]

Die *Division of Investment Management Regulation* überwacht Kapitalanlagegesellschaften und deren Berater. Diese Gesellschaften verwalten derzeit etwa 15 Billionen US-Dollar.[216] Die rechtlichen Grundlagen für die Regulierung bilden der *Investment Company Act*[217] und der *Investment Advisers Act*[218]. Im Zuge der Liberalisierung der Energiemärkte hat die Division auch die Aufsicht der Energieversorgungsunternehmen nach dem *Public Utility Holding Company Act*[219] übernommen, indem sie deren finanzielle Berichterstattung kontrolliert und sich an Unternehmensrevisionen beteiligt.[220]

---

209 Vgl. International Business Publications (2002), S. 18.
210 Siehe zu den *no-action letters* Gliederungspunkt 3.3.2.
211 Vgl. Herz et al. (1997), S. 29.
212 Vgl. AICPA (2003), http://www.aicpa.org/members/div/secps/lit/best/comsec.htm (Abfrage: 30.08.2003); SEC (2003l), http://www.sec.gov/info/accountants/ocasubguidance.htm (Abfrage: 31.08.2003).
213 Vgl. International Business Publications (2002), S. 17.
214 Vgl. 17 CFR § 200.19a; siehe auch Abschnitt 4.1.1.
215 Vgl. Koslow (1990), S. 83.
216 Vgl. International Business Publications (2002), S. 20. Die enorme Bedeutung von Investmentfonds als Kapitalanlage in den USA wird durch die unter Gliederungspunkt 4.3.2 angegebenen Kennzahlen verdeutlicht.
217 Im *Investment Company Act* wird die Kontrolle von Kapitalanlagegesellschaften geregelt.
218 Der *Investment Advisers Act* verpflichtet Anlageberater, die ein Vermögen in einer Größenordnung von mindestens 25 Millionen US-Dollar verwalten, zur Registrierung.
219 Der *Public Utility Holding Company Act* regelt unter anderem Registrierungs- und Berichtspflichten für Holdinggesellschaften von Gas- und Elektrizitätsversorgungsunternehmen.
220 Vgl. International Business Publications (2002), S. 20. Der Zweck dieses Gesetzes war die Entflechtung und

Die *Division of Enforcement* überprüft die Fälle möglicher Verstöße gegen das Wertpapierrecht.[221] Dazu muss sie die Aussagekraft von Beweisen beurteilen und gegebenenfalls eingehendere Ermittlungen in die Wege leiten. Die Entscheidung in Bezug auf mögliche Untersuchungen, Einleitung von Rechtsverfahren und Sanktionen wird von der Kommission auf Vorschlag der Division getroffen. Im Auftrag der Kommission darf sie Vergleiche mit Beschuldigten aushandeln. Die Division mit etwa 500 Mitarbeitern koordiniert die Maßnahmen der SEC zur Durchsetzung von Bestimmungen im Wertpapierrecht. Aufgrund ihrer Aufgabe, auch ihr angetragene potenzielle gerichtliche Anklagefälle zu prüfen, arbeitet sie eng mit dem Syndikus der SEC (*Office of the General Counsel*) zusammen.[222]

3.1.1.2 Fachbereiche

Die nachstehenden Fachbereiche stellen weitere organisatorische Einheiten der SEC dar:

Office of Administrative Law Judges	Office of the General Counsel
Office of Administrative and Personnel Management	Office of Information Technology
Office of the Chief Accountant	Office of the Inspector General
Office of Compliance Inspections and Examinations	Office of International Affairs
Office of the Comptroller	Office of Investor Education and Assistance
Office of Economic Analysis	Office of Legislative Affairs
Office of Equal Employment Opportunity	Office of Municipal Securities
Office of the Executive Director	Office of Public Affairs, Policy Evaluation and Research
Office of Filings and Information Services	Office of the Secretary

Abbildung 1: Fachbereiche der SEC

Die Fachbereiche sind nach Funktionen bzw. Industriebereichen organisiert. Den Divisionen obliegt die Verantwortlichkeit über (Teil-)Vorschriften des Wertpapierrechts. Die für diese Arbeit relevanten Fachbereiche werden nachfolgend kurz erläutert.

Neuordnung der Energieversorgungsunternehmen.

221 Während die Division im Bereich der Rechnungslegung grundsätzlich reaktiv tätig wird, führt sie in anderen Sachgebieten des Wertpapierrechts regelmäßig auch proaktive Kontrollen durch (z. B. *Internet Enforcement Program*), siehe zu diesem Programm SEC (2003m), http://www.sec.gov/divisions/enforce/internetenforce.htm (Abfrage: 25.08.2003).

222 Vgl. 17 CFR § 200.19b.

Die Hauptaufgabe der Richter (*judges*) im *Office of Administrative Law* ist die Durchführung der Verwaltungsverfahren der SEC, die von der Kommission veranlasst werden. Vergleichbar zu Spruchgerichten führen die Richter Anhörungen durch und urteilen über Anschuldigungen gegen Personen, Bestimmungen des Wertpapierrechts verletzt zu haben. Die Entscheidungen der Richter können von der Kommission revidiert werden.[223]

Der *Chief Accountant* ist als Berater der Kommission für sämtliche Fragen zur Rechnungslegung und Prüfung verantwortlich.[224] Ziel des *Chief Accountant* ist die kontinuierliche Verbesserung der Rechnungslegungs- und Prüfungsvorschriften, um eine hohe Qualität der Berichterstattung zu gewährleisten. Für diesen Zweck kooperiert er eng mit den nationalen und internationalen Standardisierungsgremien (z. B. FASB und IASB) und den berufsständischen Organisationen der Wirtschaftsprüfer (z. B. *American Institute of Certified Public Accountants* (AICPA)) und hält Beratungen mit Vertretern der registrierten Unternehmen und mit Wirtschaftsprüfern über die Anwendung von Rechnungslegungs- und Berichterstattungspflichten.[225] Innerhalb der SEC ist er für die Herausgabe von SEC-Verlautbarungen zur Rechnungslegung verantwortlich. Außerdem weist er auf thematische Problemkreise hin, die Durchsetzungsaktivitäten notwendig machen können. Seine Befugnisse machen ihn zur einflussreichsten Person in der US-amerikanischen Rechnungslegung.[226]

Dem *Office of Compliance Inspections and Examinations* obliegen die landesweiten Kontrollen der registrierten Selbstverwaltungsorganisationen (z. B. NYSE[227]), Händler, Makler und anderer Kapitalmarktteilnehmer.[228] Durch die Überprüfungen sollen die Einhaltung der Vorschriften des Wertpapierrechts gewährleistet und eventuelle Verstöße festgestellt werden. Die Kontrollen bezwecken allerdings auch, Kenntnisse über neue Entwicklungen in der Praxis zu erhalten, auf die gegebenenfalls regulierend durch neue Vorschriften reagiert werden muss.

Das *Office of Economic Analysis* beschäftigt sich mit den volkswirtschaftlichen Folgen der regulierenden Aktivitäten der SEC. Der Fachbereich erstellt Kosten-Nutzen-Analysen für geplante Regelungen, fertigt Studien im Hinblick auf neue Vorschriften an und betätigt sich in der langfristigen Forschung und strategischen Planung.[229]

---

[223] Siehe auch Abschnitt 4.1.8.2.
[224] Vgl. Siebert (1996), S. 36.
[225] Vgl. International Business Publications (2002), S. 23.
[226] Vgl. Skousen (1987), S. 15.
[227] Zur Registrierung von Wertpapierbörsen siehe Sec. 6 SEA 1934.
[228] Vgl. 17 CFR § 200.19c.
[229] Der Fachbereich wertet z. B. aus, wie hoch die zeitliche Belastung (*burden hours*) für die Unternehmen bei der Anfertigung der erforderlichen Berichte an die SEC ist. Siehe zu den *burden hours* beispielhaft die jeweiligen Deckblätter der sich im Anhang befindlichen *Forms S-1*, *10* und *10-K*, auf denen die jeweils not-

Im *Office of Filings and Information Services* werden sämtliche Dokumente, die für die Registrierung und laufende Berichterstattung erforderlich sind, entgegengenommen und verwaltet. Der Fachbereich ist ferner für die Aufbewahrung der Schriftstücke verantwortlich, die die SEC publiziert. Die für die Öffentlichkeit bestimmten Informationsträger können im so genannten *Public Reference Room* der *SEC* in *Washington, DC* eingesehen werden. Ein Großteil der Informationen ist auch auf der Homepage www.sec.gov abrufbar.

Der *General Counsel* ist der Syndikus der SEC. Er vertritt die SEC in zivil- und privatrechtlichen (Berufungs-)Verfahren, fertigt Schriftsätze an und gibt innerhalb der SEC Rechtsauskünfte. Als amicus curiae (*friend of the court*) unterstützt der Fachbereich oft Gerichte in privatrechtlichen Berufungsprozessen, wenn es um neue oder bedeutende Auslegungen des Wertpapierrechts geht.[230]

Das *Office of International Affairs* setzt sich für Kooperationen mit Regulierungsinstanzen in anderen Staaten und für die weltweite Übernahme qualitativ hoch stehender Regulierungsvorschriften ein. Außerdem handelt es länderübergreifend Vereinbarungen zum Austausch von Informationen über Sachverhalte der Regulierung einschließlich der Durchsetzung aus.[231] Es gibt Regulierungsinstanzen in Schwellenländern technische Hilfestellung und vertritt die Interessen der SEC durch die Teilnahme an internationalen Fachkongressen und die Mitgliedschaft in einschlägigen Verbänden.[232]

Das *Office of Legislative Affairs* fungiert als Bindeglied zwischen der SEC und dem US-amerikanischen Kongress. Dieser Fachbereich berät die Kommission im Hinblick auf die legislative Strategie. Die Mitarbeiter des Fachbereichs beantworten Anfragen der Kongressmitglieder und informieren den Kongress über die Aktivitäten der SEC. Daneben organisieren sie Lagebesprechungen der SEC-Mitarbeiter mit Kongressmitgliedern und koordinieren Befragungen der Amtsträger der Kommission durch Ausschüsse des Kongresses. Im Übrigen arbeitet der Fachbereich mit anderen Bundesbehörden zusammen, wenn diese Gesetze verabschieden, die auch die SEC betreffen.

Die für die Rechnungslegung und Wirtschaftsprüfung besonders relevanten Organe der SEC sind die *Commission*, die *Division of Corporation Finance*, das *Office of the Chief Accountant* und die *Division of Enforcement*. Die Funktionen der vier Organe lassen erkennen, dass die

---

wendige Bearbeitungszeit angegeben ist.

230 Vgl. Buckley/Buckley/Plank (1980), S. 40.

231 Vgl. 17 CFR § 200.15. Die Kooperationen basieren generell auf bilateralen Abkommen (so genannte *memoranda of understanding*).

232 Vgl. International Business Publications (2002), S. 25-26.

SEC nicht ausschließlich Normen durchsetzt, sondern auch Normen setzt bzw. darauf einwirkt. Der enge Zusammenhang zwischen der Normsetzung und der Normdurchsetzung wird somit an dieser Stelle deutlich.

3.1.2 Die Philosophie, Ziele und Aufgaben der SEC

Die Grundsätze, die das Handeln der SEC bestimmen, wurden erst vor wenigen Jahren in komprimierter Form aus einem ganzheitlichen Blickwinkel aufgrund des In-Kraft-Tretens des Gesetzes „*Government Performance and Results Act*" von 1993[233] festgehalten. Durch das Gesetz wurden die US-amerikanischen Bundesbehörden verpflichtet, Standards und Kennziffern zu entwickeln, um ihre Leistung und Wirksamkeit beurteilen zu können. Das Gesetz verfolgt unter anderem den Zweck, die Effektivität der öffentlichen Verwaltung zu erhöhen und ein Verantwortungsbewusstsein der Mitarbeiter einer Behörde gegenüber der Bevölkerung zu schaffen.[234] Außerdem soll das Gesetz einem weiteren Ziel dienen: Der US-amerikanische Präsident und der Kongress sollen die quantifizierte Arbeitsleistung einer Behörde bei der Budgetzuteilung berücksichtigen, denn den Behörden wurde auferlegt, regelmäßig über ihr Leistungsniveau an das Budgetbüro des US-amerikanischen Präsidenten[235] und den Kongress zu berichten.[236]

Bislang waren einzelne Grundregeln des Auftrags der SEC vor allem in den Gesetzen, die in die Zuständigkeit der SEC fallen, festgeschrieben. Anlässlich des genannten Gesetzes hat die SEC ihre strategischen Grundnormen über einen Zeitraum von drei Jahren in einem eigens dafür angelegten Projekt entwickelt und 1997 verabschiedet. Dic Erreichung dieser Grundsätze wird durch spezielle Kennziffern gemessen, die ebenfalls bei diesem Projekt festgesetzt wurden. Das Projekt wurde im Oktober 1998 implementiert. Der entwickelte Plan wurde vorerst auf fünf Jahre, bis einschließlich 2003, terminiert. Mit der Erarbeitung der Grundsätze und Kennzahlen wurde eine 20-köpfige Expertengruppe, bestehend aus leitenden Mitarbeitern der SEC, betraut. Innerhalb der SEC standen die Direktoren, Büroleiter sowie die Kommissionsmitglieder beratend zur Seite. Darüber hinaus wurden die Entwürfe des Grundsatzkatalogs und der Leistungsbemessung extern mit anderen Bundesbehörden, die bereits über ein vergleichbares Instrumentarium verfügen, abgestimmt.

---

233 Das Gesetz kann im Internet auf der Homepage des „Weißen Hauses" heruntergeladen werden: http://www.whitehouse.gov/omb/mgmt-gpra/gplaw2m.html (Abfrage: 26.11.2002).

234 Vgl. Sec. 2 *Government Performance and Results Act*.

235 Es handelt sich um das *Office of Management and Budget* (OMB).

236 Vgl. OMB Watch (2000), http://www.ombwatch.org/article/articleview/406/1/90/ (Abfrage: 27.11.2002). *OMB Watch* ist eine Organisation, die sich als Bindeglied zwischen dem OMB und der US-amerikanischen Öffentlichkeit sieht. Ein wesentliches Ziel von *OMB Watch* besteht darin, die Aktivitäten des *Office of Management and Budget* (OMB) für die Bevölkerung transparent zu machen. Vgl. OMB Watch (2001),

Die SEC sieht sich selbst als Instanz zur Verwaltung und zur Durchsetzung des Wertpapierrechts.[237] Ihre übergeordneten Ziele sind der Schutz der Investoren, die Sicherstellung der Kapitalmarktintegrität und die Erleichterung der Kapitalbildung.[238] Innerhalb der Zielkategorien hat die SEC im Einzelnen die nachfolgend beschriebenen Aufgaben festgelegt.[239]

3.1.2.1 Anlegerschutz

Das Ziel des Anlegerschutzes konkretisiert sich durch:

1. Die Verhinderung von Betrug und die Gewährleistung der Einhaltung der Bundeswertpapiergesetze.
2. Die Förderung informationsbasierter (Des-)Investitionsentscheidungen durch das Erfordernis nach vollständiger und genauer Angabe wesentlicher Unternehmensinformationen.
3. Die Verhinderung und Entdeckung von Wertpapierverstößen durch die Aufklärung der Anleger über den Wertpapiermarkt.
4. Die Förderung anerkannter Standards in der Wertpapierindustrie.

Die SEC beurteilt die Erreichung des Ziels Anlegerschutz anhand verschiedener Größenmerkmale, wie zum Beispiel der Anzahl und des Anteils an Durchsetzungsaktivitäten in den verschiedenen Bereichen (z. B. Finanzberichterstattung, Insiderhandel, Betrug durch Händler und Makler). Der Anteil und die inhaltliche Auswertung der Überprüfungen von Jahresabschlüssen der erstmalig Wertpapiere emittierenden Unternehmen sind ein Indikator dafür, in welchem Maße die SEC auf die Unternehmenspublizität Einfluss nehmen kann. Des Weiteren wird beispielsweise erhoben, wie häufig die SEC die Hilfe ausländischer Regulierungsinstanzen bei Untersuchungen und Fällen der Durchsetzung angenommen bzw. ausländischen Regulierungseinrichtungen angeboten hat. Die durchschnittliche Zahl der heruntergeladenen Dateien von der Homepage pro Tag gibt Aufschluss darüber, wie die Informationsangebote der SEC in Anspruch genommen werden.[240]

---

http://www.ombwatch.org/article/articlestatic/31/1/7/ (Abfrage: 27.11.2002).

237 Vgl. SEC (2000a), http://www.sec.gov/about/gpra1999-2000.shtml (Abfrage: 26.11.2002). Eine Abgrenzung der Tätigkeitsbereiche der SEC und der Bundesaufsichtsbehörde für den Terminmarkt *Commodity Futures Trading Commission* (CFTC) nimmt Heß vor. Siehe Heß (1995), S. 186-188. Termingeschäfte bleiben im Rahmen dieser Arbeit unberücksichtigt. Die Übertragung der Aufsicht des Terminmarkts an eine eigenständige Instanz kritisiert Goldschmid (1990), S. 354, 357, der stattdessen eine Erweiterung des Kompetenzbereichs der SEC verlangt.

238 Vgl. SEC (2000a), http://www.sec.gov/about/gpra1999-2000.shtml (Abfrage: 26.11.2002).

239 Vgl. SEC (2000a), http://www.sec.gov/about/gpra1999-2000.shtml (Abfrage: 26.11.2002).

240 Die sonstigen fünf Kriterien betreffen grundsätzlich Investmentgesellschaften, Anlageberater, Makler und Händler. Vgl. SEC (2000a), http://www.sec.gov/about/gpra1999-2000.shtml (Abfrage: 26.11.2002).

3.1.2.2 Sicherstellung der Kapitalmarktintegrität

Die Kapitalmarktintegrität wird anhand der nachstehenden Aufgaben näher bestimmt:

1. Die Förderung und Verbesserung der Selbstregulierung des Wertpapiermarkts.
2. Die Verbesserung der Marktstrukturen und der Marktabläufe.
3. Die Überwachung der finanziellen Verantwortlichkeit und der angemessenen Kapitalausstattung der Makler, Händler und Abrechnungsstellen.
4. Die Verbesserung der Zusammenarbeit mit den Behörden des Bunds, der Bundesstaaten und anderer Länder.

Die Verwirklichung des Ziels der Gewährleistung der Kapitalmarktintegrität wird mittels verschiedener statistischer Daten geprüft. So überprüft die SEC zum Beispiel die von den Selbstverwaltungsorganisationen angeregten Vorschriften zur Verbesserung des Marktgefüges und der Marktabläufe. Außerdem erfasst die SEC die Anzahl der durch sie begonnenen und abgeschlossenen Überprüfungen der Regulierungsprogramme der Selbstverwaltungsorganisationen. Im Übrigen wird jährlich die Anzahl der durch das *Office of Market Regulation* überprüften Sachverhalte der Durchsetzung im Bereich der Überwachung des Handels ermittelt. Je weniger Beanstandungen die SEC im Rahmen dieser Maßnahmen feststellt, desto besser scheint nach Auffassung der SEC die Selbstregulierung des Markts zu funktionieren.[241]

3.1.2.2 Erleichterung der Kapitalbildung

Das Ziel der Kapitalbildung wird folgendermaßen definiert:

1. Die Abschaffung oder Straffung bestehender Vorschriften zum Wertpapierrecht, um Kapitalkosten zu verringern und gerade kleineren Unternehmen die Kapitalbeschaffung zu vereinfachen, ohne den Anlegerschutz aufzugeben.
2. Die Entwicklung von Regulierungsinitiativen zur Öffnung des US-amerikanischen Kapitalmarkts für ausländische Emittenten und professionelle Marktteilnehmer unter Wahrung des Anlegerschutzes.
3. Die Erleichterung der Entwicklung und des Einsatzes innovativer Finanzinstrumente, um den Anforderungen der Emittenten gerecht zu werden, ohne dabei die Interessen der Anleger zu vernachlässigen.
4. Die Unterstützung des Einsatzes technologischer Hilfsmittel durch die Marktteilnehmer.

---

[241] Daneben gibt es drei weitere Leistungsmerkmale, die sich auf die Prüfung der Händler und Makler, die Kontrolle von Transfer- und Clearingstellen sowie auf Anfragen technischer Hilfestellung ausländischer Regulierungsinstanzen beziehen.

5. Die kontinuierliche Weiterentwicklung effektiver und flexibler Rahmenbedingungen für die der Nachfrageseite zugehörigen Kapitalmarktteilnehmer (z. B. Berater, Wagniskapitalunternehmen) unter Aufrechterhaltung des Anlegerschutzes.

Auch diese Zielerreichung wird mittels numerischer Größen überprüft. Die Zahl der Stellungnahmen der SEC zu Anfragen der Marktakteure hinsichtlich der Auslegung von Vorschriften ist ein Indiz für die Klarheit oder Unschärfe der einschlägigen Regelungen. Die Anzahl der ausländischen Unternehmen, die ein Listing an einer US-amerikanischen Börse, das die Registrierung bei der SEC voraussetzt, anstreben, ist ein Symbol für die Zugänglichkeit und Funktionsfähigkeit des US-amerikanischen Wertpapiermarkts aus Sicht der Kapitalnachfrager. Die Menge an neuen Regelungen für die praktische Anwendung innovativer Finanzprodukte und deren Überprüfung sind ein Indiz für die Bereitschaft der SEC, die Wettbewerbsfähigkeit des US-amerikanischen Kapitalmarkts aufrechtzuerhalten.[242]

3.1.2.4 Aufgaben- und budgetmäßige Restriktionen des Auftrags

Die Erfüllung der Aufgaben und Ziele der SEC wird zum Teil durch exogene Faktoren erschwert, auf die die SEC flexibel reagieren muss. Der technologische Fortschritt, wie zum Beispiel die Möglichkeit für Kleinanleger Wertpapiere online zu handeln und sekundenschnell Zugriff auf aktuelle entscheidungsrelevante Informationen über Unternehmen im Internet zu erhalten, stellt die SEC in der Anwendung der Wertpapiergesetze vor neue Herausforderungen. Die Schutzmechanismen für Kleinanleger müssen damit permanent den Entwicklungen angepasst werden. Die Zunahme des Handelsvolumens von Wertpapieren und der Zuwachs an registrierungspflichtigen Unternehmen an den Börsen erfordern einen effizienten Einsatz der Ressourcen, um die Erfüllung der Ziele sicherzustellen. Die Globalisierung der Kapitalmärkte eröffnet den Wertpapieremittenten und Investoren die Chance, Kapital in vielen Staaten der Erde nachzufragen oder anzulegen. Für die SEC sind damit allerdings neue Herausforderungen verbunden, da die Regelungen des Wertpapierrechts international durchgesetzt und bilaterale Verträge mit Regulierungsinstanzen anderer Staaten forciert werden müssen.[243] Bei dem Versuch der SEC, die einzelnen Ziele zu erreichen, ist im Übrigen zu berücksichtigen, dass zwischen den Zielen Zielkonflikte bestehen (z. B. Anlegerschutz vs. Erleichterung der Kapitalbildung).

---

[242] Weitere Kriterien stehen im Zusammenhang mit der Zulassung kleiner Unternehmen und der Schaffung innovativer Produkte sowie mit Vorschriften über Investmentfonds.

[243] Vgl. SEC (2000a), http://www.sec.gov/about/gpra1999-2000.shtml (Abfrage: 26.11.2002).

Eine andere Restriktion zur Bewältigung ihrer Ziele und Aufgaben erfährt die SEC ferner durch das vom Kongress und dem Präsidenten zugewiesene leistungsabhängige Budget. Die SEC muss mit den ihr zugeteilten finanziellen Mitteln haushalten. Der erstellte Aufgabenkatalog enthält eine Querverbindung zur Budgetschätzung der SEC. Die SEC weist ihr Budget den drei Zielkategorien Anlegerschutz, Sicherstellung der Kapitalmarktintegrität und Erleichterung der Kapitalbildung zu. In den Geschäftsjahren 1999 bis einschließlich 2001 hat die SEC jeweils etwa 77% ihres Budgets für den Anlegerschutz verwendet. Für die beiden anderen Ziele hat sie etwa zu gleichen Teilen den Rest ihrer Mittel verwendet. Innerhalb des Ziels Anlegerschutz ist die Mittelverwendung für die Aufdeckung und die Verhinderung von Verstößen gegen das Wertpapierrecht mit etwa durchschnittlich 42% des Gesamtbudgets am höchsten. Für die Regulierung des Investmentmanagements wendet die SEC ca. 20% der Mittel auf. Die Gewährleistung vollständiger und genauer Kapitalmarktinformationen mit ungefähr 15% Budgetanteil folgt im Zeitraum 1999 bis 2001 an dritter Stelle.[244]

3.1.2.5 Bewertung der Leistung der SEC

Die statistischen Daten der Zielerreichung müssen gemäß Gesetzesvorgabe innerhalb der SEC einer permanenten Evaluation unterworfen werden. Die tatsächlich erreichten Werte der zwanzig, zum Teil oben erläuterten, Leistungsmerkmale eines Jahrs werden mit Planzahlen verglichen und vor dem Hintergrund der im Voraus festgesetzten Prioritäten und eventueller exogener Einflüsse gewürdigt. Die SEC beabsichtigt ferner, die Brauchbarkeit der verwendeten Leistungsmerkmale in wiederkehrenden Abständen auf den Prüfstand zu stellen. Der strategische Aufgaben- und Leistungskatalog unterliegt somit einem evolvierenden Prozess. Sämtliche Ergebnisse der Analyse werden in einem Leistungsbericht veröffentlicht.[245] Etwaige Abweichungen zwischen Soll- und Ist-Zahlen sowie Korrekturen künftiger Pläne müssen in diesem Report erläutert werden.

Von der SEC wird in diesem Bericht auch der Versuch unternommen, eine Momentaufnahme des Kapitalmarkts und damit die Wirksamkeit der Regulierung durch sechs zusammenfassende volkswirtschaftliche Größen abzubilden.[246] Dabei handelt es sich um die nachstehenden statistischen Werte:

---

244 Vgl. die Tabelle „*GPRA/Budget Crosswalk Summary*" der SEC (2000b), http://www.sec.gov/about/gpra1999-2000a.htm (Abfrage: 26.11.2002).

245 Der aktuellste Bericht wurde im Geschäftsjahr 2000 für die Periode 1999 erstellt. Siehe für den Bericht SEC (2000a), http://www.sec.gov/about/gpra1999-2000.shtml (Abfrage: 26.11.2002).

246 Die herangezogenen volkswirtschaftlichen Kriterien sind nicht definitiv. Die SEC zieht in Betracht, die Eignung der Kennzahlen als Maß für die Effektivität der Regulierung mit der interessierten Öffentlichkeit und dem Kongress zu diskutieren. Vgl. SEC (2000a), http://www.sec.gov/about/gpra1999-2000.shtml (Abfrage: 26.11.2002).

1. Marktkapitalisierung der Unternehmen[247] als Prozentsatz des Bruttoinlandprodukts: der Prozentwert wird mit der entsprechenden Kennzahl anderer industrieller Länder verglichen. Ein „gutes“ Regulierungsumfeld führt prinzipiell zu einem wachsenden und wohlstandserhöhenden Kapitalmarkt. Die Größe des Kapitalmarkts korreliert positiv mit der Größe der Volkswirtschaft eines Lands, vorausgesetzt dass andere Faktoren konstant gehalten werden.[248]
2. Vermögen der Investmentfonds[249] als Prozentsatz des Bruttoinlandprodukts: dieser Wert dient in erster Linie dem Vergleich mit anderen Industriestaaten. Größere Volkswirtschaften haben ceteris paribus mehr Einkommen für Sparzwecke zur Verfügung als kleinere Volkswirtschaften.
3. Der Anteil der Neuinvestitionen in Investmentfonds an der persönlichen Sparquote: je mehr Kapital in Investmentfonds angelegt wird, desto stärker muss die SEC die entsprechenden Kapitalanlagegesellschaften überwachen. Zudem spiegelt ein Erwerb von Investmentzertifikaten anstelle der Investition in risikolose Anlageformen ein größeres Vertrauen der Investoren in den Kapitalmarkt wider.
4. Der Anteil der Transaktionskosten der Investoren an ihrem Aktienhandelsvolumen: ein Rückgang der Transaktionskosten ist hauptsächlich auf Regulierungsinitiativen (wie z. B. die Eliminierung der Mindestcourtage) der SEC zurückzuführen, da sie wettbewerbsbeschränkenden Praktiken und Tendenzen entgegentritt.
5. Wertpapierhandelsvolumen als Prozentsatz des Bruttoinlandprodukts: das Handelsvolumen ist ein Indikator für das Vertrauen der Anleger in den Markt und die Regulierungstätigkeit der Kommission.
6. Wertpapierzeichnungsangebot als Anteil an privaten Bruttoinlandsinvestitionen nichtansässiger Personen in den USA: der Wert spiegelt die Relevanz des Wertpapiermarkts für Investitionen in US-amerikanische Unternehmen wider.

Prinzipiell ist der Versuch der SEC, das Resultat ihrer Regulierungsaktivitäten durch makroökonomische Kennzahlen zu messen, positiv zu werten. Die Evaluation hilft, die Wirksamkeit der Arbeit der SEC zu überprüfen. Darüber hinaus führt die Offenlegung der Kennzahlen durch die SEC zu einer erhöhten Transparenz für die Kapitalmarktteilnehmer. Die Evaluation ist die notwendige Voraussetzung, um die Qualität der Aktivitäten der SEC sicherzustellen bzw. zu verbessern, da die Behörde auf reale Veränderungen am Kapitalmarkt flexibel reagie-

---

[247] Die Marktkapitalisierung bezieht sich auf die nationalen Börsen und „*over-the-counter*“-Märkte.

[248] Für das Jahr 1998 hat die SEC für die USA knapp 160% und für Deutschland etwa 50% ermittelt. Siehe die Tabelle der SEC (2000b), http://www.sec.gov/about/gpra1999-2000a.htm (Abfrage: 26.11.2002).

[249] Das Vermögen entspricht dem Gesamtwert der offenen Investmentfonds, deren Vermögen in Aktien, festverzinslichen Wertpapieren und kurzfristigen Schuldpapieren besteht. In den USA lag der Quotient 1998 bei ca. 65%, während der deutsche Wert unter 10% betrug. Siehe die Tabelle der SEC (2000b),

ren kann. Allerdings sind die Ziele wie Anlegerschutz, Durchsetzung, Markteffizienz und Kapitalbildung nicht direkt messbar. Konzeptionell ist das Vorgehen der SEC problematisch, da zwischen den gewählten quantitativen Größen und dem qualitativen Urteil über die Regulierungstätigkeit keine Kausalität bestehen muss. Nicht unproblematisch ist die Einbeziehung der Leistung in den Budgetprozess des Bunds. Da es sich um eine Eigenevaluation der SEC handelt, kann die Behörde geneigt sein, für sie vorteilhafte Kennzahlen auszuwählen und ihre Arbeit zu beschönigen. Der Grad der Tauglichkeit des Konzepts wird sich meines Erachtens erst erweisen, wenn die Zeit der Börsenbaisse ab dem Frühjahr 2001 und der publik gewordenen Bilanzskandale (wie z. B. *Enron*, *Worldcom*) analysiert wird.[250, 251]

Die Art der Aufgaben offenbart die fehlende Gewaltenteilung der SEC. Die SEC überwacht die Einhaltung des Wertpapierrechts (exekutive Gewalt). Zur Überwachung der Befolgung von Bundesgesetzen im Wertpapierbereich ist die SEC seit ihrem Bestehen verpflichtet. Zu den Gesetzen zählen der SA und der SEA sowie die anderen, oben genannten Gesetze, die besondere, abgegrenzte Teilbereiche des Wertpapierrechts regeln.[252] Da die Gesetze des US-amerikanischen Kapitalmarktrechts generell nur einen allgemeinen Rahmen für die Regulierung des Wertpapierrechts vorgeben,[253] hat die SEC die Möglichkeit, allgemein gehaltene Bestimmungen auszulegen, auszugestalten und zu konkretisieren, indem sie rechtlich verbindliche Regelungen und Verordnungen erlässt (legislative Gewalt). Vor dem Hintergrund des Leitmotivs des SA und des SEA, nämlich der Pflicht zur Offenlegung vollständiger und genauer Informationen,[254] kann die SEC im Rahmen ihrer besonderen Ermächtigung[255] Rechnungslegungs- und Publizitätsnormen erlassen. Die SEC kann mithin auf die strategische Ausrichtung der Rechnungslegung Einfluss nehmen. Für die bei der Registrierung und Berichterstattung von Unternehmen beteiligten Wirtschaftsprüfer kann die SEC festsetzen, welche Unabhängigkeitsanforderungen die Prüfer erfüllen müssen. Sie ist ermächtigt, die Einhaltung von Vorschriften des Wertpapierrechts zu erzwingen. Bei einer Verletzung der Bestimmungen des Wertpapierrechts kann die SEC zu drastischen Sanktionen greifen (judikative Gewalt). Die Vielfältigkeit der Aufgaben spiegelt das Machtpotenzial der SEC wider.

---

http://www.sec.gov/about/gpra1999-2000a.htm (Abfrage: 26.11.2002).

250 Ergänzend kann eine Auswertung des unmittelbaren Feedbacks einzelner Kapitalmarktteilnehmer hilfreich sein.

251 Im August 2003 wurde eine aktuellere Evaluation der SEC auf der Homepage veröffentlicht. Möglicherweise wegen der oben genannten Entwicklungen verkündet die SEC in diesem Bericht, zukünftig wesentliche Anpassungen an dem Plan vornehmen zu wollen. Für eine abschließende Würdigung des Konzepts gilt es, diese Modifikationen abzuwarten und kritisch zu analysieren. Siehe zu der neuesten Evaluation SEC (2003o), http://www.sec.gov/about/gpra2004_2002.pdf (Abfrage: 31.08.2003).

252 Vgl. Pellens (2001), S. 62.

253 Vgl. Fülbier (1998), S. 89.

254 Vgl. Skousen (1987), S. 6.

255 Vgl. Sec. 19a) SA, Sec. 13b) SEA.

Festzuhalten bleibt, dass die SEC keinem starren System von Aufgaben unterliegt, sondern permanent ihren gesetzlichen Auftrag an die geänderten Umweltbedingungen anpassen kann. Die SEC wird zumindest insoweit selbstreflektierend sein, solange ihre Daseinsberechtigung durch die Bewertung ihrer Zielerreichung nicht in Frage gestellt wird.

3.2 Notwendigkeit der Errichtung der SEC – historischer Rückblick

3.2.1 Entstehung der bundeseinheitlichen Wertpapiergesetze in den USA

Eine in der Literatur häufig vorzufindende, für richtig gehaltene Schilderung[256] ist, dass die bundesweiten Wertpapiergesetze in den Vereinigten Staaten ausschließlich aus dem Zusammenbruch der Wertpapiermärkte im Jahr 1929 und der mit ihm einhergehenden Weltwirtschaftskrise resultierten.[257] Jedoch gaben diese historischen Ereignisse lediglich den letzten Anstoß zum Erlass von bundeseinheitlichen Wertpapiergesetzen in den USA.[258] Denn die Politiker erkannten schon frühzeitig, dass gesetzliche Regelungen erforderlich waren, um schwächere Marktteilnehmer zu schützen und die volkswirtschaftliche Entwicklung zu fördern.[259] Die Erfordernis der Regulierung und Überwachung der Wertpapiermärkte wurde in den USA bereits Ende des 19. Jahrhunderts erkannt, während derartige Bemühungen in England bis ins 13. Jahrhundert zurückreichen.[260] Der Börsencrash im Jahr 1929 war Ausdruck für die Missstände, die trotz bestehender Einzelstaatengesetze auf dem Wertpapiermarkt herrschten. Der Wertpapiermarkt wurde durch Betrügereien bei der Ausgabe und beim Handel von Wertpapieren in seinen Grundfesten erschüttert. Das Vertrauen der Investoren in das Wertpapiersystem war zu jener Zeit gestört. Die Wiederherstellung des öffentlichen Vertrauens wurde in Anbetracht der hohen Bedeutung der Kapitalmarktfinanzierung in den USA als Schlüssel der gesamtwirtschaftlichen Erholung angesehen.[261]

Die hohe Eigenkapitalfinanzierung in den USA und die dadurch bedingte Inanspruchnahme des Kapitalmarkts sind historisch begründet. Im 19. Jahrhundert waren die Banken in den USA nur in geringem Maße geografisch verbreitet. Mithin waren die Möglichkeiten der Fi-

---

[256] Vgl. z. B. Küting/Hayn (1993), S. 402.
[257] Vgl. Skousen (1987), S. 3.
[258] Vgl. Pointer/Schroeder (1986), S. 9.
[259] Vgl. KPMG (2003b), S. 4. *Feldhoff* kommt zu der Schlussfolgerung, dass der regulative Rahmen vor allem bei schwierigen Situationen vereinzelter Unternehmen oder von Volkswirtschaften weiterentwickelt wird. Vgl. Feldhoff (1992), S. 64-67.
[260] Vgl. Skousen (1987), S. 16.
[261] Vgl. Skousen (1987), S. 16.

nanzierung durch Kreditinstitute begrenzt. Außerdem war der Bedarf auf hohe Finanzierungsvolumina und eine langfristige Bereitstellung der Mittel ausgerichtet.[262] Der Kapitalbedarf der Industrieunternehmen konnte nur durch die Bereitstellung von Kapital privater Investoren gedeckt werden. War die Börse zu Beginn des 20. Jahrhunderts noch vorwiegend eine Stätte für wohlhabende Anleger, so änderte sich dies nach dem 1. Weltkrieg als Investoren aus durchschnittlichen Verhältnissen begannen, „ihr Glück an der Börse zu finden".[263] Während der 20er Jahre hofften bis zu schätzungsweise 18 Millionen Aktionäre[264] an dem allgemeinen wirtschaftlichen Aufschwung nach dem Krieg teilhaben zu können.

Manipulationen durch Marktteilnehmer verursachten allerdings eine Instabilität des Markts. Dazu zählten Preismanipulationen durch Scheingeschäfte innerhalb eines Pools von Anlegern zur Generierung von Umsätzen, um eine Erhöhung des jeweiligen Wertpapierpreises zu bewirken.[265] Bevor die Anleger die Machenschaften erkannten, realisierten die Betrüger ihre Gewinne.[266] Eine andere Methode bestand darin, die Preise durch falsche und irreführende Informationen über das Unternehmen zu beeinflussen. Ein weiteres Problem ergab sich durch kreditfinanzierte Wertpapiergeschäfte der Anleger, die ihnen von den Maklern angeboten wurden. Vor dem Hintergrund einer fehlenden gesetzlichen Regelung zur maximalen Höhe des Beleihungswerts finanzierten ca. 40% der Anleger ihre Wertpapiere per Kredit gegen Zahlung einer verhältnismäßig geringen Sicherheitsleistung. Als die Kurse entgegen der Spekulation dieser Anleger fielen, konnten sie nicht mehr die notwendige zahlungswirksame Erhöhung der Sicherheitseinlage in Höhe des Kursverlusts aufbringen. Als Ausweg blieb ihnen nur der Verkauf der in ihrem Preis gefallenen Aktien. Der Zwang zum Verkauf löste einen dramatischen Kurssturz aus, der in einem finanziellen Kollaps der Anleger endete.[267] Vor dem Kursverfall am Markt im Jahr 1929 lag die Marktkapitalisierung der an der NYSE notierten Unternehmen bei ca. 89 Milliarden US-Dollar. Ende Oktober 1929 waren die Wertpapiere nur noch 18 Milliarden US-Dollar wert.[268] Mitte des Jahrs 1932 lag der Wert sogar nur noch bei 16 Milliarden US-Dollar.[269]

Mit ausschlaggebend für die geschilderte Entwicklung war die damalige Haltung der die NYSE verwaltenden Personen. Sie verhielten sich äußerst zögerlich, Verstöße von registrierten Unternehmen gegen ihre Offenlegungsvorschriften und Betrügereien von Marktteilneh-

---

262 Vgl. McCraw (1984), S. 160.
263 Vgl. Teweles/Bradley/Teweles (1992), S. 107, 109.
264 Vgl. Berle/Means (1932/1968), S. 56 für das Jahr 1928.
265 Vgl. Koslow (1990), S. 20.
266 Vgl. Pointer/Schroeder (1986), S. 10.
267 Vgl. Skousen (1987), S. 4-5.
268 Vgl. Pointer/Schroeder (1986), S. 10.
269 Vgl. Seligman (1995), S. 1

mern zu bestrafen.[270] Da die Mehrzahl der Unternehmen von der Möglichkeit Gebrauch machte, ihre Wertpapiere unregistriert (*unlisted securities*) an anderen US-amerikanischen Börsen handeln zu lassen, mussten sie lediglich rudimentäre Angaben offen legen.[271]

Auf der Ebene der Einzelstaaten war der von Agrarwirtschaft geprägte Staat Kansas der erste aller Staaten, der eine Gesetzgebung zur Regulierung des Wertpapierhandels im Jahr 1911 einführte.[272] Bis 1913 folgten 22 weitere Staaten. Die damals erlassenen Gesetze können in zwei Kategorien unterteilt werden: zum einen handelte es sich um Gesetze, die Sanktionen im Falle von Betrugstatbeständen beim Verkauf von Wertpapieren regelten und zum anderen um Vorschriften, die den Verkauf von Wertpapieren vor der Zulassung durch den Bundesstaat für untersagten. Diese Gesetze wurden als *blue sky laws*[273] bekannt. Die Gesetze der Einzelstaaten waren jedoch in ihrer Wirksamkeit beschränkt, da sie für den zwischenstaatlichen Wertpapierhandel nicht als Gesetzesgrundlage herangezogen werden konnten. Zudem ermöglichten viele Ausnahmeregelungen die Nichtanwendbarkeit der Gesetze. Eine häufig verwendete Methode zur Umgehung der *blue sky laws* war die Unternehmenstätigkeit über die Grenzen der Staaten hinweg.[274] Ein wesentlicher Nachteil war auch, dass die staatlichen Organe nicht für die konsequente Durchsetzung der Gesetze sorgten.[275] Wurde in einem Staat gegen ein Unternehmen ermittelt, war es von Seiten des Unternehmens zur Vermeidung eines Urteilsspruchs üblich, sich mit den Anlegern zu einigen, indem zumindest ein Teil ihres finanziellen Verlusts kompensiert wurde.[276] Die *blue sky laws* haben noch heute neben den Bundesgesetzen Bestand. Sie kommen grundsätzlich zur Anwendung, wenn Wertpapiere ausschließlich innerhalb eines US-amerikanischen Bundesstaats gehandelt werden.[277]

Auf Bundesebene gab es um die Jahrhundertwende Bestrebungen, die Unternehmen, die inter-

---

270 Vgl. Seligman (1983), S. 54.
271 Vgl. Seligman (1983), S. 54.
272 Vgl. Loss/Seligman (2001), S. 9.
273 Der Begriff wurde im Jahre 1917 in der Entscheidung des *Supreme Court* verwendet, als die Verfassungsmäßigkeit der Gesetze bestätigte wurde. Das Gericht erkannte den Schutzmechanismus der Gesetze vor solchen Wertpapieren, die „*speculative schemes which have no more basis than so many feet of ‚blue sky*'" aufwiesen. Hall vs. Geiger-Jones Co., 242 U.S. 539, 550 (1917). Ein Politiker verdeutlichte den Ausdruck im übertragenen Sinne, dass die Betrüger in ihrer Skrupellosigkeit auch Teile des blauen Himmels verkaufen würden. Vgl. Steinberg (1998), S. 3. Zur Geltung der *blue sky* Gesetze und ihrem Verhältnis zum Bundesrecht vgl. Treumann/Peltzer/Kuehn (1990), S. 254 und 256.
274 Vgl. Skousen (1987), S. 4.
275 Vgl. Pointer/Schroeder (1986), S. 9.
276 Vgl. Skousen (1987), S. 4.
277 Erst 1996 wurden die Anwendungsbereiche der Bundes- und Staatengesetze im Wertpapierbereich durch den *The National Securities Markets Improvement Act* revidiert. Es wurde erreicht, Überschneidungen der Gesetze abzubauen. So wurde das Erfordernis nach einer zweifachen Registrierung im Bund und im Staat für bestimmte Wertpapiere aufgehoben. Gleichwohl haben die Staaten noch Befugnisse, die in den Kompetenzbereich der SEC fallen. Vgl. ausführlicher Steinberg (1998), S. 197-201. Kritisch zum verabschiedeten Gesetz Campbell (1997), S. 175-210, dem der Geltungsbereich der *blue sky laws* noch zu weit geht.

staatlichen Handel in den USA betrieben, einer staatlichen Kontrolle zu unterwerfen.[278] Allerdings blieb der Erfolg der Bemühungen auf das Gebiet des Kartellrechts[279] begrenzt. Parallel zur Entwicklung der US-amerikanischen Wettbewerbsgesetze forderte eine vom Kongress im Jahr 1898 eingerichtete Industriekommission, Publikumsgesellschaften zu verpflichten, wesentliche Informationen einschließlich der Jahresabschlüsse zu veröffentlichen. Eine Unternehmensberichterstattung wurde vielfach praktiziert, lag jedoch im Belieben des jeweiligen Unternehmens, so dass sie sehr uneinheitlich war.[280] Ein Grund für die Verschwiegenheit über die Geschäftsentwicklung war die Befürchtung der Unternehmen, die veröffentlichten Informationen könnten der Konkurrenz zugute kommen.[281] Einer der Pioniere unter den Unternehmen war die *U.S. Steel Corporation*. Die Gesellschaft verpflichtete sich im Jahr ihres Börsengangs 1903 aus eigenem Willen, ihre Finanzdaten zu veröffentlichen und turnusmäßig einmal pro Jahr von der britischen Wirtschaftsprüfungsgesellschaft *Price, Waterhouse & Co.* prüfen zu lassen.[282] In den folgenden zwei Jahrzehnten wurden in den Kongress drei bedeutende Gesetzesvorlagen eingebracht, die eine Pflicht zu einer erweiterten Berichterstattung zum Inhalt hatten. Aber keiner der Entwürfe wurde dem Repräsentantenhaus oder dem Senat vorgelegt.[283] Erkennbar ist, dass schon die ersten bundesweiten Bestrebungen zur Schaffung von Gesetzen in den USA auf die Transparenz der Unternehmenslage und die Vergleichbarkeit der Jahresabschlüsse abzielten, um die (zukünftigen) Eigen- und Fremdkapitalgeber zu informieren. Die unternommenen Versuche einer Verabschiedung scheiterten vor allem daran, dass zu diesem Zeitpunkt mangels ernstzunehmender finanzieller Krisen bzw. Schieflagen noch keine zwingende Notwendigkeit gesehen wurde, mit derartigen Vorschriften in den Markt einzugreifen.[284] Bestrebungen, den Investor durch eine bundesrechtliche Vorschrift zu schützen, scheiterten ausnahmslos.[285]

Erst Präsident *Franklin Delano Roosevelt* (Amtszeit 1933-1945) gelang es ab 1933 als Bestandteil eines wirtschafts- und sozialpolitischen Reformprogramms (*New Deal*) zur Überwindung der wirtschaftlichen Krise (*Great Depression*[286]), bundesweite Rechtsvorschriften zur Regulierung des Wertpapiermarkts zu verabschieden. Er erließ die beiden Publizitätsgesetze

---

278 Die US-amerikanische Regulierung auf Bundesebene findet ihren Ursprung im Eisenbahnverkehr, mit dessen Beaufsichtigung die ICC betraut wurde. Vgl. McCraw (1984), S. 61.

279 Vgl. Keim (1998), S. 8. Wegbereitend für diese Gesetze war der die Verkehrswirtschaft betreffende *Interstate Commerce Act* aus dem Jahre 1887 (siehe Fußnote 185). Vgl. Müller/Vogelsang (1979a), S. 23.

280 Vgl. Siebert (1996), S. 3.

281 Vgl. McCraw (1984), S. 166.

282 Vgl. Miranti (2000), S. 19.

283 Vgl. Bealing (1991), S. 23-25.

284 Vgl. Bealing (1991), S. 25.

285 Vgl. Siebert (1996), S. 5.

286 Dem Börsencrash folgte eine Weltwirtschaftskrise, die in den USA aufgrund ihrer langen Dauer (bis 1939) *Great Depression* genannt wurde. Vgl. Galbraith (1987), S. 193-209.

SA und SEA, die auch als „*primary acts*“[287] bezeichnet werden. Das Hauptanliegen des Kongresses war die rechtliche Verpflichtung von Unternehmen zur Offenlegung von Informationen.[288] Die beiden Gesetze bilden noch heute die Eckpfeiler des US-amerikanischen Kapitalmarktrechts.

3.2.2 *Securities Act* (SA) von 1933 und *Securities Exchange Act* (SEA) von 1934

Nach Erlass des *Securities Act* von 1933 wurde zunächst die zu diesem Zeitpunkt bereits bestehende *Federal Trade Commission* mit sehr weitreichenden Ermächtigungen ausgestattet. Die FTC wurde 1913 für die Vollziehung und Durchsetzung des Wettbewerbsrechts eingesetzt.[289] Die Wertpapieremittenten wurden verpflichtet, sich bei der FTC registrieren zu lassen. Des Weiteren mussten die Finanzdaten in den Registrierungsanträgen von einem unabhängigen Wirtschaftsprüfer kontrolliert werden.[290]

Die SEC, die mit dem *Securities Exchange Act* im Jahr 1934 gegründet wurde[291], übernahm die Aufgabenbereiche des Wertpapierrechts der FTC nur kurze Zeit später.[292] Auf der Grundlage der beiden Gesetze galt es in den Jahren nach der Gründung vor allem einen Ausgleich zwischen den Interessen der Wirtschaft und des Staats zu schaffen: zum einen kam es darauf an, das Vertrauen in den Wirtschaftskreisen[293] zu gewinnen, zum anderen musste der Wertpapiermarkt stabilisiert werden.[294] Die beiden Gesetze sollen dazu beitragen, die vollständige und faire Offenlegung aller wesentlichen Tatbestände im Zusammenhang mit der Ausgabe und dem Handel von Wertpapieren zu garantieren.[295]

Die Ziele des auch als „*truth in securities*“-Gesetz[296] bezeichneten SA bestehen darin, den Anlegern wesentliche Informationen[297] über die zum Handel angebotenen Wertpapiere bereit-

---

[287] So die Terminologie von Skousen (1987), S. 19.

[288] Damit folgte man im Grundsatz dem englischen „*Companies Act*“ aus dem Jahre 1900. Vgl. Loss/Seligman (2001), S. 3.

[289] Vgl. Koslow (1990), S. 32.

[290] Vgl. McCraw (1984), S. 169.

[291] Vgl. Kitch (1991), S. 47.

[292] Ihr erster Kommissionsvorsitzender war zum Erstaunen vieler Beobachter der der Wirtschaft nahe stehende Joseph P. Kennedy. Vgl. Koslow (1990), S. 35. Einen historischen Einblick in die Tätigkeit der SEC bietet die *Securities and Exchange Commission Historical Society* auf ihrer Homepage http://www.sechistorical.org. Der Verein wurde 1999 gegründet, um über den Anteil der SEC an der Evolution des US-amerikanischen Finanzmarkts zu informieren. Der Verein bietet auf seiner Homepage zahlreiche Zugriffsmöglichkeiten auf historische Dokumente.

[293] Zu den Anstrengungen der SEC die NYSE in den 30er Jahren zu reformieren siehe Koslow (1990), S. 43-47.

[294] Vgl. Koslow (1990), S. 38.

[295] Vgl. SEC (1997), http://www.sec.gov/news/studies/acctgsp.htm (Abfrage: 7.12.2002).

[296] SEC (2000d), http://www.sec.gov/about/laws.shtml (Abfrage: 10.12.2002).

[297] Vgl. KPMG (2003b), S. 4. Nach Meinung der SEC gelten Informationen als wesentlich, wenn sie die Anlageentscheidung eines Investors beeinflussen. Vgl. Gruson/Wiegmann (1995), S. 178-179.

zustellen und falsche Angaben, Täuschungen und sonstige betrügerische Aktionen beim Verkauf von Wertpapieren zu untersagen.[298] Nach dem SEA sind die registrierten Unternehmen verpflichtet, periodisch über ihre Aktivitäten und ihren Geschäftsverlauf zu berichten.[299] Dadurch soll sichergestellt werden, dass Investoren auch dann ausreichend Informationen erhalten, wenn die Wertpapiere gehandelt werden.[300] Zudem dient der SEA der Kontrolle von Marktmanipulationen, kreditfinanzierten Wertpapiergeschäften sowie Betrügereien beim Handel von Wertpapieren.[301] Der Regelungsbereich des SEA umfasst die Gründung der Securities and Exchange Commission.[302] Daneben beinhaltet er insbesondere Zulassungs-, Publizitäts- und Haftungsvorschriften für Unternehmen. Außerdem enthält er Regelungen zur Registrierung und Regulierung der Wertpapierhändler und Wertpapierbörsen sowie weiterer Selbstverwaltungsorganisationen.[303] In der Zeit nach ihrem Erlass wurden beide Gesetze überarbeitet. Dabei wurde vor allem den Offenlegungsvorschriften ein weiterer Nachdruck verliehen. In den USA werden insbesondere die Publizitätspflichten als adäquates Mittel zum Schutz der individuellen Eigen- und Fremdkapitalgeber aufgefasst.

Die Sicherstellung der Offenlegung realistischer und zeitnaher Informationen erleichtert die Entscheidungsfindung der Kapitalanbieter, ob sie einem Unternehmen Kapital zur Verfügung stellen oder ihr finanzielles Engagement in einem Unternehmen, in das sie investiert haben, fortführen wollen. Die unternehmensexterne Kontrolle der Publizitätsvorschriften fördert die Effizienz des Kapitalmarkts, da die Investoren keine Ressourcen für die Überprüfung der Informationen auf ihren Wahrheitsgehalt aufbringen müssen. Die SEC-Vorschriften sind daher im öffentlichen Interesse und ergänzen die Informationsfunktion der Rechnungslegung.[304]

Der Anwendungsbereich der beiden vom Kongress erlassenen Kodizes erstreckt sich auf Unternehmen jeder Rechtsform.[305] Zur Konkretisierung und Ergänzung der gesetzlichen Regelungen hat die SEC die Verordnungen *Regulation S-X* und *Regulation S-K* erlassen. Die Verordnung S-X enthält Vorschriften über die Form und den (Mindest-)Inhalt der bei der SEC einzureichenden Jahresabschlüsse, während *Regulation S-K* Regelungen beinhaltet, die dar-

---

298 Vgl. Skousen (1987), S. 19.

299 Vgl. Sec. 13 SEA.

300 Vgl. Wilhelm (1998), S. 372.

301 Vgl. Sec. 7 und 10 SEA.

302 Vgl. Sec. 4A SEA.

303 Ferner beinhaltet das Gesetz Regelungen zur Einholung von Stimmrechtsvertretungsvollmachten (*proxies*), zur Unterbreitung von Übernahmeangeboten (*tender offers*) und zu Insidergeschäften. Siehe zu *proxies* Becker (1997), S. 788-790 und Scherreik (2002), S. 108, mit einem praktischen Leitfaden der neuralgischen Punkte in einem *proxy statement;* zu *tender offers* Becker (1997), S. 790-792 sowie zu Insidergeschäften Loss/Seligman (2001), S. 631-675.

304 Vgl. Watts/Zimmerman (1979), S. 299.

305 Vgl. KPMG (2003b), S. 5.

über hinaus für die Registrierung und Publizität bei der SEC zu beachten sind. Die Angaben nach *Regulation S-K* werden differenziert in Finanzinformationen, die sich aus der Rechnungslegung ableiten lassen, und in übrige Informationspflichten.

3.3 Die SEC als gesetzliches Rechnungslegungsgremium und ihr Einfluss auf das Wertpapierrecht sowie die US-GAAP

3.3.1 Die Abgrenzung der SEC von den privaten (Rechnungslegungs-)Gremien

3.3.1.1 *American Institute of Certified Public Accountants* (AICPA)

Zu Beginn ihrer Existenz stand die SEC vor der Entscheidung, ob sie Rechnungslegungsprinzipien für bei ihr registrierungspflichtige Unternehmen[306] selbst entwickeln oder einer privaten Institution überlassen sollte.[307] Die Abstimmung der damaligen fünf Kommissionsmitglieder fiel mit einer knappen Mehrheit zu Gunsten der berufsständischen Lösung aus.[308] Ihre Befugnis zum Erlass materieller Rechnungslegungsnormen hat die SEC im Jahr 1938 zunächst an das AICPA übertragen, das bis 1957 noch den Namen *American Institute of Accountants* (AIA) trug.[309] Das AICPA repräsentiert als Dachorganisation die US-amerikanischen Wirtschaftsprüfer. Während das AICPA ab 1938 das *Committee on Accounting Procedures* (CAP) und von 1959 das *Accounting Principles Board* (APB) mit der Erarbeitung der Standards betraute, wurde die Aufgabe schließlich im Jahr 1973 auf das private Gremium FASB übertragen.[310] Das AICPA war mitverantwortlich für den Erlass des SA und des SEA und damit für die Gründung der SEC. Trotz Errichtung des FASB beteiligt sich das AICPA noch immer maßgeblich an der Entwicklung der US-GAAP. Das AICPA hat eigens eine Arbeitsgruppe, das so genannte *Accounting Standards Executive Committee* (AcSEC) beauftragt, Rechnungslegungsvorschriften zu erlassen. Das AcSEC verabschiedet die Regelungen in enger Abstimmung mit dem FASB. Im Vergleich zu den Regelungen des FASB sind die Verlautbarungen des AcSEC (insbesondere *Statement of Positions*, *Industry Audit and Accounting Guides* und *Technical Practice Aids*)[311] gewöhnlich in ihrem Anwendungsbereich auf bestimmte Wirtschaftszweige sowie auf spezifische Probleme begrenzt.[312]

---

306 Im strengen Wortsinne sind die Wertpapiere der Unternehmen registrierungspflichtig.
307 Vgl. Siebert (1996), S. 27.
308 Vgl. Siebert (1996), S. 27.
309 Vgl. Pellens (2001), S. 80.
310 Vgl. Küting/Hayn (1993), S. 403.
311 Zum Verbindlichkeitsgrad der Vorschriften siehe Gliederungspunkt 3.3.2.
312 Vgl. AICPA (1998), www.usc.edu/dept/accounting/fasb/10'98acsec.doc (Abfrage: 13.12.2002).

3.3.1.2 Committee on Accounting Procedures (CAP)

Die erste Verlautbarung über Rechnungslegungsfragen wurde von dem 1938 gegründeten CAP publiziert. Insgesamt veröffentlichte dieser *standard-setting body* 51 Accounting Research Bulletins (ARB).[313] Das CAP scheiterte letztlich unter anderem daran, dass es die bis zu diesem Zeitpunkt bestehenden vielfältigen Bilanzierungs- und Bewertungsalternativen nicht wesentlich verringern konnte.[314] Die Intervention der SEC im Bereich der Rechnungslegung war während des Bestehens des CAP begrenzt. Die Kommission beließ es bei der Verlautbarung einzelner Entscheidungen zu Problemen in der Rechnungslegung.[315]

3.3.1.3 *Accounting Principles Board* (APB)

Das APB war die Nachfolgeorganisation des CAP als *standard-setting body* ab dem Jahr 1959. Als Bestandteil der Organisation des AICPA veröffentlichte das APB vier *Accounting Research Studies* und 31 *APB Opinions* bis zum Jahr 1973. Ursprünglich war das APB für die Erarbeitung von Rahmengrundsätzen für die Rechnungslegung (*conceptual framework*) vorgesehen.[316] Das Board war jedoch hauptsächlich damit beschäftigt, akute Einzelprobleme, die die SEC an das APB herantrug, zu lösen, so dass im Ergebnis seine Arbeit lediglich Stückwerk blieb.[317] Lagen Abweichungen zwischen den durch das APB erlassenen US-GAAP und den Vorschriften der SEC vor, passte das private Gremium seine Regelungen an die der SEC an.[318] Ein in der Literatur häufiger vorzufindendes Beispiel, das den Einfluss der SEC auf die US-GAAP verdeutlicht, bezieht sich auf die Berücksichtigung eines in der Zwischenzeit wieder abgeschafften[319] *investment credit*.[320] Beim Erwerb abnutzbaren Sachanlagevermögens konnte ein Teil der Anschaffungskosten als Minderung der steuerlichen Bemessungsgrundlage angesetzt werden. Für den Jahresabschluss nach US-GAAP sah das APB in Opinion No. 2 die ertragswirksame Auflösung des *investment credit* über die Nutzungsdauer des Vermögensgegenstands vor. Die SEC veröffentlichte eine Regelung, die alternativ zu Opinion No. 2 für die bei ihr registrierten Unternehmen eine sofortige ertragswirksame Erfassung von 48% des *investment credit* und eine Verteilung der restlichen 52% des *investment credit* zuließ.[321] Da

[313] ARB Nr. 43 gilt als Zusammenfassung der zuvor ergangenen *Bulletins*. Vgl. Fischer/Iannaconi/Klöble/Lechner (2001a), S. 2998.
[314] Vgl. zu den einzelnen Beweggründen der Auflösung Zeff (1984), S. 458-462.
[315] Vgl. Siebert (1996), S. 30.
[316] Vgl. Turner (2000), http://www.sec.gov/news/speech/spch428.htm (Abfrage: 10.12.2002).
[317] Vgl. Siebert (1996), S. 30.
[318] Vgl. Baxter (1979), S. 11.
[319] Der Wegfall der Regelung wurde im Rahmen des *Tax Reform Act* von 1986 wirksam.
[320] Vgl. unter anderem Rappaport (1972), Kapitel 3, S. 14-16; Miller/Redding/Bahnson (1994), S. 137-138.
[321] Vgl. Rappaport (1972), Kapitel 3, S. 15.

viele SEC-regulierten Unternehmen von der SEC-Vorschrift Gebrauch machten, sah sich das APB gezwungen, in Opinion No. 4 die Regelung nach Opinion No. 2 als die vom APB bevorzugte Alternative einzustufen. Faktisch wurde somit für SEC-Unternehmen ein Wahlrecht geschaffen.[322]

3.3.1.4 *Financial Accounting Standards Board* (FASB)

Die Kritik an der Arbeit des APB führte 1973 zu dessen Auflösung. An seine Stelle trat das FASB.[323] Da mit der Einrichtung dieses Gremiums die Schwächen der Vorgängerinstitutionen ausgeräumt wurden, stieß es auf eine breite Unterstützung der verschiedenen Interessengruppen.[324] So entwickelte das FASB zum Beispiel ein *conceptual framework* für die Rechnungslegung.[325] Außerdem verpflichtete das AICPA seine Mitglieder, für die Abgabe eines Bestätigungsvermerks (*auditors' report*) die Verlautbarungen des FASB zu befolgen. Eine derartige Vorschrift gab es für die vorherigen Institutionen nicht.[326] Das FASB besteht aus sieben Mitgliedern, die für die Tätigkeit ihre bisherigen beruflichen Bindungen aufgeben müssen.[327] Unterstützt wird das FASB durch etwa 40 hauptberuflich angestellte wissenschaftliche Mitarbeiter.[328] Das *Financial Accounting Standards Advisory Council* (FASAC), dem etwa 30 Personen (z. B. Wirtschaftsprüfer, Unternehmensvertreter) angehören, berät das FASB.[329] Es informiert das FASB über gegenwärtige Probleme der Ersteller und Adressaten der Jahresabschlüsse.[330] Diesen beiden Organisationen ist die *Financial Accounting Foundation* (FAF) hierarchisch übergeordnet, die von 16 Treuhändern geführt wird. Diese Stiftung ernennt die Mitglieder der beiden Gremien. Sie setzt sich nicht nur aus Vertretern des AICPA zusammen, sondern auch aus Angehörigen verschiedener Interessenverbände, wie z. B. der *Financial*

---

322 Vgl. Siebert (1996), S. 30-31.

323 Das FASB hat seinen Ursprung in Vorschlägen des so genannten „*Wheat Committee*", das im April 1971 durch das AICPA eingesetzt wurde, um organisatorische und verfahrenstechnische Verbesserungen bei der Entwicklung von Rechnungslegungsstandards zu erarbeiten. Vgl. Eisolt (1993), S. 226 m. w. N.

324 Vgl. Sonnemann (1989), S. 26-31.

325 Vgl. kritisch zu den Rahmengrundsätzen GAO (1996), S. 101.

326 Vgl. Sonnemann (1989), S. 27.

327 Im Gegensatz zum APB, das sich aus Vertretern der acht größten Wirtschaftsprüfungsgesellschaften zusammensetzte. Dadurch bestand die Gefahr der mangelnden Unabhängigkeit bei Entscheidungen der Mitglieder. Vgl. Sonnemann (1989), S. 28.

328 Vgl. FASB (2002), http://www.fasb.org/facts/bd_members_staff.shtml (Abfrage: 12.12.2002).

329 Vgl. FASB (2002a), http://www.fasb.org/fasac/fasacmem.shtml (Abfrage: 12.12.2002).

330 Vgl. Sonnemann (1989), S. 28.

Executives International (FEI[331]), der *Securities Industry Association* (SIA[332]) sowie der *American Accounting Association* (AAA[333]).[334]

Das Verhältnis der SEC zum FASB hat sich im Vergleich zu den Vorgängerinstitutionen deutlich verbessert.[335] Die Einbeziehung der verschiedenen Interessenvereinigungen in den Prozess des Erlasses von Rechnungslegungsstandards durch die Möglichkeiten der Abgabe von Stellungnahmen und der Teilnahme an öffentlichen Anhörungsverfahren führt zu einer großen Akzeptanz der Regelungen.[336] Mit der *Emerging Issues Task Force* (EITF) hat das FASB im Jahr 1984 eine Arbeitsgruppe aus Wirtschaftsprüfern und Unternehmensvertretern gebildet, die durch Stellungnahmen schnell auf Probleme in der Bilanzierungspraxis reagiert. Die Arbeitsgruppe tagt alle sechs Wochen. Ein Problem gilt als gelöst, wenn nicht mehr als zwei Mitglieder einer Lösung widersprechen. Die hohe Flexibilität der EITF entspricht dem Verständnis der SEC von der Rechnungslegung, die durch den Normsetzungsprozess zügig und adäquat auf regulatorische, gesetzliche und wirtschaftliche Veränderungen reagieren will.[337] Trotzdem nimmt die SEC faktisch Einfluss auf die Rechnungslegung. Vor allem als *Arthur Levitt*[338] das Amt des Chairman der SEC inne hatte, wurde wieder, wie schon bis zu Beginn der 70er Jahre, eine stärkere Regulierungsfunktion des Staats augenfällig. Die SEC beteiligt sich an dem Prozess der Erarbeitung von Rechnungslegungsvorschriften, indem sie die laufenden Aktivitäten und Beschlüsse des FASB überwacht.[339] „*The Commission intends to continue its policy of looking to the private sector...*".[340] Die Mitarbeiter der SEC nehmen regelmäßig an den Sitzungen der EITF teil und stehen in permanentem Kontakt zu den Mitarbeitern des FASB. Oftmals wird die SEC – mitunter vor dem eigentlichen Geschäftsvorfall – von den Unternehmen kontaktiert, um die Abbildung eines Sachverhalts mit der SEC zu klären („*pre-clearing*"[341]).[342] Die Auswertung der Fragen ermöglicht die Identifizierung der prakti-

---

331 Das FEI ist eine Vereinigung für Führungskräfte im Finanz- und Rechnungswesen mit mehr als 15.000 Mitgliedern. Vgl. FEI (2002), http://www.fei.org/about/us.cfm (Abfrage: 12.12.2002).

332 Das SIA ist eine Vereinigung von mehr als 600 Wertpapierunternehmen. Vgl. SIA (2002), http://www.sia.com/about_sia/ (Abfrage: 12.12.2002).

333 Die AAA ist eine Vereinigung der Hochschullehrer des Fachs Rechnungslegung und der theoretisch interessierten Praktiker. Vgl. Pellens (2001), S. 115.

334 Vgl. FASB (1999), S. 2.

335 Vgl. Sonnemann (1989), S. 30.

336 Zum Ablauf der Entwicklung eines Rechnungslegungsstandards (*due process*) siehe Langenbucher/Blaum (1995), S. 2325; Oldenburger (2000), S. 35-37.

337 Vgl. SEC (2001a), S. 81.

338 Zur Amtszeit *Arthur Levitts* siehe Gliederungspunkt 4.3.3.

339 ASR No. 150: „*The Commission will continue to identify areas where investor information needs exist and will determine the appropriate methods of disclosure to meet these needs.*"

340 ASR No. 150.

341 Herdman (2002), http://www.sec.gov/news/testimony/051402tsrkh.htm (Abfrage: 9.12.2002).

342 Die SECPS hat einen Leitfaden für Unternehmen und Wirtschaftsprüfer erstellt, in dem die bestmögliche Vorgehensweise für fachliche Anfragen beschrieben wird. Der Kurzratgeber enthält Hinweise für die Wirtschaftsprüfer, inwieweit sie dem Unternehmen in der Kommunikation mit der SEC Unterstützung leisten

schen Probleme in der Finanzberichterstattung. Die SEC leitet problematische Fragestellungen an das FASB oder das EITF weiter, um Aufschluss über die geeignete Rechenschaftslegung zu erhalten.[343] Ferner wohnt der *Chief Accountant* beispielsweise den Sitzungen des FASAC bei. Der SEC obliegt die Funktion des „*endorsement*“[344]. Sie kann „jederzeit regulierend eingreifen, wenn sie der Meinung ist, daß mögliche Vorschriften den Interessen der Kapitalmarktteilnehmer [im Speziellen der Anleger, Anmerkung des Verfassers] zuwiderlaufen.“[345] Außerdem ist die SEC berechtigt, das FASB auf das Fehlen von Vorschriften oder auf unzureichend geregelte Sachverhalte hinzuweisen („*dictating FASB's agenda*“[346]). Zudem kann die SEC die Verlautbarungen des FASB für nicht beachtenswert erklären, wenn die Regelungen nicht den Vorstellungen der SEC entsprechen.[347] Sie kann auch selbst Verlautbarungen im Bereich der Rechnungslegung erlassen und damit die Rechnungslegung unmittelbar nach ihren Zielen ausgestalten.[348] Mit ihrer Weisungsbefugnis über die Aufstellung, den Inhalt und den Umfang der bei ihr einzureichenden Berichte bestimmt sie das Niveau einer angemessenen Berichterstattung von Unternehmen.[349] Die Notwendigkeit für die Schaffung neuer Vorschriften bzw. die Überarbeitung bestehender Regelungen erkennt die SEC anhand der formellen und inhaltlichen Durchsicht der finanziellen und nicht-finanziellen Angaben in den Registrierungs- und Publizitätsberichten der Unternehmen durch die *Division of Corporation Finance*.[350] Überprüfungen der Unternehmensberichte[351] resultieren z. B. in der Feststellung von Bilanzierungsfehlern, fehlenden Angaben und einer normwidrigen Anwendung von Interpretationen der US-GAAP.[352] Durch diese Funktion kann die Division der SEC unmittelbar Probleme der Bilanzierenden bei der Anwendung von Rechnungslegungsvorschriften erkennen und die Schwachstellen im Normbereich beheben. Die *Division of Corporation Finance*

---

sollten. Vgl. SECPS (2002), http://www.aicpa.org/members/div/secps/lit/best/comsec.htm (Abfrage: 19.12.2002).

343 Vgl. Herdman (2002), http://www.sec.gov/news/testimony/051402tsrkh.htm (Abfrage: 9.12.2002); Herdman (2001), http://www.sec.gov/news/speech/spch526.htm (Abfrage: 9.12.2002), der in einer Rede vor allem die Position des EITF für die Beurteilung von weitergegebenen „*emerging issues on a real time basis*“ im Prozess des „*pre-clearing*“ stärkt.

344 Tokar (1998), S. 46.

345 Pellens (2001), S. 80.

346 Herdman (2001), http://www.sec.gov/news/speech/spch526.htm (Abfrage: 9.12.2002).

347 Vgl. Hütten/Brakensiek (2000), S. 872.

348 Vgl. Sec. 7 und 19a) SA und Sec. 13b) SEA. Noch anderslautend *John C. Burton, Chief Accountant* der SEC 1973, nach dessen Auffassung es dem öffentlichen Interesse zuwiderläuft, wenn eine Behörde umfangreiche Bilanzierungsvorschriften erlässt. Die SEC habe sich zurückzuhalten. Vgl. Pacter/Nolan (1973), S. 26-28. Nach Meinung *Richters* hat die SEC „ihre Rechtsetzungskompetenzen maßvoll ausgenutzt“. Richter (1975), S. 86-87. Diese Aussagen wurden allerdings zu einem Zeitpunkt getroffen als die SEC noch kaum Einfluss auf die Rechnungslegung ausübte. In neueren Veröffentlichungen wird die oben vertretene Ansicht geteilt, dass die SEC erheblich Einfluss nimmt. So Böckem (2000), S. 107; Eisolt (1993), S. 224.

349 Previts/Merino (1998), S. 393.

350 Vgl. Herdman (2002), http://www.sec.gov/news/testimony/051402tsrkh.htm (Abfrage: 9.12.2002).

351 Siehe zur Häufigkeit der Kontrollen Gliederungspunkt 4.1.6 und zur jüngsten Untersuchung der 500 umsatzstärksten Unternehmen Abschnitt 4.2.1.5.2.

352 Vgl. Bayless (2000), http://www.sec.gov/news/speech/spch394.htm (Abfrage: 10.12.2002).

ist damit Schnittstelle zwischen Normsetzung und Normdurchsetzung. Außerdem kann die SEC anhand der an sie gerichteten fachlichen Anfragen Erkenntnisse für einen etwaigen Handlungsbedarf in der Rechnungslegung gewinnen.[353]

Das FASB befindet sich somit in einem Abhängigkeitsverhältnis gegenüber der SEC.[354] Eine Ablösung des FASB durch eine staatliche Organisation kann trotz der signifikanten Mitsprache der SEC bei der Rechnungslegung als unwahrscheinlich eingestuft werden.[355]

3.3.2 Die Vorschriften der privaten (Rechnungslegungs-)Gremien im Verhältnis zu denen der SEC

Die in den Zuständigkeitsbereich der SEC fallenden Unternehmen haben zahlreiche Bestimmungen der Behörde zu beachten. Generell können die Veröffentlichungen der SEC in Regelungen der Kommission und der Mitarbeiter (*staff*) unterteilt werden. Im Allgemeinen bedient sie sich insbesondere der nachstehenden Verlautbarungen im Bereich der Rechnungslegung:

Verlautbarungen der Kommission:

- *Rules and regulations*,
- *Forms*,
- *Financial Reporting Releases* (FRR),
- *Accounting and Auditing Enforcement Releases* (AAER).

Verlautbarungen der Mitarbeiter:

- *Staff Accounting Bulletins* (SAB) und
- *No-action letters*.[356]

Die *rules and regulations* stellen Verordnungen dar, die die generell allgemeiner gehaltenen Bundesgesetze konkretisieren und ergänzen.[357] Die Bundesgesetze, wie z. B. der *Securities Act* und der *Securities Exchange Act*, bilden die Rahmenbestimmungen für die Überwachung des Wertpapiermarkts. *Rules* stellen typischerweise Definitionen oder Ergänzungen bzw. Aus-

---

353 Vgl. Herdman (2002), http://www.sec.gov/news/testimony/051402tsrkh.htm (Abfrage: 9.12.2002).

354 *Kühne* sieht das FASB als einen „Agent[en]" der SEC, Kühne (2002), S. 82.

355 Einen Überblick über 130 Empfehlungen diverser Kommissionen zur Verbesserung der Normsetzung einschließlich der Organisation des FASB im Zeitraum 1972-1995 und eventuell ergriffener Maßnahmen als Reaktion auf diese Ratschläge liefert das GAO (1996a), S. 81-111. Eine Forderung nach einer staatlichen Normsetzung wurde nicht umgesetzt. Vgl. GAO (1996a), S. 86.

356 Vgl. verkürzter Hütten (2000), S. 114. Die Reden von SEC-Mitgliedern sind ausdrücklich kein Instrument des *rule-making*. Vgl. Herdman (2001), http://www.sec.gov/news/speech/spch526.htm (Abfrage: 9.12.2002).

357 Vgl. Pellens (2001), S. 83.

nahmen zu den gesetzlichen Vorschriften dar. Beispielsweise kann die SEC Bedingungen festsetzen, die Unternehmen von der Registrierung und Publizität befreien. *Rules*, die sich auf denselben Sachbereich beziehen, werden unter einer *regulation* subsumiert. So enthält *Regulation S-T* Vorschriften zur elektronischen Registrierung, *Regulation S-B* befasst sich mit den Publizitätserfordernissen für Kleinunternehmen. Abbildung 2 bietet einen Überblick über die Zuordnung der in der Praxis am häufigsten verwendeten[358] Verordnungen zu den Wertpapiergesetzen:

	Rechtsquelle und Bezeichnung der Verordnung
***Rules and regulations*, die ausschließlich den SA betreffen**	❑ 17 CFR Part 230: *Regulation A - Conditional Small Issues Exemption*; *Regulation C - Registration; Regulation D - Rules Governing the Limited Offer and Sale of Securities without Registration under the Securities Act of 1933*; *Regulation 15D - Reports of Registrants under the Securities Act of 1933.*
***Rules and regulations*, die ausschließlich den SEA betreffen**	❑ 17 CFR Part 240: *Regulation 12B – Registration and Reporting*; *Rule 0-3 - Filing of Material with the Commission*; *Regulation 13A - Reports of Issuers of Securities Registered Pursuant to Section 12*; *Regulation 14A - Solicitations of Proxies*; *Schedule 14A - Information Required in Proxy Statement.*
***Rules and regulations*, die den SA und den SEA betreffen**	❑ 17 CFR Part 210: *Regulation S-X – Form and Content of and Requirements for Financial Statements.* ❑ 17 CFR Part 228: *Regulation S-B - Integrated Disclosure System for Small Business Issuers.* ❑ 17 CFR Part 229: *Regulation S-K - Standard Instructions for Filing Forms.* ❑ 17 CFR Part 232: *Regulation S-T - General Rules and Regulations for Electronic Filings.* ❑ 17 CFR Part 243: *Regulation F-D - Selective Disclosure.*

Abbildung 2: Zuordnung der SEC-Verordnungen zu den Wertpapiergesetzen

Der Erlass von *rules* kann über mehrere Stufen erfolgen: zuerst wird ein *concept release* erarbeitet, danach folgt ein *rule proposal* und schließlich die *rule adoption*. In einem *concept release* wird eine spezifische und komplexe Problematik im Einzelnen analysiert.[359] Es enthält die verschiedenen Meinungen der Kommission und zeigt alternative Lösungen auf. Nach der

[358] Vgl. KPMG (2003), Table of Contents.
[359] Zur Veranschaulichung kann z. B. Einsicht in das „*SEC Concept Release: International Accounting Standards*" genommen werden. Siehe SEC (2000f), http://www.sec.gov/rules/concept/34-42430.htm (Abfrage: 12.12.2002).

Einholung von Stellungnahmen der Öffentlichkeit[360] legt sich die Kommission auf einen Lösungsansatz fest. Gewöhnlich erstellen die Mitarbeiter der SEC jedoch direkt ein *rule proposal*, ohne den Weg über das *concept release* zu gehen. Ein *rule proposal* sieht bereits detaillierte Bestimmungen zur Lösung eines Problems vor. Falls der Entwurf von den Kommissionsmitgliedern genehmigt wird, wird er der Allgemeinheit für einen Zeitraum von dreißig bis sechzig Tagen zur Beurteilung bereitgestellt. Anschließend wird eine endgültige Vorschrift (*final rule*) angefertigt und von der Kommission verabschiedet (*rule adaption*). Falls es sich um eine wesentliche Regelung handelt, ist ihre Wirksamkeit unter Umständen von der Zustimmung des Kongresses abhängig.[361]

Die *Forms* sind keine auszufüllenden Vordrucke. Vielmehr handelt es sich um Formblätter, die den genauen Inhalt und die formelle Ausgestaltung der einzureichenden Informationen auflisten.[362] Die Formblätter unterscheiden sich je nach Zweck der Informationsvermittlung und Art des Unternehmens.[363] Die nachfolgende Übersicht zeigt, unter welche Wertpapiergesetze wesentliche *Forms* zu subsumieren sind:

	Rechtsquelle und Bezeichnung der *Form*
***Forms* des SA**	❑ 17 CFR 239: z. B. *Registration Statements*: z. B. *Forms S-1, F-1.*
***Forms* des SEA**	❑ 17 CFR 249: z. B. *Registration Statements*: z. B. *Form 10*; *Annual Reports*: *Forms 10-K, 20-F*; *Current Reports*: *Forms 8-K, 6-K.*

Abbildung 3: Zuordnung der SEC-Formblätter zu den Wertpapiergesetzen

Weitere Verlautbarungen der Kommission sind die FRR, und die AAER.[364] Die FRR enthalten ausschließlich Änderungen (*final rules*) und Interpretationen der *Regulations S-X* und *S-K*. In den AAER werden der Öffentlichkeit Informationen über Durchsetzungsaktivitäten und Sanktionsmaßnahmen gegen Individuen und Unternehmen mitgeteilt, soweit sie gegen die Bun-

360 Überdies kann jede Person bei der SEC Neuregelungen oder Änderungen bzw. Aufhebungen bestehender Vorschriften beantragen. Der Antragsteller muss in seinem Gesuch sein Interesse und die Gründe für seinen Vorschlag nennen. Vgl. 17 CFR § 201.192.

361 Vgl. International Business Publications (2002), S. 18-19.

362 Vgl. Haller (1994), S. 238.

363 Vgl. Sec. 19a) SA.

364 Im Jahre 1982 haben die FRR und AAER die *Accounting Series Releases* (ASR) ersetzt, die seit 1937 herausgegeben wurden. Vgl. McCraw (1984), S. 191. Bis 1982 wurden 314 ASR herausgegeben. Vgl. Haller (1994), S. 35. Mit FRR Nr. 1 wurden die relevanten rechnungslegungs- und prüfungsbezogenen ASR übernommen.

deswertpapiergesetze oder die Vorschriften der SEC verstoßen haben.[365] Neben einer Beschreibung des Sachverhalts wird außerdem benannt, welche Regelungen verletzt wurden.

Die SAB stellen Verwaltungsrichtlinien dar, die von der *Division of Corporation Finance* und dem *Chief Accountant* seit 1975 herausgegeben werden.[366] Sie enthalten Interpretationen bestehender Rechnungslegungsvorschriften, die bei der Prüfung der einzureichenden Abschlüsse der Unternehmen durch die *Division of Corporation Finance* zugrunde gelegt werden. Die SAB haben weder Gesetzesstatus noch stellen sie Interpretationen der Kommission selbst dar.[367] Folglich unterliegen sie auch nicht der ausdrücklichen Zustimmung der Kommission. Faktisch sind die SAB jedoch von den Unternehmen einzuhalten, wenn sie bei der SEC registriert sind.

Ein weiteres nicht unbedeutendes Kommunikationsinstrument sind die *no-action letters*, mittels denen die SEC auf Anfrage von Unternehmen Stellung zur normkonformen Behandlung eines bestimmten Sachverhalts nimmt. In dieser Funktion kann sie mithin als Schlichtungsstelle bei Meinungsverschiedenheiten zwischen Abschlussersteller und Abschlussprüfer fungieren. Derartige Ausarbeitungen der Mitarbeiter der SEC stellen keine rechtsverbindlichen Schriften für die Allgemeinheit dar.[368] Vielmehr sind sie einzig von dem ratsuchenden Unternehmen anwendbar. Bei Befolgung der Stellungnahme sichert die SEC dem Unternehmen zu, kein Rechtsverfahren gegen das Unternehmen einzuleiten.[369]

Ansonsten setzt die SEC weitere Instrumente als Verlautbarung ein. Hierzu zählen insbesondere *Interpretations*, *Policy Statements*, *Commission Orders and Notices, Industry Guides*, *Staff Telephone Interpretations* und *Staff Legal Bulletins*.[370] In Anbetracht der Fülle der Verlautbarungen erheben die Wirtschaftsprüfer und die von der SEC regulierten Unternehmen bisweilen Zweifel, den Überblick über die Veröffentlichungen wahren zu können.

Die *Generally Accepted Accounting Principles* umfassen die Konventionen, Bestimmungen und Verfahrensweisen, die anerkanntermaßen die Rechnungslegungspraxis zu einem bestimmten Zeitpunkt festlegen.[371] Sie ergeben sich im Wesentlichen durch das AICPA, das FASB sowie dessen vorausgehender Institutionen. Die Verlautbarungen der verschiedenen

---

365 Vgl. Herz et al. (1997), S. 39.
366 Die SAB können mit den Richtlinien der Finanzbehörden verglichen werden. Vgl. Sonnemann (1989), S. 21.
367 So lautet SAB 101: „*SAB 101 does not supersede any existing authoritative literature.*"
368 Vgl. zur Abstimmung von komplexen Entscheidungsfällen mit der Kommission Office of Inspector General (2000), http://www.ignet.gov/internal/sec/326fin.htm (Abfrage 20.12.2002).
369 Vgl. Herz et al. (1997), S. 29.
370 Vgl. GAO (2001), S. 3.
371 Vgl. SAS 69.2.

Organisationen stehen in einer bestimmten kategorischen Hierarchie zueinander, die wie folgt unterteilbar ist:

Level A:
- FASB Statements of Financial Accounting Standards,
- FASB Interpretations,
- APB Opinions,
- AICPA Accounting Research Bulletins.

Level B:
- FASB Technical Bulletins,
- AICPA Industry Audit and Accounting Guides,
- AICPA Statements of Position.

Level C:
- AICPA Practice Bulletins,
- Emerging Issues Task Force consensus positions.

Level D:
- AICPA accounting interpretations,
- „Questions and Answers" published by the FASB staff,
- Practices widely recognized and prevalent in an industry.

Other accounting literature:
- FASB Statements of Financial Accounting Concepts,
- APB Statements,
- AICPA Issues Papers,
- International Accounting Standards Committee Statements,
- GASB Statements, Interpretations, and Technical Bulletins,
- FASAB Statements, Interpretations, and Technical Bulletins,
- Pronouncements of other professional associations or regulatory agencies,
- AICPA Technical Practice Aids,
- Accounting textbooks, handbooks, and articles.

Abbildung 4: Hierarchische Zusammenfassung der US-GAAP[372]

Die *Statements of Financial Accounting Standards* (SFAS) und die *Interpretations* als Verlautbarungen des FASB zählen zur hierarchischen Kategorie A. Bis Dezember 2002 sind 148 SFAS publiziert worden, die detaillierte Rechnungslegungsgrundsätze festlegen oder bestehende Vorschriften des *Level A*[373] ergänzen bzw. ersetzen. Die *Interpretations* dienen der Auslegung und Konkretisierung einzelner Vorschriften des *Level A*.[374] Bei den Verlautbarungen des *Level B*[375] sind vor allem die vom AcSEC erlassenen *Statements of Position* (SOP) in der Praxis bedeutend. Von praktischer Relevanz der *Level C*[376] und *D*[377] sind die EITF. Die unter *Other accounting literature*[378] genannten *Statements of Financial Accounting Concepts* bilden die Rahmengrundsätze der bestehenden und noch zu entwickelnden Rechnungslegungsvorschriften. Sie sind nach Maßgabe des AICPA nicht verpflichtend für den Bilanzersteller.[379] Sofern die Abbildung eines Geschäftsvorfalls nicht in der Kategorie A geregelt ist, sind die jeweils nächstniedrigeren Stufen B bis D anzuwenden. Widersprechen sich Regelungen in

---

372 Quelle: In Anlehnung an SAS 69.10-11.
373 Vgl. SAS 69.10a).
374 Vgl. Haller (1994), S. 45.
375 Vgl. SAS 69.10b).
376 Vgl. SAS 69.10c).
377 Vgl. SAS 69.10d).
378 Vgl. SAS 69.11.
379 Vgl. Sec. 411.11 AU.

verschiedenen Kategorien, ist grundsätzlich die jeweils ranghöhere Vorschrift anzuwenden. Dieser Grundsatz gilt allerdings nicht, wenn die Regelung der unteren Kategorie das wirtschaftlich Gewollte eines Geschäftsvorfalls besser abbildet.[380]

Bis zu Beginn der siebziger Jahre regelte *Accounting Series Release No. 4* das Verhältnis zwischen den Vorschriften der SEC und den privaten Rechnungslegungsgremien. ASR No. 4 besagt, dass die SEC nur solche Jahresabschlüsse anerkennt, die nach Vorschriften erstellt werden, für die ein *„substantial authoritative support"* existiert.[381] Nach Gründung des FASB bekräftigte die SEC diese Position in Accounting Series Release No. 150.[382] Das Kriterium sieht die Kommission bei den SFAS und *Interpretations* des FASB sowie den geltenden ARB des CAP und den APB *Opinions* des APB grundsätzlich als erfüllt an, wodurch die Verlautbarungen einen Verpflichtungscharakter für die durch die SEC regulierten Unternehmen erhalten.[383] Die Anforderungen der SEC gehen teilweise über die US-GAAP hinaus.[384] Die *rules and regulations*, die FRR zur Rechnungslegung und die SAB haben für registrierungspflichtige Unternehmen einen Stellenwert wie die Verlautbarungen nach *Level A*.[385] Bestehen Unterschiede zwischen den SEC-Vorschriften und den US-GAAP, haben erstere Vorrang.[386] In der Regel löst die SEC solche Divergenzen zwischen ihren Vorschriften und den durch das FASB verabschiedeten Verlautbarungen jeder Kategorie, indem sie ihre Regelungen ändert[387] oder das FASB zu einer Anpassung drängt. Auf geplante Änderungen weist die SEC gewöhnlich öffentlich hin. Bei Abweichungen zwischen den Vorschriften des EITF und anderen US-GAAP hat sich die SEC als Ziel gesetzt: *„the SEC staff would challenge any accounting that differs ..., because the consensus position represents the best thinking on areas for which there are no specific standards."*[388]

---

380 Vgl. Sec. 411.07 AU.

381 Wenden Unternehmen Bilanzierungsgrundsätze an, die diese Voraussetzung nicht erfüllen, dann werden die Jahresabschlüsse von der SEC als irreführend bzw. fehlerhaft qualifiziert. Dieser Mangel wird auch nicht dadurch behoben, dass in den Jahresabschlüssen die Regelungen der SEC befolgt werden oder die Information der Nichtbeachtung offen gelegt wird. Vgl. ASR No. 4.

382 Eine weitere Stellungnahme gab die SEC im Jahre 1980 ab. Danach erkennt die SEC keinen Widerspruch *„with the basic policy of relying on the FASB for leadership in establishing financial accounting and reporting standards"*, für den Fall, dass sie eigene Regeln in *Regulation S-X* erlässt. ASR No. 280. Im Übrigen gilt FRR No. 1 als entsprechende Nachfolgeregelung der ASR.

383 Vgl. ASR No. 150. Eine entsprechende Konformität des Jahresabschlusses mit diesen Regelungen gilt grundsätzlich auch für die Erteilung des Prüfungstestats. Vgl. Sec. 203.01 i. V. m. 203.03 ET.

384 Vgl. auch Wüstemann (2002), S. 720. Zu Beispielen von Mehr an Informationen in den Registrierungsberichten *Form 10-K* und *10-Q* siehe Fischer/Iannaconi/Lechner (2001), S. 2885-2893. Außerdem sind im Vergleich zu US-GAAP beispielsweise strengere Wesentlichkeitskriterien einzuhalten. Vgl. SAB 99.

385 Vgl. Sec. 411.10 AU; KPMG (2003), S. 329.

386 Vgl. Sec. 411.08 AU.

387 Ein jüngeres Beispiel ist ein durch das *SEC Regulation Committee* verabschiedetes Projekt, das unter anderem die Anpassung sämtlicher SAB an die gegenwärtigen Regelungen des FASB vorsah, sofern formale und materielle Diskrepanzen bestanden. Siehe als Ergebnis dieser Überarbeitung SAB 103.

388 Sec. 411.10 AU.

Festzuhalten bleibt, dass die Vorschriften der SEC trotz der Delegierung der Kompetenz zur Entwicklung von Rechnungslegungsvorschriften an das FASB einen außerordentlich hohen Stellenwert im Bereich des US-amerikanischen Systems des *financial accounting* und *business reporting* einnehmen. Die Verlautbarungen der SEC sind zudem sehr umfassend.

4 Überwachung und Sanktionierung durch die SEC

4.1 Durchsetzungssystem

4.1.1 Organe der Durchsetzung

Das System der Aufsicht über die US-amerikanischen Wertpapiermärkte ist komplex, da die Regulierung von mehreren Organen wahrgenommen wird. Das Recht zur Durchsetzung von Normen gegen kapitalmarkorientierte Unternehmen haben im Wesentlichen die SEC, die Selbstverwaltungsorgane des Wertpapierhandels, die Abschlussprüfer und die *audit committees*, die Wirtschaftsprüfungsgremien der US-Einzelstaaten (*State Boards of Accountancy*) und das *Public Company Accounting Oversight Board* (PCAOB).[389] Die Wirtschaftsprüfer ihrerseits unterliegen selbst Kontrollen. Die Rechtsprechung ist allen Instanzen übergeordnet. Die grafische Abbildung 5 gibt einen Überblick, welche Instanz gegenüber einer anderen Instanz Regelungen durchsetzen kann.

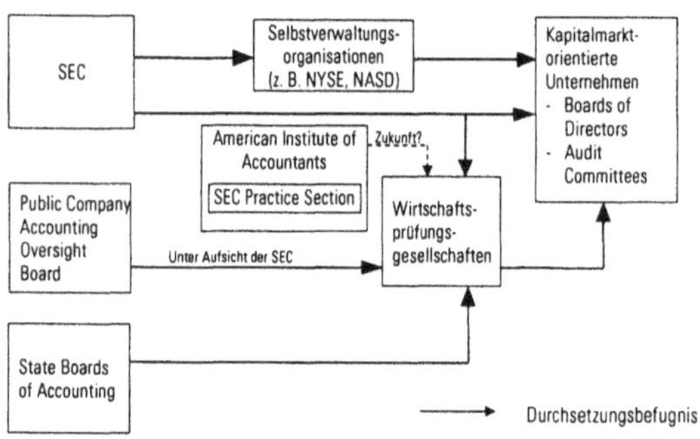

Abbildung 5: Organe der Durchsetzung mit Kenntlichmachung der Ausrichtung ihrer Durchsetzungsbefugnis[390]

---

[389] Die Wertpapierbehörden der US-Bundesstaaten gelten als weitere bedeutende Durchsetzungsinstitutionen. Den Behörden der Bundesstaaten obliegt die Überwachung der Einhaltung der *blue sky laws*. Die Durchsetzungsfälle beschränken sich im Wesentlichen auf Verstöße von Händlern, Maklern und Anlageberatern sowie von einzelnen Personen (z. B. Anbieten unregistrierter Wertpapiere). Zwar sind die Durchsetzungsbefugnisse in den einzelnen Staaten nicht völlig deckungsleich, jedoch besteht eine weitgehende Übereinstimmung in dem Recht, erhebliche disziplinarische Sanktionen anzuordnen. Vgl. Phillips (1997), S. 8.

[390] In Anlehnung an GAO (2002c), S. 32.

Außer der SEC existieren Selbstregulierungsorgane (SRO), bei denen es sich um private Mitgliedsorganisationen handelt. Eine der SRO ist die Vereinigung der Wertpapierhändler (*National Association of Securities Dealers* (NASD)), deren Mitglieder die bei der SEC registrierten Wertpapierhändler und -makler sind. Auch die Börsen (z. B. NYSE, NASDAQ) sind Selbstregulierungsorganisationen.[391] In ihren praktischen Zuständigkeitsbereich fällt vor allen Dingen die unmittelbare, tägliche Regulierung der Abläufe am Wertpapiermarkt, da dies „staatlicherseits kaum zu leisten [ist]“[392]. Die SRO erstellen auf der Grundlage der Bundeswertpapiergesetze eigene Regelwerke (z. B. Börsenordnungen[393]), wodurch sie die Rahmenbedingungen für die Marktteilnehmer mitbestimmen.[394] Des Weiteren haben sie die Einhaltung ihrer eigenen Regelwerke zu gewährleisten. Um wirksam regulieren zu können, haben sie Disziplinargewalt über ihre Mitglieder bzw. kotierten Unternehmen.[395] Allerdings steht den durch die SRO Sanktionierten die Berufung vor der SEC respektive vor einem US-amerikanischen Berufungsgericht offen.[396] Die SRO sind verpflichtet, sich bei der SEC registrieren zu lassen.[397] Sie müssen ihre Vorschriften von der SEC genehmigen lassen.[398] Die SEC ist darüber hinaus befugt, die SRO zu sanktionieren.[399]

Zwischen der SEC und den SRO besteht eine enge Partnerschaft hinsichtlich der Überwachung des Wertpapiermarkts.[400] Oftmals werden Ermittlungen gegen Unternehmen nicht nur

391 Vgl. Walker (2002), http://www.pwccomperio.com/search97cgi/s97is_english.dll (Abfrage: 5.01.2003).

392 Hopt (1975), S. 156.

393 Siehe z. B. die Sammlung von Regeln der NYSE (2003a).

394 Z. B. verpflichten die Börsen die bei ihr zugelassenen Unternehmen zur Veröffentlichung wesentlicher Informationen. Siehe zu den Anforderungen NYSE (2003a), Sec. 201.00 Listed Company Manual. Die Informationsanforderungen bleiben zum Teil vage und sind im Einzelnen nicht abschließend aufgeführt. Vgl. ähnlich Fülbier (1998), S. 98-99.

395 Vgl. für die NYSE etwa Doherty (1991), S. 644. Die Sanktionsmittel wie z. B. Verweise, zeitweilige oder endgültige Suspendierungen und Geldbußen sind begrenzt. Vgl. zur Sanktionierung Art. IX, Sec. 5 NYSE Constitution; Rule 476A NYSE Rules.

396 Vgl. die Grafik des disziplinarischen Ablaufs der NYSE (2003), http://www.nyse.com/regulation/p1020656068597.html?displayPage=%2Fregulation%2F1022221392702.html (Abfrage: 30.08.2003). Für ein kurzes Beispiel siehe CCH (2001), S. 10.

397 Vgl. insbesondere Sec. 15A i. V. m. Sec. 19a) SEA für die Wertpapiervereinigungen und Sec. 6 i. V. m. Sec. 19a) SEA in Bezug auf die Börsen.

398 Vgl. Sec. 19b) SEA.

399 1996 hat die SEC eine Strafe gegen die NASD verhängt und sie zu Reformen gedrängt. Der NASD wurde unter anderem seitens der SEC eine nachlässige Überwachung der *market maker* an der NASDAQ vorgeworfen. Die NASD musste ihre Organisationsstruktur neu ordnen, indem sie die Durchsetzungsaktivitäten strikt vom Börsenhandel getrennt hat. Vgl. Schroeder (1996), S. 40.

400 Die SEC hat mit mehreren Selbstverwaltungsorganisationen eine vertragliche Übereinkunft (*memorandum of understanding*) im Hinblick auf die Überwachung von Wertpapierhändlern und -maklern getroffen. Danach verpflichten sich die Unterzeichner, ihre Prüfungseinsätze miteinander abzustimmen und die aufgrund von Kontrollen gewonnenen Erkenntnisse auszutauschen. Vgl. SEC (1995), http://www.sec.gov/info/smallbus/mouind.txt (Abfrage: 28.12.2002).

allein von der SEC geführt, sondern sie werden von Untersuchungen verschiedener Selbstverwaltungsorganisationen begleitet.[401]

Die Zuständigkeit[402] der SEC ergibt sich aus der so genannten *interstate commerce*-Klausel in der US-amerikanischen Verfassung, die die Kompetenz des Bunds für den Handel mit anderen Ländern und den zwischenstaatlichen Geschäftsverkehr innerhalb der USA begründet.[403] Die Rechtsprechung legt den Begriff des *interstate commerce* und damit die Anwendbarkeit der bundesstaatlichen Regelungen im Wertpapierrecht weit aus.[404] So ist das Anbieten von Wertpapieren für die Anwendung der Bundesgesetze selbst dann hinreichend, wenn die Wertpapiere per Brief[405] oder Telefon[406] innerhalb eines Staats angeboten werden.

Eine Regulierungsfunktion geht außerdem von den Wirtschaftsprüfern aus. Mit ihrem Prüfungsurteil (z. B. gegebenenfalls Einschränkung oder Versagung des Testats) treffen die Abschlussprüfer eine Aussage über das Ergebnis der durchgeführten Prüfung. Die Prüfungspflicht der Abschlussprüfer umfasst die im Zusammenhang mit der Einreichung von SEC-Berichten erforderlichen Jahresabschlüsse (*financial statements*).[407] Sämtliche über die US-GAAP hinausgehenden Vorschriften der SEC, insbesondere die *Regulation S-K*, sind nicht Gegenstand der Pflichtprüfung.[408] Kontrolliert der Prüfer nicht prüfungspflichtige Informationen, darf er deren Vorschriftenkonformität nicht durch ein Testat bestätigen. Soweit es sich um Informationen handelt, die sich aus der Rechnungslegung ableiten lassen,[409] wird er allenfalls die Aussage treffen, dass er durch seine Prüfungshandlungen keine Verstöße gegen die einschlägigen Regelungen festgestellt hat (Negativaussage).[410] Eine Stellungnahme zur Einhaltung der sonstigen nicht prüfungsrelevanten Vorschriften nach *Regulation S-K* durch den Prüfer ist explizit nicht erlaubt.[411]

---

401 Vgl. Phillips (1997), S. 5.

402 Weitere Voraussetzungen für den Kompetenzbereich der SEC sind die Art der Wertpapiere (Sec. 2a) Nr. 1 SA; Sec. Nr. 3a) Nr. 10 SEA) und das Wirtschaftssubjekt.

403 Vgl. Sec. 8 Clause 3 U.S. Constitution.

404 Vgl. SEC vs. Zubkis, 1998 U.S. Dist. LEXIS 10871, 1-10 (1998); Wiemann (1987), S. 32.

405 Vgl. SEC vs. Midwest Investments, Inc. et al., 1996 U.S. App. LEXIS 14424, 12-13 (1996).

406 Vgl. Dupuy vs. Dupuy, 511 F.2d 641, 643-644 (1975).

407 Vgl. Reg. S-X, Items 2-02, 3-01 und 3-02.

408 Vgl. Brotte (1997), S. 150, 367.

409 Zu jenen Angaben zählen prinzipiell die Informationspflichten nach Reg. S-X, Items 301, 302, 402 sowie 503(d). Vgl. Sec. 634.57 AU; Kuhner (1998), S. 150.

410 In diesem Zusammenhang erstellen die Wirtschaftsprüfer vor allem im Verhältnis zu dem SEC-registrierten Unternehmen und der Emissionsbank nichtöffentliche *comfort letters*. Durch *comfort letters* wird der Umfang des nicht-prüfungspflichtigen Auftrags erläutert. Des Weiteren hat der Prüfer eine Aussage darüber zu treffen, dass keine Tatsachen festgestellt wurden, die Anlass geben könnten, nicht von der Ordnungsmäßigkeit bestimmter Informationen ausgehen zu können. Die *comfort letters* dienen der Emissionsbank und den Unternehmen zum Schutz vor etwaigen Schadenersatzansprüchen außenstehender Dritter. Vgl. Sec. 634.03 AU.

411 Vgl. Sec. 634.57 AU; Kuhner (1998), S. 150-151.

Für die an der NYSE kotierten Unternehmen gilt bereits seit 1978 die Pflicht, ein *audit committee* einzurichten.[412] *Audit committees* können zu einem Schutz der Kapitalmarktteilnehmer beitragen, da sie den Prozess der Finanzberichterstattung durch die Zusammenarbeit mit dem Management, der internen Revision und den Abschlussprüfern überwachen.[413]

Der Zugang zur Standesorganisation der Wirtschaftsprüfer ist in den USA, mit nicht unerheblichen Differenzen in den Zulassungsvoraussetzungen, einzelstaatlich geregelt. Die Wirtschaftsprüfungsgremien der Einzelstaaten (*State Boards of Accountancy*) beaufsichtigen ihre Mitglieder, ergründen Beschwerden Dritter über Wirtschaftsprüfer und verhängen bei einem berufsständischen Fehlverhalten gegebenenfalls Sanktionen gegen ihre Mitglieder.[414]

Der Berufsstand der in den USA zur Berufsausübung zugelassenen Wirtschaftsprüfer (*Certified Public Accountant*) ist im AICPA selbstverwaltend organisiert.[415] Ein Element der Organisation des AICPA ist die *SEC Practice Section* (SECPS). Die SECPS ist eine Abteilung, in der die Prüfungsfirmen Mitglied werden müssen, die bei der SEC registrierte Unternehmen prüfen.[416] Die Mitgliedschaft in dieser Abteilung ist an strikte Auflagen zur Qualitätssicherung der Abschlussprüfung gebunden (z. B. Unabhängigkeit der Wirtschaftsprüfer, Beteiligung an dem *peer review*[417] der SECPS). Die Überwachung des *peer review* unterlag seit 1977 dem *Public Oversight Board* (POB), einem Ausschuss mit fünf berufsstandsfremden Persönlichkeiten.[418] Das POB, hat jedoch nach einer Reihe von Bilanzfälschungen führender US-amerikanischer Unternehmen seine eigene Auflösung zum 31. März 2002 bekannt gegeben.[419]

---

412 Vgl. zur Verbreitung Scheffler (2003), S. 238.

413 Vgl. Walker (2002), http://www.pwccomperio.com/search97cgi/s97is_english.dll (Abfrage: 5.01.2003).

414 Vgl. z. B. Board of Accountancy Washington State (2002), http://www.cpaboard.wa.gov/complain/Default.htm (Abfrage: 2.03.2003).

415 Vgl. Havermann (1989), S. 126.

416 Gegenwärtig hat die SECPS etwa 1200 Mitgliedsfirmen. Vgl. SECPS (2003), http://www.aicpa.org/members/div/secps/index.htm (Abfrage: 30.08.2003).

417 Siehe Abschnitt 5.1.3.

418 Ab 2001 beaufsichtigte das Gremium außerdem das *Auditing Standards Board* (ASB) des AICPA, das die *Statements on Auditing Standards* (SASs) erlässt. Vgl. Walker (2002), http://www.pwccomperio.com/search97cgi/s97is_english.dll (Abfrage: 5.01.2003).

419 Nach Bekunden des POB haben folgende Gründe den Beschluss zur Einstellung der Tätigkeit ausgelöst: (1) Die SECPS hat dem POB die finanzielle Unterstützung für die Durchführung von *reviews* des POB bei den Prüfungsfirmen verweigert. Die SEC hatte die *reviews* verlangt. (2) Die anschließend vereinbarte Durchführung von *limited reviews* schritt nur schleppend voran. (3) Auch bei der Erstellung einer Satzung des POB waren das AICPA und die *Big Five* wenig kooperativ. (4) Die SEC hatte – ohne Einbeziehung des POB – Gespräche mit dem AICPA und den *Big Five* über die Neuordnung des Regulierungssystems geführt. Vgl. POB (2002), S. 2-3. *Niehus* erkennt in der Auflösung ein „offenes Eingeständnis", „dass der Peer Review von der Entwicklung überholt ist. Die Selbstregulierung in dieser Hinsicht muss als gescheitert gelten." Niehus (2002), S. I.

Die Wirtschaftsprüfer werden seit kurzem von dem neu geschaffenen Gremium PCAOB überwacht. Mit dem PCAOB hat die Legislative ein Durchsetzungsorgan errichtet. Es wurde durch den *Sarbanes-Oxley Act* (SOA) ins Leben gerufen.[420] Das Gesetz ist eine Reaktion des US-amerikanischen Gesetzgebers auf eine Reihe spektakulärer Bilanzskandale in den USA.[421] Das private PCAOB ist die Nachfolgeinstanz zum POB, das, im Gegensatz zum neuen Gremium, als eine Instanz der Selbstregulierung der Wirtschaftsprüfer einzuordnen war. Das PCAOB untersteht hingegen – trotz privatwirtschaftlicher Finanzierung[422] – der Aufsicht der SEC, dem staatlichen Organ. Das US-amerikanische System der Selbstregulierung wird somit erheblich begrenzt werden.[423] Die künftige Funktion der SECPS ist durch die Gründung des PCAOB vorerst noch ungeklärt.[424] Das Board besteht aus fünf hauptamtlichen Mitgliedern, von denen nicht mehr als zwei Wirtschaftsprüfer sind. Ihre Ernennung erfolgt durch die SEC.[425] Sämtliche in- und ausländischen[426] Wirtschaftsprüfungsgesellschaften mit SEC-Mandaten müssen sich beim PCAOB registrieren lassen.[427] Das PCAOB überwacht die bei ihr registrierten Gesellschaften und deren verbundene Personen.[428] Das PCAOB ist berechtigt, geltende berufsständische Regelungen zu übernehmen, zu ändern oder zu ergänzen (z. B. Prüfungsstandards).[429] Es überwacht die Einhaltung der einschlägigen Prüfungsvorschriften im Wertpapierrecht und der berufsständischen Regelungen, indem es Qualitätskontrollen (*inspections*) bei den registrierten Prüfungsfirmen durchführt.[430] Liegen Hinweise auf Verletzungen von Berufspflichten vor, kann es darüber hinausgehend Untersuchungen durchführen.[431] Die Prüfer haben nach Aufforderung des PCAOB Auskünfte zu geben und Arbeitspapiere vorzulegen, wodurch das Board unmittelbar in das Vertrauensverhältnis zwischen Mandant und Prüfer eingreift.[432] Bei Berufspflichtverstößen kann es drastische Sanktionen gegen die regist-

---

420 Vgl. Sec. 101 SOA.

421 Siehe Gliederungspunkt 4.2.1.5.

422 Vgl. Sullivan & Cromwell (2002), S. 24.

423 Das POB bezeichnete sich selbst als „*the cornerstone of the self-regulatory system*“, POB (2002a), http://www.publicoversightboard.org/about.htm (Abfrage: 21.03.2003). Lenz (2002a), S. 2273-2274, wertet das PCAOB als das Ende der Selbstregulierung.

424 Der *peer review* wird vermutlich auf Wirtschaftsprüferfirmen beschränkt, die weder der Aufsicht der SEC unterliegen noch kapitalmarktorientierte Unternehmen prüfen. Vgl. AICPA (2002), S. 2-4.

425 Die Ernennung erfolgt in Abstimmung mit dem Notenbankpräsidenten und dem US-Finanzminister. Vgl. 101(e) (4) SOA.

426 Zu den Anforderungen und Auswirkungen der Registrierung für deutsche Abschlussprüfer vgl. Lanfermann/Maul (2003a), S. 1237-1239. Vgl. ausführlich zu Konflikten der Registrierung mit dem deutschen Recht Hilber/Hartung (2003), S. 1054-1060.

427 Vgl. zur Abgrenzung des Zuständigkeitsbereichs Sec. 101(a) SOA; die Registrierung ist durch Sec. 102 SOA geregelt.

428 Vgl. Sec. 104(a) SOA.

429 Vgl. Sec. 103(a) (1) SOA.

430 Vgl. Sec. 104(a)-(d) SOA.

431 Vgl. Sec. 105(b) (1) SOA.

432 Vgl. Sec. 105(b) (2) SOA; KPMG (2002), S. 7; Pitt (2002), http://www.sec.gov/news/speech/spch535.htm (Abfrage: 2.03.2002). Die bei Untersuchungen gewonnenen Erkenntnisse kann das Board unter anderem der SEC zugänglich machen. Vgl. Sec. 105(b) (5) SOA.

rierten Prüfungsfirmen und ihre beschäftigten Personen erlassen.[433] Jede Verabschiedung von Vorschriften oder Verhängung von Sanktionen unterliegt jedoch dem Vorbehalt der Zustimmung der SEC.[434]

Ein weiterer Regulierungsmechanismus geht von der Rechtsprechung aus. Die Judikative ist für die Rechtsfortbildung zuständig. Ihre Urteile haben für alle Regulierungsorgane normative Bedeutung. Das US-amerikanische Rechtswesen wird von der Philosophie des *common law* bestimmt.[435] Beim *common law* stellen die von der Judikative kasuistisch erlassenen Entscheidungen die Rechtsgrundlage dar.[436] Die Richter haben bei der Beurteilung eines Falls die Entscheidungen hinsichtlich vergleichbarer Fälle (*precedents*) in der Vergangenheit heranzuziehen. Denn die getroffenen Entscheidungen der Richter üben eine Bindungswirkung für entsprechende nachfolgende Fälle aus.[437] Liegt kein Urteil vor, das dem zu entscheidenden Fall ähnelt, ist aus möglichst gleichgelagerten Fällen eine allgemeine Regel herzuleiten, die als Leitlinie für das Urteil im aktuellen Fall dient.[438] Die Rechtsprechung der Gerichte hat sich jedoch nicht nur an Präzedenzfällen, sondern ebenso an kodifizierten Normen zu orientieren.[439] Im US-amerikanischen Wertpapierrecht einschließlich des Bereichs der US-GAAP und der Prüfungsstandards (US-GAAS)[440] bilden die präjudiziell entwickelten Auffassungen und Prinzipien der Gerichtsbarkeit eine wichtige Rechtsquelle.[441] Für die Ebene der Einzelstaaten gilt diese Feststellung indes mehr als für den Bund. Das *common law* ist verbindlich, soweit gesetzliche Regelungen fehlen. Außerdem dient es zur Auslegung und Konkretisierung vorhandener Gesetzesvorschriften.

Eine Besonderheit im US-amerikanischen Rechtswesen ist die Möglichkeit der Sammelklage (*class action suits*). Einzelne betroffene Personen (*plaintiffs*) können in ihrem Namen und zugleich für eine Personengruppe, die in vergleichbarer Weise betroffen ist, eine Sammelklage gegen Unternehmen erheben. Diese Kollektivklage ist ein gängiges Verfahren, um (Straf-)Schadenersatz gegen die bilanzierenden Unternehmen oder Wirtschaftsprüfer geltend zu machen, wenn die Betroffenen durch Irregularitäten oder Fehler in der Rechnungslegung einen finanziellen Schaden erlitten haben.[442]

433 Vgl. Sec. 105(c) SOA.
434 Vgl. Sec. 107 SOA.
435 Das US-amerikanische Rechtssystem kennt auch das von der Legislative kodifizierte Gesetzesrecht (*statutory law*), wie oben gezeigt wurde.
436 Vgl. Haller (1990), S. 751.
437 Vgl. Kuhlewind (1997), S. 9.
438 Vgl. Haller (1994), S. 13-16; Wilhelm (1997), S. 7-8.
439 Vgl. Elsing/Van Alstine (1999), S. 40-41, Tz. 59-60.
440 Vgl. exemplarisch Bily vs. Arthur Young & Co., 3 Cal. 4th 370 (1992).
441 Vgl. Löw (1973), S. 59.
442 Rechtsgrundlage ist üblicherweise *rule 10b-5*. Vgl. PricewaterhouseCoopers (2002), S. 1-8, die aufschluss-

4.1.2 Die Registrierung und Publizität nach dem SA

Der Zugang zum US-amerikanischen Kapitalmarkt ist an die Erfüllung umfangreicher Registrierungs- und Publizitätspflichten seitens der Unternehmen geknüpft.[443] Der SA regelt die Voraussetzungen für die erstmalige Zulassung und Notierung von Wertpapieren.[444] Er bezieht sich somit vor allem auf den primären Wertpapierhandel.[445] Beabsichtigt ein Unternehmen, Wertpapiere in den USA öffentlich anzubieten, muss es die Wertpapiere vor ihrer Emission bei der SEC registrieren und den (potenziellen) Käufern vor dem Erwerb der Papiere einen (Verkaufs-)Prospekt zukommen lassen.[446]

Im Registrierungsbericht sind außer den Informationen über die zu platzierenden Wertpapiere[447] insbesondere Angaben über den Emittenten selbst, seine Unternehmenstätigkeit und seine Vermögens-, Finanz- und Ertragslage zu machen.[448] Des Weiteren müssen die Unternehmen unter anderem die der Wertpapieranlage (inhärenten) Geschäftsrisiken (z. B. mangelnde Erfahrung in einem Geschäftsfeld oder fehlende Profitabilität in einem Geschäftsbereich) angeben (*Part I, Item 3*).[449] Daneben sind weitere Daten, wie eine spezifizierte Auflistung der Emissionskosten (z. B. Steuern, Rechtskosten)[450] und die Haftungsvorkehrungen gegen mögliche Ansprüche Dritter gegenüber den Führungskräften oder Aufsichtspersonen[451] zu veröffentlichen. Der Antrag zur Registrierung von Wertpapieren beinhaltet demnach Informationen finanzieller und nichtfinanzieller Art. Als Anlagen sind die Bilanzen der beiden letzten Jahre und die Gewinn- und Verlustrechnungen, Kapitalflussrechnungen und Eigenkapitalentwicklungen der vorangegangenen drei Geschäftsjahre beizulegen.[452] Die erforderliche Diskussion und Analyse der Vermögens-, Finanz- und Ertragslage durch die Geschäftsführung

---

reich statistische Daten über Sammelklagen im Wertpapierbereich aufbereitet haben.

443 Vgl. Wilhelm (1998), S. 365. Befreiungen der Wertpapiere und Wertpapiertransaktionen von der Registrierungspflicht sind in den Sec. 3 und 4 SA enthalten. Generell gilt die Registrierungspflicht nur bei einem öffentlichen Zeichnungsangebot und nicht für eine private Effektenplatzierung. Dennoch sind auch bei einer Befreiung von der Registrierung grundsätzlich die Haftungsbestimmungen in Sec. 12a) Nr. 2 SA und Sec. 17a) SA zu beachten. Die Registrierungspflichten der SEC sind grundsätzlich nicht an die Börsensegmente geknüpft. Vgl. Wilhelm (1997), S. 160.

444 Im US-amerikanischen Recht wird der Begriff der „*securities*" im Vergleich zum deutschen Recht weit ausgelegt. Vgl. Wiemann (1987), S. 33.

445 Seit 1970 bestehen neben dem Primär- und dem Sekundärmarkt der Tertiär- und Quartärmarkt, die beide den Handel mit institutionellen Investoren betreffen. Vgl. Küting/Hayn (1993), S. 405. Die Teilmärkte des Wertpapiermarkts unterscheiden sich somit in funktioneller Hinsicht.

446 Vgl. Sec. 5b) SA i. V. m. Sec. 10 SA und Sec. 5c) SA.

447 Die besonderen Zulassungskriterien von Wertpapieren ausländischer Staaten bleiben im Rahmen dieser Arbeit außer Betracht. Siehe hierfür Sec. 7a) SA i. V. m. Anlage B des SA.

448 Vgl. Reg. S-K, Items 101-103 zur Unternehmenstätigkeit, Reg. S-K, Items 201-202 zu den Wertpapieren und Reg. S-K, Items 301-304 zu den finanziellen Informationen.

449 Vgl. Reg. S-K, Item 503(c).

450 Vgl. Reg. S-K, Item 511.

451 Vgl. Reg. S-K, Item 702.

452 Vgl. Reg. S-X, Items 3-01, 3-02, 3-04. Die Eigenkapitaldarstellung kann alternativ im Anhang erfolgen.

(MD&A[453]) hat sich entsprechend über einen Zeitraum von drei Jahren zu erstrecken.[454] Welche Informationen im Einzelnen im Antrag enthalten sein müssen, ist grundsätzlich in Schedule A des SA festgelegt.[455] Für die Antragstellung sind speziell von der SEC vorgegebene Formblätter zu verwenden.[456] Für US-amerikanische Emittenten sind im Wesentlichen die „S-Formulare“ (z. B. *S-1*, *S-2*, *S-3*) relevant.[457]

Der Registrierungsantrag besteht aus zwei Teilen. Die Informationen im ersten Teil werden gleichzeitig im Prospekt veröffentlicht, während die Angaben im zweiten Teil zwar nicht veröffentlicht werden müssen, aber bei der SEC eingesehen werden können.[458] Ausländische Emittenten müssen spezielle Formulare verwenden (*Form F-1* bis *F-3*)[459], deren inhaltliche Anforderungen im Wesentlichen den Erfordernissen für inländische Emittenten entsprechen.[460] Erstellt ein ausländisches Unternehmen eine Überleitungsrechnung (*reconciliation*) sind ferner die materiellen Unterschiede zwischen dem Jahresabschluss nach lokalen Rechnungslegungsgrundsätzen und dem Jahresabschluss nach US-GAAP zu erläutern.[461] Grundsätzlich hat ein ausländisches Unternehmen ein Wahlrecht zwischen der Anfertigung einer Überleitungsrechnung und einem vollständigen US-GAAP Abschluss. Je nach Einzelfall kann die SEC auf die Angabe von Teilinformationen bzw. Dokumenten verzichten oder zusätzliche Informationen bzw. Dokumente fordern.[462] Die SEC besitzt dementsprechend trotz Standardisierung der Formulare einen großen Spielraum in der Festlegung des Umfangs und Inhalts der Berichterstattung.

---

453 Hierbei handelt es sich um ein Instrument zur Erläuterung der Geschäftsentwicklung und der Lage der Gesellschaft. Vgl. Niehus/Thyll (2000), S. 489-491. Reg. S-K, Item 303(a) verlangt insbesondere Erläuterungen zur Liquidität, zu den Investitionsverpflichtungen und zum Ergebnis der betrieblichen Tätigkeit mit zukunftsorientierten Angaben. Vgl. das grundlegende Beispiel von Weygandt/Kieso/Kimmel (2003), S. A8-A14.

454 Vgl. Reg. S-K, Item 303(a). Siehe zur Offenlegung von Ertragserwartungen in den MD&A Moxter (2003), S. 306-316.

455 Vgl. Sec. 7a) SA.

456 Welche Formulare im Einzelnen auszufüllen sind, ist von der Art der Platzierung, der Wertpapierkategorie, von dem Emittenten und der Dauer der Berichterstattung in der Vergangenheit abhängig. Zu den Voraussetzungen siehe 17 CFR § 239.11-13.

457 Siehe zur Veranschaulichung *Form S-1* als Anlage 1 im Anhang.

458 Vgl. Sec. 10a) 1) SA. Die der SEC vorliegenden Informationen anlässlich einer Registrierung sind in Abhängigkeit des Emittenten und der Wertpapiergruppe in unterschiedlichem Umfang im Prospekt offen zu legen. Letztlich urteilt die SEC über die Notwendigkeit der Publizität von Informationen. Vgl. Sec. 10b) und c) SA.

459 Für den Zugang zum US-amerikanischen Kapitalmarkt verwenden deutsche Unternehmen meistens so genannte *American Depository Receipts* (ADRs). ADRs sind Hinterlegungsscheine, die anstelle der Aktien gehandelt werden. Die Aktien werden üblicherweise bei einer Bank treuhänderisch deponiert. Für die Anmeldung dieses Instruments ist *Form F-6* zu benutzen, das relativ wenig Angaben erfordert. Im Wesentlichen handelt es sich um die Informationen nach Reg. S-K, Item 202f). Vgl. Loss/Seligman (2001), S. 185-186.

460 Vgl. Wilhelm (1997), S. 53. Für eine Kurzbeschreibung wesentlicher Registrierungsanträge siehe Thomson Financial Disclosure (2000), S. 4-25.

461 Vgl. Wilhelm (1997), S. 57-59.

462 Vgl. Sec. 7a) SA i. V. m. Sec. 28 SA.

4.1.3 Die Registrierung und Publizität nach dem SEA

Während der SA den Regelungsbereich für den Wertpapiermarkt der Neuemissionen (Primärmarkt) darstellt, enthält der SEA Vorschriften[463] für den Markt der bereits emittierten und nunmehr an einer nationalen Börse gehandelten Wertpapiere, d. h. den Sekundärmarkt.

Entsprechend dem SA sind Wertpapiere auch nach dem SEA zu registrieren, wobei es unerheblich ist, ob die Wertpapiere bereits nach dem SA registriert sind.[464] Der Registrierungspflicht gemäß SEA ist jedoch im Rahmen öffentlicher Platzierungen gegenüber dem SA vergleichsweise seltener nachzukommen. Unternehmen des *over-the-counter*-Markts müssen ihre Anteilspapiere bei der SEC registrieren lassen, sofern sie über eine bestimmte Anzahl an Aktionären innerhalb der betreffenden Wertpapiergattung und Bilanzaktiva in einer festgelegten Größenordnung verfügen.[465] Will ein deutsches Unternehmen seine Wertpapiere in den USA handeln lassen, ohne dass eine Kapitalaufnahme beabsichtigt ist, sind lediglich die Regelungen des SEA zu berücksichtigen, nicht aber die des SA. Für den Handel der Wertpapiere an einer Börse hat ein Unternehmen neben den Registrierungspflichten der SEC die Zulassungskriterien der Börse zu erfüllen. Hierzu muss ein gesonderter Antrag bei der Börse gestellt werden.[466] Inländische Emittenten, die ihre Wertpapiere erstmalig nach dem SEA registrieren lassen, verwenden generell *Form 10*. Dieses Formular besteht aus 15 Kategorien bezüglich derer Informationen offen zu legen sind. Ein Wertpapierverkaufsprospekt mit den darin enthaltenen emissionsspezifischen Angaben (z. B. Verwendung des Emissionserlöses[467], Bestimmung des Emissionskurses[468]) wird – im Gegensatz zum SA – nicht erstellt.[469] Ansonsten sind im Wesentlichen die gleichen Informationen einschließlich der Anlagen offen zu legen wie bei einer Emission nach dem SA (*Form S-1*).[470] Die Vorschriften des SEA gelten grundsätzlich auch für ausländische Unternehmen. Für ihre Zulassung ist generell die *Form 20-F*

---

463 Die im SEA enthaltenen Ausnahmevorschriften für ausländische Wertpapieremittenten bleiben in diesem Zusammenhang unberücksichtigt.

464 Vgl. Sec. 12b) und 12g) SEA. Nach dem SA ist die Registrierung für jedes (zusätzliche) Wertpapier notwendig. Hingegen erfordert der SEA die Registrierung der gesamten Wertpapiergattung. Vgl. Eisolt (1992), S. 44. Bestimmte Wertpapierkategorien sind von der Zulassungspflicht befreit (*exempted securities*). Hierzu gibt Sec. 3 Abs. 12(a) SEA Aufschluss. Daneben gibt es weitere Ausnahmeregelungen von der Registrierungspflicht. Siehe Sec. 12a), 12g) und 12h) SEA. Es ist möglich, dass Wertpapiere von der Registrierung nach dem SA (SEA) ausgenommen sind, nicht aber nach dem SEA (SA). Vgl. Loss/Seligman (2001), S. 436; Wilhelm (1998), S. 372.

465 Vgl. Sec. 12g) Nr. 1 SEA. Zur letztmaligen Änderung der Größenmerkmale siehe SEC (1996), 61 FR 21354-21355.

466 Für einen Antrag bei der NYSE siehe NYSE (2003a), Sec. 903.00-01 Listed Company Manual.

467 Vgl. Reg. S-K, Item 504.

468 Vgl. Reg. S-K, Item 505.

469 Vgl. Skousen (1987), S. 23-24.

470 Vgl. Wilhelm (1997), S. 172. Siehe zu den inhaltlichen Anforderungen *Form 10* als Anlage 2 im Anhang.

vorgesehen, wobei die SEC ausländischen Emittenten bei den Informationsanforderungen im Vergleich zu inländischen Unternehmen entgegenkommt.[471]

An die Registrierung nach dem SA oder SEA schließt sich die Verpflichtung zur periodischen Rechenschaft an.[472] Die Unternehmen müssen unter anderem Jahres- und Quartalsabschlüsse sowie Berichte über besondere Ereignisse bei der SEC einreichen.[473] Für die periodische Einreichung des Jahresabschlusses ist das Formular *10-K* zu verwenden, dabei ist grundsätzlich eine Frist von 90 Tagen[474] nach dem Bilanzstichtag zu beachten, innerhalb derer die Dokumente der SEC zu übergeben sind. Das Formblatt ist in vier Abschnitte untergliedert. Während die erforderlichen Daten in den Abschnitten I und II in der Regel mit den Angaben im Geschäftsbericht (*annual report*) eines Unternehmens übereinstimmen[475], gehen die inhaltlichen Anforderungen in den beiden anderen Abschnitten darüber hinaus. So sind inländische Unternehmen verpflichtet, jährliche Entgeltzahlungen an *directors* und *officers* von mehr als jeweils 100.000 US-Dollar mit Nennung der Namen einzeln aufzulisten (*Part III, Item 11*).[476] In Abschnitt IV werden etliche Aufstellungen genannt, die der *Form 10-K* hinzuzufügen sind. Dazu zählen unter anderem alle wesentlichen Verträge (z. B. Organschaftsverträge, Verträge zwischen verbundenen Unternehmen und Kontrakte, von denen die Unternehmensentwicklung maßgeblich abhängt).[477] Ferner sind die Bilanzen der beiden letzten Jahre und die Gewinn- und Verlustrechnungen, Kapitalflussrechnungen und Eigenkapitalentwicklungen der vorangegangenen drei Geschäftsjahre[478] beizulegen und durch MD&As[479] zu ergänzen. Die Abschlüsse müssen in konsolidierter Form[480] vorgelegt werden und mit dem Testat eines un-

---

471 Vgl. Fischer/Iannaconi/Lechner (2001), S. 2895-2898.

472 Vgl. Sec. 13a) und 15d) SEA.

473 Vgl. KPMG (2003b), S. 326.

474 Die SEC hat die Frist für inländische Unternehmen, die über einen öffentlichen Streubesitz von mindestens 75 Millionen US-Dollar verfügen und bei denen zusätzliche Bedingungen zutreffen, auf 75 Tage ab dem 15.12.2003 und 60 Tage ab dem 15.12.2004 gekürzt. Für ausländische Unternehmen, die mittels *Form 20-F* an die SEC berichten, bleibt die bisherige Frist von 180 Tagen vorerst unverändert. Vgl. SEC (2002f), http://www.sec.gov/rules/final/33-8128.htm (Abfrage: 20.12.2002).

475 Aus diesem Grund können Unternehmen auf ihren als Anlage beizufügenden Geschäftsbericht verweisen, ohne die Informationen nochmals explizit in den Abschnitten I und II aufzulisten (*incorporation by reference*). Vgl. Form 10-K.G 1) und 2).

476 Vgl. Reg. S-K, Item 402. Alternativ kann die Angabe unter entsprechendem Hinweis im *10-K* bei der Abgabe des *proxy statement* erfolgen. Vgl. Thomson Financial Disclosure (2000), S. 11. Für ein Beispiel siehe die *Form 10-K* der Restaurantkette Romacorp (2002), http://www.sec.gov/Archives/edgar/data/1067457/000106745702000006/form10kpdf.pdf (Abfrage: 19.12.2002), zum Geschäftsjahresende 24.03.2002, S. 19. Als Entgelt werden das Gehalt, der Bonus, geldwerte Vorteile (z. B. Umzugskosten) und gewährte Aktienoptionen angegeben.

477 Vgl. Reg. S-K, Item 601b) (10).

478 Vgl. Reg. S-X, Items 3-01, 3-02, 3-04. Die Entwicklung des Eigenkapitals kann alternativ im Anhang erläutert werden.

479 Vgl. Reg. S-K, Item 303. Über absehbare Ereignisse und deren Folgen ist ebenso zu berichten.

480 Vgl. Reg. S-X, Item 03A-02 unter Berücksichtigung der einschlägigen US-GAAP zur Konsolidierung, wie z. B. ARB 51, SFAS 94 und EITF 96-16.

abhängigen Wirtschaftsprüfers versehen sein.[481] Die SEC kann, über den im SEA geforderten Umfang hinaus, jede Information von einem Emittenten anfordern, sofern sie dies für notwendig erachtet.[482] Andererseits kann sie auch auf einzelne Bestandteile verzichten, wenn die Investoren hierdurch keinen Nachteil erleiden. Die inhaltlichen Anforderungen bei der Erstellung des Berichts *10-K* sind im Wesentlichen in *Regulation 12B*[483], in *Regulation S-K*[484], in *Regulation S-X*[485] und in *Schedule 14A*[486] kodifiziert.[487] Ausländische Unternehmen müssen *Form 20-F* für die jährliche Berichterstattung verwenden.

Amerikanische Unternehmen müssen in den ersten drei Quartalen eines jeden Geschäftsjahrs für jede abgelaufene Quartalsperiode Informationen gemäß *Form 10-Q* einreichen.[488] Die Einreichung der Zwischenabschlüsse bei der SEC hat grundsätzlich innerhalb von 45 Tagen[489] nach Quartalsende zu erfolgen. Neben den Finanzdaten müssen umfangreiche qualitative Informationen offen gelegt werden, vor allem Erläuterungen zu wesentlichen Veränderungen der Vermögens-, Finanz- und Ertragslage im abgelaufenen Quartal, die sich gegenüber dem letzten Geschäftsjahr bzw. Quartal ergeben haben.[490] Eine Prüfungspflicht für Zwischenberichte besteht nicht.[491] Stattdessen reicht die prüferische Durchsicht der Quartalsabschlüsse durch einen unabhängigen Wirtschaftsprüfer aus.[492] Ausländische Gesellschaften brauchen keine Zwischenberichte zu erstellen. Stattdessen haben sie die in *Form 6-K* geforderten Informationen offen zu legen.[493] *Form 6-K* verlangt die Hinterlegung solcher Informationen, die auch an der Börse und gegenüber den Aktionären im Heimatland des Unternehmens offen gelegt werden müssen.[494] Deutsche Unternehmen müssen folglich zumindest Halbjahresberichte bei der SEC einreichen.

---

481 Vgl. Reg. S-X, Items 02-01, 02-02.

482 Vgl. Sec. 12c) SEA.

483 Vgl. 17 CFR Part 240.

484 Vgl. 17 CFR Part 229.

485 Vgl. 17 CFR Part 210.

486 Vgl. 17 CFR § 240.14a.

487 Siehe *Form 10-K* als Anlage 3 im Anhang.

488 Vgl. 17 CFR § 249.308a) i. V. m. 17 CFR §§ 240.13a-13 und 240.15d-13. Zum Berichtsinhalt siehe ausführlich Reg. S-X, Item 10-01.

489 Die SEC hat die Zeitspanne für inländische Unternehmen, die mindestens einen öffentlichen Streubesitz von mehr als 75 Millionen US-Dollar haben und weitere Voraussetzungen erfüllen, auf 40 Tage ab dem 15.12.2004 und 35 Tage ab dem 15.12.2005 herabgesetzt. Vgl. SEC (2002f), http://www.sec.gov/rules/final/33-8128.htm (Abfrage: 20.12.2002). Siehe ebenso Fußnote 474.

490 Vgl. Reg. S-X, Item 1-01; Reg. S-K, Item 303; Reg. S-K, Item 305; Pellens (2001), S. 371-372.

491 Vgl. Reg. S-X, Item 10-01a) (1).

492 Vgl. Reg. S-X, Item 10-01d). Die Verpflichtung zur prüferischen Durchsicht besteht noch nicht lange. Abschlüsse mit einem Quartalsende vor dem 15. März 2000 mussten noch nicht durch einen unabhängigen Prüfer durchgesehen werden. Die Änderung geht zurück auf Empfehlungen des *Blue Ribbon Committee*. Siehe Abschnitt 4.2.1.5.4.

493 Vgl. 17 CFR § 249.306 i. V. m. 17 CFR §§ 240.13a-16 und 240.15d-16.

494 Für ein Beispiel siehe die *Form 6-K* von SAP (2003), http://www.sec.gov/Archives/edgar/data/1000184/000115697303001251/f00610e6vk.htm (Abfrage: 31.08.2003) zum Stichtag 30.06.2003.

Unternehmen, die nach dem SEA registriert sind, haben der SEC außerdem besondere Ereignisse, die Auswirkungen auf die Vermögens-, Finanz- und Ertragslage haben, grundsätzlich innerhalb von fünfzehn Tagen nach ihrem Entstehen zu melden.[495] Inländische Gesellschaften verwenden *Form 8-K*, wohingegen für ausländische Unternehmen *Form 6-K* gilt.[496] Die Tatbestände der Offenlegungspflicht sind in diesen Formblättern explizit geregelt. Darunter fallen z. B. Veränderungen in der Unternehmenskontrolle, der Erwerb oder die Veräußerung wesentlicher Vermögensgegenstände, das Ausscheiden eines *director* aus dem *board* und ein Wechsel des Wirtschaftsprüfers.[497] Im letzteren Fall hat das registrierte Unternehmen unter anderem über den Grund des Wechsels und eventuelle Streitpunkte zu berichten.[498] Der vormalige und der neu berufene Wirtschaftsprüfer können auf die Mitteilung des Mandanten mit einer eigenen Darstellung ihrer Sichtweise reagieren.[499] Die Meldung solch möglicher kursrelevanter Tatbestände dient nach Meinung der SEC zugleich der Aktualisierung der periodischen Berichte. Die Form 8-K „*plays a critical role in the periodic reporting system, which is intended to provide investors with a continuous stream of corporate information.*“[500] Während die SEC einen Sachverhaltskatalog für die Meldung nach *Form 8-K* vorgibt und eine verhältnismäßig lange Frist für die Berichterstattung gewährt, müssen die an der NYSE notierten Unternehmen grundsätzlich alle eventuell kursbeeinflussenden Ereignisse unverzüglich im Rahmen der Ad-hoc-Publizität an der Börse bekannt geben.[501]

---

[495] Vgl. 17 CFR §§ 240.13a-11 und 240.15d-11. Bei diesen Bestimmungen handelt es sich funktionell um ein Pendant zur deutschen Regelung der Ad-hoc-Publizität nach § 15 WpHG. Die US-amerikanischen Vorschriften geben jedoch abweichend zur deutschen Norm konkrete Vorgaben hinsichtlich der Tatbestände der Bekanntgabe, Angabe der Konsequenzen der Ereignisse sowie der Offenlegungsfristen. Vgl. hierzu und darüber hinaus Fülbier (1998), S. 88-95. Die Voraussetzungen der Ad-hoc-Publizität nach deutschem Recht sind generell eher erfüllt als die US-amerikanischen Anforderungen. Ein Wechsel der Wirtschaftsprüfer und Austritte von *directors* sind innerhalb von fünf Arbeitstagen anzumelden. Die Bekanntgabe von Jahres- und Quartalsgewinnen ist ebenso innerhalb von fünf Arbeitstagen zu melden. Siehe Abschnitt 4.2.2.2. Eine weitere Ausnahme gilt durch *Regulation FD*, siehe Abschnitt 4.3.2.

[496] Vgl. 17 CFR § 240.13a-11 und 17 CFR § 240.15d-11 für inländische Unternehmen sowie 17 CFR § 240.13a-16 und 240.15d-16 für ausländische Gesellschaften. *Form 6-K* gilt somit sowohl für Zwischenberichte als auch für Ad-hoc-Mitteilungen, die durch die ausländischen Gesellschaften im Sitzstaat oder an der Heimatbörse publiziert werden müssen. Die veröffentlichungspflichtigen Sachverhalte in *Form 6-K* sind mit denen in *Form 8-K* weitgehend identisch. Vgl. Sauermilch (1996), S. 302-304.

[497] Vgl. Heinze (1999), S. 275-276.

[498] Vgl. Reg. S-K, Item 304. Siehe exemplarisch die *Form 8-K* von Energy West (2001), http://www.sec.gov/Archives/edgar/data/43350/000095013701504216/c65728e8-k.txt (Abfrage: 2.01.2003) zur Mitteilung eines Wechsels des Abschlussprüfers.

[499] Siehe zum Beispiel die sich auf die Erklärung von Energy West (2001) beziehende schriftliche Zustimmung zur Ablösung als Wirtschaftsprüfer von Ernst & Young (2001), http://www.sec.gov/Archives/edgar/data/43350/000095013701504216/c65728ex16-1.txt (Abfrage: 2.01.2003) als Anlage 16.1 der *Form 8-K*.

[500] SEC (1982), LEXSEE 47 FR 11380.

[501] Vgl. NYSE (2003a), Sec. 202.05 Listed Company Manual.

4.1.4 Öffentliche Bereitstellung der bei der SEC eingereichten Berichte

Seit Anfang 1993[502] verfügt die SEC über das Medium EDGAR (*Electronic Data Gathering, Analysis, and Retrieval*), das die standardisierte Übermittlung und Verarbeitung der erforderlichen SEC-Formulare auf elektronischem Wege ermöglicht und damit die Papierform ersetzt.[503] Inzwischen sind nicht nur inländische Unternehmen verpflichtet, EDGAR für die Versendung der Berichte einzusetzen, sondern auch ausländische Gesellschaften.[504] Aufseiten der SEC erleichtert das System die Überprüfung der Reports. Aus dem elektronischen Zugriff auf Daten resultiert eine Zeitersparnis. Seit dem Start von EDGAR wurden mehr als 1,5 Millionen SEC-Berichte elektronisch archiviert.[505] Für die Jahresabschlussadressaten liegt der entscheidende Vorteil darin, dass sie einen schnellen und unkomplizierten Zugang zu den komplexen und umfangreichen Berichten erhalten, die in EDGAR gespeichert werden. Die Berichte stehen den Adressaten unmittelbar nach ihrer Einreichung online zur Einsichtnahme zur Verfügung. Selbst Kleinaktionäre können sich, wenn sie im Besitz eines Computers, Modems und Textverarbeitungsprogramms sind, zu jeder Zeit Zugang zum elektronischen Archiv verschaffen.[506] Alternativ gewährt die SEC der interessierten Öffentlichkeit unter anderem auch im „*Public Reference Room*" in Washington Einblick in Berichte.

Die SEC versucht sicherzustellen, dass der Investor seine Entscheidung auf der Basis vollständiger, genauer und wahrheitsgemäßer Informationen treffen kann.[507] Daher überprüft die SEC die Richtigkeit und Vollständigkeit der geforderten Informationen in den einzureichenden Berichten. Für die Anlageentscheidung eines Investors ist die SEC nicht unmittelbar verantwortlich.

---

502 Vgl. Herz et al. (1997), S. 42. Ein Pilotversuch wurde schon 1984 gestartet.

503 Das Kernstück des EDGAR-Regelungsbereichs ist *Regulation S-T*. Verschiedene Dokumente sind von der elektronischen Versendung ausgenommen, so z. B. *interpretive, no-action* und *exemptive requests*. Weitere Ausnahmen enthält SEC (2002d), http://www.sec.gov/info/edgar/regoverview.htm (Abfrage: 19.12.2002). Solchen Dokumenten wird mit Zustimmung der SEC eine vertrauliche Behandlung zuteil, so dass für die Öffentlichkeit keine Möglichkeit zur Einsichtnahme besteht. Zum Gebrauch elektronischer Medien vgl. im Übrigen SEC (2000g), http://www.sec.gov/rules/interp/34-42728.htm (Abfrage: 28.12.2002).

504 Vgl. SEC (2002e), http://www.sec.gov/rules/final/33-8099.htm (Abfrage: 29.12.2002).

505 Vgl. EDGAR Online (2003), http://www.edgar-online.com/corporate/products/edgarpro_legal.asp (Abfrage: 17.03.2003).

506 Auf diese Möglichkeit wurde wohlgemerkt bereits im Jahre 1987 hingewiesen. Vgl. Skousen (1987), S. 9.

507 Vgl. Schäfer (1970), S. 16-17. Durch den Abonnementservice *Edgar Online Pro* können sich registrierte Benutzer bereits zum Zeitpunkt des *filing* über neu eingegangene SEC-Berichte informieren. Siehe http://www.edgarpro.com/login/login.asp (Abfrage: 29.08.2003).

4.1.5 Regulierungssubjekte

Die Regulierung der SEC erstreckt sich auf sämtliche Akteure auf der Kapitalangebots- und -nachfrageseite. Der Überwachung der SEC unterliegen Personen (*persons*). Der Begriff der *persons* ist weit auszulegen, da neben natürlichen Personen Kapital- und Personengesellschaften unter die Definition fallen.[508] Emittenten (*issuer*) gelten als *persons*, die Wertpapiere an einem organisierten Markt oder am „*over-the-counter*"-Markt ausgegeben haben oder beabsichtigen zu emittieren. Die SEC kontrolliert daneben weitere an der Emission, am Kauf oder Verkauf von Wertpapieren beteiligte Personengruppen. Unter ihre Aufsicht fallen ebenso die Unterzeichner (*underwriter*). *Underwriter* sind *persons*, die sich in der Praxis der Emissionsgeschäfte grundsätzlich verpflichten, Wertpapiere des Emittenten zu übernehmen und anschließend zu veräußern oder den Emittenten bei der Platzierung finanziell unterstützen.[509] Die Händler und Makler, als für die Ausführung von Wertpapierordern verantwortliche Personen, werden ebenso von der SEC kontrolliert. Die Selbstverwaltungsorganisationen sind in Bezug auf ihre Regeln und ihre Überwachungstätigkeit der Fremdaufsicht der SEC unterworfen.[510]

Nicht zuletzt überwacht sie die Aktivitäten der Wirtschaftsprüfer und der Prüfungsgesellschaften. Die Ermächtigung zur Regulierung der Wirtschaftsprüfer leitet sich aus mehreren Tatbeständen ab:

(1) Die SEC ist berechtigt, „*the methods to be followed in the preparation of accounts...*" vorzuschreiben.[511]

(2) Die SEC kann die Bestätigung der Jahresabschlüsse durch einen Wirtschaftsprüfer einfordern.[512]

(3) Die Wirtschaftsprüfer können haftbar gemacht werden.[513]

Beachtenswert ist die Tatsache, dass die SEC für Wirtschaftsprüfer keine abgesonderte Institution ist. Zwischen der Behörde und den Wirtschaftsprüfungsgesellschaften findet ein nennenswerter Austausch von Mitarbeitern und damit ein wechselseitiger Wissenstransfer statt. So kommt es immer wieder vor, dass ehemalige SEC-Mitarbeiter zu Prüfungsgesellschaften wechseln oder Beschäftigte der Prüfungsunternehmen zur SEC gehen. Ferner bietet die SEC

---

508 Vgl. Sec. 2a) Nr. 2 SA und 3a) Nr. 9 SEA.

509 Vgl. Wilhelm (1997), S. 36-37.

510 Siehe Abschnitt 3.1.1. Der SEC obliegt außer der Überwachung der New Yorker Börsen die Aufsicht über die anderen US-amerikanischen Börsenplätze. Die Überwachung schließt das die Börsen miteinander verbindende elektronische Kommunikationssystem ein. Vgl. Honeygold (1989), S. 71.

511 Sec. 19a) SA; ähnlich Sec. 13b) 1) SEA.

512 Vgl. Schedule A, Items 25, 26 SA; Sec. 12b) 1) J) SEA.

513 Vgl. Sec. 11 und 17 SA; Sec. 10b) und 18a) SEA.

für Mitarbeiter von Wirtschaftsprüfungsgesellschaften zweijährige Rotationsprogramme für ihre berufliche Weiterbildung an (*Professional Accounting Fellowships*). Ziel dieses Angebots ist, die Mitarbeiter der Prüfungsgesellschaften mit den Offenlegungsanforderungen und dem Prüfungsablauf der SEC für ihren weiteren beruflichen Werdegang vertraut zu machen.[514] Das wesentliche Aufgabengebiet ist die Prüfung der eingehenden SEC-Berichte „*to identify material accounting, auditing or financial reporting deficiencies resulting from deviations from GAAP, GAAS, and SEC rules and regulations.*“[515]

Entschließt sich die SEC zu dem äußersten Mittel eines rechtlichen Verfahrens gegen ein Regulierungssubjekt, so leitet sie selten ausschließlich ein Verfahren gegen eine juristische Person ein. Um das Abschreckungspotenzial für potenzielle „Übeltäter“ zu intensivieren, ergreift sie darüber hinaus in der Praxis Rechtsmaßnahmen gegen eine natürliche Person. In der Finanzwelt hinterlässt die Verurteilung einer natürlichen Person sicherlich mehr Eindruck als lediglich ein Verfahren gegen eine Gesellschaft als abstraktes Wesen. Abbildung 6 zeigt einzelne wesentliche Regulierungssubjekte:

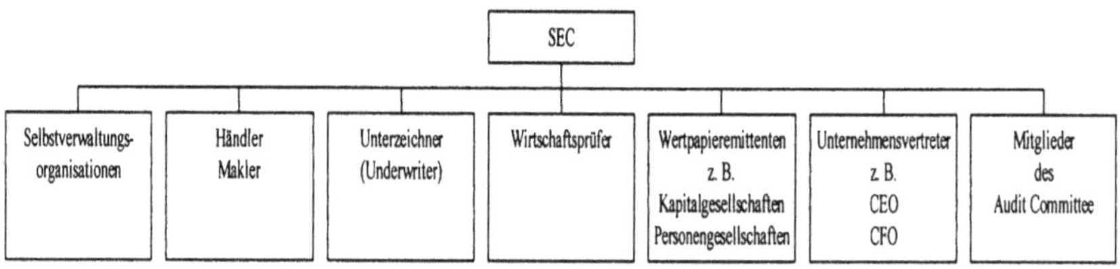

Abbildung 6: Wesentliche Regulierungssubjekte

4.1.6 Prüfung der publizierten Informationen

Die *Division of Corporation Finance* überprüft die bei der SEC – gewöhnlich über EDGAR – eingereichten Berichte auf ihre Konformität mit den US-GAAP und den Verlautbarungen der SEC.[516] Allein im Jahr 2000 erhielt die SEC mehr als 14.000 Berichte.[517] Als Faustregel gilt: sämtliche Berichte einer Neuemission von Wertpapieren werden einer intensiven und vollständigen Überprüfung unterzogen. Alle nach der Erstausgabe von Wertpapieren folgenden Berichte eines Unternehmens werden in regelmäßigen Abständen auf einer Basis von Stichproben für die Kontrolle selektiert.[518] Das der Regulierung unterliegende Unternehmen hat

---

[514] Vgl. SEC (2001i), http://www.sec.gov/divisions/corpfin/acctdisc.htm#P706_123620 (Abfrage: 2.03.2003).
[515] SEC (2001i), http://www.sec.gov/divisions/corpfin/acctdisc.htm#P706_123620 (Abfrage: 2.03.2003).
[516] Vgl. Bayless (2000), http://www.sec.gov/news/speech/spch394.htm (Abfrage: 10.12.2002).
[517] Vgl. GAO (2001), S. 1.
[518] Vgl. Herz et al. (1997), S. 74.

selbstverständlich keinen unmittelbaren Einfluss auf das Auswahlverfahren der SEC. Die SEC führt eine Vorprüfung eines periodischen Berichts durch (*screening process*), um zu bestimmen, ob ein Bericht eingehender überprüft wird.[519] Die Selektion eines Berichts ist von finanziellen und diversen anderen Faktoren abhängig. So genannte *red flags* können Anlass zur Kontrolle geben. Hierzu gehören unter anderem Übernahmeangebote (*tender offers*), Maßnahmen zur Abwehr möglicher Übernahmen (z. B. *poison pills*), Meldungen unter Verwendung der Form *8-K* und Einschränkungen der Testate. Für die Auswahl eines Berichts können außerdem ausschlaggebend sein: die Anzahl der noch unbearbeiteten Dokumente in der Division, die Größe und der Wirtschaftszweig des Unternehmens, auffällige Veränderungen von Bilanzkennzahlen und der Zeitpunkt der letztmaligen Prüfung.[520] In Sec. 408 SOA wurde der SEC auferlegt, verstärkt die Angaben (*disclosures*) in den periodischen Finanzberichten (z. B. *Form 10-K*) zu prüfen. Demnach ist jedes berichtspflichtige Unternehmen mindestens einmal innerhalb eines Turnus von drei Jahren auszuwählen.[521] Zudem ist bei der Auswahl der Berichte unbedingt auf Unternehmen mit den nachstehenden Merkmalen zu achten:

(1) Unternehmen mit wesentlichen rückwirkenden Ergebnisanpassungen;
(2) Unternehmen mit einer im Marktvergleich hohen Volatilität des Aktienkurses;
(3) Unternehmen, die eine hohe Marktkapitalisierung aufweisen;
(4) Wachstumsunternehmen mit auffälligen Kurs-Gewinn-Verhältnissen;
(5) Unternehmen, deren Geschäftstätigkeit wesentliche Wirtschaftszweige beeinflusst.[522]

Die *Division of Corporation Finance* führt Plausibilitätskontrollen, Abweichungsanalysen und ökonometrische Verfahren etc. für die Konkretisierung der Auswahl durch.[523] Das exakte Vorgehen der SEC bei der Selektion und der Prüfung der Berichte verbleibt ihr „gut gehütetes" Geheimnis. Die Stichproben werden auf der Grundlage von „*nonpublic selection criteria*" bestimmt.[524] Die Beschreibung einer bestimmten Vorgehensweise bei der Selektion der SEC ist im Grunde immer nur eine Momentaufnahme, da die SEC die Auswahlkriterien an die eigenen personellen Restriktionen und die Bilanzierungspraxis der Unternehmen anpasst. Inwieweit der SEC die Angleichung ihrer Auswahlmerkmale an die Weiterentwicklung der Rechnungslegung gelingt, hängt unter anderem von ihren eigenen Beobachtungen bei der Durchsicht der Berichte ab.[525]

---

519 Vgl. Staff to the Senate Committee on Governmental Affairs (2002), S. 10.
520 Vgl. Herz et al. (1997), S. 74.
521 Vgl. Sec. 408(c) SOA.
522 Vgl. Sec. 408(b) SOA.
523 Vgl. Böckem (2000), S. 1188.
524 Fowler (1996), http://www.sec.gov/news/speech/speecharchive/1996/spch083.txt (Abfrage: 17.12.2002).
525 Vgl. z. B. kritisch zu den SEC-Berichten von *Enron*, das nach 1997 durch das Raster der Auswahlkriterien der SEC fiel, Staff to the Senate Committee on Governmental Affairs (2002), S. 35.

Wählt die SEC ein Unternehmen zur Kontrolle aus, so reicht die Intensität der Kontrolle von der Überprüfung einzelner Positionen über die ausschließliche Kontrolle der finanziellen Angaben bis hin zur Prüfung des gesamten eingereichten Dokuments.[526] Die Durchsicht der Berichte ist nicht vergleichbar mit einer Abschlussprüfung oder einer Untersuchung.[527] In erster Linie handelt es sich um ein aufmerksames Studieren der eingereichten Berichte.[528] Die Mitarbeiter der *Division of Corporation Finance* greifen dabei auf ihr Wissen aus Zeitungsartikeln, der eigenen Berufserfahrung und möglicherweise bereits veröffentlichten sowie geprüften Berichten des speziellen Unternehmens oder branchenzugehöriger Unternehmen zurück. Als technisches Hilfsmittel bedienen sie sich einer internen Checkliste. Schwerpunktmäßig soll bei der Kontrolle herausgefunden werden, ob im Bericht enthaltene Angaben irreführend sind und/oder Informationen fehlen. Der übergeordnete Fokus der SEC liegt bei der Prüfung nach eigenen Angaben darin, eine Vergleichbarkeit[529] zwischen den Berichten der regulierten Unternehmen sicherzustellen, für eine konsistente Anwendung der Normen Sorge zu tragen[530] und die Vollständigkeit der erforderlichen Informationen zu gewährleisten.

Mit der Überprüfung eines Berichts sind jeweils ein Rechnungslegungsspezialist und ein Rechtsanwalt oder Finanzanalyst, gegebenenfalls unter Einbeziehung weiterer Kollegen, beschäftigt.[531] Ihre in Betracht kommenden Prüfungsfeststellungen bedürfen einer abschließenden Zustimmung der Vorgesetzten. Die einzelnen Mitarbeiter der *Division of Corporation Finance* arbeiten an bis zu acht Fällen gleichzeitig.[532] Für die Überprüfung der Einhaltung der Publizitätsvorschriften hat die SEC intern als Messlatte festgelegt: „*we do seek rigorous interpretation and application of accounting and disclosure rules.*“[533] Die praktische Erfahrung eines deutschen Finanzvorstands in der Zusammenarbeit mit der SEC lässt die Verhaltensweise einer fehlenden Kompromissbereitschaft der SEC in Sachfragen erahnen: „*They* [Die Mitarbeiter der SEC, Anmerkung des Verfassers] *have their rules and when something does not comply exactly, then it's unacceptable.*“[534] Tatsächlich ist die Gewährleistung der strikten

---

526 Die Handlungsalternativen sind: (1) „*review of financial statements only*", (2) „*full review (i.e., accounting and legal)*", (3) „*targeted review*". SEC Regulations Committee (2002), III. D; vgl. ebenso Office of Inspector General (2000a), http://www.ignet.gov/internal/sec/298fin.htm (Abfrage: 20.12.2002).

527 Vgl. Staff to the Senate Committee on Governmental Affairs (2002), S. 12.

528 Vgl. Bayless (2000), http://www.sec.gov/news/speech/spch394.htm (Abfrage: 10.12.2002).

529 Insbesondere bei der Umsetzung jüngerer Rechnungslegungsvorschriften in der Bilanzierungspraxis kann die Division zu einer einheitlichen Anwendung der Regeln beitragen.

530 Als Beispiel nennt die frühere Assistentin des *Chief Accountant Fowler* eine wesentliche Wertberichtigung aktiver latenter Steuern eines Unternehmens, das sich durch eine positive Ertragskraft in der Vergangenheit auszeichnet. Angesichts der fehlenden Werthaltigkeit eines solchen Vermögenswertes, würde sie einen entsprechend pessimistischen Ausblick in den MD&As erwarten. Vgl. Fowler (1996), http://www.sec.gov/news/speech/speecharchive/1996/spch083.txt (Abfrage: 17.12.2002)

531 Vgl. Herz et al. (1997), S. 75.

532 Pro Monat sollte ein Mitarbeiter 15 bis 20 SEC-Berichte durchsehen.

533 Tokar (1998), S. 48, in der Funktion als *Senior Associate Chief Accountant* der SEC.

534 Meek (1997), S. 31, die den früheren Finanzvorstand der Bayer AG, *Bernd-Joachim Menn*, zitiert.

Anwendung der Vorschriften von den jeweiligen Mitarbeitern abhängig, die die eingereichten Dokumente kontrollieren. Dies belegen kritische Anmerkungen zum Prüfungsablauf, die von SEC-Mitarbeitern gegenüber dem *Office of Inspector General* geäußert wurden.[535] So wurde anlässlich einer internen Revision zum Prüfungsablauf die nochmalige Kontrolle durch die Vorgesetzten beanstandet, da sie individuell unterschiedlich gehandhabt wird. Während einige erfahrenere Mitarbeiter sowohl den Unternehmensbericht als auch den Entwurf der Beanstandungsliste von Anfang bis Ende lesen, verlassen sich andere ausschließlich auf die Darlegung der Feststellungen der Prüfer. Ferner haben die für die Prüfung zuständigen Mitarbeiter moniert, dass die Qualität der Durchsicht gelegentlich unter dem Druck leiden würde, möglichst viele Berichte prüfen zu müssen. Aus der Überprüfung eingereichter Berichte können sich seitens der SEC grundsätzlich die folgenden Handlungsalternativen ergeben:

(1) keine weitere Maßnahme,[536]
(2) eine schriftliche Aufforderung an das Unternehmen zur Stellungnahme bzw. Korrektur (*comment letter*[537]),
(3) eine Weiterleitung des Falls an die Division zur Durchsetzung von Verstößen (*enforcement*).

Trotz der Prüfung eines Berichts durch die SEC-Mitarbeiter ist keine Gewähr für die vollständige Richtigkeit der Unternehmensinformationen gegeben.[538] Budget- und Zeitrestriktionen haben zum einen zur Folge, dass die SEC nicht alle Unstimmigkeiten aufdecken kann. Zum anderen muss sie selbst bei der Feststellung von Regelverletzungen nicht in allen Fällen aktiv werden. Die Entscheidung hierüber ist eine Ermessenssache. Genauso wenig kann aus der Wirksamkeit eines Registrierungsantrags bzw. aus der Veröffentlichung eines periodischen Berichts geschlossen werden, dass die SEC einen Bericht durchgesehen und genehmigt hat.[539]

Einen *comment letter* versendet die SEC an das Unternehmen – meist an dessen Rechtsbeistand – infolge der Durchsicht eines Berichts aus folgenden Gründen:

---

[535] Vgl. zu der Kritik der Mitarbeiter Office of Inspector General (1998), http://www.ignet.gov/internal/sec/sec259.htm (Abfrage: 20.12.2002).

[536] Diese Alternative kommt nach erfolgter Durchsicht des Berichts in Betracht oder wenn die SEC z. B. Bilanzierungstrends bzw. -praktiken in einer Branche überprüft (gemäß einer telefonischen Auskunft der SEC vom 19.12.2002).

[537] Gelegentlich findet sich in der Literatur auch die Bezeichnung „*deficiency letter*" anstelle „*comment letter*" für das Schriftstück. Dies ist eine frühere Benennung des Dokuments.

[538] Ebenso wenig kann ein Unternehmen aus der Prüfung schlussfolgern, dass die SEC die Bilanzierungs- oder Offenlegungsmethoden eines Unternehmens in Zukunft aufgrund der Tatsache billigen wird, dass sie die Vorgehensweise zurückblickend nicht beanstandet hat.

[539] Vgl. Herz et al. (1997), S. 28.

(1) Die SEC fordert zusätzliche Informationen von der Gesellschaft an, falls sich beispielsweise Angaben im Bericht widersprechen oder mit Tatsachen konfligieren, die dem SEC-Mitarbeiter über das Unternehmen bekannt sind. Eine Anfrage kann auch dadurch ausgelöst werden, weil (zusätzliche) Erklärungen über Geschäftsvorfälle oder Bilanzierungsmethoden benötigt werden.[540] Häufig erfolgen schon während der Durchsicht telefonische Kontakte zwischen der SEC und dem Unternehmen, um Fragen vorab zu klären.[541]

(2) Sie ersucht das Unternehmen einen Bericht zu ändern, wenn zum Beispiel Angaben im Bericht fehlen, unvollständig sind oder generell von den Normen abweichen.[542]

(3) Sie unterrichtet eine Gesellschaft über Verbesserungsmöglichkeiten in zukünftig einzureichenden Dokumenten.[543]

Im Jahr 2000 hat die SEC *comment letters* an 2.435 Neuemittenten (vorhergehendes Jahr: 1.755) und an 1.535 Unternehmen mit periodischen Berichten (im Jahr 1999: 2.550) versandt.[544] In einem *comment letter* sind rechtliche und rechnungslegungsbezogene Aspekte enthalten. Das den *comment letter* empfangende Unternehmen muss die darin aufgeführten Punkte bearbeiten, zu allen Anmerkungen der SEC schriftlich Stellung nehmen sowie eventuelle Änderungen nachweisen.[545] Enthält der Bericht für eine Registrierung nach dem SA nicht unerhebliche Mängel, muss der Emittent sowohl den Bericht als auch einen eventuellen vorläufigen Verkaufsprospekt[546] ersetzen. Bei weniger gravierenden Fehlern muss ein neuer Bericht bei der SEC eingereicht werden. Ein vorläufiger Verkaufsprospekt muss nicht berichtigt werden. Vielmehr sind die Korrekturen erst im endgültigen Prospekt zu berücksichtigen. Bei unbedeutenderen Fehlern reicht es aus, wenn die Berichtigungen in einem ergänzenden Schreiben (*pricing supplement*) zum Bericht vor der Genehmigung zur Registrierung nachgereicht werden.[547] Üblicherweise ist eine Überprüfung von Berichten gemäß SA innerhalb von 30 Tagen abgeschlossen.[548] Bei Überprüfungen von periodischen Berichten nach dem SEA dauert die Durchsicht und die Erstellung des *comment letter* normalerweise länger, da es – anders als bei Neuemissionen – keine Vorschrift gibt, ab welchem Zeitpunkt ein Bericht wirksam

---

540 Vgl. Bayless (2000), http://www.sec.gov/news/speech/spch394.htm (Abfrage: 10.12.2002).

541 Vgl. Herz et al. (1997), S. 76.

542 Ein Wechsel der Bilanzierungsmethoden oder das Revidieren im guten Glauben getroffener Einschätzungen macht keine rückwirkende Anpassung von Abschlüssen erforderlich. Vgl. Kelly (2000), S. 63-66.

543 Vgl. Herz et al. (1997), S. 77.

544 Vgl. Office of Inspector General (2001), http://www.ignet.gov/internal/sec/326fin.htm (Abfrage: 20.12.2002).

545 Vgl. Herz et al. (1997), S. 76.

546 Ein vorläufiger Wertpapierprospekt ist eine Angebotsvariante für den Zeitraum, in dem sich ein Registrierungsantrag bei der SEC befindet (*quiet period* oder *waiting period*). Zu Form und Inhalt eines vorläufigen Prospekts siehe 17 CFR § 230.430.

547 Vgl. Soderquist (1988), S. 84.

wird.[549] Sobald die Division mit der Beantwortung ihres Schreibens einverstanden ist, ist der Prüfungsprozess der SEC beendet. Anderenfalls ist die Erstellung weiterer *comment letters* möglich. Das regulierte Unternehmen muss nicht jede Entscheidung der SEC hinnehmen. Sehr oft schließen sich an einen *comment letter* längere Diskussionen zwischen den beiden Parteien an, in denen beispielsweise angebliche Verstöße und deren Berichtigung eingehend erörtert werden. Diese inoffiziellen Gesprächen zwischen den Unternehmensrepräsentanten, den zuständigen Wirtschaftsprüfern und den Vertretern der SEC zielen darauf ab, eine Einigung anzustreben.[550] Dem Unternehmen steht überdies zu, den Divisionsleiter der DCF oder das *Office of Chief Accountant* einzuschalten, wenn es mit Entscheidungen der Mitarbeiter unterer Ebenen nicht einverstanden ist. Gegen Beschlüsse des *Chief Accountant* wird ganz selten Einspruch bei der Kommission erhoben.[551]

Der Einsatz von *comment letters* ist ein geeignetes Mittel zur qualitativen Verbesserung der Rechnungslegung von Unternehmen. Da die Mitarbeiter der SEC sogar einzelne Positionen im Jahresabschluss hinterfragen, müssen die Unternehmensvertreter ihre Rechenschaftslegung gegenüber der SEC genauestens darlegen. Dabei kann es vonseiten der Unternehmen auch erforderlich sein, die SEC über den zugrunde liegenden Sachverhalt aufzuklären. Die Unternehmen können daher zu jedem Zeitpunkt mit der Situation konfrontiert werden, ihre Rechnungslegung vor der SEC rechtfertigen zu müssen. Auch die Prüfungsgesellschaften können branchenübergreifend die ihren Mandanten zugegangenen *comment letters* auswerten, um dadurch zu einer einheitlichen Anwendung von Rechnungslegungsgrundsätzen beizutragen. Das Instrument des *comment letter* kann in paradoxer Weise ein Mittel zur Vermeidung zukünftiger Sanktionen sein. Je mehr SEC-Mandate eine Prüfungsgesellschaft hat, desto eher kann sie aus aktuellen *comment letters* ableiten, welche Rechnungslegungsthemen die SEC schwerpunktmäßig hinterfragt. Dadurch können die Prüfungsmitarbeiter auf besondere Prüfungsgebiete aufmerksam gemacht werden. Für die Unternehmen ist dieser Prozess der SEC aus Wettbewerbsgründen vorteilhaft, da sie sich darauf verlassen können, dass sämtliche Unternehmen und Sachverhalte innerhalb einer Branche grundsätzlich gleich behandelt werden. Infolgedessen erhöhen sich die Vergleichbarkeit der Abschlüsse und die Markteffizienz. Schlussfolgernd kann festgehalten werden, dass die *Division of Corporation Finance* eine präventive Funktion ausübt, da sie flächendeckenden Fehlentwicklungen in der Unternehmensberichterstattung am Kapitalmarkt entgegenwirkt.

---

548 Vgl. Herz et al. (1997), S. 76.
549 Vgl. Buckley/Buckley/Plank (1980), S. 37.
550 Vgl. Herz et al. (1997), S. 80-81.
551 Vgl. SECPS (2002), http://www.aicpa.org/members/div/secps/lit/best/comsec.htm (Abfrage: 19.12.2002).

Ist die *Division of Corporation Finance* der Auffassung, dass ein Bericht wesentliche Regelwidrigkeiten enthält, kann sie den Fall an die *Enforcement Division* weiterleiten. Im Allgemeinen entdeckt die SEC im Rahmen von Routinerevisionen jedoch seltener schwere Verstöße als bei gezielten Überprüfungen.

4.1.7 Untersuchung möglicher Normverstöße

Neben den Hinweisen von Mitarbeitern der *Division of Corporation Finance*, die Anhaltspunkte für Verstöße gegen die Bestimmungen des Wertpapierrechts oder der US-GAAP bei der Überprüfung der einzureichenden Dokumente der Unternehmen entdeckt haben, gibt es weitere Tatbestände, die eine Untersuchung der *Division of Enforcement* auslösen können. Etwa ein Fünftel aller Untersuchungen hat ihren Ursprung in Beschwerden von finanziell geschädigten Investoren.[552] Nicht selten weisen die Rechtsanwälte geschädigter Anleger die SEC auf einen Sachverhalt hin, in der Erwartung, sich die Leistungsfähigkeit der SEC bei der Aufklärung und Ahndung von Verstößen für die eigene privatrechtliche Klage zu Nutze machen zu können. Ferner kann die Ankündigung eines Unternehmens, seine Quartals- oder Jahresabschlüsse rückwirkend zu korrigieren (*restatement*), zu einer Untersuchung führen. Weitere Anlässe können beispielsweise Presseberichte (z. B. *Wall Street Journal*), Mitteilungen von Selbstverwaltungsorganisationen (z. B. verdächtige Handelsumsätze an Börsen[553]), frühere Überprüfungen sowie Tipps von (entlassenen) Mitarbeitern[554] oder anderen Regulierungsbehörden sein.[555] Die Kontrolle der SEC umfasst somit proaktive und reaktive Elemente. Sie überprüft ausgewählte Berichte aus eigenem Antrieb und aufgrund Hinweise Dritter.

Einer Untersuchung können zunächst nichtöffentliche, informelle Befragungen der Unternehmen[556] bzw. Individuen durch die *Division of Enforcement* vorausgehen, falls es die Aufklärung des Sachverhalts erfordert. Ein Auskunftsersuchen ist darauf ausgerichtet, die vorhandenen Hinweise zu bewerten und die Berechtigung der Aufnahme einer Untersuchung zu prüfen.[557] Sofern die *Division of Enforcement* allerdings über ausreichende Anhaltspunkte für eine Vorschriftsverletzung verfügt, kann es zu einer sofortigen Aufnahme einer Untersuchung

---

[552] 1996 hat die SEC ein *Enforcement Complaint Center* im Internet eingerichtet, das die Kommunikation für Beschwerden der Anleger vereinfachen soll. Vgl. International Business Publications (2002), S. 69.

[553] Vgl. International Business Publications (2002), S. 63. Bei der aktiven Überwachungspolitik wird die SEC durch die Marktüberwachung der US-Börsen unterstützt. Vgl. Phillips et al. (1997), S. 34-35.

[554] Unternehmensinsider können als *whistleblower* Schlüsselfiguren für Hinweise und die Beweisführung sein. Durch den Sarbanes-Oxley Act wurden Mitarbeiter, die „Alarm schlagen“ unter einen besonderen Schutz gestellt, um einen Anreiz für ihren Verrat von Unternehmensinformationen zu schaffen. Vgl. Sec. 806 und 1107 SOA; Lanfermann/Maul (2002), S. 1730-1731.

[555] Vgl. Phillips et al. (1997), S. 34-35.

[556] Die SEC befragt gegebenenfalls sogar Unternehmen innerhalb derselben Branche des potenziellen Untersuchungssubjekts, um ihre Bilanzierungspraxis in Erfahrung zu bringen.

kommen. Die Untersuchung wird von Mitarbeitern der Division durchgeführt und nicht von der Kommission.[558] Die Untersuchungen dienen dem Ziel, belastendes Beweismaterial für eine eventuelle Klage sicherzustellen. Bezüglich der Ermittlungsrechte werden Untersuchungen in informelle und formelle Ermittlungen unterschieden. Der formellen Untersuchung kann eine informelle Ermittlung vorausgehen. Bei der informellen Untersuchung ist die SEC auf die Kooperationsbereitschaft der betroffenen Unternehmen bzw. Individuen angewiesen. Es sind auch informelle Befragungen Dritter möglich. Die Mitarbeiter der SEC haben keine Befugnis, Zeugen vorzuladen oder Aussagen zu erzwingen.[559] Aber auch bei freiwilligen Aussagen kann sich ein Zeuge der Falschaussage schuldig machen.[560] Aus Sicht des Unternehmens kann das Erfordernis zur Zusammenarbeit mit der Behörde zu einem Abwägungsprozess führen. Das Unternehmen versucht möglicherweise, nicht zu viele Informationen gegenüber der SEC preiszugeben. Ist das Unternehmen jedoch zu zurückhaltend, kann bei der SEC der Eindruck entstehen, dass das Unternehmen Informationen verbirgt.[561] Als Reaktion darauf wird die Behörde erst recht eine formelle Untersuchung einleiten.

Einer formellen Untersuchung geht ein Beschluss der Kommission voraus (*formal order*). Bei der formellen Untersuchung darf die SEC Zeugen vorladen[562], Zeugen unter Eid stellen und die Einsicht in Unterlagen, Bücher bzw. andere Dokumente fordern (*subpoena power*).[563] Die umfangreichen Auskunfts- und Vorlagerechte stehen an sich der Kommission zu, allerdings delegiert sie ihre Befugnis in jedem einzelnen Fall an individuelle Mitarbeiter.[564] Weigern sich die Individuen bzw. Unternehmen sogar bei der *formal order* mit der SEC zusammenzuarbeiten, kann sie die Behörde per zivilrechtlicher Hilfe zur Kooperation bringen.[565] Bei formalen Untersuchungen befragt die SEC dritte Parteien, wie z. B. die Abschlussprüfer, Kunden, Lieferanten, Geschäftspartner als Zeugen, ohne das betroffene Unternehmen hiervon zu unterrichten. Dies kann nachhaltig negative Auswirkungen auf die Reputation und die Geschäftsbeziehungen des Unternehmens haben.[566] Abgesehen von diesen Kontakten wird gewöhnlich nicht öffentlich gemacht, dass eine Untersuchung stattfindet.[567]

---

557 Vgl. GAO (2002f), S. 46.
558 Vgl. Dickey et al. (2001), S. 11.
559 Vgl. Friedman (1981), S. 5.
560 Vgl. 18 USC Sec. 1001.
561 Vgl. Phillips et al. (1997), S. 39.
562 Im Falle einer regelwidrigen Finanzberichterstattung werden üblicherweise die Angestellten des Finanz- und Rechnungswesens eines Unternehmens als Zeugen vernommen. Vgl. Dickey et al. (2001), S. 11.
563 Vgl. Sec. 19b) SA und Sec. 21b) SEA. Der Begriff *subpoena* wird vereinzelt ausschließlich in Bezug auf die Vorladung von Zeugen verwendet.
564 Vgl. Dickey et al. (2001), S. 11.
565 Vgl. Sec. 21c) SEA; Phillips et al. (1997), S. 35. Die Beweislast für ein Nichterscheinen liegt bei der geladenen Person. Vgl. McCraw (1984), S. 174.
566 Vgl. Dickey et al. (2001), S. 12.
567 Vgl. Winer/Bruch/Winer (2002), S. 6. Gleichwohl kann eine Bekanntgabe durch ein Unternehmen gegenüber

Eine SEC-Untersuchung kann mit einem unangemeldeten Besuch oder einem Telefonanruf beginnen. Häufig werden die Unternehmen oder Individuen jedoch im Voraus über eine anstehende Ermittlung schriftlich informiert.[568] Denkbar ist auch eine Benachrichtigung durch die für die Untersuchung zuständigen Mitarbeiter, in der genau festgelegte Dokumente eines bestimmten Zeitraums innerhalb einer bestimmten Frist (in der Regel zwei bis drei Wochen) zur Einsicht erbeten werden.[569] Die SEC braucht den Unternehmen oder Individuen nicht mitzuteilen, welches Ziel sie mit ihren Untersuchungen verfolgt.[570] Die Nachforschungen der SEC werden gewöhnlich zuerst in den Geschäftsräumen des Unternehmens und dann in den Räumlichkeiten der SEC geführt. Im Büro des der Regulierung unterliegenden Unternehmens überprüfen die SEC-Mitarbeiter die erbetenen Dokumente und befragen gegebenenfalls das Personal dazu. Anschließend wird die Überprüfung bei der SEC selbst fortgesetzt, indem die gesammelten Daten weiter ausgewertet werden. Sehr oft werden in dieser Phase zusätzliche Informationen von dem Unternehmen angefordert und zahlreiche Zeugen vernommen. Der Zeitraum bis zur Beendigung der Auswertung aller Fakten kann sich durchaus auf mehrere Monate erstrecken.[571]

4.1.8 Ergebnis der Untersuchung

4.1.8.1 Entscheidung über die Einleitung eines Rechtsverfahrens

Gelangen die Mitarbeiter der SEC zum Abschluss einer Untersuchung zu der Überzeugung, dass ein Verstoß gegen geltendes Recht vorliegt und die während der Ermittlungen gewonnenen Beweise für eine Ahndung hinreichend sind, werden die Untersuchungsmitarbeiter der SEC-Kommission als Entscheidungsgremium die Durchsetzung von Vorschriften vorschlagen.[572] Ihre Empfehlung schließt das Strafmaß ein. Zuvor wird dem Untersuchungssubjekt jedoch generell noch das Recht eingeräumt, Auskunft über das Ergebnis der Untersuchung sowie der Anschuldigungen zu erhalten. Daraufhin kann der Rechtsbeistand eine Petition

seinen Investoren erforderlich sein. Vgl. Boltz/Boydston (1998), S. 1.

568 Vgl. Marshall (1997), S. 14.

569 Die SEC zeigt sich im Hinblick auf den Umfang der angeforderten Dokumente gesprächsbereit, falls das Unternehmen nachweisen kann, dass Schriftstücke für die Sachverhaltsaufklärung irrelevant sind. Vgl. Herz et al. (1997), S. 81.

570 Vgl. Winer/Bruch/Winer (2002), S. 5. Wenn die SEC Ermittlungen durchführt, ist sie jedoch nicht befugt, das bei ihr eingetragene Unternehmen bzw. Individuum dadurch zu täuschen, dass sie einen falschen Grund für ihr Tätigsein vorgibt. Gemäß einer Entscheidung eines Berufungsgerichts darf dadurch gewonnenes Beweismaterial seitens der SEC nicht verwertet werden. Vgl. SEC vs. ESM Government Securities, Inc., 645 F.2d 310, 317-318 (1981). Die Rechte der Bürger werden im Gesetz zum Schutz der Privatsphäre („*Privacy Act of 1974*") geregelt, das in 5 USC Sec. 552A kodifiziert ist.

571 Vgl. zu Bestrebungen der SEC eine schnellere Durchsetzung zu erreichen („*real-time*" *enforcement*) SEC (2002m), http://www.sec.gov/news/speech/spch585.htm (Abfrage: 23.03.2003).

572 Vgl. Dickey et al. (2001), S. 12.

(*Wells Submission*[573]) einreichen, in er darlegen kann, warum die Kommission kein *enforcement* durchführen (lassen) sollte.[574] Nach Auffassung der Kommission dienen die Petitionen nicht dazu, die strittigen Sachverhalte aus der Sicht des Unternehmens bzw. Beschuldigten darzustellen. Vielmehr können darin praktische und rechtliche Gegenargumente in Bezug auf die Einleitung einer Durchsetzung sowie Vorschläge zur Lösung des Problems angeführt werden.[575] Eine uneingeschränkte Kooperationsbereitschaft und Maßnahmen zur Beseitigung von Mängeln des Unternehmens können sich bei der Beurteilung des Falls durch die SEC positiv auswirken.[576]

Anschließend wird die Kommission unter Vorlage des Untersuchungsberichts der Mitarbeiter und der *Wells Submission* die weitere Vorgehensweise in einer nichtöffentlichen Sitzung beschließen.[577] Soll das Durchsetzungsverfahren fortgesetzt werden, hat die Kommission drei Möglichkeiten:

(1) Sie kann ein Verwaltungsverfahren einleiten,
(2) die Behörde kann den Fall an ein Zivilgericht übertragen oder
(3) sie kann ein strafrechtliches Verfahren[578] veranlassen.[579]

Grundsätzlich hat die SEC somit die Wahl, Verstöße in einem externen Verfahren vor einem Bundesgericht oder intern vor einem Richter des Verwaltungsrechts durchzusetzen. Die Entscheidung hängt von verschiedenen Faktoren ab, so z. B. von der Schwere und Art des Vergehens, strategischen Überlegungen (z. B. Präventionswirkung, Schaffung eines Präzedenzfalles) und der beabsichtigten Sanktion.[580] Beispielsweise kann eine personelle Neustrukturierung der Unternehmensleitung nur von einem Bundesgericht ausgesprochen werden. Bei besonders schwerwiegenden Verfehlungen wird die Kommission mehrere Verfahren gleichzeitig in die Wege leiten.

---

573 Der Name geht auf den Vorsitzenden des Wells-Ausschusses (auch *SEC Advisory Committee on Enforcement Policies and Practices* genannt) zurück, der im Jahre 1972 Verbesserungen des Durchsetzungsverfahrens erarbeitete. Vgl. Boltz/Boydston (1998), S. 6.

574 Vgl. Dickey et al. (2001), S. 12.

575 Vgl. Friedman (1981), S. 15; Boltz/Boydston (1998), S. 7.

576 Siehe z. B. den Fall *Worldcom* SEC (2003k), http://www.sec.gov/news/press/2003-79.htm (Abfrage: 30.08.2003).

577 Vgl. Dickey et al. (2001), S. 13.

578 Für strafrechtliche Anklagen gilt generell eine Verjährungsfrist von fünf Jahren ab dem Zeitpunkt des Vergehens. Vgl. 18 USC Sec. 3282.

579 Zur alternativen Möglichkeit des *report of investigation* gemäß Sec. 21a) SEA siehe Maletta/Lang (1997), S. 134. Dieser Weg wird äußerst selten beschritten.

580 Vgl. Lang/Lipton (1997), S. 254.

In der Zeit vom 31. Juli 1997 bis 30. Juli 2002 leitete die SEC nach eigenen Angaben[581] 515 Rechtsverfahren aufgrund von Verstößen gegen eine ordnungsgemäße Finanzberichterstattung ein. Diesen Rechtsverfahren gingen 227 Untersuchungen der *Division of Enforcement* voraus. Die 515 Rechtsverfahren richteten sich gegen 164 Unternehmen und 705 Individuen.[582] Davon lag die Anzahl der beschuldigten Wirtschaftsprüfungsgesellschaften bei 18 und die Zahl einzelner Wirtschaftsprüfer bei 89. Von den 705 Individuen befanden sich 466 in einer führenden Position (z. B. CEO, CFO). Die SEC versucht bei den Rechtsverfahren gegen natürliche Personen in erster Linie die Individuen zur Verantwortung zu ziehen, die den Verstoß ausgeübt haben. Wussten darüber hinaus weitere Personen von einer unrechtmäßigen Handlung, ohne dagegen vorzugehen, werden diese ebenfalls von der SEC zur Rechenschaft gezogen.[583] In der Mehrzahl der Fälle leitet die SEC Verwaltungsverfahren ein (329 der 515 Verfahren).

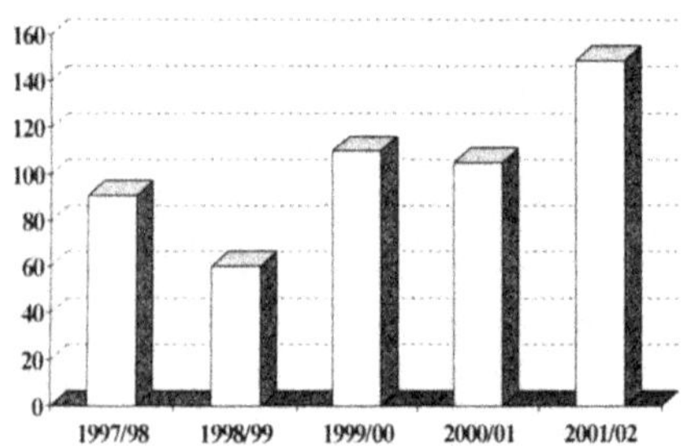

Abbildung 7: Anzahl der Rechtsverfahren[584] aufgrund von Verstößen in der Finanzberichterstattung im Zeitraum 31. Juli 1997 bis 30. Juli 2002[585]

[581] Vgl. zu sämtlichen statistischen Größen SEC (2003c), S. 1-2. Siehe zu diesem Bericht ebenso Gliederungspunkt 4.2.1.5.2.

[582] Im selben Zeitraum initiierte die SEC insgesamt 2.508 Rechtsverfahren. Vgl. SEC (2003c), S. 1. Der Anteil von Rechtsverfahren wegen einer regelwidrigen Unternehmensberichterstattung liegt somit bei ca. 20%.

[583] Vgl. GAO (2002f), S. 49-50.

[584] Inwieweit es in diesem Zusammenhang zusätzlich Missachtungsverfahren gab, ist nicht bekannt. Die vergleichsweise wenigen Missachtungsverfahren werden ausgelöst, wenn ein Unternehmen oder Individuum Unterlassungsverfügungen nicht befolgt. Diese Erläuterung basiert auf einer Auskunft der SEC per *e-mail* am 12.12.2002.

[585] Quelle: SEC (2003c), S. 2.

4.1.8.2 Durchsetzungsvorschriften

Die juristische Grundlage im US-amerikanischen Wertpapierrecht, auf die sich die SEC bei der Durchsetzung von Publizitätspflichten oft stützt, ist die unter Sec. 10b) SEA zu subsumierende *rule* 10b-5. Sie bestimmt unter anderem, dass betrügerische Pläne, Handlungen oder Mittel im Zusammenhang mit dem Kauf und Verkauf von Wertpapieren unzulässig sind[586] und wesentliche wertpapierrelevante Informationen weder unwahr[587] sein noch verschwiegen[588] werden dürfen, so dass die Verlautbarung unter den gegebenen Umständen irreführend[589] wird.[590] Mit Sec. 17a) findet sich eine ähnliche Regelung im SA für Neuemissionen.

Der Geltungsbereich von *rule* 10b-5 erstreckt sich außer auf die bei der SEC periodisch einzureichenden Berichte auf öffentliche Verlautbarungen des Unternehmens und seiner Vertreter. Hat ein Unternehmen oder ein Individuum falsche Angaben wesentlicher Tatsachen in einem Bericht gemäß SEA gemacht oder wesentliche Sachverhalte nicht genannt, so ist dem Beschuldigten für eine Anklage nachzuweisen, dass das Vergehen „wissentlich" begangen wurde.[591] Grobe Fahrlässigkeit des Beschuldigten, verstanden als *„an extreme departure from the standards of ordinary care"*[592], kann für dieses Kriterium hinreichend sein. Ein solcher Nachweis ist für irreführende Verlautbarungen gemäß SA[593] nicht notwendig.[594]

Eine juristische Grundlage, auf die sich die SEC oft bei einem „unangemessenen" berufsständischen Fehlverhalten von Wirtschaftsprüfern oder einem Verstoß von Wirtschaftsprüfern gegen das Wertpapierrecht beruft, ist *rule* 102(e).[595] Die bereits jahrelang angewandte Regelung wurde nunmehr in Sec. 602 SOA kodifiziert. Ein Wirtschaftsprüfer muss mit einer Bestrafung durch die SEC rechnen, wenn er unter anderem „absichtlich", „wissentlich" oder

586 „[T]*o employ any device, scheme, or artifice to defraud..*". Rule 10b-5 SEA.

587 „..*make any untrue statement of a material fact...*". Rule 10b-5 SEA.

588 „...*omit to state a material fact necessary...*". Rule 10b-5 SEA.

589 „...*in order to make the statements made, in the light of the circumstances under which they were made, not misleading...*". Rule 10b-5 SEA.

590 Neben einer unrichtigen oder irreführenden Rechnungslegung ahndet die SEC bei *enforcement*-Fällen im Bereich der Unternehmensberichterstattung auch häufig Unzulänglichkeiten des internen Kontrollsystems eines Unternehmens und Falschauskünfte der Unternehmensleitung an den Abschlussprüfer. Abgesehen von der genannten *rule 10b-5* werden grundsätzlich die folgenden Rechtsgrundlagen bei diesen drei Tatbeständen durch die SEC herangezogen: 13a) sowie 13b) Nr. 2 A) SEA und rules 12b-20, 13a-1, 13a-13 sowie 13b2-1 sind Vorschriften, die die SEC generell bei einer unwahren oder irreführenden Rechnungslegung in Betracht zieht. Der Geltungsbereich von Sec. 13b) Nr. 2 B), 13b) Nr. 5 SEA erstreckt sich ausschließlich auf ein fehlendes oder unzureichendes internes Kontrollsystem. *Rule 13b2-2* wird wegen falscher Angaben gegenüber Wirtschaftsprüfern angewandt. Im Übrigen greift die SEC auf die Rechtsgrundlage Sec. 20a) SEA (Haftung von Vorgesetzten) zurück. Vgl. ausführlicher Dickey et al. (2001), S. 19-20; GAO (2002f), S. 243.

591 Vgl. Steinberg (1998), S. 541; Palmiter (1998), S. 277.

592 SEC vs. Steadman, 967 F.2d 636, 641 (1992).

593 Siehe Sec. 17a) 2) und 3) SA.

594 Vgl. Steinberg (1998), S. 537.

595 Vgl. 17 CFR § 201.102(e).

„grob fahrlässig" gegen Berufsgrundsätze verstoßen hat.[596] Einen Verstoß gegen das Wertpapierrecht muss er absichtlich begangen haben oder er muss „absichtlich" „Beihilfe" zu einem Verstoß „geleistet" haben.[597] Die Mitwirkung im Prüfungsteam ist keine Voraussetzung für eine Bestrafung.[598]

Zu einer strafrechtlichen Verurteilung kommt es unter anderem, wenn das angeklagte Unternehmen bzw. das Management „vorsätzlich" (*willfully*) gegen den SA, den SEA oder deren untergeordnete Regelungen verstoßen hat.[599, 600]

Die rechtliche Einordnung einer fehlerhaften oder irreführenden Finanzberichterstattung wird danach beurteilt, ob der Tatbestand einer Rechtsvorschrift erfüllt ist. Die Kommission muss sämtliche Tatbestandsmerkmale würdigen, um entscheiden zu können, inwieweit rechtliche Schritte gegen ein Unternehmen oder ein Individuum eingeleitet werden. Letztlich kann es im Einzelfall sein, dass keine eindeutige rechtliche Einschätzung möglich ist, ob ein Normverstoß vorliegt. Zudem wird die SEC nicht immer den Nachweis einer fehlerhaften oder irreführenden Berichterstattung erbringen können. Dies zeigt sich anhand von einzelnen Urteilen in der Vergangenheit, in denen eine Klage der SEC abgewiesen wurde. Generell ist die Kommission der Auffassung, dass eine minimale Diskrepanz zu den US-GAAP zur Einleitung eines Rechtsverfahrens ausreicht, sofern die Abweichung auf eine absichtliche Handlung des Managements zurückzuführen ist.

Der Anwendungsbereich der Regelungen des Wertpapierrechts auf ausländische Unternehmen ist im US-amerikanischen Rechtssystem strittig.[601] Nach *Wiemann* stellt die Rechtsprechung bei der Frage der Anwendbarkeit der Vorschrift auf zwei Prinzipien ab: Anhand des Territorialitätsprinzips (*conduct test*) prüfen die Gerichte, an welchem Ort die Schadenshandlung vollzogen wurde. Mittels des Wirkungsprinzips (*effect test*) wird untersucht, auf welchem Territorium sich der schädigende Vorgang auswirkt. Eine Vorschrift findet generell Anwendung, wenn US-Amerikaner mit Wohnsitz in den USA von der schädigenden Handlung betroffen sind. Ferner gilt eine Regelung, wenn US-Bürger außerhalb der USA geschädigt werden, sofern schädigende Aktivitäten in den USA stattgefunden haben. Des Weiteren findet das Wert-

---

596 Vgl. Sec. 602 SOA.

597 Zu weiteren Tatbeständen einer Regelwidrigkeit vgl. Sec. 602 SOA.

598 Vgl. GAO (2002f), S. 52.

599 Vgl. Sec. 24 SA und 32a) SEA. Sec. 32a) enthält neben „*willfully*" das Kriterium „*knowingly*". In der Literatur und Rechtsprechung ist umstritten, wie diese Diskrepanz zwischen SA und SEA auszulegen ist. Vgl. zur Diskussion ausführlich Friedman (1981), S. 83-92; Loss/Seligman (2001), S. 1348-1350, halten das Merkmal „*knowingly*" für redundant.

600 Zu weiteren strafrechtlichen Tatbeständen vgl. Dickey et al. (2001), S. 17.

601 Vgl. Wiemann (1987), S. 164 m. w. N.

papierrecht Anwendung, wenn irgendwelche Staatsbürger durch einen Akt in den USA geschädigt werden.[602]

4.1.8.3 Verwaltungsverfahren

Aufgrund ihrer Stellung als *independent regulatory agency* hat die SEC die Verwaltungsgerichtsbarkeit inne. Sie initiiert somit die Verwaltungsverfahren selbst.[603] Die SEC kann gegen jedes Individuum oder Unternehmen ein Verfahren einleiten.[604] Ihre Klageerhebung umfasst eine Erläuterung des Sachverhalts, die Nennung der Rechtsgrundlagen und die beantragte Sanktionsform.[605] Im Verwaltungsverfahren erfolgt eine Anhörung bei einem von der Kommission unabhängigen „internen" Richter des Administrationsrechts (*Office of Administrative Law Judges*). Während der Anhörung nimmt der Richter die Beweise auf, die ihm seitens der Mitarbeiter der SEC und gegebenenfalls der Verteidigung vorgetragen werden. Er entscheidet über Anträge der Parteien sowie die Zulässigkeit von Beweismaterial.[606] Anschließend erlässt der Richter einen vorläufigen Beschluss, der sämtliche Tatbestände, die rechtlichen Schlussfolgerungen und die Sanktionen enthält. In dem Verfahren hat der Richter besondere Rechtsbefugnisse: Er kann Zeugen unter Eid vernehmen oder deren Erscheinen zur Anhörung erzwingen.[607] Die Parteien sind nicht zur Annahme des vorläufigen Urteils verpflichtet. Sofern eine Partei mit dem vorläufigen Urteil nicht einverstanden ist, kann sie bei der Kommission Einspruch einlegen.[608] Die Kommission entscheidet dann über den Einspruch, indem sie die ergangene Beschlussfassung bestätigt oder ablehnt oder den Fall für weitere Anhörungen an den Richter zurückweist.[609] Sämtliche Beschlüsse des Verwaltungsrichters und der Kommission werden publiziert.[610]

4.1.8.4 Zivilrechtliches Verfahren

Alternativ oder ergänzend kann die SEC das Verfahren auch an ein Zivilgericht übertragen (*civil junctive proceeding*). Denn die SEC hat zivilrechtliche Klagebefugnisse, wodurch sie gerichtliche Verfügungen bei den Zivilgerichten durchsetzen kann.[611] Die Kommission reicht bei einem US-amerikanischen Bundesbezirksgericht eine Klageschrift (*complaint*) ein. In die-

---

602 Vgl. Wiemann (1987), S. 164-165; ferner zu den genannten Kriterien Aha (2002), S. 316.
603 Der Ablauf des Verfahrens richtet sich nach den *SEC Rules of Practice* in 17 CFR Part 201.
604 Siehe Kapitel 4.1.5.
605 Vgl. GAO (2002f), S. 47.
606 Vgl. 17 CFR § 200.14.
607 Vgl. Sec. 20a) SA und 21b) SEA.
608 Vgl. Office of Inspector General (2000), http://www.ignet.gov/internal/sec/326fin.htm (Abfrage 20.12.2002).
609 Vgl. International Business Publications (2002), S. 22.
610 Vgl. SEC (1997a), S. 36.
611 Vgl. Maletta (1997), S. 203-204.

sem Schriftstück wird der Verstoß erläutert und das Strafmaß beantragt. Ferner werden die gesetzlichen und anderweitigen Bestimmungen genannt, die missachtet wurden.[612] Gewöhnlich erreicht die SEC mit ihrer Klage die Einstellung der unerlaubten Handlung. Das Gericht kann dem Beklagten darüber hinaus bestimmte Strafmaßnahmen zur Pflicht machen.[613]

4.1.8.5 Strafrechtliches Verfahren

Hat die SEC die Vermutung, dass strafrechtliche Tatbestände erfüllt sind, kann sie den Fall an das US-amerikanische Bundesjustizministerium oder an den Justizminister eines Staats übertragen. Sie selbst hat keine strafrechtlichen Kompetenzen.[614] Vor der Annahme eines Falls, hat ein Staatsanwalt zu prüfen, welche gleichwertigen nicht-strafrechtlichen Verfahren anstelle einer strafrechtlichen Verfolgung in Frage kommen. In diesem Zusammenhang sind in Betracht zu ziehen: die Sanktionen, die im Rahmen alternativer Maßnahmen verhängt werden könnten; die Wahrscheinlichkeit eines angemessenen Strafmaßes bei einem strafrechtlichen Verfahren; mögliche Auswirkungen eines nicht-strafrechtlichen Verfahrens auf das *enforcement*-Recht.[615] Wird ein Fall angenommen, wird er vor einem Schöffengericht verhandelt.[616] Die SEC arbeitet eng mit den strafrechtlichen Verfolgungsbehörden zusammen und stellt diesen die Ergebnisse ihrer Voruntersuchungen zur Verfügung.[617] Gelegentlich unterstützt ein Anwalt der SEC, der an der Untersuchung beteiligt war, den Staatsanwalt bei der Darlegung des Falls vor den Geschworenen.[618] Auch im Strafprozess gibt es die Möglichkeit für den Verteidiger, durch Verhandlungen mit dem Richter zu erreichen, dass bestimmte Anklagepunkte fallengelassen werden, wenn der Angeklagte sich in anderen Punkten schuldig bekennt.[619]

---

612 Vgl. GAO (2002f), S. 47.

613 Als Verfahrensgrundlage gelten die *Federal Rules of Civil Procedure.*

614 Vgl. Phillips (1997), S. 9.

615 Vgl. Friedman (1981), S. 189-190.

616 Zur Organisation eines Schöffengerichts und der Verhandlung siehe Rule 6 *Federal Rules of Criminal Procedure.*

617 Vgl. Phillips (1997), S. 9.

618 Vgl. SEC (1997a), S. 36-37. Diese Verfahrenspraxis ist rechtlich umstritten. Vgl. die Diskussion von Friedman (1981), S. 17-21.

619 Im Jahr 2002 wurden 529 Individuen und Unternehmen strafrechtlich auf Initiative der SEC verurteilt. Wie hoch der Anteil der Beklagten aufgrund von Verstößen gegen die Finanzberichterstattung war, ist nicht bekannt. Vgl. SEC (2003e), S. 1.

4.1.9. Sanktionen

4.1.9.1 Einigung auf einen Vergleich zwischen den Parteien

Während die eigentlichen Ermittlungen der SEC üblicherweise vertraulich behandelt werden, wird der Öffentlichkeit das Ergebnis der Untersuchung bekannt gegeben.[620] Der daraus resultierende Schaden für das Image und die Geschäftsentwicklung kann größer sein als die tatsächliche formelle Strafe, die letztendlich verhängt wird. Daher muss das Unternehmen bzw. Individuum mit Hilfe rechtlichen Beistands abwägen, ob es in einem öffentlichen sowie gegebenenfalls kosten- und zeitintensiven Verfahren die Herabsetzung der Strafe oder die Abwehr des *enforcement* anstrebt oder ob es, von der Öffentlichkeit weitaus weniger bemerkt, oftmals vor der Einleitung eines Rechtsverfahrens einen Vergleich mit der SEC schließt.[621] Bei einer Beilegung des Streitfalls akzeptiert das Unternehmen bzw. Individuum die festgestellten Verstöße und Sanktionen, ohne dass ein Fehlverhalten zugegeben oder negiert wird.[622] Dies kann für die beschuldigte Partei deshalb vorteilhaft sein, weil ein aus Sicht des Unternehmens nachteiliges Urteil aufgrund eines Rechtsstreits Bindungswirkung für privatrechtliche Klagen ausstrahlen kann.[623] Auch der SEC kann ein Vergleich entgegenkommen, da sie dadurch kein Personal für eine verfahrensrechtliche Klage disponieren muss und stattdessen ihre Ressourcen für anderweitige Durchsetzungsfälle einsetzen kann. Aus diesem Grund wird die SEC generell nicht abgeneigt sein, die rechtliche Auseinandersetzung durch einen Vergleich beizulegen, auch wenn die Bestrafung dadurch möglicherweise geringer ausfällt als eine Sanktion, die in einem Rechtsprozess durchgesetzt werden könnte. In praxi werden ca. 90% der Durchsetzungsfälle durch einen Vergleich beendet.[624] Wenn die gegnerische Partei nach der Unterzeichnung eines Vergleichs die Anschuldigungen öffentlich dementiert, kann die SEC den Beschuldigten öffentlich in Verruf bringen oder die ursprünglich getroffene Einigung für nichtig erklären und die Anschuldigungen vor Gericht bringen.[625] Ein Vergleich ist jedoch nur möglich, falls sich die Anschuldigung nicht auf einem strafrechtlichen Tatbestand begründet.[626]

Die Sanktionen bringen eine Bestrafung und die öffentliche Verurteilung des Beklagten mit sich. Die Verhängung von Sanktionen wirkt in der Gegenwart und sensibilisiert die Anleger

---

620 Vgl. Phillips et al. (1997), S. 30.
621 Vgl. Dickey et al. (2001), S. 13.
622 Vgl. GAO (2002f), S. 44-45.
623 Vgl. Boltz/Boydston (1998), S. 4.
624 Vgl. Lev (2002), S. 10.
625 Vgl. Friedman (1981), S. 16. Die SEC kann ein solches Verhalten auch inoffiziell bestrafen (z. B. durch eine langsamere Bearbeitung zukünftiger Anträge).
626 Vgl. 17 CFR § 202.5(f). Die Behörde ist verpflichtet, den beschuldigten Parteien die Gelegenheit zur Unterbreitung eines Vergleichsangebots zu geben. 5 USC Sec. 554(c).

möglicherweise auch in der Zukunft. Sie dienen der Abschreckung vor weiteren unerlaubten Handlungen des Beklagten oder anderer Personen. Dadurch werden unter Umständen die sonstigen Kapitalmarktteilnehmer geschützt. Ein Ausgleich der finanziellen Verluste der Investoren und Mitarbeiter ist nur teilweise möglich. Trotz zum Teil drakonischer Strafen, die die SEC gelegentlich verhängt, sieht sie ihre Funktion in erster Linie als *„remedial, not punitive"* an.[627]

4.1.9.2 Verwaltungsrechtliche Sanktionen

Mittels eines administrativen Verfahrens steht der SEC auf der Grundlage ihrer hoheitlichen Gewalt eine Vielzahl von Sanktionen zur Verfügung.[628] Die SEC kann auf der Grundlage eines Verwaltungsverfahrens eine Unterlassungsverfügung (*cease and desist order*) gegen jedes Unternehmen und (mit-)schuldige Individuen durchsetzen, die gegen das Wertpapierrecht verstoßen haben, verstoßen oder im Begriff sind, die Bestimmungen zu verletzen.[629] Ergänzt wird die Verfügung häufig mit Auflagen, die der Beschuldigte zu erfüllen hat. Zudem verbindet die SEC die Verfügung regelmäßig mit weiteren verwaltungsrechtlichen Rechtsmitteln.[630, 631]

Die SEC kann durch ein Verwaltungsverfahren eine Suspendierung oder ein permanentes Berufsverbot gegen *directors* und *officers* aussprechen, wenn sie sich aufgrund ihres Verstoßes als „ungeeignet" für diese Position erweisen. Vor Verabschiedung des SOA konnte diese Sanktion nur zivilrechtlich geltend gemacht werden.[632]

Die Verhängung von Geldstrafen ist nur unter bestimmten Voraussetzungen möglich.[633] Die SEC hält sich bei diesem Sanktionsmittel zurück, sofern das Gesellschaftsvermögen durch die Geldbuße vermindert wird und dadurch die Anteilseigner benachteiligt werden.[634] Die Behörde kann außerdem die Herausgabe unrechtmäßig erwirtschafteter Gewinne anordnen.[635] Des Weiteren kann sie die Rückzahlung solcher Gewinne auf der Grundlage einer Kosten-Nutzen-

---

627 SEC (1997a), S. 31.

628 Das Sanktionspotenzial für das verwaltungsrechtliche Verfahren wurde durch den *Remedies Act and Penny Stock Reform Act* im Jahre 1990 signifikant ausgeweitet. Vgl. Dickey et al. (2001), S. 15.

629 Vgl. Sec. 8Aa) SA und Sec. 21C SEA.

630 Vgl. Maletta/Lang (1997), S. 138.

631 Die Arbeit beschränkt sich auf eine Darlegung häufig verwendeter Sanktionsmittel der SEC.

632 Vgl. Sec. 305 und 1105 SOA.

633 Vgl. im Einzelnen Sec. 21B SEA.

634 Vgl. GAO (2002f), S. 50.

635 Vgl. Sec. 8Ae) SA und Sec. 21Ce) SEA. Im Jahr 2002 betrug die Höhe der einbehaltenen Gewinne etwa 1,3 Milliarden US-Dollar in allen administrativen und zivilrechtlichen Verfahren. Vgl. SEC (2003e), S. 1.

Abwägung entweder an den Staatshaushalt leiten oder den Geschädigten zukommen lassen.[636] Die Sanktionierung durch die Herausgabe der Gewinne oder die Zahlung von Zinsen bzw. Geldbußen ist allerdings mit einer Einschränkung verbunden. Denn der Beklagte kann dieser Sanktion häufig entgehen, indem er seine Zahlungsunfähigkeit beweist. Dazu muss er grundsätzlich bei der SEC ein eidesstattliches, notariell beurkundetes *Financial Disclosure Statement* (*Form D-A*) einreichen, um seine wirtschaftlichen Verhältnisse offen zu legen.[637] Bei einem Vergleich im Verwaltungsverfahren entscheidet die Kommission über den Antrag, im Falle eines Urteilsspruchs der Richter. Über einen etwaigen Verzicht auf die Zahlung wird entschieden, indem auf die Existenzfähigkeit des Beklagten abgestellt wird.[638] Im Zeitraum 1995 bis 2001 wurden ca. 29% der zur Herausgabe angeordneten Gewinne erlassen.[639]

Die SEC kann die Wirksamkeit eines Registrierungsantrags durch eine *stop order*[640] bzw. *refusal order* verhindern bzw. widerrufen.[641] Dadurch wird der (weitere) Vertrieb von Wertpapieren untersagt, so dass auch die Öffentlichkeit von der Nichtbeachtung der Registrierungsvoraussetzungen erfährt.[642] Dieses Sanktionsmittel wird vor allem eingesetzt, wenn ein Emittent der Aufforderung der SEC zur Behebung von in einem *comment letter* genannten Mängeln des Registrierungsantrags nicht nachkommt. Eine bereits ergangene Anordnung kann die SEC wieder aufheben, wenn das Unternehmen die erforderlichen Korrekturen vorgenommen hat. Bei beiden Verfügungen wird dem Emittenten ein Recht zur Anhörung eingeräumt. Zur Beurteilung, ob eine *stop order* verkündet werden soll, wird der SEC das Recht zur Einsichtnahme in sämtliche unternehmensinternen Dokumente und zur Anordnung von Erklärungen an Eides statt eingeräumt.[643] Der Ausschluss eines Unternehmens von der Börsennotierung ist ebenso möglich.

Die SEC kann einem Unternehmen verwaltungsrechtlich auferlegen, die bei der SEC eingereichten Berichte rückwirkend zu korrigieren. Nach Sec. 304 SOA verwirkt für *Chief Executive Officers* (CEO) und *Chief Financial Officers* (CFO) neuerdings der Anspruch auf erfolgsabhängige Vergütungen und dadurch realisierte Erfolge, wenn ein Abschluss rückwirkend

---

636 Vgl. 17 CFR § 201.611c).

637 Vgl. 17 CFR § 201.630. Unternehmen können einen vergleichbaren Antrag stellen. Vgl. 17 CFR § 209.1. Für den tatsächlichen Erlass von Zahlungen in der Vergangenheit siehe z. B. SEC (2001f), http://www.sec.gov/litigation/admin/34-44590.htm (Abfrage: 1.12.2002) sowie SEC (2001g), http://www.sec.gov/litigation/admin/33-8002.htm (Abfrage: 1.12.2002).

638 Vgl. beispielhaft Sec. 21B (d) SEA.

639 Vgl. GAO (2002e), S. 8.

640 Dieses Instrument der Verfügung geht auf *James M. Landis*, Kommissionsmitglied der FTC und später der SEC, zurück. Vgl. McCraw (1984), S. 172.

641 Vgl. Sec. 8b) SA und 8d) SA.

642 Vgl. Soderquist (1988), S. 96.

643 Vgl. Sec. 8e) SA.

wegen ihres Fehlverhaltens korrigiert werden muss. Persönlich erzielte Gewinne sind in das Gesellschaftsvermögen einzubringen.

Auch gegen Wirtschaftsprüfer kann die SEC ein Verwaltungsverfahren durchführen. Vor dem *Administrative Law Judge* kann z. B. eine Verfügung erwirkt werden, die es Angehörigen dieses Berufsstands befristet oder dauerhaft verbietet, bei SEC-registrierten Unternehmen zu prüfen.[644]

4.1.9.3 Zivilrechtliche Sanktionen

Kann die SEC einer Person einen Verstoß gegen die Wertpapiergesetze oder SEC-Regelungen nachweisen, kann sie eine dauerhafte oder vorübergehende gerichtliche Verfügung (*civil injunction*) erwirken.[645] Durch die Gerichtsanordnung werden einem Individuum oder einem Unternehmen Verletzungen von Bestimmungen des Wertpapierrechts untersagt.[646] Die Verfügungen werden von Bundesgerichten nach der Durchführung einer Gerichtsverhandlung ausgestellt.

Um den gerichtlichen Anordnungen eine größere Effektivität zu verleihen, werden sie gewöhnlich mit dem Einsatz ergänzender Rechtsgesuche (*ancillary remedies*) kombiniert. In den vergangenen Jahren zeigte sich die SEC dabei sehr erfinderisch in der Entwicklung solcher gerichtlicher Bewilligungsanträge. Diese rechtlichen Gesuche zeichnen sich vor allem durch ihre Vielseitigkeit aus, da sie für jeden individuellen Fall angepasst werden können.[647] Ein gebräuchliches Antragsgesuch ist die Herausgabe unrechtmäßiger Gewinne (*disgorgement*) des Beklagten, die zu Lasten der Kapitalanleger erzielt wurden.[648] Die SEC sieht in diesem Rechtsgesuch primär ein Abschreckungspotenzial, da dem Beschuldigten keinerlei Nutzen aus einem möglichen Vergehen entstehen soll.[649] Die Gerichte hingegen werten die Herausgabe von Gewinnen häufig als Mittel zur Wiedergutmachung der Schäden der Anleger. Zu diesem Zweck schreiben sie die Gründung von Fonds vor, aus denen die Investoren Entschädigungszahlungen erhalten.[650]

---

[644] Vgl. Rule 102(e); Sec. 602 SOA; eingehend Lang/Lipton (1997), S. 272-281.
[645] Vgl. Sec. 20b) SA und 21d) SEA.
[646] Vgl. Dickey et al. (2001), S. 14.
[647] Vgl. Friedman (1981), S. 64.
[648] Vgl. Dickey et al. (2001), S. 14.
[649] Vgl. Office of Inspector General (2001a), http://www.ignet.gov/internal/sec/aud311.htm (Abfrage: 20.12.2002).
[650] Vgl. Friedman (1981), S. 53.

Durch den SOA wurde die SEC befugt, während der Durchführung einer Untersuchung eine einstweilige Verfügung auf dem Gerichtsweg geltend zu machen, um Zahlungen des Unternehmens an deren *officers* vorübergehend „einzufrieren".[651] Die SEC kann ein Unternehmen ferner von der Börsennotierung ausschließen. Bei einem Verstoß gegen Rechnungslegungsvorschriften kann die SEC eine rückwirkende Korrektur irreführender oder fehlerhafter Dokumente, die bei der SEC eingereicht wurden, gerichtlich geltend machen.[652] Zudem ist die SEC ermächtigt, Geldstrafen zivilrechtlich einzuklagen.[653] Die Höhe des Betrags bestimmt sich grundsätzlich nach der Art des Vergehens und danach, ob es sich bei dem Beklagten um ein Unternehmen oder ein Individuum handelt. Die Geldbußen sind grundsätzlich an das US-amerikanische Finanzministerium zu leisten, die Zahlungen gehen damit in den allgemeinen Staatshaushalt ein.[654]

Eines der innovativeren, ergänzenden Rechtsmittel und zugleich eine einschneidende Maßnahme der SEC ist die personelle Neustrukturierung der Unternehmensführung. Falls ein Management beispielsweise wiederholt das Vertrauen der Investoren durch falsche Angaben über die Ergebnisentwicklung missbraucht hat, kann die SEC gerichtlich anordnen lassen, dass das *board of directors* um weitere Mitglieder oder Ausschüsse ergänzt oder ein Zwangsverwalter eingesetzt wird.[655] Die Integration neuer Personen in das Management kann die Voraussetzungen schaffen, mögliche weitere in der Vergangenheit begangene Verstöße durch eine interne Überprüfung aufzudecken und zukünftige Verletzungen von Bestimmungen zu vermeiden.[656] Das Ergebnis einer internen Untersuchung wird in einem Bericht zusammengefasst. Oftmals wird ein Berater dann eingesetzt, wenn etwaige Ansprüche der Gesellschaft gegenüber dem früheren Management aufgrund dessen Fehlverhaltens festgestellt werden sollen. Nicht selten leitet die SEC den Fall nach Abschluss der Untersuchung an die strafrechtlichen Behörden weiter. Ein Zwangsverwalter wird grundsätzlich dann eingesetzt, wenn ein Unternehmen seine Kapitalgeber betrogen hat und anschließend Konkurs erleidet. Der Verwalter soll das Interesse der Geschädigten vertreten. Dieses Rechtsmittel ist ganz speziell dafür geeignet, die Glaubwürdigkeit eines Unternehmens wiederherzustellen. Ohne Zweifel geht es der SEC primär um eine Bestrafung der Verantwortlichen, die gegen Vorschriften verstoßen haben. Aus Sicht des

---

651 Vgl. Sec. 1103 SOA.

652 Darüber hinaus kann entsprechend zum Verwaltungsverfahren Sec. 304 SOA zur Anwendung kommen.

653 Vgl. Sec. 20d) SA und Sec. 21d) Nr. 3 SEA. Die Höhe der Bußgelder lag in der Summe bei ca. 101 Millionen US-Dollar in allen administrativen und zivilrechtlichen Verfahren im Jahr 2002. Vgl. SEC (2003e), S. 1. Dieses Sanktionsmittel geht auf den *Securities Enforcement Remedies Act and Penny Stock Reform Act* von 1990 zurück. Vgl. Dickey et al. (2001), S. 15.

654 Vgl. Sec. 20d) Nr. 3A SA und 21d) Nr. 3C i) SEA. Eine Ausnahme hierzu wurde durch Sec. 308 SOA geschaffen.

655 Vgl. Dickey et al. (2001), S. 15.

656 Vgl. Friedman (1981), S. 62-63.

Unternehmens kann das Eingreifen der SEC jedoch auch als Chance für einen Neuanfang gewertet werden, wie dieses Rechtsmittel deutlich macht.

Eine weitere Sanktionsmöglichkeit, die die SEC gerichtlich erwirken kann, ist eine Beschränkung oder ein Verbot der Berufsausübung eines *officer* oder *director* sowie eines Wirtschaftsprüfers. Eine derartige Bestrafung setzt ein erhebliches Fehlverhalten voraus.[657]

4.1.9.4 Strafrechtliche Sanktionen

Bei einer vorsätzlichen Verletzung der Vorschriften des SA drohen eine Geldstrafe von bis zu 10.000 US-Dollar und eine Freiheitsstrafe von bis zu fünf Jahren.[658] Die maximal zu erwartende Höhe der Geldstrafe bei einer Verurteilung wegen eines falschen, unvollständigen oder irreführenden Berichts gemäß SEA wurde durch den SOA deutlich erhöht. Wer vorsätzlich gegen die Vorschriften des SEA verstößt, muss mit einer Strafe von bis zu fünf Millionen US-Dollar rechnen. Ferner kann eine Freiheitsstrafe von bis zu 20 Jahren – statt bisher zehn Jahren – drohen.[659]

4.1.9.5 Adverse Publizität als übergreifende Sanktion

Über den Ausgang der verwaltungsrechtlichen Verfahren berichtet die SEC in ihren AAER. Bei Zivil- und Strafverfahren veröffentlicht die SEC die Klageschriften und berichtet über die Gerichtsurteile ebenso in den AAER. Die Veröffentlichung eines *enforcement*-Falls kommt dann einer Sanktionierung gleich, wenn sich die Investoren aufgrund dieser Informationsvermittlung für einen Verkauf ihrer Wertpapiere entscheiden oder nachteilige Effekte auf anderen Märkten des Unternehmens ausgelöst werden (adverse Publizität).[660] Nicht selten unterrichten deshalb auch Inhaber von Put-Optionen (*short sellers*) die SEC über einen möglichen Missstand in einem Unternehmen in der Hoffnung darauf, dass sich genügend Anteilseigner zum Zeitpunkt der adversen Publizität von ihrem Wertpapierbestand trennen und der Aktienkurs fällt.[661] Tritt diese Marktentwicklung ein, gewinnt das Optionsrecht in der Regel an Wert. Das GAO hat analysiert, wie hoch der Marktwertverlust von Unternehmen an den Börsen ist, wenn bekannt wird, dass die Jahres- bzw. Quartalsabschlüsse rückwirkend korrigiert werden. Demnach stand einer Anzahl von 689 analysierten Korrekturen in dem Zeitraum Januar 1997 bis

---

657 Vgl. Dickey et al. (2001), S. 15.
658 Vgl. Sec. 24 SA.
659 Vgl. Sec. 1106 SOA, durch den Sec. 32 SEA geändert wurde.
660 Vgl. Böcking/Kiefer (2002), S. 28.
661 Zwar bewegen sich solche Marktteilnehmer am Rande der moralischen Verwerflichkeit, aber es ist anzunehmen, dass diese *short sellers* nicht gegen die Bestimmungen des Insiderhandels verstoßen, da sie theoretisch durch eine Analyse der Handelsumsätze verfolgt und identifiziert werden könnten.

Juni 2002 ein Rückgang der Marktwerte in Höhe von etwa 100 Milliarden US-Dollar gegenüber.[662] Allein in dieser Zeit haben ca. 10% der an der NYSE, NASDAQ und AMEX kotierten Unternehmen ihre Abschlüsse rückwirkend korrigiert.[663] Im Durchschnitt fiel der jeweilige Aktienkurs um ca. 10% an dem Handelstag vor Bekanntgabe des *restatement* bis zum übernächsten Handelstag.[664] Eine längerfristige Betrachtung des Aktienkursverlaufs indiziert noch höhere Verluste.[665]

Die Bekanntgabe eines Verstoßes eines Unternehmens und der Sanktionen gegen ein Unternehmen durch die SEC können im Einzelfall Implikationen auf den Markt für Unternehmenskontrolle haben. Falls als Folge der Veröffentlichung der Aktienkurs einbricht, kann das Unternehmen zum Kandidaten einer Übernahme durch eine andere Gesellschaft werden.[666] Ein systematischer Zusammenhang zwischen der Publizität von Sanktionen der SEC gegen Prüfungsunternehmen und dem Austausch der Wirtschaftsprüfungsgesellschaft durch die Auftraggeber konnte durch *Wiest* empirisch nicht nachgewiesen werden.[667] Die Prüfungsfirmen, die von der SEC sanktioniert werden, müssen also nicht fürchten, ihre Mandate aufgrund solcher Vorkommnisse zu verlieren. *Wiest* hat in einer Untersuchung von 6.117 Bekanntmachungen des Prüferwechsels in der Zeitspanne von 1972 bis 1986 allerdings entdeckt, dass solche Prüfungsgesellschaften nach der Bekanntmachung der Sanktion durch die SEC bei der Vergabe eines neuen Auftrags von Nicht-Mandanten des Öfteren nicht zum Zuge kommen.[668]

Zahlreiche Manager haben gegen eventuelle Haftungsansprüche von Aktionären oder Dritten aus ihrer Tätigkeit für das Unternehmen durch den Abschluss von *Directors & Officers* Versicherungen Vorkehrungen getroffen.[669] Werden Schadenersatzleistungen durch Versicherungen übernommen, ist das Abschreckungspotenzial, wegen eines regelwidrigen Vergehens bestraft zu werden, begrenzt. Die Manager können sich allerdings nicht gegen nicht-geldliche Strafen absichern.[670] Außerdem werden die einzelnen für ein Fehlverhalten verantwortlichen Manager gegebenenfalls auf eine andere Weise zur Rechenschaft gezogen. Bricht nach der Bekanntga-

---

662 Das *restatement* wurde in einem Großteil der Fälle nicht von der SEC durchgesetzt, sondern durch die Unternehmen selbst initiiert. Vgl. GAO (2002f), S. 5, 23-25.

663 Vgl. GAO (2002f), S. 15.

664 Der genannte Verlust wurde um die Kursbewegung durch den allgemeinen Markttrend angepasst. Andere Faktoren wurden nicht berücksichtigt. Vgl. GAO (2002f), S. 25-26.

665 Vgl. GAO (2002f), S. 29-30.

666 In einem anderen Zusammenhang Pellens (2001), S. 136. Gleichwohl wird das übernehmende Unternehmen u. a. den durch die Bekanntgabe erlittenen Reputationsverlust des zu übernehmenden Unternehmens sowie das Fortbestehen eines Haftungsrisikos in sein Akquisitionskalkül ziehen.

667 Vgl. Wiest (1992), S. 141.

668 Vgl. Wiest (1992), S. 137, 141.

669 Vgl. Sagalow/Young (2000), S. 133-156.

670 Vgl. Loomis (1999), S. 82, mit einer Aufzählung von *Chief Executive Officers*, die strafrechtlich zu Gefängnisstrafen verurteilt wurden.

be von Bilanzmanipulationen der Aktienkurs eines Unternehmens ein, kann sich aus einer eventuell daran anschließenden Übernahme der Gesellschaft durch einen Großinvestor die Substitution einzelner oder aller Führungskräfte als Konsequenz ergeben. Selbst wenn ein Unternehmen seine Eigenständigkeit bewahren kann, müssen die Manager um ihren Posten fürchten, sofern sie mit ihrem Fehlverhalten dem Unternehmen geschadet haben. Da die SEC die Namen der beklagten Manager nennt, erleiden sie zudem einen nachhaltigen Reputationsverlust.[671] Ihr individueller „Marktwert" sinkt, womit unmittelbare Auswirkungen auf Gehaltsverhandlungen oder einen Arbeitsplatzwechsel einhergehen können.

4.1.10 Finanzierungsquellen und -struktur

Die SEC finanziert sich im Wesentlichen durch drei Einkunftsquellen: (1) Registrierungsgebühren für Neuemissionen von Wertpapieren[672], (2) Abwicklungsgebühren der nationalen Wertpapierbörsen und -vereinigungen für grundsätzlich jeden Verkauf von Wertpapieren[673] sowie (3) Gebühren für bestimmte Stimmrechtsaufforderungen[674] und den Kauf eigener Wertpapiere durch den Emittenten[675]. Im Jahr 2001 erzielte die SEC Einnahmen in Höhe von 2,1 Milliarden US-Dollar, durfte jedoch nur 423 Millionen US-Dollar gemäß Budgetzuteilung des Kongresses für die Erledigung ihrer Aufgaben ausgeben.[676] Damit erreichte sie zwanzig Jahre in Folge einen Budgetüberschuss. Die Höhe der Transaktionsgebühr wurde im Jahr 2001 rechtlich auf 1/300 eines Prozentpunkts des Handelsvolumens fixiert.[677] Die Gebühr für Registrierungen betrug im Jahr 2001 1/40 eines Prozentpunkts bzw. 250 US-Dollar je einer Million Dollar Emissionsvolumen.[678] Im Januar 2002 hat Präsident George W. Bush das *Investor and Capital Markets Fee Relief* Gesetz unterzeichnet, wodurch die genannten Gebühren ab 2002 drastisch gekürzt worden sind.[679] Die Transaktionsgebühr ist auf 15 US-Dollar je einer Million Dollar Handelsvolumen festgelegt worden,[680] während die Registrierungsgebühr auf 92 US-Dollar je einer Million Dollar Emissionsvolumen festgeschrieben worden ist[681]. Außerdem ist die SEC nun gesetzlich verpflichtet, die Transaktionsgebühr und die Registrierungs-

---

[671] Dies gilt ebenso für Wirtschaftsprüfer, die verklagt werden. Siehe einen konkreten Fall in Abschnitt 4.2.1.5.3.

[672] Vgl. Sec. 6b) SA.

[673] Vgl. Sec. 31 SEA.

[674] Vgl. Sec. 14g) SEA. Das Aufkommen dieser Gebühren ist vernachlässigbar.

[675] Vgl. Sec. 13e) SEA.

[676] Vgl. GAO (2002b), S. 6.

[677] Vgl. Sec. 405 *National Securities Markets Improvement Act* (NSMIA). Gebühren fallen auch für *over-the-counter* Geschäfte an. Vgl. SEC (2002a), S. 117. Nach dem NSMIA, der im Oktober 1996 durch den Kongress verabschiedet wurde, sollten die Gebühren schrittweise bis zum Jahr 2007 reduziert werden.

[678] Vgl. Sec. 404 NSMIA. Ursprünglich wurde der Gebührensatz im SA auf 1/50 eines Prozentpunkts des Emissionsvolumens festgesetzt. Vgl. SEC (2001a), S. 116-117.

[679] Die geplanten Kürzungen des NSMIA sind nun de facto hinfällig.

[680] Vgl. Sec. 2 *Investor and Capital Markets Fee Relief Act*.

[681] Vgl. Sec. 4 *Investor and Capital Markets Fee Relief Act*.

gebühr jährlich flexibel an die aktuellen Marktbedingungen anzupassen.[682] Beide Gebührensätze werden in Relation zu dem angestrebten, gesetzlich vorgegebenen Gebührenaufkommen festgesetzt. Das Gebührenaufkommen wiederum wird auf der Basis des geschätzten Gesamtemissionsvolumens bzw. Handelsvolumens eines Jahrs ermittelt.[683] Stellt die SEC fest, dass das Emissions- oder das Handelsvolumen hinter den Erwartungen zurückbleibt, um die geplanten Gebühreneinnahmen zu erzielen, muss die SEC die Gebühren erhöhen. Im umgekehrten Fall werden die Abgaben vermindert. Für das Jahr 2003 hat die SEC die Gebühren, trotz des Planziels höhere Einnahmen zu erwirtschaften, weiter gesenkt, so dass sie tendenziell ansteigende Emissions- und Handelsvolumina erwartet.[684]

4.2 Die Aufsicht der SEC über das *financial accounting* und das *business reporting*

4.2.1 Die Aufsicht der SEC im Hinblick auf das *financial accounting* der Unternehmen am Beispiel des *earnings management*

4.2.1.1 Der Begriff *earnings management*

Unter dem Begriff *earnings management* wird generell die Nivellierung des Gewinnausweises durch eine Beeinflussung der Aufwendungen und Erträge verstanden. Der Begriff kann hinsichtlich der Strategie in zwei Ausprägungen unterteilt werden. Zum einen kann ein Unternehmen in der Weise geführt werden, dass im Zeitverlauf tatsächlich ein Gewinnwachstum erreicht wird (*real smoothing*). Dieses Ziel kann beispielsweise unterstützend am Jahresende dadurch erreicht werden, dass ein Unternehmen den Zeitpunkt einer Transaktion verlagert. Derartige Sachverhalte können die Veräußerung von Vermögensgegenständen über bzw. unter dem Buchwert, die Durchführung von Marketingprogrammen sowie die Forschung und Entwicklung von Produkten sein.[685] Die Unternehmensaktivitäten während des Geschäftsjahrs zielen also darauf ab, die Aufwendungen und Erträge zeitlich zu steuern. Zum anderen können *managed earnings* aber auch dann vorliegen, wenn nach außen lediglich der Eindruck vermittelt wird, dass eine stetige Gewinnzunahme erzielt wird (*artificial smoothing*), dieses Ziel in Wirklichkeit aber durch bewusste Einflussnahme auf die Rechnungslegung erzielt wird.[686] Die Unternehmen verschieben die Erträge und Aufwendungen von einem Geschäftsjahr in das

682 Vgl. Sec. 6b) Nr. 5 SA 1933 und 13e) Nr. 5 SEA.

683 Vgl. Sec. 6b) Nr. 11 SA 1933 und 13e) Nr. 3 SEA.

684 Die SEC prognostizierte für das Jahr 2003 ein Emissionsvolumen von etwa 5,4 Billionen US-Dollar und ein Handelsvolumen von ca. 33 Billionen US-Dollar. Vgl. SEC (2002b), http://www.sec.gov/rules/other/33-8095.htm (Abfrage: 25.11.2002).

685 Im deutschen Schrifttum fällt diese Form des *earnings management* unter den Begriff der Jahresabschlusspolitik i. w. S., da es sich um Sachverhaltsgestaltungen handelt. Vgl. die Einteilung von Bitz/Schneeloch/Wittstock (2000), S. 504-506; Fuchs (1997), S. 22-25.

686 Vgl. Young (2000), S. 13.

andere, indem sie in guten gewinnreichen Zeiten stille Reserven bilden, während sie in weniger erfolgreichen Zeiten Reserven auflösen. Diese Gewinnsteuerung hat das Ziel, die Schwankungen dieser Zahlen um ihren Trend abzumildern. Dies kann entweder durch legale oder illegale Maßnahmen erreicht werden. Neben dem gesetzeswidrigen Tatbestand des Betrugs kann ein Unternehmen zu regelkonformen Mitteln wie der Ausübung von expliziten Wahlrechten, der Ausnutzung von Ermessensspielräumen und der Sachverhaltsgestaltung greifen. Wahlrechte ermöglichen per se alternative Abbildungen und bei Ermessensentscheidungen wird die Abbildung eines Sachverhalts aus der Einschätzung des Bilanzierenden bestimmt.[687] Bei der Sachverhaltsgestaltung werden die Parameter des Urbildspielraums zweckadäquat ausgestaltet. Mitunter ist die Abgrenzung zwischen dem Tatbestand eines betrügerischen Delikts und noch erlaubter „Jahresabschlusskosmetik" fließend. Die Manager befinden sich in einer „Grauzone, in der die Bilanzierung pervertiert wird" und „die Manager ‚Fünf gerade sein lassen'"[688]. Der Gewinnausweis spiegelt dabei mehr die Wunschvorstellungen des Managements wider als die tatsächliche finanzielle Leistung.[689] Die Mittel des *earnings management* können sogar so weit gehen, dass die Rechnungslegung die Geschäftstätigkeit bestimmt und nicht umgekehrt („Umkehrung der Kausalität"[690]).

Aus organisatorischer Sicht ist ein tatsächliches Gewinnwachstum im Unternehmen prinzipiell breiter angelegt als eine scheinbare Gewinnzunahme, weil Manager auf verschiedenen Ebenen Budgetverantwortung haben können und dadurch eigenständig Entscheidungen treffen können. Allerdings ist fraglich, ob ein übergeordnetes Ziel der Gewinnglättung einheitlich durchgesetzt werden kann. Insbesondere nicht gewünschte Auswirkungen auf die Schlüsselgröße *cash flow* können einen Widerstreit zwischen dem Unternehmensziel der Gewinnglättung und den Interessen der Mitarbeiter auf den einzelnen Ebenen auslösen.[691]

4.2.1.2 *Earnings management* US-amerikanischer Unternehmen

Entgegen der gemeinhin verlautbarten Vorstellung, die US-amerikanische Rechnungslegung ermögliche keine Bilanzpolitik, soll zur Widerlegung exemplarisch der Fall Microsoft angeführt werden.[692] Denn wie die Regelungen des HGB ermöglichen auch die US-GAAP die Ausnutzung jahresabschlusspolitischer Spielräume.[693] Im Januar 1997 veröffentlichte Micro-

---

[687] Vgl. Müller/Wulf (2001), S. 2206.

[688] Levitt (1998), S. 2545.

[689] Vgl. Levitt (1998), S. 2545; Vorwold (1999), S. 2321.

[690] Lüdenbach/Hoffmann (2002), S. 1169.

[691] Vgl. Bitner/Dolan, S. 45.

[692] Vgl. Fox (1997), S. 49-50.

[693] „Auch wenn bereitwillig geglaubt wird, daß US-GAAP keine bilanzpolitischen Spielräume bieten, entspricht diese Hoffnung nicht der Realität." Schildbach (1999a), S. 411. Eine ähnliche kritische Haltung gegenüber

soft zum 41. Mal einen Gewinn pro Aktie im abgelaufenen 42. Quartal seit seinem Börsengang, der den Erwartungen der Finanzanalysten entsprach oder diese sogar übertraf. Der damalige CFO Mike Brown sagte den Finanzanalysten etwa zeitgleich im Januar voraus, dass der Gewinn im laufenden 43. Quartal zwischen fünf und zehn Cents pro Aktie betragen und im 44. Quartal um einen weiteren Cent ansteigen würde. Die Aussage und der Vergangenheitstrend sind ein Indiz dafür, dass Microsoft den Gewinn bewusst geglättet hat, um im Zeitverlauf einen stetigen Gewinn auszuweisen.[694]

Degeorge/Patel/Zeckhauser haben das *earnings management* der Unternehmen in einer empirisch-statistischen Studie untersucht, indem sie die Häufigkeitsverteilung von mehr als 100.000 Gewinnmeldungen im Zeitraum 1974 bis 1996 ermittelten und mit den vorausgegangenen Schätzungen der Analysten verglichen.[695] Dabei konnten sie nachweisen, dass das *earnings management* zur Erreichung von *benchmarks* eingesetzt wird. Demnach streben Unternehmen einen bestimmten Schwellenwert für ihren Unternehmenserfolg an:

(1) das Unternehmensergebnis sollte unbedingt positiv sein,
(2) es sollte mindestens auf dem Niveau des Vergleichszeitraums sein und
(3) die Erwartungen der Analysten sollten erfüllt werden (insbesondere der Konsensus der Schätzungen).[696]

Bei allen *benchmarks* war die Häufigkeit der Unternehmenserfolge unter dem jeweiligen Schwellenwert signifikant geringer als die Anzahl der Unternehmenserfolge, die dem Schwellenwert entsprachen oder darüber lagen. Wenn die *benchmarks* nicht erzielt wurden, haben die

---

den US-amerikanischen Vorschriften nahm Küting (1993a), S. 36-38, zu einem Zeitpunkt ein, als Vorwürfe erhoben wurden, das deutsche Bilanzrecht sei internationalen Vorschriften unterlegen.

694 Vgl. Fox (1997), S. 49-50. Siehe im Übrigen die Erkenntnisse der SEC (2002o), http://www.sec.gov/litigation/admin/34-46017.htm (Abfrage 31.08.2003), die dieses Indiz untermauern. Zahllose Unternehmen, die nach US-GAAP bilanzieren und diese Politik verfolgen, könnten an dieser Stelle darüber hinaus angeführt werden. Bei diesen in der Literatur genannten Unternehmen handelt es sich um US-amerikanische Unternehmen. Jedoch ist anzunehmen, dass ebenso deutsche Unternehmen, die ihren Abschluss nach US-GAAP erstellen, ihren Gewinn durch den Einsatz bilanzpolitischer Maßnahmen gezielt beeinflussen. Gerade weil es keine zur US-amerikanischen Aufsichtsbehörde vergleichbare Instanz in Deutschland gibt, die die Abschlüsse überprüft und bei Verstößen gegen Vorschriften Sanktionen verhängt, und zudem die Anwendung der US-GAAP in Deutschland noch eine junge Vergangenheit hat, sind Fälle der bewussten Gewinnglättung durch deutsche Unternehmen, die nach US-GAAP bilanzieren, (noch) nicht öffentlich bekannt. Vgl. zu weiteren US-amerikanischen Unternehmen (z. B. *America Online*, *Coca Cola*), die offensichtlich Gewinnmanagement betreiben, Fox (1997), S. 51-52; des Weiteren Worthy (1984), S. 34.

695 Vgl. Degeorge/Patel/Zeckhauser (1999), S. 15-16.

696 Der von den Analysten erwartete Gewinn pro Aktie ist eine endogene Größe. Zwischen der von den Analysten antizipierten Schätzung des Gewinns pro Aktie und dem ermittelten tatsächlichen Gewinn des Unternehmens besteht ein wechselseitiger Zusammenhang. Während die Analysten unter anderem aufgrund von Informationen seitens der Unternehmensleitung ihre Prognosen bilden, versuchen die Unternehmen wiederum die entstandenen Erwartungen der Analysten nicht zu enttäuschen und bedienen sich dafür nicht selten bi-

Unternehmen die Schwellenwerte dermaßen verfehlt, dass die Schwellenwerte in der Zukunft wieder müheloser erreichbar wurden.[697]

4.2.1.3 Die Erwartungen des Kapitalmarkts und die Entlohnung durch *stock options* als Motive für das *earnings management*

Die Aufgabe der tatsächlichen höchstmöglichen Steigerung des Unternehmensgewinns ist gegenüber dem Ziel, die Erwartungen der Finanzanalysten nach einem geglätteten stetigen Anstieg der Gewinne zu erfüllen, in den Hintergrund getreten.[698] Der Gewinn pro Aktie zählt in der Praxis der externen Unternehmensanalyse noch immer zu den Performanceindikatoren, die die Entscheidung über Kauf oder Verkauf einer Aktie maßgeblich beeinflussen. Die Unternehmen geben ihren Gewinn pro Aktie vierteljährlich bekannt. Ein Grund für die Bedeutsamkeit der Quartalsergebnisse ist sicherlich, dass ihre hohe Relevanz von den Medien zwecks Steigerung der Einschaltquoten suggeriert wird.[699] Auch die Analysten konzentrieren sich auf die Quartalszahlen.[700] Es haben sich eigens Unternehmen wie z. B. *Thomson Financial/First Call* darauf spezialisiert, die individuellen Schätzungen der Analysten zu erheben und den Konsensus der Schätzungen zu berechnen.[701] Mittlerweile hat sich eine in ihrem Stellenwert ebenbürtige Kennzahl etabliert, nämlich die so genannte „*whisper number*". Hierbei handelt es sich um den geschätzten Gewinn pro Aktie, der in einschlägigen Diskussionsforen im Internet von mehr oder weniger gut unterrichteten Kreisen prognostiziert wird.[702] Nicht selten fällt der Wert der Marktkapitalisierung eines Unternehmens an einem Tag signifikant, weil das Unternehmen die Erwartungen der Analysten um einen Cent verpasst hat. So stellt *Lynn E. Turner*, früherer *Chief Accountant* der SEC fest: „*They* [Die Unternehmen, Anmerkung des Verfassers] *have to worry that, by showing the real economic ebb and flow of the business, their stock may take a beating because of analysts who just want to see a smooth earnings series.*"[703] Das Management unterliegt bei der Erfüllung seiner Pflicht zur Veröffentlichung von Quartalsergebnissen diesem Druck des Kapitalmarkts.

---

lanzpolitischer Maßnahmen. Vgl. Degeorge/Patel/Zeckhauser (1999), S. 8.

697 Degeorge/Patel/Zeckhauser (1999), S. 21, bezeichnen dieses Vorgehen als „*saving for a better tomorrow*".

698 Vgl. Collingwood (2001), S. 67.

699 Vgl. Collingwood (2001), S. 72.

700 Vgl. o. V. (1999), S. 26; o. V. (1999a), S. 26.

701 Vgl. Collingwood (2001), S. 73. Nach erfolgtem *earnings management* kann eine weitere Problematik darin bestehen, dass für den Zweck der Gewinnmeldung einmalige und zahlungsunwirksame Erfolgsbestandteile herausgerechnet werden. Siehe Abschnitt 4.2.2.

702 Eine Übersicht über die inoffiziellen Schätzungen findet sich unter http://www.WhisperNumber.com (gebührenpflichtig).

703 Turner (1999), http://www.sec.gov/news/speech/speecharchive/1999/spch326.htm (Abfrage: 10.12.2002).

Ein weiteres Motiv der Manager, *earnings management* durchzuführen, ist ihre Vergütung durch Optionen auf Aktien (*stock options*) der von ihnen geleiteten Unternehmen.[704] Die Höhe der Vergütung durch Aktienoptionen ist an die Entwicklung des Aktienkurses gekoppelt.[705] Aktienoptionen bergen aus Sicht der Manager den Anreiz, den Marktwert eines Unternehmens an der Börse in die Höhe zu treiben, um aus der Ausübung der gewährten Aktienoptionen einen möglichst hohen Eigenerlös zu erzielen.[706] Eigennützige Manager werden versuchen, die Höhe des Unternehmensgewinns zu beeinflussen, um eine Steigerung des Aktienkurses zu erreichen.[707] Ihre Strategie kann darin bestehen, langfristig einen stetig steigenden Gewinnstrom zu erzeugen oder den Jahresüberschuss kurzfristig zu maximieren. Aus Sicht der Manager kommt in den USA begünstigend hinzu, dass die Aktienoptionsprogramme vertraglich so ausgestaltet werden können, dass im Gegensatz zu anderen Vergütungsbestandteilen (z. B. Gehälter, Boni) keine erfolgswirksame Aufwandserfassung erforderlich ist.[708] Erhebungen von Geschäftsberichten US-amerikanischer Unternehmen für das Jahr 1997 belegen, dass lediglich 7% der Unternehmen[709] mit Aktienoptionsprogrammen einen Personalaufwand in der Gewinn- und Verlustrechnung ansetzen.[710]

Eine Zunahme des Aktienkurses infolge der Bekanntgabe stetig steigender Unternehmensgewinne ist im Interesse der Aktionäre. Die (potenziellen) Anteilseigner können jedoch bei einem Kauf bzw. Verkauf der Aktien einen finanziellen Schaden erleiden, falls der Aktienkurs bei einer Wiedergabe der tatsächlichen wirtschaftlichen Lage des Unternehmens niedriger bzw. höher wäre.[711]

---

704 Vgl. o. V. (1999b), S. 26. In den drei Jahren vor dem Konkurs des Energiekonzerns *Enron*, der durch Bilanzmanipulationen ausgelöst wurde, erzielte der damalige CEO *Jeff Skilling* einen Erlös in Höhe von 112 Millionen US-Dollar durch den Verkauf von Aktienoptionen. Bei Tyco, einem weiteren Unternehmen, das *earnings management* betrieb, erlöste der Chef, *Dennis Kozlowski*, 240 Millionen US-Dollar durch den Verkauf von *stock options* in einem Zeitraum von drei Jahren vor seiner Entlassung. Vgl. Nocera (2002), S. 42. Zur Kapitalverwässerung des Eigenkapitals durch die Ausgabe von Aktienoptionen vgl. Langsam/Kreuze/Newell (1997), S. 92.

705 Vgl. Menichetti (1996), S. 1689. Optionen auf Aktien gewähren das Recht zum Erwerb einer im im Voraus festgelegten Anzahl und Art von Aktien während einer festgelegten Zeitspanne oder zu einem bestimmten Zeitpunkt zu einem festgesetzten Preis (Basispreis), falls ein im Zeitpunkt der Gewährung vereinbartes Erfolgsziel erreicht wird. Vgl. E-DRS 11.6.

706 *Hax* schlägt aus diesem Grund stattdessen eine Erfolgsbeteiligung am Bilanzgewinn vor. Eventuelle Manipulationen führten lediglich zu Periodenverschiebungen. Vgl. o. V. (2002c), S. 16, zu der von *Hax* gehaltenen „*Thünen*-Rede" anlässlich der Jahrestagung des Vereins für Socialpolitik in Innsbruck im Jahr 2002.

707 Siehe Abschnitt 4.1.9.2 und 4.1.9.3 zur Sanktion gemäß Sec. 304 SOA.

708 Vgl. Kunzi/Hasbargen/Kahre (2000), S. 285-286.

709 Vgl. Langsam/Kreuze/Newell (1997), S. 92

710 Zu weiteren Motiven für das *earnings management* vgl. Healy/Wahlen (1999), S. 375-379; Panel on Audit Effectiveness (2000), Appendix F, S. 228.

711 Vgl. Ketz (1999), S. 48.

4.2.1.4 Die Methoden des *earnings management*

Für weltweites Aufsehen sorgte *Arthur Levitt*, Vorsitzender der US-amerikanischen Börsenaufsichtsbehörde im Zeitraum von 1993 bis 2001, als er bei einer Rede am 29. September 1998 zur Eröffnung des *Center for Law and Business* das Problem des *earnings management* US-amerikanischer Unternehmen aufgriff.[712] Die zuvor hochgelobten US-amerikanischen GAAP büßten in den USA erstmalig an Wertschätzung ein. In seiner Rede machte *Levitt* die Verpflichtung der SEC deutlich, das Problem des *earnings management* in Angriff zu nehmen. Er warf der Unternehmensgemeinschaft vor, einen „Rechnungslegungs-Hokuspokus“ zu betreiben.[713] In seiner Rede nannte er explizit die fünf am häufigsten betroffenen Bereiche des *earnings management* US-amerikanischer Unternehmen:

(1) Restrukturierungsbelastungen (*„Big Bath“ Charges*),
(2) „kreative" Erwerbskonsolidierung (*Creative Acquisition Accounting*),
(3) verschiedene „Bonbondosen“-Reserven (*Miscellaneous „Cookie Jar Reserves“*),
(4) Wesentlichkeit (*Materiality*),
(5) Umsatzrealisierung (*Revenue Recognition*).[714]

Die Methoden des *earnings management* sind vielfältig. So werden nach Erkenntnissen der SEC Restrukturierungsrückstellungen absichtlich zu hoch angesetzt (Punkt 1) oder Forschungs- und Entwicklungskosten von erworbenen Unternehmen werden bei der Konsolidierung sofort erfolgswirksam erfasst und nicht aktiviert (Punkt 2). Eine beliebte Methode ist außerdem in wirtschaftlich guten Zeiten „Reserven“ durch unrealistische oder konservative Annahmen (z. B. bei Garantierückstellungen) zu bilden, um sie in weniger guten Geschäftsjahren aufzulösen (Punkt 3). Häufig werden einzelne Bilanzierungsfehler als unwesentlich beurteilt, obwohl sie aggregiert zu einer wesentlichen Verzerrung der Vermögens-, Finanz- und Ertragslage führen (Punkt 4). Umsatzerlöse werden regelwidrig erfasst. Die Umsätze werden beispielsweise erfolgswirksam vereinnahmt, obwohl noch keine Lieferung des Produkts an den Kunden erfolgt ist oder die Umsätze werden erst nach dem Bilanzstichtag realisiert, indem die Auslieferung von Gütern bzw. die Erbringung von Dienstleistungen bewusst hinausgezögert wird (Punkt 5).

---

[712] Vgl. Levitt (1998), S. 2544-2547. Das Phänomen der Jahressabschlusspolitik ist nicht neu. Bereits in den 30er Jahren beeinflussten Unternehmen die Höhe ihres Gewinns, indem sie je nach verfolgtem Ziel außerplanmäßige Abschreibungen oder Wertaufholungen langlebiger Vermögensgegenstände vornahmen. Vgl. Bitner/Dolan (1998), S. 44.

[713] Vgl. Loomis (1999), S. 76.

[714] Vgl. Levitt (1998), S. 2545-2546.

Die *FEI Research Foundation* hat in der Zeitspanne 1977 bis 2000 analysiert, aufgrund welcher Bilanzmanipulationen oder -fehler Unternehmen ihre Jahres- bzw. Quartalsabschlüsse rückwirkend korrigiert haben. In den meisten Fällen waren für die Berichtigungen ausschließlich falsche Umsatzbuchungen ausschlaggebend, nämlich in 360 von 1.080 Fällen.[715]

Während die Rede von *Levitt* vorübergehend Unruhe bei der interessierten Öffentlichkeit stiftete, lösten ab Herbst 2001 bekannt werdende Fälle des *earnings management* in den USA eine Welle der Empörung bei den Kapitalmarktteilnehmern und in politischen Kreisen aus.[716] Zunächst gab der Energiekonzern *Enron*, der noch Anfang 2001 mit einer Marktkapitalisierung von 80 Milliarden US-Dollar als siebtgrößtes Unternehmen der USA galt, bekannt, seine Abschlüsse rückwirkend ab 1997 revidieren zu müssen.[717] Das Unternehmen gestand unter anderem ein, bestimmte Zweckgesellschaften (*special purpose entities*) in der Vergangenheit entgegen den Rechnungslegungsvorschriften nicht konsolidiert zu haben. Zudem hatte das Unternehmen nicht konsolidierungspflichtige Zweckgesellschaften gegründet, um Finanzierungsschulden *Enrons* auszulagern und andere jahresabschlusspolitische Maßnahmen zur verbesserten Darstellung der eigenen wirtschaftlichen Lage mit diesen Unternehmen durchzuführen.[718] Anfang Dezember musste *Enron* Konkurs beantragen, nachdem mehrere Kreditbewertungsagenturen die Bonität *Enrons* herabgestuft hatten.
Nach *Enron* gaben *Worldcom, Xerox* und viele weitere Unternehmen zu, ihre Bilanzen in der Vergangenheit manipuliert zu haben. *Worldcom* hatte unter anderem Umsatzvorschriften nach US-GAAP verletzt und unzulässigerweise nicht aktivierungsfähige Aufwendungen bilanziert,[719] *Xerox* verstieß unter anderem gegen die Grundsätze der Umsatzrealisierung.[720]

---

715 Vgl. FEI Research Foundation (2001), Folie 7. Zu einem ähnlichen Ergebnis kommt das GAO für den Zeitraum Januar 1997 bis Juni 2002. 38% der rückwirkenden Anpassungen von Abschlüssen bezogen sich auf den Umsatzausweis. Vgl. GAO (2002f), S. 21.

716 Die Gewinnmeldungen der kapitalmarktorientierten Unternehmen erwecken seit den jüngsten Bilanzskandalen mehr Misstrauen bei den Informationsadressaten als Ende 1998. In der US-amerikanischen Zeitschrift *Fortune* wurde der folgende ironische Vergleich gezogen: „*when it comes to reporting earnings, U.S. companies have about as much credibility these days as the judges of Olympic figure skating.*" Nocera (2002), S. 39; vgl. Ackermann (2002), Editorial.

717 Vgl. Enron (2001), http://www.sec.gov/Archives/edgar/data/1024401/000095012901503835/h91831e8-k.txt (Abfrage: 16.03.2003).

718 Vgl. zu den komplexen, jahresabschlusspolitisch motivierten Konstruktionen *Enrons* Lüdenbach/Hoffmann (2002), S. 1171-1174. Zum Untersuchungsbericht des *board of directors Enrons* vgl. Powers/Troubh/Winokur (2003), S. 3-5. *Enron* hatte angeblich mehrere tausend Personengesellschaften gegründet, wovon es sich mehrheitlich um Zweckgesellschaften handelte. Vgl. Subcommittee on Oversight and Investigations (2002), S. 4. Zur Klageschrift der SEC gegen den früheren CFO *Enrons* vgl. SEC (2002k), http://www.sec.gov/litigation/complaints/comp17762.htm (Abfrage: 17.03.2003).

719 Vgl. SEC (2002n), http://www.sec.gov/litigation/complaints/comp17829.htm (Abfrage: 29.08.2003).

720 Vgl. GAO (2002f), S. 233-234.

4.2.1.5 Die Reaktionen der SEC auf das *earnings management*

Während die SEC gegen die von *Arthur Levitt* vorgetragenen Methoden des *earnings management* zunächst aus eigenem Antrieb vorging, hat der Druck der Öffentlichkeit nach den ab Ende 2001 bekannt gewordenen Bilanzverfehlungen zu einem zusätzlichen Einschreiten der Politik geführt.[721] Sowohl im U.S. Repräsentantenhaus als auch im U.S. Senat haben sich Ausschüsse verschiedener Sachgebiete (z. B. *Committee on Energy and Commerce*, *Committee on Financial Services*) damit beschäftigt, die Vorgänge bei *Enron* aufzuklären, um legislative Reformen zu initiieren.[722] Die politischen Bemühungen mündeten in mehreren Gesetzen, darunter dem SOA[723]. Das Gesetz, das auf die Wiederherstellung des Vertrauens der Anleger in die Finanzberichterstattung der Unternehmen abzielt, stärkt die Corporate Governance der kapitalmarktorientierten Unternehmen in den USA. Es wurde am 30. Juli 2002 von *Präsident George W. Bush* unterzeichnet. Bei der Umsetzung des Gesetzes kommt der SEC eine entscheidende Funktion zu, da ihr auferlegt wurde, einzelne Vorschriften des Gesetzes durch den Erlass von Verordnungen zu konkretisieren. Im Zusammenhang mit der Rede von *Arthur Levitt* ergriff die SEC mehrere, in einem Aktionsplan dargelegte Maßnahmen, um dem *earnings management* entgegenzuwirken.[724] Die thematischen Schwerpunkte dieses Plans waren der Erlass ergänzender Vorschriften zum *financial accounting* und *business reporting*, die zielgerichtete Durchsicht von SEC-Berichten sowie die Errichtung von Ausschüssen zur Abschlussprüfung und zur Tätigkeit von *audit committees*. Der SOA entwickelt die Ansätze der SEC fort und enthält darüber hinaus weitere umfassende Reformvorschriften.[725]

4.2.1.5.1 Erlass neuer Rechnungslegungsvorschriften

Ein Ansatzpunkt war der Erlass neuer Vorschriften im Bereich des *financial accounting* und des *business reporting*. Die SEC hat im Anschluss an die Rede von *Arthur Levitt* SABs zur Wesentlichkeit[726], zur Bilanzierung von Restrukturierungsmaßnahmen[727] und zur Umsatzreali-

---

[721] Vgl. Atkins (2003), http://www.sec.gov/news/speech/spch020503psag.htm (Abfrage: 15.03.2003).

[722] Vgl. Law Library of Congress (2003), http://www.loc.gov/law/guide/enronhrgs.html (Abfrage: 16.03.2003).

[723] Das Gesetz ist nach zwei US-amerikanischen Kongressmitgliedern benannt. *Paul S. Sarbanes* ist demokratischer Senator und ranghöchstes Mitglied des Ausschusses für Banken, Wohnraum und Raumordnung im US-Senat. Im Repräsentantenhaus ging eine eigenständige Gesetzesinitiative von dem republikanischen Abgeordneten *Michael G. Oxley* aus.

[724] Vgl. zum Neun-Punkte Plan der SEC Ketz (1999), S. 50.

[725] Bis zu der im SOA vorgebenen Frist am 26.01.2003 hat die SEC außer zu den genannten Themenbereichen insbesondere Verordnungen zum Gebrauch von Pro-Forma Angaben, zu einem Ethik-Kodex für Manager, zur Aufbewahrung von Prüfungsunterlagen, zu Meldepflichten von Rechtsanwälten und zum Insider-Handel von Aktien innerhalb bestimmter Sperrfristen erlassen.

[726] Vgl. SAB 99; zusammenfassend Illiano (1999), http:/www.nysscpa.org/cpajournal/d641299a.html (Abfrage: 28.06.2000).

[727] Vgl. SAB 100.

sierung[728] veröffentlicht. Aufgrund Sec. 401(a) SOA hat die SEC eine Verordnung zur Angabe von bilanzunwirksamen (*off-balance sheet*) Transaktionen in der MD&A erlassen. Die Anstrengungen der SEC zur Steigerung der Qualität des *financial accounting* zielen auf die Ermittlung einer „harten Gewinngröße" ab und sind daher prinzipiell positiv zu bewerten, da eine solche Gewinnermittlung den Interessen opportunistischer Manager entgegenläuft und damit Vertrauen am Kapitalmarkt schafft.[729] Es ist aber fraglich, ob die SEC das *earnings management* langfristig mit dem Erlass von Rechnungslegungsnormen eindämmen kann. Denn ein Rechnungslegungssystem wird nie frei von Spielräumen sein. Normen können zwar frei von expliziten Wahlrechten geregelt werden, aber Gestaltungs- und Ermessensspielräume sowie Möglichkeiten des Betrugs werden systemimmanent bleiben.

Im SOA wurde die SEC beauftragt bis Mitte des Jahrs 2003 eine Studie über die Eignung prinzipienbasierter Rechnungslegungssysteme anzufertigen.[730] Die US-GAAP zeichnen sich durch detaillierte Einzelfallregelungen aus. Die Vorschriften gelten zum Teil als „ausufernd" und „inkonsistent".[731] Die IAS/IFRS gelten gemeinhin als prinzipienbasiert und werden daher, bedingt durch die Bilanzskandale in den USA, gegenüber den US-GAAP inzwischen als überlegen angesehen.[732] Bei einem prinzipienbasierten Ansatz in der Rechnungslegung wird eher einer wirtschaftlichen Betrachtungsweise[733] und weniger formalen Anforderungen entsprochen. Dadurch wird die Möglichkeit der Umgehung von Vorschriften, aus der eine Fehlinformation folgen kann, eingeschränkt. Die Diskussion über eine Prinzipienbasierung in der Rechnungslegung ist allerdings nicht für eine Lösung des Problems förderlich, wie ein Fehlverhalten von Managern in der Rechnungslegung verhindert werden kann.

Die nach der Ankündigung des Aktionsplans veröffentlichte Verlautbarung zu detaillierten Angaben von Auswirkungen der Änderungen von Bilanzierungs- und Bewertungsannahmen[734] kann insofern das *financial accounting* ergänzen und aufschlussreiche Informationen im Hinblick auf ein eventuelles *earnings management* eines Unternehmens geben.

---

728 Vgl. SAB 101; zusammenfassend Bear Stearns (2000).
729 Zu den Auswirkungen einer objektivierten Gewinnermittlung vgl. Böcking (1998), S. 31-32.
730 Vgl. Sec. 108 SOA und das Projekt des FASB (2002b).
731 Sonnemann (1989), S. 19.
732 Vgl. zu dieser Diskussion Preißler (2002), S. 2389-2395.
733 Nach *Böcking* kann die wirtschaftliche Betrachtungsweise als ein wesentliches Kriterium für eine Konvergenz der internationalen Rechnungslegungssysteme dienen. Vgl. Böcking (1997), S. 101-102.
734 Vgl. SEC (2001h), http://www.sec.gov/rules/other/33-8040.htm (Abfrage: 8.10.2002).

4.2.1.5.2 *Enforcement* gegen registrierte Unternehmen

Neben der legislativen Vorgehensweise hat die SEC nach der Rede von *Arthur Levitt* eine Taskforce „*Earnings Management*" zur Überprüfung von Berichten gebildet, um eine verbesserte Publizität in Bezug auf Wertminderungen von Vermögensgegenständen, Restrukturierungsaufwendungen, erworbene Forschungs- und Entwicklungskosten und ähnliche Sachverhalte von den Unternehmen einzufordern. Die Arbeitsgruppe kontrollierte außerdem mögliche Verstöße gegen die Bilanzierungsregelungen zur Umsatzrealisation und zu Wertberichtigungen. Ihre Überprüfungen führten zu einer signifikanten Zunahme von Durchsetzungsfällen. Die *FEI Research Foundation* hat untersucht, wie oft Unternehmen im Zeitraum 1990 bis 2000 rückwirkende Anpassungen ihrer Abschlüsse verkündet haben. Insgesamt hat die FEI 856 Berichtigungen gezählt.[735] 177 Anpassungen wurden von der SEC initiiert, in allen anderen Fällen wurden sie freiwillig durch das Unternehmen oder auf Drängen der Abschlussprüfer in die Wege geleitet.[736] In den Jahren 1998 bis 2000 wurden beachtliche 464 Richtigstellungen bekannt gegeben.[737] Es ist anzunehmen, dass es zwischen der hohen Zahl an Korrekturen seit 1998 und der erwähnten Rede von *Arthur Levitt* einen Zusammenhang gibt.[738] 113 Anpassungen wurden in den drei Jahren direkt von der SEC veranlasst. In vielen anderen Fällen werden die Unternehmen und die Abschlussprüfer der SEC die Korrektur selbst initiiert haben. Für diesen Schritt könnte die Überlegung ausschlaggebend gewesen sein, bei einer möglichen anschließenden Sanktionierung der SEC mit einer milden Bestrafung davonzukommen.

Ende 2001 hat die *Division of Corporation Finance* erklärt, die finanziellen und nichtfinanziellen Angaben in den *Forms 10-K* der 500 umsatzstärksten Unternehmen („*Fortune 500*"[739]) durchzusehen. Die Division hat in ihrem noch laufenden Prüfungsprozess an mehr als 350 Unternehmen *comment letters* versandt.[740] Eine nicht näher benannte Zahl von Unternehmen musste der Aufforderung der SEC nachkommen, ihre Angaben in den SEC-Berichten rückwirkend zu korrigieren. Andere Unternehmen müssen die Hinweise der SEC erst in ihren zukünftigen Berichten beachten. Neben sehr unternehmensspezifischen Feststellungen, hat die SEC mehrere Publizitätsbereiche identifiziert, die unternehmensübergreifend nach ihrer Auffassung verbesserungsfähig sind. Am häufigsten bemängelte die SEC die unzureichende Be-

---

[735] Vgl. FEI Research Foundation (2001), Folie 5.

[736] Vgl. FEI Research Foundation (2001), Folien 3, 11.

[737] Vgl. FEI Research Foundation (2001), Folie 5. Eine deutliche Zunahme der Korrekturen seit 1998 hat ebenso die *Huron Consulting Group* festgestellt. Vgl. zu deren Datenerhebung Huron Consulting Group (2003).

[738] Vgl. ebenso FEI Research Foundation (2001), Folien 29, 30.

[739] Vgl. Fortune (2002), http://www.fortune.com/fortune/fortune500 (Abfrage: 17.03.2003).

[740] Vgl. SEC (2003b), http://www.sec.gov/divisions/corpfin/fortune500rep.htm (Abfrage: 17.03.2003).

richterstattung in den MD&As.[741] Des Weiteren befand sie in vielen Fällen Angaben über kritische Bilanzierungs- und Bewertungsannahmen sowie über *pro forma earnings* für unzulänglich. Außerdem hat sie unter anderem Segmentabgrenzungen sowie die Bilanzierungs- und Bewertungsannahmen im Zusammenhang mit Umsatzrealisierungen, Restrukturierungen, Wertberichtigungen und Pensionsrückstellungen hinterfragt.[742] Vermutlich bedingt durch die Überprüfungen lag die Zahl der eingeleiteten Untersuchungen der *enforcement*-Division der SEC von *Fortune 500*-Unternehmen im April 2002 auf einem Rekordstand.[743]

Nach Maßgabe von Sec. 704 SOA hat die SEC einen Bericht an den US-amerikanischen Kongress über ihre *enforcement*-Aktivitäten gegen Rechnungslegungsverstöße zu verfassen. Der Untersuchungszeitraum erstreckte sich auf 31. Juli 1997 bis 30. Juli 2002. Die SEC war beauftragt, die Rechnungslegungsvorschriften zu identifizieren, die am häufigsten verletzt wurden.[744] Die Behörde sollte Vorschläge zur Verbesserung jener Regelungen erarbeiten.[745] Die SEC schlägt in diesem Bericht fünf Reformen vor, die ergänzend zum SOA implementiert werden sollten.[746] Die SEC empfiehlt ein standardisiertes Verfahren zur Veröffentlichung von korrigierten Abschlüssen. Bislang ist dieser Prozess noch völlig intransparent. Zudem strebt die Behörde erweitere Informationspflichten in den MD&As an. Die SEC erhofft sich ferner mit einem Zugriff auf Informationen, die einem Vertraulichkeitsschutz unterliegen (z. B. Verschwiegenheitspflicht von Rechtsanwälten, Angaben vor Geschworenen), die eigenen Untersuchungsrechte auszuweiten. Für zivilrechtliche Klagen ersucht die SEC, die Vorladung von Zeugen an jedem Ort der USA durchführen zu können. Bisher ist das Vorladungsrecht auf einen Gerichtsbezirk begrenzt.[747]

4.2.1.5.3 Maßnahmen zur Sicherstellung der Unabhängigkeit von Wirtschaftsprüfern

Die SEC hat sich seit ihrer Gründung mit verbindlichen Vorgaben zur Durchführung von Abschlussprüfungen zurückgehalten, soweit es keine konkreten Fälle von unzureichender Berufsausübung gab, in deren Zusammenhang die SEC die verantwortlichen Wirtschaftsprüfer sanktioniert hat.[748] Die SEC benennt etwaige Unzulänglichkeiten in der Prüfungsausführung grundsätzlich in den AAERs (ehemals ASRs) und nimmt folglich durch die fallbezogenen

[741] Vgl. SEC (2003b), http://www.sec.gov/divisions/corpfin/fortune500rep.htm (Abfrage: 17.03.2003).
[742] Vgl. SEC (2003b), http://www.sec.gov/divisions/corpfin/fortune500rep.htm (Abfrage: 17.03.2003).
[743] Vgl. NYSSCPA (2003), http://www.nysscpa.org/home/2002/402/1week/article7.htm (Abfrage: 16.03.2003).
[744] Vgl. Sec. 704(a) SOA.
[745] Vgl. Sec. 704(b) SOA.
[746] Vgl. SEC (2003c), S. 43.
[747] Vgl. SEC (2003c), S. 43-46.
[748] Vgl. Rappaport (1972), Kapitel 5, S. 1-2.

Verlautbarungen indirekt Einfluss auf den Prüfungsablauf.[749] Die Voraussetzung der Unabhängigkeit[750] des Wirtschaftsprüfers hat die SEC hingegen schon frühzeitig umfassender geregelt. Die Voraussetzung, wonach für ein Testat die Unabhängigkeit des Wirtschaftsprüfers notwendig ist, wurde bereits im SA 1933 festgelegt.[751] Um die Praxis der Abschlussprüfung überprüfen und die Wirkungen des Prüfungsansatzes auf das öffentliche Interesse ermitteln zu lassen, schlug *Arthur Levitt* dem POB 1998 vor, einen Ausschuss (*The Panel on Audit Effectiveness*) zu bilden.[752] Die SEC stellte offenkundig einen Zusammenhang zwischen dem *earnings management* und der Abschlussprüfung fest.

Das *Panel on Audit Effectiveness* hält die Unabhängigkeit des Abschlussprüfers für eine fundamentale Voraussetzung für die Glaubwürdigkeit der Prüfungsergebnisse.[753] Das *Panel on Audit Effectiveness* hat auf der Grundlage von *quasi peer reviews*[754] untersucht, inwieweit die Erbringung von Nicht-Prüfungsleistungen (*non-audit services*) bei Prüfungsmandanten und die Mitarbeit von ehemaligen Prüfungskollegen bei Mandanten die Unabhängigkeit gefährden können. Nach Ansicht des *Panel on Audit Effectiveness* konnten keine Hinweise auf Beeinträchtigungen der Berufsausübung des Abschlussprüfers durch die Beratungstätigkeit oder ein Anstellungsverhältnis ehemaliger Prüfungskollegen beim Mandanten festgestellt werden.[755] Da das *Panel on Audit Effectiveness* keine Reformvorschläge in Bezug auf diese Fragestellungen unterbreitete, „drängt[e] sich der Verdacht auf, dass ein Teil der Mitglieder des Panels in dieser Frage einem Konflikt mit der SEC aus dem Wege gehen [wollte].“[756] Denn die Arbeit des *Panel on Audit Effectiveness* überschnitt sich zeitlich mit fortschreitenden Bemühungen der SEC zur Verschärfung der Anforderungen an die Wirtschaftsprüfer, ihre Unabhängigkeit zu wahren.[757]

---

749 Vgl. Herz et al. (1997), S. 30-31.

750 Unter Unabhängigkeit wird prinzipiell eine äußere, eine innere und eine wahrnehmbare Unabhängigkeit verstanden. Während die äußere Unabhängigkeit die Loslösung von möglichen rechtlichen und wirtschaftlichen Einwirkungen Dritter ist, wird die innere Unabhängigkeit mit der Einstellung des Prüfers zur prüfenden Gesellschaft gleichgesetzt. Wenn sich ein Abschlussprüfer sowohl nach außen als auch innerlich unabhängig verhält, trägt er mit seiner Tätigkeit zu einem wirksamen Schutz der Rechnungslegungsadressaten bei. Vgl. Panel on Audit Effectiveness (2000), S. 109.

751 Vgl. Rappaport (1972), Kapitel 26, S. 2.

752 Vgl. Levitt (1998), S. 2547; Mulford/Comiskey (2002), S. 104.

753 Vgl. Panel on Audit Effectiveness (2000), S. 109.

754 Zum Vergleich des *quasi peer review* mit dem SECPS *peer review* vgl. Panel on Audit Effectiveness (2000), Appendix E, S. 211-212.

755 Dennoch blieb die Frage eines expliziten Verbots von Beratungsleistungen unter den Mitgliedern des *Panel on Audit Effectiveness* umstritten. Vgl. zu den Stellungnahmen der Mitglieder Panel on Audit Effectiveness (2000), S. 118-132. Auch in Bezug auf die Anstellung von Prüfungsmitarbeitern gab es innerhalb des *Panel on Audit Effectiveness* keinen einheitlichen Standpunkt.

756 Schmidt (2000a), S. 806.

757 Vgl. POB Staff (2002), S. 15.

Im Juli 2000 veröffentlichte die SEC einen Reformentwurf zur Stärkung der Unabhängigkeit von Wirtschaftsprüfern. Darin drängte die SEC auf eine deutliche Limitierung der Beratungstätigkeiten von Wirtschaftsprüfungsgesellschaften.[758] 1999 lag der Anteil der Honorare für Beratungsleistungen (ohne Steuerberatung) der *Big Five*[759] bei ca. 50% des Umsatzes gegenüber 15% im Jahr 1981.[760] Die SEC befürchtete durch das Angebot von Beratungsleistungen durch Prüfungsfirmen eine Gefährdung der Objektivität einzelner Abschlussprüfer. Nach Ansicht der SEC werden Abschlussprüfer kaum Entscheidungen treffen, die den Interessen ihrer Mandanten zuwiderlaufen, wenn damit der Verlust von (zukünftigen) lukrativen Beratungsaufträgen verbunden ist.[761, 762] Des Weiteren sah die SEC eine Problematik darin, dass die Funktion der Beratung – anders als die Prüfung – mit den Interessen des Managements konvergiert.[763] Ein Berater „*will be judged by the ultimate usefulness of his advice in bringing success to management's efforts.*"[764]

Die SEC stützte ihre Argumentation außerdem auf einen *enforcement*-Fall gegen *Arthur Andersen*, der Anfang 2001 abgeschlossen wurde. Die SEC sieht es als erwiesen an, dass *Arthur Andersen* bewusst oder in fahrlässiger Weise für die Jahresabschlüsse 1992 bis 1996 von *Waste Management* unrechtmäßig uneingeschränkte Bestätigungsvermerke erteilt hatte, obwohl die Jahreserfolge in den Abschlüssen um insgesamt mehr als eine Milliarde US-Dollar zu hoch ausgewiesen waren. Die SEC sprach in einem Vergleich die bis dahin höchste Geldstrafe (7 Millionen US-Dollar) gegen eine der großen Prüfungsfirmen (damals „*Big Five*") aus und verbot mehreren Partnern von *Arthur Andersen* vorübergehend die Berufsausübung bei SEC-registrierten Unternehmen.[765] Wie die damalige Kommissarin der SEC, *Laura S. Unger*, anschließend preisgab, sei dieses Fehlverhalten der Mitarbeiter von *Arthur Andersen* eindeutig

---

758 Zu den vorgeschlagenen unzulässigen Dienstleistungen von Prüfungsfirmen vgl. SEC (2000i), http://www.sec.gov/rules/proposed/34-42994.htm (Abfrage: 12.03.2003). Siehe Böcking/Orth (2002), Sp. 257-259, zu einer Darstellung des grundlegenden Zusammenhangs zwischen Prüfung und Beratung. Zu einer ökonomischen (Vorteilhaftigkeits-)Analyse der Prüfung und Beratung durch denselben Abschlussprüfer siehe Böcking/Löcke (1997), S. 178-187.

759 Nach der Zerschlagung *Arthur Andersens* wird der Markt der Wirtschaftsprüfungsdienstleistungen von vier Prüfungsgesellschaften (*Big Four*) dominiert.

760 Vgl. SEC (2000i), http://www.sec.gov/rules/proposed/34-42994.htm (Abfrage: 12.03.2003).

761 Vgl. schon McCraw (1984), S. 189-190.

762 „*You help me out with the numbers, and I'll help you out with the business.*" Walker (1998), http://www.sec.gov/news/speech/speecharchive/1998/spch246.txt (Abfrage: 23.03.2003), der zu jenem Zeitpunkt Direktor der *Division of Enforcement* war.

763 Hingegen hält *Lenz* übereinstimmende Interessen des Prüfers und des Mandanten per se nicht in jedem Fall für problematisch. Vgl. Lenz (2001), S. 300, 304.

764 Mautz/Sharaf (1961), S. 222.

765 SEC (2001d), http://www.sec.gov/litigation/admin/34-44444.htm (Abfrage: 10.12.2002). Die Sanktionierung von Abschlussprüfern bei aufgedeckten Fällen des *earnings management* von Unternehmen war innerhalb der Kommission umstritten. Das frühere Kommissionsmitglied Johnson äußerte Bedenken: „*it is critical that we not unfairly blame professionals just because we disagree with their advice after the fact.*" Johnson (1999), http://www.sec.gov/news/speech/speecharchive/1999/spch272.htm (Abfrage: 10.03.2003).

auf die fehlende Unabhängigkeit zurückzuführen,[766] da in den 90er Jahren 14 ehemalige *Arthur Andersen*-Kollegen bei *Waste Management* tätig waren und *Arthur Andersen* 11,8 Millionen US-Dollar Honorar für nicht-prüfungsbezogene Leistungen erhielt. Aus Sicht der SEC war dies der erste Fall, in dem eine eindeutige Kausalität zwischen dem *earnings management* und der mangelnden Unabhängigkeit nachgewiesen werden konnte („*smoking gun*").[767]

Der durch die legislativen Bestrebungen ausgeübte Druck[768] der SEC auf die Prüfungsfirmen hat zu einer einschneidenden Zäsur in der Wirtschaftsprüfung beigetragen. Denn nach anfänglichem Widerstand signalisierten damals KPMG und *PricewaterhouseCoopers* (PwC) die Bereitschaft[769], sich eigentumsrechtlich von ihren Beratungssparten (der betriebswirtschaftlichen und informationstechnischen Beratung des Managements) zu trennen. *Ernst & Young* hatte diesen Geschäftsbereich kurz vor der Initiative der SEC veräußert.[770] *Arthur Andersen* und *Deloitte & Touche* lehnten eine Trennung von Prüfung und Beratung kategorisch ab. Die endgültigen Vorschriften zur Unabhängigkeit von Wirtschaftsprüfern, darunter auch die Regelungen zur (Un-)Vereinbarkeit von Prüfung und Beratung, wurden von der SEC im November 2000 verabschiedet.[771]

Die SEC ist mit den Regelungen hinter ihren eigenen Ankündigungen in Bezug auf eine Einschränkung von Nicht-Prüfungsleistungen schließlich zurückgeblieben. Die Erbringung von Beratungsleistungen wurde nicht generell untersagt. In einer Negativliste wurden neun Nicht-Prüfungsleistungen aufgezählt, die von Wirtschaftsprüfern eines bei der SEC registrierten Unternehmens grundsätzlich nicht mehr angeboten werden durften (z. B. Entwurf und Implementierung von IT-Systemen). Gleichwohl ließ die SEC den *Big Five* eine „Hintertür" offen, da einige dieser neun Nicht-Prüfungsleistungen unter gewissen Voraussetzungen[772] nicht völlig ausgeschlossen blieben. Die geprüften Unternehmen wurden verpflichtet, die aggregierten

---

[766] Vgl. Unger (2001a), S. 18.

[767] Unger (2001a), S. 18.

[768] Zur politischen Gegenwehr vgl. Levinsohn (2000), S. 74.

[769] Zwischenzeitlich hat KPMG seine Beratungseinheit an die Börse gebracht, PwC hat den Geschäftsbereich an IBM veräußert.

[770] Andere Faktoren waren für die Entscheidungsfindung bei *Ernst & Young*, KPMG und PwC nicht unerheblich, z. B. die Erwartung eines höheren Verkaufserlöses durch einen frühzeitigen Verkauf der Sparte, interne Spannungen zwischen den Geschäftsbereichen innerhalb der Firmen (z. B. Quersubventionierung), finanzielle Anreize für die Partner und die Absicherung von Pensionszahlungen im Wirtschaftsprüfungssegment. Vgl. McNamee et al. (2000), S. 71; o. V. (2002d), S. 24.

[771] Bestandteil der *final rule* waren eine Reihe weiterer Einzelvorschriften, um das Verhältnis zwischen dem Prüfer, dessen Angehörigen, der Wirtschaftsprüfungsfirma einerseits sowie den Mandanten andererseits zu regeln. Im Wesentlichen wurden wirtschaftliche Verflechtungen und persönliche Beziehungen zum Mandanten restringiert. Vgl. im Einzelnen SEC (2001e), http://www.sec.gov/rules/final/33-7919.htm (Abfrage: 15.03.2003).

[772] Die Voraussetzungen variieren je nach Art der Beratung. Vgl. deshalb ausführlich SEC (2001e), http://www.sec.gov/rules/final/33-7919.htm (Abfrage: 15.03.2003).

Honorare aus der Prüfung und der Beratung offen zu legen.[773] Nach Ansicht von Beobachtern stellten diese Regeln einen Kompromiss zwischen der Position der SEC und der Big Five dar.[774]

Durch die Verabschiedung des SOA wurde der SEC auferlegt, ihre Unabhängigkeitsvorschriften zu überarbeiten.[775] Demnach sollten die folgenden Teilbereiche der Unabhängigkeit (neu) geregelt werden:[776]

(1) Erbringung von Nichtprüfungsleistungen,
(2) Genehmigung von Prüfungs- und Nichtprüfungsleistungen durch den Prüfungsausschuss (*audit committee*),
(3) interne Partnerrotation,
(4) Anstellung von Prüfungsmitarbeitern durch Mandanten,
(5) Berichterstattung von (kritischen) Rechnungslegungssachverhalten an das *audit committee*.

Der SOA hat die Möglichkeit für Wirtschaftsprüfungsunternehmen, Beratungsleistungen auszuüben, im Vergleich zum Status Quo nicht wesentlich eingeschränkt.[777] Die praktische Umsetzung der gesetzlichen Unabhängigkeitsbestimmungen wurde durch die SEC geregelt. Ein anfangs geplantes Verbot der Steuerberatung durch Wirtschaftsprüfungsunternehmen wurde in der definitiven Regelung fallen gelassen. Sämtliche Prüfungs- und zulässigen Beratungsaufträge müssen vor ihrer Vergabe durch das *audit committee* genehmigt werden (*pre-approval*).[778]

Die Maßnahmen der SEC haben auch bei den der Regulierung unterliegenden Unternehmen Wirkung gezeigt. Viele Unternehmen verzichten freiwillig auf eine Prüfung und Beratung

---

[773] Vgl. ausführlicher Lenz (2001), S. 303-304.

[774] Vgl. Schroeder (2000), http://interactive.wsj.com/archive/retrieve.cgi?id=SB974252070298334338.djm (Abfrage: 16.03.2003).

[775] Neben den Regelungen der SEC zur Unabhängigkeit haben die Wirtschaftsprüfer grundsätzlich die Unabhängigkeitsvorschriften des AICPA und des zwischenzeitlich wieder aufgelösten *Independence Standards Board* (ISB) zu beachten.

[776] Die entsprechenden Regelungen in Sec. 201 bis 206 SOA wurden in Sec. 10A (g) bis (l) SEA eingefügt.

[777] Bei den nicht zulässigen Beratungsleistungen handelt es sich um (1) die Mitwirkung bei der Buchführung und Erstellung des Abschlusses; (2) die Entwicklung und Einführung von Informationssystemen; (3) Bewertungsleistungen und Sacheinlageprüfungen; (4) versicherungsmathematische Leistungen; (5) die Durchführung der Internen Revision; (6) die Ausführung von Managementfunktionen sowie Personalberatung; (7) die Erbringung von Finanzdienstleistungen; (8) Rechtsberatung und Gutachtertätigkeit außerhalb der Wirtschaftsprüfung; (9) mögliche andere Verbote durch das PCAOB.

[778] Vgl. Sec. 202 SOA; zu weiteren Anforderungen siehe SEC (2003d), http://www.sec.gov/rules/final/33-8183.htm (Abfrage: 19.03.2003).

durch dieselbe Prüfungsgesellschaft. Verstößt ein Wirtschaftsprüfer nämlich gegen die SEC-Bestimmungen im Bereich der Unabhängigkeit, gilt die Berichterstattung eines Unternehmens an die SEC als unzureichend, da die Bedingung, ein Testat eines unabhängigen Wirtschaftsprüfers vorzuweisen, nicht mehr erfüllt ist. Ein Fehlverhalten des Abschlussprüfers fällt folglich dem regulierten Unternehmen zur Last.[779] Ferner verschafft erst eine unabhängig erscheinende Abschlussprüfung den Adressaten ein höheres Maß an Gewissheit, ob ein Unternehmen über seine wirtschaftliche Lage glaubwürdig berichtet.[780] Es reicht nicht aus, wenn zwar im Jahresabschluss der Realität entsprechende Informationen über das Unternehmen bereitgestellt werden, die Adressaten die publizierten Informationen aber nicht als zutreffende Wiedergabe der Unternehmenssituation wahrnehmen.[781] Die Unabhängigkeit einer Abschlussprüfung wird somit letztlich von den Jahresabschlussadressaten beurteilt. Ihre Einschätzung hat Auswirkungen auf die Vertrauensbildung in die Finanzberichterstattung eines Unternehmens.[782] Eine aktuelle Analyse empirischer Studien zur Vereinbarkeit von Prüfung und Beratung von *Ewert* kommt zu dem Ergebnis, dass keine Notwendigkeit „ein[es] strikte[n] Verbot[s] von Prüfung und Beratung“ beim selben Mandanten besteht.[783] Vielmehr erscheint nach diesen Untersuchungen die Verbindung von Prüfung und Beratung sowohl in Bezug auf die tatsächliche Unabhängigkeit des Abschlussprüfers (*independence in fact*) als auch hinsichtlich der wahrgenommenen Unabhängigkeit durch Dritte (*independence in appearance*) sogar angebracht zu sein.[784]

4.2.1.5.4 Reform der *audit committees*

Auf Ersuchen der SEC haben die NYSE und die NASD im September 1998 eine Expertenkommission (*Blue Ribbon Committee on Improving the Effectiveness of Corporate Audit Committees*) zur Ausarbeitung von Empfehlungen zur Stärkung der *audit committees* eingerichtet. Die Reformvorschläge der Kommission unterteilten sich in Empfehlungen zur Besetzung (Zahl der Mitglieder, Unabhängigkeit der Mitglieder, fachliche Qualifikation), zur Legitimität des Gremiums (Satzung), zur Rechenschaft, zur Überwachung der Finanzberichterstattung (Erörterung der Rechnungslegung, Bestätigungsschreiben zur Rechnungslegung) und zur Verantwortlichkeit gegenüber den Wirtschaftsprüfern (Wahl und Abwahl des Prüfers, Bestätigung der Unabhängigkeit).[785] Des Weiteren schlug die Kommission die Durchsicht von Quar-

---

779 Vgl. Turner (1999a), S. 35-36.

780 Vgl. Richter (1975), S. 99; Walker (2002), http://www.pwccomperio.com/search97cgi/s97is_english.dll (Abfrage: 5.01.2003); Ewert (2002), Sp. 2388.

781 Vgl. United States vs. Arthur Young, 465 U.S. 805, 819 (1984).

782 Vgl. United States vs. Arthur Young, 465 U.S. 805, 819 (1984).

783 Ewert (2003), S. 537.

784 Vgl. Ewert (2003), S. 537.

785 Vgl. Blue Ribbon Committee (1999), S. 10-16. Zu den Vorschlägen des Gremiums vgl. Böckli (2000),

talsabschlüssen durch Wirtschaftsprüfer vor. Das *Blue Ribbon*-Gremium richtete seine Empfehlungen an die NYSE und NASD, das AICPA, die Unternehmen und an die SEC.[786] Die SEC fordert seitdem von den bei ihr registrierten Unternehmen einen Bericht des *audit committee*, in dem anzugeben ist, ob es die geprüften Jahresabschlüsse durchgesehen und mit dem Management sowie den Wirtschaftsprüfern[787] erörtert hat.[788]

Mit dem SOA werden die Stellung und die Verantwortlichkeiten des *audit committee*[789] erheblich aufgewertet.[790] Gemäß Sec. 301 SOA wird die SEC die Börsen und die NASD anweisen, die Wertpapiere eines Unternehmens vom Handel auszuschließen, das verbindliche Vorschriften des SOA zu den *audit committees* nicht umsetzt.[791] Die *audit committees* sollen zukünftig für die Bestellung, Vergütung und Abberufung des Abschlussprüfers zuständig sein. Das Gremium wird Überwachungsorgan der unternehmensbezogenen Leistungen des Abschlussprüfers. Die Wirtschaftsprüfer müssen das *audit committee* zwingend über alle kritischen Rechnungslegungsannahmen und -praktiken unterrichten. Zudem sind die Mitglieder darüber zu informieren, welche alternativ möglichen Bilanzierungs- und Bewertungsmöglichkeiten mit dem Management diskutiert wurden und welche Methode vom Wirtschaftsprüfer bevorzugt wird. Ferner ist das Gremium über den *management letter* und die ungebuchten Prüfungsdifferenzen in Kenntnis zu setzen.[792] Das *audit committee* soll ferner organisatorisch gewährleisten, dass (anonyme) Hinweise von Mitarbeitern und Dritten über zweifelhafte Bilanzierungspraktiken und Prüfungsmethoden an das Gremium gemeldet und untersucht werden können.[793]

Darüber hinaus muss dem Überwachungsgremium künftig mindestens ein Finanzexperte angehören. Die SEC hat die notwendigen Fähigkeiten eines Finanzfachmanns auf der Grundlage

---

S. 139-140 und 150-151.

786 Vgl. Arthur Andersen (2000), S. 25.

787 Vgl. explizit AU Sec. 380, die vorgibt, welche Sachverhalte zwischen den Prüfern und den *audit committees* diskutiert werden sollten.

788 Der Bericht ist Bestandteil des *proxy statement*. Zu weiteren Angaben des *audit committee*, den Informationspflichten des Unternehmens und zur prüferischen Durchsicht der Zwischenberichte durch Wirtschaftsprüfer vgl. SEC (2000h), http://www.sec.gov/rules/final/34-42266.htm (Abfrage: 1.12.02).

789 Existiert kein *audit committee*, ist das gesamte *board of directors* verantwortlich. Vgl. Sec. 2(a) (3) SOA.

790 Siehe zur Konkretisierung der gesetzlichen Vorschrift SEC (2003j), http://www.sec.gov/rules/final/33-8220.htm (Abfrage: 30.06.2003); zur Vereinbarkeit der Regelungen mit dem deutschen Recht Lanfermann/Maul (2003), S. 350-352.

791 Vgl. Sec. 301 SOA. Siehe im Einzelnen zu den gesetzlich zu erfüllenden Anforderungen, z. B. zu den Aufgaben, der Unabhängigkeit und der Finanzierung der Mitglieder, Sec. 301 SOA. Siehe zu einer Synopse bezüglich der Bedingungen der NYSE, NASD, AMEX und des SOA, die an *audit committees* gestellt werden, KPMG (2003a), S. 12-39.

792 Vgl. zu den drei genannten Aufgaben Sec. 204 SOA.

793 Vgl. Sec. 301 SOA; zur Umsetzung SEC (2003j), http://www.sec.gov/rules/final/33-8220.htm (Abfrage: 30.06.2003).

von Sec. 407 SOA durch restriktive Anforderungen konkretisiert. Einen Finanzexperten qualifizieren Fachkenntnisse in dem Rechnungslegungssystem des Unternehmens (z. B. US-GAAP, IAS)[794] und ein Verständnis von Jahresabschlüssen. Er muss im Besonderen die Anwendung der Rechnungslegungsvorschriften im Zusammenhang mit Schätzungen, Abgrenzungsposten und Abwertungen beurteilen können. Ferner muss er Erfahrung in der Erstellung, Prüfung, Analyse oder Auswertung von Jahresabschlüssen haben. Zudem muss er über Kenntnisse des internen Kontrollsystems, des Finanzberichtswesens und der Funktion eines *audit committee* verfügen. Die erforderlichen Fähigkeiten muss der Finanzexperte z. B. durch eine Ausbildung und eine praktische Tätigkeit als Rechnungswesenleiter, Controller, Wirtschaftsprüfer etc., als Vorgesetzter einer dieser Berufsangehörigen oder durch Erfahrungen in der Überwachung der Unternehmensberichterstattung in Selbstverwaltungsorganisationen oder Behörden erworben haben. Die genannten Voraussetzungen können nicht kollektiv durch individuelle Fähigkeiten einzelner Gremiumsmitglieder erfüllt werden.[795] Die SEC hat mit diesen Regelungen die Grundgesamtheit der in Frage kommenden Finanzexperten eines *audit committee* substanziell eingeschränkt. Gleichwohl scheinen aus Sicht der SEC bestimmte Kompetenzen eines Mitglieds des *audit committee* trotz Offenlegung gegenüber der Behörde kaum überprüfbar zu sein.

4.2.2 Die Aufsicht der SEC im Hinblick auf das *business reporting* der Unternehmen am Beispiel von Pro-forma-Ergebnissen

4.2.2.1 Die Publizität von Pro-forma-Ergebnissen der Unternehmen am Kapitalmarkt

In den USA sind die Unternehmen, vornehmlich des Hochtechnologiesektors[796], vermehrt dazu übergegangen, neben den in den Quartals- und Jahresabschlüssen nach US-GAAP ausgewiesenen Erfolgen so genannte Pro-forma-Ergebnisse zu publizieren.[797] Diese Gewinngröße dient dazu, die eigentliche betriebliche Ertragskraft in der abgelaufenen Geschäftsperiode eines Unternehmens abzubilden und somit den Erfolg um bestimmte Sondereinflüsse in der Gewinn- und Verlustrechnung zu bereinigen. Der ermittelte Gewinnindikator gilt als nicht US-GAAP konform.[798] Über den Nutzen dieses Indikators besteht im Kreise der Autoren und Unternehmensvertreter eine ambivalente Auffassung.[799] Die Darstellung des Pro-forma-

---

794 Vgl. SEC (2003i), http://www.sec.gov/rules/final/33-8177.htm (Abfrage: 28.03.2003).

795 Zu den Qualifikationsmerkmalen von Finanzexperten vgl. SEC (2003i), http://www.sec.gov/rules/final/33-8177.htm (Abfrage: 28.03.2003).

796 So eine empirische Feststellung von Lougee/Marquardt (2002), S. 8, 14 und 23.

797 Vgl. Kley/Vater (2002), S. 1085.

798 Gebräuchliche Bezeichnungen für diese Pro-Forma Größe sind „*operating earnings*", „*cash earnings*", „*earnings before one-time charges*", „*EBITDA*", „*adjusted earnings*", „*pro forma net income*" und ähnliche Begriffe. IOSCO (2002), http://www.iosco.org/news/pdf/IOSCONEWS4.pdf (Abfrage: 30.08.2003).

799 Vgl. Bhattacharya et al. (2002), S. 1-2.

Ergebnisses gilt aus Sicht derjenigen (Konzern-)Unternehmen als aussagekräftiger als der Jahresabschlusserfolg nach US-GAAP, deren einzelgesellschaftliche Zusammensetzung sich im Zeitablauf etwa durch Fusionen, Zukäufe oder die Einstellung von Geschäftsbereichen ändert.[800] Der Pro-forma-Erfolg ermöglicht insoweit eine bessere Vergleichbarkeit der operativen Leistung eines Unternehmens innerhalb einer Branche und im Zeitablauf, da einmalige Transaktionen herausgerechnet werden.

Kritiker bemängeln die Ermittlung der Pro-forma-Ergebnisse, weil die Berechnung in der Praxis oftmals willkürlich erfolgt und damit den Adressaten der Unternehmensberichterstattung ein verzerrtes Bild der Unternehmenslage vermittelt wird.[801] Gewöhnlich geht die Ermittlung des Pro-forma-Ergebnisses vom ordentlichen Jahreserfolg aus, der gegebenenfalls durch *earnings management* beeinflusst wurde.[802] Die Unternehmen eliminieren aus dem operativen Ergebnis üblicherweise einmalige und zahlungsunwirksame Aufwendungen und Erträge.[803] Am häufigsten lassen die Unternehmen bei der Berechnung des Pro-forma-Erfolgs Restrukturierungsaufwendungen, außerplanmäßige Abschreibungen auf den Geschäftswert sowie Aufwendungen für Mitarbeiteroptionen außen vor.[804] Die Gesellschaften treffen demzufolge unterschiedliche Annahmen zur Ermittlung der betrieblichen Leistung, wodurch die Nachvollziehbarkeit der „*'what if' reports*"[805] für die Adressaten erschwert wird.[806] Die ungleiche Berechnung des Pro-forma-Ergebnisses in der Unternehmenspraxis in der Vergangenheit ist darauf zurückzuführen, dass es lange Zeit keine verbindlichen Ausweisvorschriften gab. Recht zynisch hat *Turner*, ehemaliger *Chief Accountant* der SEC, die Gewinnveröffentlichungen der Unternehmen als „*'EBS' or 'Everything but Bad Stuff'*" bezeichnet.[807]
Als kritisch gilt ferner, dass der veröffentlichte Pro-forma-Erfolg keiner Kontrolle durch Wirtschaftsprüfer unterliegt.[808] Mangels Prüfung können sich die Adressaten damit nicht auf eine korrekte Aufbereitung der finanziellen Daten durch die Unternehmen verlassen. Darüber hinaus ist die Art und Weise der Unternehmenspräsentation der *pro forma earnings* als problematisch zu werten. Die Veröffentlichung der ungeprüften Gewinn- und Verlustgrößen

---

800 Vgl. Kley/Vater (2003), S. 45.
801 Vgl. Lougee/Marquardt (2002), S. 1.
802 Vgl. Kley/Vater (2003), S. 46.
803 Vgl. Doyle/Lundholm/Soliman (2002), S. 1.
804 Vgl. Heitger/Ballou (2002), S. 1.
805 Heitger/Ballou (2002), S. 1.
806 Vgl. Hillebrandt/Sellhorn (2002), S. 1.
807 Turner (2001), http://www.sec.gov/news/speech/spch468.htm (Abfrage: 2.01.2003). Ähnlich Blitzer (2002), http://www.fese.be/initiatives/speeches/2002/efmc2002_blitzer_speech.htm (Abfrage: 31.08.2003), der den bereinigten Erfolg als „*EBBS or earnings before bad stuff*" bezeichnet. *Blitzer* ist *Managing Director* und *Chairman of the Index Committee Standard & Poor's*.
808 Vgl. Johnson/Schwartz (2002), S. 1.

erfolgt generell mittels Presseerklärungen, wodurch die Informationen einem breiten Publikum zugänglich werden. Vielfach enthalten diese Mitteilungen keinen ausdrücklichen Hinweis auf den fehlenden Bezug zu den US-GAAP und die mangelnde Bestätigung der Ordnungsmäßigkeit der Pro-forma-Erfolgsgröße durch den Wirtschaftsprüfer.[809] Die SEC ist der Meinung, dass die Nachteile des Einsatzes von Pro-forma-Erfolgen die positiven Verwendungsmöglichkeiten überwiegen. Eine Verabschiedung von Regelungen wurde daher als dringend notwendig erachtet.[810]

4.2.2.2 Die Reaktionen der SEC auf Fehlinformationen durch die Bekanntgabe von Pro-forma-Erfolgen

Der US-amerikanische Kongress und die SEC haben die Unzulänglichkeiten der Bekanntgabe von Pro-forma-Gewinnen und -Verlusten grundsätzlich erkannt und legislative Maßnahmen ergriffen, nachdem der Bilanzskandal *Enrons* Schwachstellen des Kapitalmarktsystems offenbart hat. Gemäß Sec. 401b) SOA wurde die SEC angewiesen, Regeln zur Veröffentlichung von Pro-forma-Erfolgen durch Unternehmen, die nach Sec. 13a) oder 15d) SEA berichtspflichtig sind, zu erlassen. Mit den neuen Vorschriften soll verhindert werden, dass – bedingt durch Unwahrheit oder Nichterwähnung wesentlicher Fakten – irreführende Pro-forma-Erfolgen publiziert werden. Die aufgrund der allgemeinen gesetzlichen Vorgabe durch den SOA verabschiedete *Regulation G* der SEC ist anzuwenden, sobald Unternehmen oder deren Führungskräfte einen Pro-forma-Erfolg (*non-GAAP financial measure*) publizieren.[811] In jenem Fall sind die Gesellschaften verpflichtet, die zum Pro-forma-Erfolg am ehesten vergleichbare (*most directly comparable*) US-GAAP-Bewertungsgröße offen zu legen und eine quantitative Überleitung zwischen beiden Erfolgszahlen darzustellen.[812] Die SEC stellt somit den notwendigen Zusammenhang zwischen den publizierten Erfolgsdaten und den Quartals- und Jahresabschlüssen nach US-GAAP her. Handelt es sich um mündliche Äußerungen, sind die zusätzlichen Angaben auf die Homepage des Unternehmens zu stellen. Die exakte Inter-

---

809 Vgl. veranschaulichend zur Praxis der Kommunikation von Pro-Forma Erfolgen unter Berücksichtigung der Finanzanalysten, der Finanzinformationsdienstleister und der Finanzpresse Kley/Vater (2003), S. 47.

810 Für die praktische Umsetzung von SEC-Vorschriften ziehen die Unternehmen häufig die von der SEC veröffentlichten *Questions and Answers* (Q&A) heran. Siehe etwa die Fragen und Antworten zu den Regelungen über Pro-forma-Erfolge SEC (2003n), http://www.sec.gov/divisions/corpfin/faqs/nongaapfaq.htm (Abfrage: 15.08.2003).

811 Zum Anwendungsbereich und zur begrifflichen Eingrenzung des „*non-GAAP financial measure*" SEC (2003), http://www.sec.gov/rules/final/33-8176.htm (Abfrage: 2.02.2003). Die Regelungen beziehen sich auch auf Kennzahlen der Finanzmittelrechnung. Hinsichtlich der Bekanntgabe der Erfolgsgrößen können zusätzlich die Voraussetzungen der *Regulation FD* erfüllt sein. Siehe dazu Abschnitt 4.3.2.

812 Zur allgemeinen Bestimmung siehe Sec. 401b) SOA. Zum Anwendungsbereich der Regelungen für im Ausland ansässige Unternehmen siehe SEC (2003), http://www.sec.gov/rules/final/33-8176.htm (Abfrage: 2.02.2003).

netadresse ist bei der verbalen Stellungnahme zu benennen.[813] An die periodisch bei der SEC einzureichenden Berichte stellt die Behörde zusätzliche Auflagen.[814] Falls die Unternehmen Pro-forma-Erfolge im Bericht angeben, ist zusätzlich zur Angabe der Vergleichsgröße und zur Überleitung zu begründen, warum sie eine nicht mit US-GAAP konforme Erfolgsgröße verwenden.[815] Außerdem ist der Nutzen dieser Information gegenüber den US-GAAP-Zahlen für die Anleger herauszustellen.[816] Zudem hat die SEC die bisherige Entscheidungsfreiheit für die Berechnung solcher Pro-forma-Ergebnisse begrenzt, die in den SEC-Berichten angegeben werden. Unter anderem dürfen die Gesellschaften keine einmaligen, unregelmäßigen oder ungewöhnlichen Erfolgsbestandteile bei der Ermittlung des Pro-forma-Erfolgs herausrechnen, wenn für solche Erfolge entweder in den zwei zurückliegenden Jahren ein ähnlicher Aufwand oder Ertrag erfasst wurde oder sich in den beiden kommenden Jahren ein ähnlicher Geschäftsvorfall mit „ziemlicher Sicherheit" wiederholen wird.[817] Das zuletzt genannte Kriterium wird zu merklichen Folgen in der Praxis führen. Kann das Management nicht ausschließen, dass sich ein Geschäftsvorfall in den beiden darauffolgenden Jahren nicht wiederholen wird, wird es im Zweifel auf eine Eliminierung oder Hinzurechnung von Aufwands- und Ertragsgrößen verzichten.

In diesem Zusammenhang ist es nicht plausibel, warum die SEC die Berechnung von Proforma-Erfolgen, die in den Berichten angegeben werden (z. B. in *Form 10-K*), dermaßen einschränkt, eine entsprechende Beschränkung für die mündliche Kommunikation jedoch nicht vorsieht. Im Übrigen verlangt die SEC nunmehr von Unternehmen, die Meldung von Jahres- und Quartalsergebnissen als Anlage zu *Form 8-K* bei der SEC einzureichen.[818] Auch bei *Form 8-K* gelten die genannten Einschränkungen bei der Ermittlung des Pro-forma-Erfolgs nicht. Dies ist inkonsistent.

Im Januar 2001 hat die SEC die *Trump Hotels & Casino Resorts Inc.* als erstes Unternehmen wegen einer missbräuchlichen Veröffentlichung von Pro-forma-Ergebnissen sanktioniert.[819] Nach Ansicht der Kommission hat *Trump Hotels* im Oktober 1999 einen Gewinn für das dritte Quartal bekannt gegeben, der die Adressaten der Berichterstattung über die tatsächliche Höhe des Erfolgs nach US-GAAP hinwegtäuschte. Der publizierte Pro-forma-Gewinn wurde zwar um einmalige Aufwendungen, nicht aber um Einmalerträge korrigiert. In der Erklärung

---

813 Vgl. SEC (2003), http://www.sec.gov/rules/final/33-8176.htm (Abfrage: 2.02.2003).
814 Vgl. Reg. S-K, Item 10.
815 Vgl. SEC (2003), http://www.sec.gov/rules/final/33-8176.htm (Abfrage: 2.02.2003).
816 Reg. S-K, Item 10 wurde entsprechend ergänzt.
817 Vgl. SEC (2003), http://www.sec.gov/rules/final/33-8176.htm (Abfrage: 2.02.2003).
818 Die Frist zur Abgabe der Form-8K bei der SEC beträgt fünf Arbeitstage. Vgl. SEC (2003), http://www.sec.gov/rules/final/33-8176.htm (Abfrage: 2.02.2003).
819 Vgl. SEC (2002h), http://www.sec.gov/news/press/2002-6.txt (Abfrage: 2.01.2003).

Trump Hotels wurde auf die um die Aufwendungen korrigierte Gewinnangabe hingewiesen, der einmalige Ertrag blieb jedoch unerwähnt. Die Mitteilung enthielt zudem an keiner Stelle die Bezeichnung „Pro-forma". Darüber hinaus beinhaltete die Veröffentlichung einen Vergleich zwischen dem Pro-forma-Gewinn und den Schätzungen der Analysten zusammen mit der Feststellung, dass die Erwartungen der Analysten aufgrund operativer Ergebnisverbesserungen übertroffen wurden. Am Tag der Presseverkündung stieg der Aktienkurs um 7,8%. Als ein Finanzanalyst den Effekt der im Pro-forma-Gewinn berücksichtigten Einmalerträge drei Tage später herausfand, fiel der Aktienkurs um etwa 6%. Nach Auffassung der SEC hat *Trump Hotels* gegen Sec. 10b) SEA und die darunter zu subsumierende *rule* 10b-5 verstoßen, weil die Gesellschaft durch das Verhalten ihres CEO, CFO und Leiters der Finanzabteilung die Anleger wissentlich oder fahrlässig getäuscht habe. Die SEC hat mit *Trump Hotels* einen nicht näher erläuterten Vergleich geschlossen. Ferner hat die Kommission eine Verfügung gegen *Trump Hotels* angeordnet, derzufolge das Unternehmen Verstöße gegen diese Vorschriften zu unterlassen hat.[820]

Der Bekanntgabe des *enforcement*-Falls ging eine generelle Warnung der SEC an die Unternehmen und Investoren voraus. In zwei Veröffentlichungen empfahl die Behörde den Unternehmen unter anderem angemessene Annahmen bei dem Ausweis eines Pro-forma-Erfolgs[821] zu verwenden und offen zu legen und machte die Anleger auf die Risiken der Gewinngröße aufmerksam.[822] Die publizierten Empfehlungen wurden größtenteils in den zwischenzeitlich verabschiedeten Rechtsvorschriften der SEC umgesetzt.

Erst die zukünftige Unternehmenspraxis wird erkennen lassen, inwieweit die getroffenen legislativen Maßnahmen der SEC hilfreich sind, den Fehlentwicklungen bei der Verwendung von Pro-forma-Ergebnissen entgegenzuwirken. Es ist anzunehmen, dass die Zahl der *enforcement*-Fälle im Bereich des *business reporting* signifikant ansteigen wird, weil z. B. die geforderte Überleitung unzureichend ist. Des Weiteren wird es sicherlich Grenzfälle der Normkonformität geben, wenn sich herausstellt, dass Erfolgsbestandteile des Pro-forma-Erfolgs in den SEC-Berichten der beiden Vorjahre eliminiert wurden, obwohl sich ein gleichartiger Geschäftsvorfall in der Folge wiederholt hat. Ein *enforcement* war bislang mangels besonderer tatbestandsmäßiger Rechtsvorschriften im Zusammenhang mit Pro-forma-Erfolgen aus Sicht der SEC wenig aussichtsreich.

---

820 Vgl. zu diesem geschilderten Fall SEC (2002g), http://www.sec.gov/litigation/admin/34-45287.htm (Abfrage: 2.01.2003).

821 Vgl. SEC (2001b), http://www.sec.gov/rules/other/33-8039.htm (Abfrage: 2.01.2003).

822 Vgl. SEC (2001c), http://www.sec.gov/investor/pubs/proforma12-4.htm (Abfrage: 2.01.2003). Schon im Jahre 1973 hat die SEC die Investoren vor möglichen irreführenden Finanzgrößen außerhalb der US-GAAP gewarnt. Vgl. ASR No. 142.

4.3. Kritische Würdigung der Überwachungsfunktion der SEC

4.3.1 Die gewaltenübergreifenden Kompetenzen der SEC

Die Staatsgewalt in den USA wird generell durch den Präsidenten (Spitze der Exekutive), den Kongress (Legislative) und die Rechtsprechung (Judikative) ausgeübt.[823] Die obersten Bundesbehörden, wie z. B. die SEC, sind eine Besonderheit des US-amerikanischen Rechtssystems. Sie werden vom Kongress eingesetzt und beaufsichtigen die Bereiche, die der Bund an sie delegiert. Der Impetus zur Gründung von Regulierungskommissionen wie die SEC war die Schaffung handlungsfähiger Einrichtungen, die flexibel auf Entwicklungen in ihrem Zuständigkeitsbereich reagieren sollen.[824] Die SEC vereint sämtliche Kompetenzen im Wertpapierrecht in sich. Die SEC „*may make laws, may act as a public prosecutor in enforcing these laws, and may then determine the guilt or innocence of the person it has accused.*"[825] Zwar wird der SEC die Zielerreichung vereinfacht, da sie mit wirksamen Rechts- und Durchsetzungsmechanismen ausgestattet ist, allerdings sind genau diese gewaltenübergreifenden Kompetenzen als sehr kritisch einzustufen. Durch ihre gleichzeitige Wahrnehmung exekutiver, judikativer und legislativer Aufgaben ist keine effektive gegenseitige Kontrolle der Gewalten gewährleistet. Aufgrund dessen ist die Machtposition der SEC auf dem US-amerikanischen Kapitalmarkt von beachtlichem Ausmaß.

Obwohl die SEC ihre Aufgabe zur Normensetzung an das FASB delegiert hat, behält sie sich das Recht vor, die Rechnungslegung zu beeinflussen.[826] Angesichts des potenziellen Einflusses liegt keine vollumfängliche Kompetenzenübertragung an das FASB vor. Die Übertragung dieser Aufgabe an die private Berufsorganisation ist vor allem bis Ende der 70er Jahre von Politikern kritisiert worden.[827] Sie waren der Meinung, dass die SEC eine aktivere Rolle bei der Erarbeitung von Rechnungslegungsvorschriften einnehmen müsste.[828] Diesen früheren Forderungen wird die SEC noch heute gerecht. Einen weitergehenden Standpunkt nahmen Ende der 70er Jahre die Mitglieder eines Senatsausschusses ein (*Metcalf Subcommittee*), die sich gegen die private Normensetzung aussprachen und dafür plädierten, Rechnungslegungsgrundsätze durch ein neu zu gründendes öffentlich-rechtliches „*Federal Board*" unter direkter Aufsicht des Kongresses zu verabschieden.[829] Eine Regulierung der Rechnungslegung durch

823 Vgl. Herzog (1989), S. 172-183.
824 Vgl. Müller/Vogelsang (1979), S. 7. Nach den Terroranschlägen vom 11.09.2002 in *New York City* ist die Behörde diesem Anspruch beispielsweise gerecht geworden. Vgl. auch Groß/Beyhs (2001), S. 29.
825 Lang/Lipton (1997), S. 242.
826 Vgl. Kaplan (1980), S. 195.
827 Vgl. Sonnemann (1989), S. 22.
828 Als Beweis für diese Behauptung wurde die im Vergleich zu anderen Bundesbehörden geringe Anzahl an Verordnungen angeführt. Vgl. Sonnemann (1989), S. 22.
829 United States Senate (1976), S. 20-22.

das legislative Bundesorgan wurde jedoch wegen der hohen politischen Beeinflussbarkeit der Rechnungslegung abgelehnt.[830]

Auch die enge Verknüpfung zwischen judikativer und exekutiver Gewalt im Verwaltungsrecht wird von US-amerikanischen Rechtsexperten verschiedentlich skeptisch betrachtet.[831] Nach ihren Beobachtungen besteht ein latentes Ungleichgewicht zwischen dem einzelnen Beklagten und dem Staat. Die fundamentalen Grundsätze der Gerechtigkeit und Unparteilichkeit gegenüber dem Individuum können durch die gleichzeitige Wahrnehmung der Befugnisse, Untersuchungen durchzuführen und Rechtsurteile im Verwaltungsverfahren erlassen zu können, im Einzelfall beeinträchtigt werden.[832]

Eine Einschränkung ihres Kompetenzbereichs erfährt die SEC durch die US-amerikanische Gerichtsbarkeit. Die Gerichte sind für die Auslegung der Gesetze verantwortlich. Der oberste Gerichtshof (*Supreme Court*) ist in der Verfassung verankert, die Gerichte der unteren Instanzen sind vom Kongress errichtet worden. Den Unternehmen oder Personen, gegen die die Sanktion verhängt werden soll, bleibt bei jedem Verfahren der SEC die Möglichkeit, ein US-Berufungsgericht anzurufen.[833] Die Gerichte gelten als „dritte Partner", die die Beschlüsse der Fachleute der Kommission überprüfen.[834] Sie befassen sich jedoch in der Praxis ziemlich oft mit formalen und weniger mit materiellen Fragen der Entscheidungsfindung der SEC.[835]

Bedenklich ist in diesem Zusammenhang auch das Ineinandergreifen der Kompetenzen der SEC und der des Justizministeriums. Falls die SEC in einem zivilrechtlichen oder verwaltungsmäßigen Verfahren gegen eine Person vorgeht, gegen die zeitgleich auch das Justizministerium strafrechtlich ermittelt, können – wie Rechtsfälle in der Vergangenheit zeigen – folgende Probleme entstehen:

(1) ein möglicher Missbrauch des zivilrechtlichen oder administrativen Verfahrens zu Gunsten der Ermittlungen im Strafverfahren;
(2) ein angebliches Fehlverhalten eines SEC-Mitarbeiters im zivilrechtlichen oder administrativen Verfahren, woraufhin der Beschuldigte beantragt, die Anklage im Strafverfahren fallen zu lassen;

830 Vgl. Nelligan (1980), S. 113.
831 Vgl. Lang/Lipton (1997), S. 242 m. w. N.
832 Vgl. Lang/Lipton (1997), S. 242.
833 Vgl. auch Müller/Vogelsang (1979), S. 14, die diese Option generell in der US-amerikanischen Regulierungspraxis aufzeigen.
834 Müller/Vogelsang (1979), S. 14.
835 Vgl. Müller/Vogelsang (1979), S. 14, deren Feststellung die gesamte Regulierungspraxis in den USA betrifft.

(3) Erkenntnisse im anhängigen Strafverfahren werden unzulässigerweise im laufenden bzw. bevorstehenden zivilrechtlichen oder administrativen Verfahren verwendet.[836]

Die kritischen Stimmen zur fehlenden Gewaltenteilung der SEC scheinen bei den politischen Entscheidungsträgern in den USA kein Gehör zu finden. Dies zeigt sich an dem kürzlich erlassenen SOA, durch den die Machtfülle der SEC nochmals ausgeweitet wurde.

4.3.2 Die einseitige Ausrichtung der Überwachung an den Interessen der Anleger

Eines der Ziele der SEC ist der Schutz der Investoren am Kapitalmarkt.[837] Da die SEC die beiden Publizitätsgesetze SA und SEA vollzieht, ist der Anlegerschutz unmittelbar mit der Offenlegung von Informationen verknüpft. Den Anlegern sollen vollständige und exakte Informationen durch die Unternehmen bereitgestellt werden.[838] Der Grund für die Ausrichtung an den Investoren liegt in der Finanzierungsstruktur der Unternehmen in den USA begründet. US-amerikanische Unternehmen finanzieren sich hauptsächlich über den Kapitalmarkt. Der Finanzierungsbedarf der US-amerikanischen Unternehmen wird größtenteils durch Aktien, d. h. durch Eigenkapital, gedeckt.[839] Auch aus Sicht der Unternehmen gilt: „*American corporations ultimately exist to benefit shareholders.*"[840] Die Zielgruppe der Anleger reicht vom institutionellen Kapitalgeber[841], der über einen hohen Anteil am Unternehmen verfügt, bis hin zum Kleinanleger. Institutionelle Anleger können einen enormen Einfluss auf die Unternehmen ausüben, da sie ein signifikant höheres stimmberechtigtes Anteilsvolumen an Unternehmen halten als private Investoren. Dieses Einflusspotenzial drückt sich auch in entsprechenden Zahlen aus: Ende 2001 haben über 5.000 Investmentgesellschaften ein geschätztes Fondsvolumen von 7 Billionen US-Dollar betreut.[842] Über 54 Millionen US-amerikanische Haushalte, das entspricht ca. 50% aller US-amerikanischen Haushalte, haben ihr Kapital in Investmentfonds, in erster Linie in reine Aktienportfolios[843], angelegt.[844]

Während die professionellen Anleger prinzipiell über die erforderliche Kompetenz und die Ressourcen verfügen, die publizierten Informationen zu verstehen und zu analysieren, sind

---

836 Vgl. Friedman (1981), S. 38-47.
837 Vgl. SEC (2003a), http://www.sec.gov/about/whatwedo.shtml (Abfrage: 26.02.2003).
838 Siehe bereits Abschnitt 3.1.2.1.
839 Vgl. den empirischen Nachweis von Francfort/Rudolph (1992), S. 1059-1079. Im US-amerikanischen System ist ferner die Fremdfinanzierung durch *bonds* bedeutsam.
840 O. V. (1994), S. 89.
841 Zu den institutionellen Investoren zählen z. B. Wertpapierhandelshäuser, Makler, Versicherungsunternehmen, Investmentgesellschaften sowie Pensionsfonds. Vgl. Schimmöller (1974), S. 10-11.
842 Vgl. GAO (2002a), S. 3, 7.
843 Vgl. International Business Publications (2002), S. 64.
844 Vgl. SEC (2003o), http://www.sec.gov/about/gpra2004_2002.pdf (Abfrage: 31.08.2003).

ihnen die Kleininvestoren darin nicht ebenbürtig.[845] In der Vergangenheit haben Unternehmen darüber hinaus häufig Privatanlegern Informationen vorenthalten oder verspätet mitgeteilt. So wurde zum Beispiel die rechtzeitige Warnung über schlechte Ergebniszahlen zuerst Wertpapieranalysten und Investmentbankern übermittelt, bevor eine öffentliche Bekanntgabe erfolgte. Die Großanleger waren dadurch in der Lage, ihre Anteilspapiere am Markt frühzeitig gewinnbringend oder verlustminimierend zu veräußern.

Um eine Gleichstellung zwischen privaten und institutionellen Investoren hinsichtlich der erstmaligen Informationsmitteilung und der Vollständigkeit der Daten herbeizuführen, hat die SEC *Regulation FD* (*fair disclosure*) im Jahr 2000 erlassen. Sobald ein Unternehmen oder dessen Mitarbeiter „wesentliche"[846], noch nicht öffentlich bekannte Unternehmensinformationen an ausgewählte Kreise am Kapitalmarkt (z. B. Wertpapieranalysten, Anlageberater) preisgibt, entsteht die Verpflichtung, die Informationen sämtlichen Kapitalmarktteilnehmern bekannt zu geben.[847]

Aufgrund ihrer unnachgiebigen Haltung gegenüber den Unternehmen im Falle des *earnings management* und der *Regulation FD* hat sich die SEC unter der Ägide von *Arthur Levitt* die Reputation als „Partner" der Kleinanleger wieder erlangt.[848] Während seiner Amtszeit ist der Kleinanleger in den Mittelpunkt der Politik der SEC gerückt.[849] Die Regulierung des Kapitalmarkts durch eine Börsenaufsichtsbehörde kann insbesondere den Kleinaktionären nutzen, da ihre Interessen gebündelt durch eine mächtige Institution vertreten und durchgesetzt werden.[850] Fraglich ist, ob durch die eindimensionale Strategie der SEC, die aktuellen und potenziellen Anleger zu schützen, die Interessen der anderen Gruppen vernachlässigt werden.[851] Da Inves-

---

845 Vgl. Wiemann (1987), S. 179.

846 Siehe zur Konkretisierung Fußnote 297.

847 Geschieht die Veröffentlichung bewusst, ist die Information allen Investoren zur selben Zeit mitzuteilen. Erfolgt die Preisgabe unabsichtlich, so hat ein Unternehmen die Information „unverzüglich" (innerhalb von 24 Stunden) offen zu legen. Die Bekanntgabe kann mittels *Form 8-K* erfolgen. Vgl. SEC (2000j), http://www.sec.gov/rules/final/33-7881.htm (Abfrage: 26.03.2003). Zu den ersten *enforcement*-Fällen u. a. gegen *Siebel Systems, Inc.* und *Motorola, Inc.* vgl. SEC (2002i), http://www.sec.gov/news/press/2002-169.htm (Abfrage: 26.03.2003).

848 Vgl. o. V. (2001), S. 74.

849 Vgl. Glaum/Mandler (1996), S. 180.

850 Diese Feststellung leitet sich aus der Verfahrenspraxis der SEC ab, Geldbußen und herausgegebene Gewinne verklagter Unternehmen und Individuen finanziell geschädigten Investoren zugute kommen zu lassen. Siehe Abschnitt 4.1.9.2 und 4.1.9.3.

851 In Deutschland wird die Gruppe der Anleger vor allem im juristischen Lager unter Verweis auf das verfassungsrechtliche Sozialstaatsprinzip als besonders schutzwürdig hervorgehoben. Vgl. statt vieler Hopt (1975), S. 288-289. Anders als andere Interessengruppen unterliegen die Anleger einem elementaren Risiko des Substanzverlustes, dessen Ausmaß von den Unternehmensverantwortlichen mit beeinflusst wird. Vgl. Renner (1976), S. 10; Ekkenga (1998), S. 27. Der Schutz der Anleger wird in der EU – anders als nach angelsächsischem Verständnis – neben kapitalmarktrechtlichen Regelungen durch das Gesellschaftsrecht wahrgenommen. Vgl. Ekkenga (1998), S. 15-16.

toren sowohl „*credit and equity investors*"[852] sind, impliziert der Anlegerschutz der SEC auch die Sicherung der Interessen der Fremdkapitalgeber. Die Sicherstellung eines Informationsflusses der SEC von den bei ihr registrierten Unternehmen an den Kapitalmarkt schafft einen informationellen Gläubigerschutz und wird damit den Bedürfnissen der Gläubiger eher gerecht als eine vorsichtige Gewinnermittlung.[853] Sie sind wie die Eigenkapitalgeber an präzisen Informationen über die Vermögens-, Finanz- und Ertragslage interessiert. Inhaltlich benötigen sie keine grundlegend anderen Informationen im Vergleich zu Aktionären, um rationale Entscheidungen treffen zu können.

Die Forderung der SEC nach der Offenlegung von Informationen steht im Einklang mit der Zweckbestimmung der Rechnungslegung nach US-GAAP, wonach „*financial reporting should provide information that is useful to present and potential investors and creditors and other users in making rational investment, credit, and similar decisions.*"[854] Das FASB begrenzt die Zielgruppe der Rechnungslegung nicht auf die Eigenkapital- und Fremdkapitalgeber. Das private Rechnungslegungsgremium geht ausdrücklich davon aus, dass die durch die Rechnungslegung bereitgestellten Informationen auch für andere Gruppen nützlich sind.[855] „*[I]nformation provided to meet investors' and creditors' needs is likely ... useful to members of other groups*".[856] Außer den Kapitalgebern werden unter anderem Arbeitnehmer, Kunden und Lieferanten genannt.[857] Diese drei Interessengruppen investierten nach Auffassung des FASB – betriebswirtschaftlich betrachtet – ihre Arbeitskraft, finanzielle Mittel und Produkte und erwarten dafür eine aus ihrer Sicht einträgliche Gegenleistung.[858]

Da die SEC Jahres- und Quartalsabschlüsse gemäß US-GAAP als Bestandteil der einzureichenden Berichte voraussetzt,[859] wird die Zwecksetzung der US-GAAP in die Berichte der SEC transferiert. Die *Division of Corporation Finance* kann zudem dazu beitragen, die Verlässlichkeit der Rechnungslegungsinformationen zu stärken, weil sie die Abschlüsse einer materiellen Prüfung unterzieht. Die SEC kann somit sämtlichen Abschlussadressaten gerecht werden. Auch für die übrigen *stakeholders* sind die in den SEC-Berichten geforderten Informationen von Nutzen. Die verschiedenen Interessengruppen können sich anhand der Finanzberichterstattung ein Bild über das mit dem Unternehmen verbundene Risiko machen, um

852 White/Sondhi/Fried (1998), S. 4. Siehe bereits Fußnote 19.
853 Zusätzlich sichern sich kurz- und langfristige Gläubiger in den USA durch zivilrechtliche Verträge mit den Kreditnehmern ab. Vgl. Wüstemann (1996), S. 424.
854 SFAC 1.34.
855 Vgl. Ballwieser/Kuhner (1994), S. 87-88; Haller (2000), S. 9.
856 SFAC 1.30.
857 Vgl. SFAC 1.24.
858 Vgl. SFAC 1.25.
859 Vgl. Herz et al. (1997), S. 39.

Entscheidungen hinsichtlich ihrer (weiteren) Partizipation an diesem Unternehmen zu treffen. Zusammenfassend lässt sich festhalten, dass die Informationsvermittlung zwar durch den Kapitalmarkt bedingt auf die Bedürfnisse der Anleger ausgerichtet ist, die Informationen jedoch für alle Interessengruppen Nutzeneffekte entfalten können.

4.3.3 Die politische und mediale Einflussnahme auf die SEC

Die Annahme eines „politische[n] Vakuum[s]" ist idealistisch,[860] denn die politischen Entscheidungsträger nehmen durch die Benennung des SEC-Vorsitzenden auf die strategische Ausrichtung der SEC Einfluss. Ein politischer Eingriff in operative Entscheidungen der Kommission kann nicht ausgeschlossen werden.[861] Die Einflussnahme variiert im Zeitverlauf. Da der US-amerikanische Präsident den Vorsitzenden der SEC bestimmt, ist er grundsätzlich derselben politischen Gesinnung. Einem SEC-Vorsitzenden, der der republikanischen Partei nahe steht, wird gemeinhin nachgesagt, einen unternehmensfreundlicheren Kurs einzuschlagen als ein demokratisch gesinnter Vorsitzender.[862] Der ehemalige Vorsitzende *Arthur Levitt* trat im Februar 2001 angesichts des Wahlsiegs des Republikaners *George W. Bush* bei der US-amerikanischen Präsidentschaftswahl von seinem Amt zurück, da er Anhänger des demokratischen Lagers ist.[863] Das ordentliche Ende seiner Amtsperiode war eigentlich auf 2003 festgesetzt. *Levitt* war nach der Ernennung durch den vormaligen demokratischen US-Präsidenten *William Jefferson Clinton* seit Juli 1993 im Amt. Nach seinem Rücktritt folgte der der republikanischen Partei angehörende *Harvey Pitt*. Es gilt als Gepflogenheit, dass der amtierende SEC-Vorsitzende seinen Rücktritt einreicht, wenn ein neuer US-amerikanischer Prä-

---

860 Müller/Vogelsang (1979a), S. 102.

861 Die Berücksichtigung politischer Interessen bei der SEC lässt sich anhand von Indizien erkennen, die einen Rückgriff auf journalistische Recherchen erfordern: einem Bericht der „*Washington Post*" zufolge soll der amtierende US-Präsident *George W. Bush Junior* während seiner Zeit als Mitglied des Prüfungsausschusses und Berater der *Harken Energy* ein rechtswidriges Insidergeschäft getätigt haben, da er schon 16 Tage vor dem Verkauf seines Aktienpakets im Wert von 848.560 US-Dollar der *Harken Energy* von Finanzproblemen des Unternehmens gewusst haben soll. Das Bekanntwerden der finanziellen Nöte löste einen Kurssturz der Aktie aus. Zwar zeigte *Bush* der SEC seine Verkaufsabsicht an, die Frist für die Anzeige des durchgeführten Verkaufs überschritt er jedoch um etwa acht Monate. Bei der anschließenden Untersuchung der SEC – zu dieser Zeit war *George Bush Senior* noch Präsident – wurden jedoch keine Anhaltspunkte gefunden, die den Insiderverdacht erhärtet hätten. *George W. Bush Junior* beteuert von den Problemen der *Harken Energy* nichts gewusst zu haben, obwohl er nach Informationen des unparteiischen Zentrums für öffentliche Integrität (*Center for Public Integrity*) wöchentlich einen Bericht über die Finanzperspektiven der *Harken Energy* erhalten hatte. Die Untersuchungsakten können nach Auskunft der SEC nur veröffentlicht werden, wenn *George W. Bush* dem zustimme. Vgl. Allen/Lardner (2002), http://www.washingtonpost.com/wp-dyn/articles/A1447-2002Jul13.html (Abfrage: 15.07.2002). Die rechtliche Grundlage für die Verkaufsanzeige ist Sec. 16a) SEA. Die frühere Fristregelung von 10 Tagen nach Ablauf des Monats, in der eine Transaktion nach Sec. 16a) SEA stattgefunden hat, wurde durch Sec. 403 SOA transaktionsabhängig auf grundsätzlich zwei bzw. zehn Tage nach der Geschäftsdurchführung verkürzt.

862 Vgl. etwa o. V. (2001a), S. 21; Liebert (2002), http://www.ftd.de/bm/bo/1014399217561.html?nv=rs (Abfrage: 6.01.2003).

863 Vgl. SEC (2001a), S. VII.

sident seine Amtsgeschäfte aufnimmt. Gehört der Präsident einer anderen Partei an als der *Chairman*, wird dem Antrag stattgeben.[864] Dieser Brauch ist m. E. ein potenzielles Risiko für die Wahrung der Unabhängigkeit der SEC. Chronologisch gestaltete sich der Wechsel der Leitung bei den letzten vier US-amerikanischen Präsidenten wie folgt:

Präsidentschaft	**Amtszeit**	**SEC-Vorsitz**[865]	**Amtszeit**
Bush Junior	seit 2001	William H. Donaldson	seit 2003
		Harvey Pitt	2001 - 2003
Clinton	1993 - 2001	Arthur Levitt	1993 - 2001
Bush Senior	1989 - 1993	Richard C. Breeden	1989 - 1993
Reagan	1981 - 1989	David S. Ruder	1987 - 1989
		John Shad	1981 - 1987

Abbildung 8: Kommissionsvorsitzende der SEC während der vergangenen vier Präsidentschaften[866, 867]

Eine politische Instrumentalisierung des Vorsitzenden der SEC kann von politischen Kontroversen der politischen Lager in den USA begleitet sein. Der ehemalige Vorsitzende *Harvey Pitt* wurde aufgrund mehrerer angeblicher Fehlentscheidungen im vergangenen Jahr heftig von der Opposition der US-amerikanischen Regierung kritisiert. Er musste letztendlich zurücktreten, weil er aus Sicht der Regierung politisch nicht mehr haltbar war. Die Medien können durch eine kritische Berichterstattung dazu beitragen, Druck auf Kommissionsmitglieder auszuüben und entsprechend die öffentliche Meinung negativ beeinflussen. Diese Einflussnahmen können die Behörde in Verruf bringen und damit dem Kapitalmarkt schaden.

---

864 Vgl. Buckley/Buckley/Plank (1980), S. 32.

865 Die meisten Kommissionsvorsitzenden waren vor ihrer Zeit bei der SEC als Anwälte tätig. Lediglich *William H. Donaldson* und *Arthur Levitt* waren von den hier aufgeführten Vorsitzenden in einer anderen Funktion beschäftigt. *Donaldson* ist u. a. Gründungsmitglied der Investmentfirma *Donaldson, Lufkin & Jenrette* und war Vorsitzender der *New York Stock Exchange*. *Levitt* war zuvor u. a. Vorsitzender von Wertpapierhandelsunternehmen. Vgl. Jaffe (2002), http://finance.pro2net.com/x36473.xml (Abfrage: 30.08.2003).

866 Interimsvorsitzende bis zur erneuten Ernennung eines Vorsitzenden durch den Präsidenten bleiben außer Betracht.

867 Quelle: SEC Historical Society (2003), http://www.sechistorical.org/museum/museum_chairmen.shtml (Abfrage: 13.03.2003).

4.3.4 Der Zusammenhang zwischen der Regulierungsintensität und der Budgetmaximierung

Die Behörde kann als Organisation an ihrem eigenen Wachstum interessiert sein.[868] Die strategische Erreichung dieses denkbaren Ziels wird durch das individuelle Kalkül der Verantwortlichen der SEC und ihrer Mitarbeiter geprägt. Unter der Annahme der Budgetmaximierung wird die Behörde bestrebt sein, den Markt verstärkt zu regulieren, falls daraus mehr Verwaltung, ein höheres Ansehen und steigende finanzielle Mittel resultieren.[869] Verhält sich die Behörde dementsprechend, könnte dies den Interessen der registrierten Unternehmen entgegenstehen, die eine striktere Überwachung fürchten müssen. Unternehmen, die ein Listing an einer US-amerikanischen Börse anstreben, könnten mit einem reibungslosen und erfolgreichen Ablauf der Zulassung bei der SEC rechnen, da die SEC an einer steigenden Zahl von regulierten Unternehmen interessiert sein müsste. Außerdem würde sich die SEC um mehr Regulierungsaufgaben bemühen. Die Jahresberichte der SEC über ihre Tätigkeit könnten unter anderem ein Indiz für ein derartiges Verhalten sein. Denn die SEC hebt in diesen Berichten eine Reihe von quantitativen Leistungen (z. B. Anzahl der Verfahren, Zahl der Anfragen und Beschwerden) hervor und stellt Indikatoren mit einer Entwicklung der mengenmäßigen Belastung im Periodenvergleich dar. Bei Betrachtung des Berichts sind in zahlreichen Passagen explizite Hinweise der SEC auf ein qualitativ und quantitativ hohes Arbeitsvolumen erkennbar. Des Weiteren hat zum Beispiel der frühere Vorsitzende der SEC, *Harvey Pitt*, vehement eine Ausweitung der Kapazität der SEC gefordert. Für eine genauere Beurteilung bedarf es allerdings einer ausführlichen empirischen Analyse über einen längeren Zeithorizont unter der Berücksichtigung verschiedener exogener Einflüsse (z. B. Entwicklung des Handelsvolumens, technologischer Fortschritt etc.). Eine umfassendere empirisch-statistische Untersuchung der Budgetverteilung im Zeitraum 1936 bis 1987 liegt von *Bealing* vor.[870] *Bealing* hat ermittelt, dass die Höhe des Budgets mit drei Faktoren positiv korreliert. Demnach existiert ein positiver Zusammenhang der Budgetzuteilung mit der Anzahl der *enforcement*-Aktivitäten der SEC, der Höhe des Bruttoinlandprodukts und der Zahl der Unternehmensinsolvenzen.[871]

Auch wenn an dieser Stelle mangels umfangreicher empirischer Evidenz keine endgültige Aussage bezüglich des tatsächlichen Verhaltens der SEC getroffen werden kann, können auf jeden Fall die folgenden Aspekte festgehalten werden:

---

[868] Vgl. Niskanen (1933/1996), S. 41. Das Verhalten von Behörden hat *Niskanen* mit der ökonomischen Theorie der Bürokratie erläutert. Kritisch dazu Müller/Vogelsang (1979a), S. 109-111, die einen Automatismus der tatsächlichen Budgeterhöhung bezweifeln.

[869] Vgl. Niskanen (1933/1996), S. 38.

[870] Vgl. Bealing (1991), S. 125-195.

[871] Vgl. Bealing (1991), S. 191-192.

(1) Die SEC hat einen Handlungsspielraum von einer ausschließlichen Unternehmensorientierung bis hin zu einer Fokussierung auf die Bedürfnisse der *shareholders* und *stakeholders*. Tendenziell dürfte die tatsächliche Ausrichtung in der Praxis von den persönlichen Wertvorstellungen der Kommissionsmitglieder abhängen.[872]
(2) Die politisch Verantwortlichen sollten darauf bedacht sein, dass weder der Aufbau einer Behörde[873] noch eine mögliche spätere Erweiterung eine Eigendynamik in Bezug auf das Budget, Prestige etc. entfaltet.
(3) Die Budgetmaximierung wird eher von den Stabsmitarbeitern initiiert.[874]

4.3.5 Die Auswahl der Untersuchungs- und Durchsetzungsfälle

Da die SEC bei der reaktiven Überwachungspolitik die Anonymität des Hinweisgebers auf einen möglichen Verstoß eines Unternehmens bzw. Individuums garantiert, können bestimmte Interessengruppen (z. B. Konkurrenzunternehmen, ehemalige Mitarbeiter) geneigt sein, das Instrument der Preisgabe von Anschuldigungen zu missbrauchen, um ein Unternehmen absichtlich zu schädigen, obwohl die Vorwürfe jeder Grundlage entbehren. Eine Prüfung durch die SEC bindet Ressourcen im Unternehmen und verursacht daher Kosten.[875] Auch auf Seiten der SEC kann eine reaktive Kontrollpolitik zu einer Schwächung führen, wenn die Behörde Anschuldigungen nachgeht, die sich nach deren juristischer Überprüfung als haltlos erweisen.

Ein weiteres Risiko kann in Bezug auf eigennützige Kommissionsmitglieder bzw. andere Entscheidungsträger innerhalb der SEC bestehen. Persönliche Karriereziele können beispielsweise zu intensiveren Überprüfungen führen. Die Auswahl der Fälle wird dabei auf populäre Namen begrenzt. Mit einem unnachgiebigen Vorgehen gegen namhafte externe Parteien könnten einzelne Mitarbeiter anstreben, sich zu profilieren. Eine öffentlichkeitswirksame Darstellung von Maßnahmen gegen weithin bekannte Unternehmen bzw. Individuen kann ferner dazu beitragen, die Reputation der SEC zu steigern und ihre Stellung gegenüber der US-amerikanischen Regierung zu stärken. Denn die Kapitalmarktteilnehmer bilden sich unter anderem auf der Grundlage der Meldungen über Durchsetzungsaktivitäten der SEC ein Urteil über die Stärke der Regulierungsinstanz. Demgegenüber können insbesondere die Kommissare dazu neigen, eine unternehmensfreundliche Politik zu verfolgen. Da ihre Amtszeit begrenzt ist, versuchen sie während ihrer Aufsichtstätigkeit gütlich mit den Unternehmen auszukommen, um ihre langfristigen Karrierechancen in der Wirtschaft zu wahren. So ist es durchaus

---

[872] Vgl. ebenso Müller/Vogelsang (1979a), S. 104-109, die verschiedene Verhaltensmodelle für Kommissionen erläutern.
[873] Diese Feststellung gilt ebenso für private Instanzen mit privaten Finanziers.
[874] Vgl. Müller/Vogelsang (1979a), S. 111.
[875] Vgl. Böckem (2000), S. 44.

vorstellbar, dass kontroverse Beschlüsse bewusst vermieden werden. Falls Unternehmen eine Entscheidung der SEC erfolgreich vor Gericht anfechten, hat dies einen Reputationsverlust für die SEC generell und die Kommissare im Speziellen zur Folge. Die Entwicklung der SEC unterliegt keinem festgelegten Schema, da sie maßgeblich von ihren Entscheidungsträgern geprägt wird.[876] Die richtige Selektion der Kommissionsmitglieder mit ihren individuellen Wertvorstellungen ist damit richtungsweisend für den Kurs der SEC.

4.3.6 Der Mangel an personellen Ressourcen in der Behörde

Eine der am häufigsten gestellten Fragen nach dem Bekanntwerden der zahlreichen Bilanzskandale in den USA war die Frage, warum die SEC die Bilanzmanipulationen nicht entdeckt hat. Wie die Behörde im Fall *Enron* zugeben musste, hatten die Mitarbeiter seit 1997 keinen Bericht des Unternehmens mehr überprüft.[877] Die SEC prüfte die Finanzberichterstattung des Unternehmens erst Ende 2001, nachdem *Enron* einen hohen Quartalsverlust verkündet hatte. Wie nach den Bilanzskandalen bekannt wurde, ist die Behörde mit der Erledigung ihrer Aufgaben überlastet. Zwischen der Fülle der zu bewältigenden Aufgaben und den personellen Ressourcen ist in den vergangenen Jahren ein Missverhältnis entstanden. Die Diskrepanz wird anhand verschiedener Trends erkennbar.

Seit 1991 hat die Zahl der bei der SEC eingereichten SEC-Berichte um fast 60% zugenommen, während die Anzahl der Mitarbeiter für die Überprüfung der Berichte lediglich um ca. 29% gestiegen ist.[878] Allein seit 1999 erhält die SEC mehr als 70.000 Beschwerden und Anfragen pro Jahr.[879] Die Zahl der Beschwerden und Anfragen verdoppelte sich damit im letzten Jahrzehnt. Im Vergleich dazu standen in 2000 nur 16% mehr *enforcement*-Mitarbeiter zur Verfügung, die Beschwerden und möglichen Hinweisen Dritter nachgehen, als im Jahr 1990.[880] Die Entwicklung der Anzahl der Beschwerden und Anfragen in den letzten fünf Jahren gibt die folgende Grafik wieder:

---

[876] „*Regulators are not automatons, but men and women...*“, Hilton (1972), S. 47.

[877] Vgl. Staff to the Senate Committee on Governmental Affairs (2002), S. 31.

[878] Vgl. GAO (2002d), S. 3.

[879] Davon kamen im Jahr 2002 etwa 80% der Kontakte durch das Internet, per *e-mail* oder durch das Telefon zustande. Die Zahl der Beschwerden lag bei 21.613 im Jahr 2002, hiervon richteten sich 9.452 gegen Händler oder Makler. Vgl. SEC (2003e), S. 24-25.

[880] Vgl. GAO (2002d), S. 3. Die Beschwerden und Anfragen beziehen sich auf sämtliche Regulierungsbereiche des Kapitalmarkts. Die Zuständigkeit der *enforcement*-Mitarbeiter ist nicht auf die Berichterstattung von Unternehmen begrenzt.

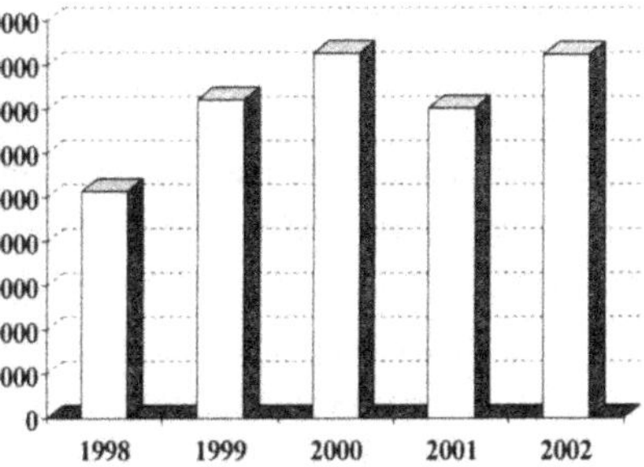

Abbildung 9: Anzahl der an die SEC gerichteten Beschwerden
und Anfragen im Zeitraum 1998 bis 2002[881]

Die personellen Engpässe haben bei der Überprüfung von SEC-Berichten bewirkt, dass die Unterlagen entweder nicht oder nur teilweise kontrolliert wurden. Von den 330 Mitarbeitern in der *Division of Corporation Finance* sind etwa 144 Rechtsanwälte und 107 Rechnungslegungsspezialisten, die für die Durchsicht der Finanzdokumente von etwa 17.000 kapitalmarktorientierten Gesellschaften zuständig sind.[882] Mithin war die Wahrscheinlichkeit, dass der Abschluss von *Enron* in die Stichprobe der Überprüfung gekommen wäre, gering.[883] Der Personalmangel hat darüber hinaus zu einer schleppenden Ausführung von Aufgaben geführt. Viele *enforcement*-Aktivitäten haben sich in die Länge gezogen oder konnten mangels Personal überhaupt nicht initiiert werden.[884]

Neben der Durchsicht aller Berichte anlässlich von Neuemissionen, war es das erklärte Ziel der SEC, die periodischen Berichte alle drei Jahre einer Kontrolle zu unterziehen. Tatsächlich schaffte es die SEC in 2001 lediglich, 2.280 (im Jahr 2000: 1.535[885]) von insgesamt 14.600

881 Quelle: SEC (2003e), S. 25.

882 Vgl. Staff to the Senate Committee on Governmental Affairs (2002), S. 9; ähnlich in 2000 SEC (2000e), S. 3.

883 Die SEC wurde nach dem Bilanzskandal *Enrons* kritisiert, weil *red flags* (z. B. Veränderung der Geschäftstätigkeit, rasantes Wachstum) in den Abschlüssen *Enrons* im *screening process* missachtet bzw. übersehen wurden. Vgl. Staff to the Senate Committee on Governmental Affairs (2002), S. 35.

884 Vgl. GAO (2002d), S. 5.

885 Vgl. SEC (2001a), S. 69.

Forms 10-K zu überprüfen.[886] Mit dem geprüften Anteil von 16% der Jahresberichte wurde die interne Vorgabe damit deutlich verfehlt.[887] Ferner ergaben Untersuchungen eines Kongressausschusses nach dem Konkurs *Enrons*, dass in den Jahren 1999 bis einschließlich 2001 die *Form 10-K* von nur etwa 53% aller Unternehmen kontrolliert werden konnte.[888]

Exogene Faktoren bedingen die Arbeitsüberlastung der SEC. Der technologische Fortschritt hat die Marktstrukturen und den Zugang der Investoren auf den Markt verändert. Das Handelsvolumen am US-amerikanischen Wertpapiermarkt hat sich im Zeitraum 1980 bis 2000 verdreißigfacht.[889] Damit verbunden war ein signifikanter Anstieg des Emissionsvolumens von 379 Milliarden auf 2.3 Billionen innerhalb von zehn Jahren.[890] Die Anzahl der ausländischen Registrierungen hat sich während dieser Zeit mehr als verdreifacht.[891] Die Internationalisierung der Kapitalmarktteilnehmer auf dem US-amerikanischen Wertpapiermarkt erfordert eine verstärkte Zusammenarbeit mit Regulierungsinstanzen anderer Staaten.[892] Außerdem erschwert die zunehmende Komplexität von Rechnungslegungssachverhalten (z. B. innovative Finanzprodukte[893] und komplexe Konzernstrukturen), die SEC-Berichte zu prüfen und Untersuchungen durchzuführen, da die Feststellung der Vergehen und die damit verbundene Beweisfindung mühevoller sind.[894]

Ketz forderte bereits 1999 zur Gewährleistung einer wahrheitsgetreuen Finanzberichterstattung: *„changes to the current culture or a significant increase in the resources of the Enforcement Division.“*[895] Doch eine Aufstockung der Mitarbeiterzahl als Personalmaßnahme allein wird nicht ausreichend sein. Außerdem ist es für die SEC problematisch, qualifizierte Mitarbeiter auf dem Arbeitsmarkt zu finden und die Angestellten langfristig an die Behörde zu binden.[896] Das durchschnittliche Gehaltsniveau ist im Vergleich zur Vergütung anderer Regulierungsinstanzen und des privaten Sektors deutlich geringer.[897] Als Folge ist die Fluktuation der

---

886 Vgl. GAO (2002a), S. 23.

887 Vgl. Nocera (2002), S. 41; Walker (2002), http://www.pwccomperio.com/search97cgi/s97is_english.dll (Abfrage: 5.01.2003).

888 Vgl. Staff to the Senate Committee on Governmental Affairs (2002), S. 11.

889 Vgl. GAO (2002a), S. 6.

890 Vgl. SEC (2002j), http://www.sec.gov/news/studies/payparity.htm (Abfrage: 18.10.2002).

891 Vgl. SEC (2002j), http://www.sec.gov/news/studies/payparity.htm (Abfrage: 18.10.2002).

892 Vgl. SEC (2002j), http://www.sec.gov/news/studies/payparity.htm (Abfrage: 18.10.2002).

893 Vgl. Walker (2002), http://www.pwccomperio.com/search97cgi/s97is_english.dll (Abfrage: 5.01.2003).

894 Die erforderlichen Ressourcen für eine Normdurchsetzung hängen überdies vor allem von den rechtlichen Tatbestandsmerkmalen, der Zahl der Investoren und der Beklagten sowie der Kooperation der Beklagten ab. Vgl. SEC (2000a), http://www.sec.gov/about/gpra1999-2000.shtml (Abfrage: 26.11.2002).

895 Ketz (1999), S. 52.

896 Vgl. SEC (2002j), http://www.sec.gov/news/studies/payparity.htm (Abfrage: 18.10.2002).

897 Vgl. Unger (2001), http://www.sec.gov/news/speech/spch465.htm (Abfrage: 25.02.2003); zu weiteren Gründen GAO (2002a), S. 5.

Mitarbeiter fast doppelt so hoch wie in anderen Bundesbehörden.[898] Im Jahr 2000 lag sie im Durchschnitt bei ca. 15%.[899] Zwar erzielt die SEC hohe Budgetüberschüsse, wie oben festgestellt wurde[900], doch die Reinerträge fließen in den US-amerikanischen Staatshaushalt. Die Mehreinnahmen stehen somit nicht für Neueinstellungen oder Gehaltserhöhungen zur Verfügung.

Um die personellen Defizite der SEC zu verringern, hat der US-amerikanische Kongress ein Gesetz verabschiedet, das Gehaltsdifferenzen der SEC zu den anderen Regulierungsbehörden in den USA ausgleicht (*Investor and Capital Markets Fee Relief Act* („*Pay Parity Act*")). Die SEC-Mitarbeiter erhalten nunmehr höhere Gehälter.[901] Zudem wurde das Budget der SEC ab 2003 signifikant angehoben, damit die Behörde den Personalbestand aufstocken kann. Nach aktuellen Plänen von Präsident *Bush* ist eine Verdoppelung des Budgets auf 842 Millionen US-Dollar vorgesehen.[902]

898 Vgl. GAO (2002e), S. 6.
899 Vgl. GAO (2001a), S. 1.
900 Siehe Abschnitt 4.1.10.
901 Vgl. SEC (2002j), http://www.sec.gov/news/studies/payparity.htm (Abfrage: 18.10.2002).
902 Vgl. White House (2003), http://www.whitehouse.gov/news/releases/2003/01/20030111-1.html (Abfrage: 27.03.2003).

5 Übertragbarkeit der SEC-Strukturen auf Deutschland bzw. Europa

5.1 Gegenwärtiges System der Kapitalmarktaufsicht in Deutschland

5.1.1 Bundesanstalt für Finanzdienstleistungsaufsicht und Börsen

Das deutsche System der Durchsetzung einer regelkonformen Finanzberichterstattung eines Unternehmens ist de lege lata durch unternehmensinterne[903] und unternehmensexterne Aufsichtselemente gekennzeichnet. Zu den Durchsetzungsorganen zählen die BaFin, die Börsen, die Abschlussprüfer, der Aufsichtsrat, die Wirtschaftsprüferkammer, die Registergerichte und die steuerliche Außenprüfung. Die Judikative ist diesen Instanzen übergeordnet.

Die BaFin ist im Bereich der Wertpapieraufsicht neben der erwähnten Aufsicht der Ad-hoc-Publizität sowie des Verbots der Kurs- und Marktpreismanipulation am Kapitalmarkt verpflichtet, den (außer-)börslichen Wertpapierhandel zu überwachen sowie den Insiderhandel zu verfolgen und präventiv zu bekämpfen. Des Weiteren ist sie zur Kontrolle der Pflichtpublizität von Veränderungen der Stimmrechtsanteile bei Unternehmen, die im Amtlichen Handel notiert sind, sowie zur Überwachung der Verhaltensregeln und Organisationspflichten der Wertpapierdienstleistungsunternehmen verpflichtet.[904]

Zu den legislativen Kompetenzen gehören der Erlass von Rechtsverordnungen und Richtlinien im Zusammenhang mit der Überwachung der Wertpapierdienstleistungsunternehmen.[905] Die exekutiven Kompetenzen der Börsenaufsicht im Bereich der Kapitalmarktkommunikation wurden im Jahr 2002 erweitert. Die BaFin ist zusätzlich zur Überwachung der Ad-hoc-Publizität ermächtigt worden, Täuschungen und unrichtigen sowie unterlassenen Angaben zur Kurs- und Marktpreismanipulation entgegenzutreten.[906] Um diese Aufgabe erfüllen zu können, wurden der Behörde umfassende Ermittlungskompetenzen, wie z. B. das Recht auf Auskunft und Vorlage von Dokumenten durch den Beschuldigten, eingeräumt.[907] Ihre verwaltungsrecht-

---

[903] Als unternehmensinternes Organ wird in dieser Arbeit einzig der Aufsichtsrat behandelt, da ihm externe Mitglieder angehören.

[904] Vgl. für die Vorgängerinstitution BAWe Kümpel (1996), S. 192. Zu den Aufgaben in den Bereichen Banken- und Versicherungsaufsicht siehe die Homepage der Bundesanstalt für Finanzdienstleistungsaufsicht unter http://www.bafin.de/ (Abfrage: 28.08.2003).

[905] Vgl. § 35 Abs. 6 WpHG und § 36 Abs. 5 WpHG.

[906] Eine Konkretisierung der gesetzlichen Bestimmung der Überwachung des Verbots der Kurs- und Marktpreismanipulation durch eine Rechtsverordnung gemäß § 20a Abs. 2 Satz 2 und 3 WpHG ist noch nicht erfolgt. Insofern verbleibt bislang noch eine Rechtsunsicherheit. Siehe zu einer Erläuterung dieser Vorschrift und insbesondere zu den Tatbestandmerkmalen Park (2003), S. 1513-1517.

[907] Vgl. § 20b Abs. 2 und 3 WpHG.

liche Verfügungskompetenz setzt sie durch Sanktionen um. Bei Ordnungswidrigkeiten[908], z. B. bei Verstößen gegen die Ad-hoc-Publizität oder bei Manipulationen durch unrichtige Angaben oder durch das Verschweigen von Angaben „ohne tatsächliche Einwirkung“[909] auf den Kurs bzw. Preis, kann die BaFin Geldbußen verhängen.[910] Die Höhe der Geldbußen hängt von der Art der Ordnungswidrigkeit ab und beträgt bis zu eineinhalb Millionen Euro.[911] Darüber hinaus kann die BaFin ihre Verfügungen mit Zwangsmitteln durchsetzen. Allerdings ist die Höhe des Zwangsgelds auf maximal 50.000 Euro limitiert. Solche Sanktionen wirken kaum präventiv. Strafrechtliche Kurs- und Preismanipulationen sowie Insidervergehen werden drastischer bestraft, da sie mit einer Freiheitsstrafe von bis zu fünf Jahren belegt werden können.[912] Jedoch hat die BaFin insoweit nur ein strafrechtliches Voruntersuchungsrecht, da sie den Fall an die zuständige Staatsanwaltschaft weiterleiten muss.[913]

Vor dem Hintergrund der Globalisierung obliegt der BaFin die Zusammenarbeit mit den Wertpapieraufsichtsinstanzen ausländischer Staaten.[914] Sie kooperiert mit den ausländischen Wertpapieraufsichtsinstanzen unter anderem bei der Überwachung des Insiderhandelsverbots[915] und der Meldepflichten bei Veränderungen von Stimmrechtsanteilen.[916] Des Weiteren ist die BaFin Mitglied in internationalen Gremien, insbesondere in der *International Organization of Security Commissions*[917] (IOSCO)[918], der Vereinigung internationaler Wertpapieraufsichtsinstanzen, und in dem *Committee of European Securities Regulators* (CESR)[919], dem Komitee europäischer Wertpapieraufsichtseinrichtungen.

Die Wertpapieraufsicht in Deutschland ist institutionell durch ein föderal-dezentralistisches System geprägt.[920] Die Kompetenzen verteilen sich auf drei Verwaltungsebenen. Demnach kooperieren die BaFin, die Börsenaufsichtsbehörden der Länder[921] und die Börsenselbstver-

---

908 Die Tatbestände für das Vorliegen einer Ordnungswidrigkeit und die Betragsgrenzen sind in § 39 WpHG festgelegt.

909 BT-Drucksache 14/8017, S. 98.

910 Die rechtliche Grundlage, die die BaFin zur Festsetzung von Geldbußen ermächtigt, bildet § 40 WpHG i. V. m. § 36 Abs. 1 Nr. 1 Gesetz über Ordnungswidrigkeiten (OWIG). In den Jahren 2000 und 2001 hat das vormalige BAWe in neun Fällen Bußgelder wegen Verstoßes gegen die Bestimmungen zur Ad-hoc-Mitteilung verhängt. Vgl. BAWe (2002), S. 9.

911 Vgl. § 39 Abs. 3 WpHG.

912 Vgl. § 38 WpHG.

913 Vgl. § 18 WpHG.

914 Vgl. § 7 Abs. 1 WpHG.

915 Vgl. §§ 19 und 20b) Abs. 6 WpHG.

916 Vgl. § 30 WpHG.

917 Vgl. Kümpel (1996), S. 195-196.

918 Siehe ebenso Abschnitt 5.5.

919 Siehe detaillierter Abschnitt 5.4.1.1.

920 Vgl. Kümpel (2000), S. 1190; Segna (1999), S. 20.

921 Einen Zugriff auf Informationen über die deutschen Börsenaufsichtsbehörden der Bundesländer ermöglicht http://www.boersenaufsicht.de.

waltung.[922] Der Bund nimmt seine Aufsichtsfunktion durch die BaFin, die dem Bundesministerium der Finanzen zugeordnet ist, wahr. Den Börsenaufsichtsbehörden der Länder obliegt vor allem die Überwachung des Handels und der Geschäftsabwicklung.[923] Sie kooperieren mit der BaFin, indem Vertreter der Länder im Wertpapierrat der Bundesanstalt beratend tätig sind.[924] Die Zusammenarbeit vollzieht sich außerdem häufig bei der Aufdeckung von Insidergeschäften.[925] Der dritte Überwachungsträger sind die Handelsüberwachungsstellen als Organ der Börsenselbstverwaltung. Dieses Organ ist an jeder Börse in Deutschland eingerichtet.[926] Den Handelsüberwachungsstellen obliegt die Kontrolle der Geschäftstransaktionen an der Börse.[927] Ihre wesentliche Aufgabe besteht darin, die Preisbildungen und Kursfeststellungen im Handel umfassend zu kontrollieren.[928]

Über die Zulassung von Wertpapieren zum Amtlichen Handel und zum Geregelten Markt beschließt die Zulassungsstelle als selbständiges Börsenorgan.[929] Ferner ist diese Einrichtung für die Kontrolle der Einhaltung der Zulassungsfolgepflichten zuständig.[930] Der Sanktionsausschuss einer Börse kann gegen einen Emittenten ein Ordnungsgeld bis zu 250.000 Euro verhängen, wenn dieser vorsätzlich oder leichtfertig gegen seine Pflichten aus der Zulassung verstößt.[931] Über eine Rücknahme oder einen Widerruf einer erteilten Zulassung entscheidet grundsätzlich die Geschäftsführung.[932] Im Rahmen der Zulassung und der Überwachung der Zulassungsfolgepflichten wird grundsätzlich keine materielle Prüfung der Jahresabschlüsse und Zwischenberichte vorgenommen.[933] Insoweit wird für Jahresabschlüsse die Prüfung des Wirtschaftsprüfers vorausgesetzt und die prüferische Durchsicht von Quartalsabschlüssen empfohlen.

---

922 *Hopt/Baum* sprechen sich für eine Zentralisierung der Überwachung und den Wegfall der Länderbehörden aus. Nach ihrer Überzeugung ist die gegenwärtige Struktur ein „politischer Kompromiß“. Hopt/Baum (1997), S. 450.

923 Vgl. § 1 Abs. 2 S. 3 BörsG.

924 Der Wertpapierrat ist eine Koordinationsschnittstelle zwischen Länder- und Bundesaufsicht. Vgl. Trouet (1998), S. 147. Er berät die BaFin vor allem bei dem Erlass von Verordnungen und Richtlinien im Hinblick auf mögliche Auswirkungen aufsichtsbezogener Fragestellungen sowie bei der Klärung von Zuständigkeiten und bei Fragen der Kooperation. Vgl. § 5 Abs. 2 WpHG.

925 Im Einzelfall greift die BaFin im Wege der juristischen Organleihe auf die Börsenaufsichtsbehörden der Länder zurück, um Unterstützung bei der Wahrnehmung ihrer Aufgaben zu erhalten. Vgl. noch für das BAWe Kümpel (2000), S. 1225.

926 Die Einrichtung basiert auf der Vorschrift § 1b Abs. 1 BörsG.

927 Vgl. § 4 Abs. 1 BörsG.

928 Vgl. Kümpel (2000), S. 1191.

929 Vgl. Kümpel (2000), S. 2008-2009.

930 Vgl. § 31 Abs. 1 BörsG; zu den Zulassungs-(folge-)pflichten siehe Deutsche Börse (2003).

931 Vgl. § 20 Abs. 2 Satz 2 BörsG.

932 Vgl. § 20 Abs. 4 BörsG.

933 Vgl. FEE (2001), S. 35. Siehe ebenso Abschnitt 2.1.4.

5.1.2 Abschlussprüfer und Aufsichtsrat

Als externes Überwachungsorgan ist der Abschlussprüfer zur Prüfung der Rechnungslegung gesetzlich verpflichtet.[934] Im zu prüfenden Jahresabschluss können falsche Angaben (Fehler oder regelwidrige Informationen) enthalten sein.[935] Solche falschen Angaben sind auf Unrichtigkeiten oder Verstöße gegen gesetzliche Vorschriften und sie ergänzende Bestimmungen zurückzuführen.[936] Unrichtigkeiten entstehen z. B. durch eine unbewusst falsche Anwendung von Rechnungslegungsvorschriften. Bei Verstößen handelt es sich beispielsweise um Täuschungen und Vermögensschädigungen.[937] Nach § 317 Abs. 1 Satz 3 HGB hat der Abschlussprüfer Unrichtigkeiten und Verstöße, die sich auf die Abbildung der Vermögens-, Finanz- und Ertragslage des Unternehmens wesentlich auswirken, bei gewissenhafter Berufsausübung zu erkennen. Für die Beurteilung, ob der Jahresabschluss keine wesentlichen Falschangaben enthält, bedarf es nach berufsständischen Grundsätzen einer hinreichenden Sicherheit.[938] Das IDW stellt in diesem Zusammenhang fest: *„Aufgrund der jeder Abschlussprüfung innewohnenden begrenzten Erkenntnis- und Feststellungsmöglichkeiten besteht auch bei ordnungsmäßiger Planung und Durchführung ein unvermeidbares Risiko, dass der Abschlussprüfer wesentliche falsche Aussagen nicht entdeckt.“*[939]

Selbst wenn der Jahresabschluss keine unrichtigen Informationen enthält, kann die Darstellung der Vermögens-, Finanz- und Ertragslage im Sinne von § 264 Abs. 2 Satz 1 bzw. § 297 Abs. 2 Satz 2 HGB von der tatsächlichen wirtschaftlichen Lage einer Gesellschaft abweichen, sofern die Unternehmensleitung den Jahresabschluss als Mittel zur Durchsetzung ihrer unternehmerischen Ziele einsetzt. Solange die rechtlichen Vorschriften eingehalten werden, wird sich der Abschlussprüfer nicht in jedem Fall veranlasst sehen, dem Mandanten hinsichtlich des Einsatzes bilanzpolitischer Maßnahmen zu widersprechen. In manchen Situationen kann er dem Druck unterliegen, zukünftige Aufträge nicht zu erhalten, falls er Einwände erhebt.[940] Insbesondere bei Jahresabschlusspositionen, deren Wert geschätzt werden muss (z. B. Rückstellungen, Wertberichtigungen), ist die Ermittlung der exakten Höhe mitunter schwierig. Die Möglichkeit der Widerlegung von Berechnungsannahmen der Unternehmensführung durch den Wirtschaftsprüfer kann im Einzelfall problematisch sein.[941] Der deutsche Gesetzgeber

---

934 Vgl. § 316 bis 324 HGB. Dabei sind die vom IDW festgestellten deutschen Grundsätze ordnungsmäßiger Abschlussprüfung zu beachten.
935 Vgl. IDW (2001), S. 906, Tz. 5.
936 Vgl. IDW (2003a), S. 1-2, Tz. 1.
937 Vgl. Arbeitskreis Externe und Interne Überwachung der Unternehmung der Schmalenbach-Gesellschaft für Betriebswirtschaft (2000), Rn. 91.
938 Vgl. IDW (2003a), S. 6, Tz. 14.
939 IDW (2002b), S. 709, Tz. 25.
940 Vgl. Levitt (1998), S. 2545.
941 Vgl. Wiedmann (2002a), S. 16.

verlangt von den Abschlussprüfern neuerdings eine Kommentierung der Auswirkungen der Ausübung von Wahlrechten sowie der Ausnutzung von Ermessensspielräumen und etwaiger sachverhaltsgestaltender Bilanzmaßnahmen der Unternehmensleitung.[942] Da die Berichterstattung im Prüfungsbericht zu erfolgen hat,[943] wird in erster Linie[944] dem Aufsichtsrat als Empfänger des Berichts eine verbesserte Informationsgrundlage für die Feststellung des Jahresabschlusses (§§ 172, 173 AktG) verschafft.[945] Seit der Verabschiedung des KonTraG wird demnach die Unterstützungsfunktion des Abschlussprüfers für den Aufsichtsrat weiter verstärkt.[946]

Der zum Teil mit externen Mitgliedern besetzte Aufsichtsrat einer Aktiengesellschaft hat im Rahmen seiner Überwachung der Geschäftsführung[947] unter anderem die Rechtmäßigkeit des Jahresabschlusses und des Lageberichts zu prüfen.[948] Hierzu steht ihm ein Einsichts- und Prüfungsrecht in die Bücher, Schriften und Vermögensgegenstände des Unternehmens zu.[949] Falls der Aufsichtsrat einen Verdacht auf Unregelmäßigkeiten in der Rechnungslegung hat, ist er verpflichtet, von diesem Recht Gebrauch zu machen.[950] Die Aufgabe des Aufsichtsrats, die Ordnungsmäßigkeit der Rechnungslegung zu prüfen, überschneidet sich mit dem gesetzlichen Auftrag des Abschlussprüfers.[951] Der Aufsichtsrat hat außerdem sicherzustellen, dass das interne Kontrollsystem des Unternehmens zur Vermeidung bzw. Aufdeckung von Unrichtigkeiten und Verstößen wirksam ist.[952] Des Weiteren erstreckt sich seine Prüfungspflicht darauf, die Jahresabschlusspolitik der Geschäftsleitung zu kontrollieren. Dazu kann er auf bilanzpolitische Tatsachen, die der Abschlussprüfer im Prüfungsbericht zu kommentieren hat, zurückgrei-

---

942 Vgl. § 321 Abs. 2 Satz 3 HGB, neugefasst durch das „Gesetz zur weiteren Reform des Aktien- und Bilanzrechts, zu Transparenz und Publizität (Transparenz- und Publizitätsgesetz)“, vgl. BGBl. I 2002, S. 2684-2685. Eine berufsständische Empfehlung existiert schon seit längerem, vgl. IDW (1999a), S. 608, Tz. 70, 75-76. *Pfitzer/Oser/Orth* werten die Gesetzesvorschrift deshalb als „redundant“ und sehen in der „[Partikularregelung] eine unangemessene Hervorhebung“, Pfitzer/Oser/Orth (2002), S. 164. Auf Falschangaben in der Rechnungslegung ist lediglich in besonderen Fällen einzugehen: Sofern der Abschlussprüfer Tatsachen feststellt, die Unrichtigkeiten oder Gesetzesverstöße im Unternehmen erkennen lassen, hat er hierüber „positiv“ zu berichten. Dabei muss es sich um Fakten handeln, die den Bestand des geprüften Unternehmens oder des Konzerns gefährden oder seine Entwicklung wesentlich beeinträchtigen können oder die schwerwiegende Verstöße der gesetzlichen Vertreter oder der Arbeitnehmer gegen Gesetze, Gesellschaftsvertrag oder die Satzung erkennen lassen. Vgl. § 321 Abs. 1 Satz 3 HGB.

943 Zu beispielhaften Formulierungen vgl. Hoffmann (2002), S. I.

944 Den Jahresabschlussadressaten wird der Prüfungsbericht nicht zugänglich gemacht.

945 „Eine Steigerung der Aussagekraft und Problemorientierung des Prüfungsberichtes ... ist wohl zutreffend.“ WPK (2002b), http://www.wpk.de (Abfrage: 25.02.2003).

946 Hingegen skeptisch im Hinblick auf die praktische Umsetzbarkeit WPK (2002b), http://www.wpk.de (Abfrage: 25.02.2003).

947 Vgl. § 111 Abs. 1 AktG.

948 Vgl. § 171 Abs. 1 Satz 1 AktG.

949 Vgl. § 111 Abs. 2 AktG.

950 Vgl. ADS (1997), § 171 AktG, Tz. 19.

951 Vgl. Hüffer (2002), § 171 AktG, Tz. 5. *Nonnenmacher* betont aus diesem Grund die Notwendigkeit der intensiven Zusammenarbeit zwischen Aufsichtsrat und Abschlussprüfer, vgl. Nonnenmacher (2003), S. 479.

952 Vgl. IDW (2003a), S. 5, Tz. 10.

fen. Außerdem wird ihm der Abschlussprüfer in seiner Bilanzsitzung hierüber berichten müssen.[953] Bilanzpolitische Maßnahmen im Abschluss kann der Aufsichtsrat möglicherweise auch aufgrund der Informationen aus der *Follow up*-Berichterstattung erkennen, sofern die unterjährige Berichterstattung des Vorstands über die Diskrepanzen zwischen der tatsächlichen Geschäftsentwicklung und früher berichteten Zielsetzungen wesentlich von der endgültigen Darstellung im Jahresabschluss abweicht.[954] Der Aufsichtsrat ist berechtigt, gegen bilanzpolitische Maßnahmen der Unternehmensführung Einwendungen zu erheben, sofern durch die Bilanzpolitik die Interessen der Jahresabschlussadressaten konterkariert werden.[955] Falls der Vorstand jedoch nicht auf die Änderungswünsche des Aufsichtsrats eingeht, verbleibt dem Überwachungsgremium gegebenenfalls nur der Ausweg, die Billigung des (Konzern)Jahresabschlusses[956] zu verweigern und die Einwendungen in seinem Bericht an die Hauptversammlung mitzuteilen. Ob die gesetzliche Neuerung der Pflicht des Abschlussprüfers, den Aufsichtsrat über die Jahresabschlusspolitik des Vorstands zu unterrichten, dazu führt, dass der Aufsichtsrat Änderungen in der Rechnungslegung durchsetzt oder möglicherweise Vorstände wegen ihrer „kreativen" Bilanzpolitik entlässt, wird sich in der Praxis erst noch erweisen müssen.

5.1.3 Wirtschaftsprüferkammer

Die Wirtschaftsprüferkammer übt als Träger der beruflichen Selbstverwaltung aller Wirtschaftsprüfer die Berufsaufsicht über ihre Mitglieder aus.[957] Die Berufsaufsicht ist der Disziplinarbefugnis im Beamtenrecht ähnlich.[958] Danach ist die Wirtschaftsprüferkammer dazu verpflichtet, Berufspflichtverletzungen ihrer Mitglieder zu überwachen und Verstöße zu verfolgen. Im Falle einer geringen Pflichtverletzung kann der Vorstand der Wirtschaftsprüferkammer das Verhalten des betreffenden Mitglieds rügen.[959] Die Rüge ist eine Missbilligung des Fehlverhaltens. Bei schwerwiegenden Verstößen gegen Berufspflichten kann der Vorstand der Wirtschaftsprüferkammer beschließen, den zugrunde liegenden Vorgang an die Generalstaatsanwaltschaft als zuständige Ermittlungsbehörde zur Einleitung eines berufsgerichtlichen Ver-

953 Vgl. Böcking/Müßig (2003), S. 47-48.
954 Zu der durch das TransPuG kodifizierten Pflicht der *Follow up-Berichterstattung* siehe Böcking/Dutzi (2003), S. 216.
955 Vgl. ADS (1997), § 171 AktG, Tz. 21.
956 Vgl. § 173 Abs. 1 AktG. Gemäß § 171 Abs. 2 Satz 4 AktG i.d.F. TransPuG muss der Konzernabschluss nunmehr durch den Aufsichtsrat gebilligt werden. Vgl. BGBl. I 2002, S. 2682. Die Vorschrift kommt der Feststellung des Einzelabschlusses gleich.
957 Ihre Aufgaben sind im Einzelnen in § 57 WPO festgelegt.
958 Vgl. IDW (2000a), Abschnitt A, Tz. 374.
959 Vgl. § 63 Abs. 1 WPO.

fahrens weiterzuleiten.[960] Die Berufsgerichtsbarkeit wird durch besondere Kammern und Senate für Wirtschaftsprüfersachen an den ordentlichen Gerichten ausgeübt. Die Wirtschaftsprüferkammer kann auf die Verfahren Einfluss nehmen, indem sie ehrenamtliche Beisitzer für die Besetzung der Berufsgerichte vorschlägt.[961] Die möglichen berufsrechtlichen Sanktionen reichen von einer Verwarnung bzw. einem Verweis über eine Geldbuße bis 50.000 Euro bis zum vollständigen Ausschluss aus dem Beruf.[962] Nach einem aktuellen Gesetzentwurf der Bundesregierung soll die Berufsaufsicht der WPK reformiert werden (5. WPO-Novelle[963]). Bislang kann die WPK zwar ein berufsgerichtliches Verfahren gegen Berufsangehörige einleiten, es ist aber grundsätzlich auszusetzen, wenn wegen desselben Sachverhalts strafrechtliche Anklage erhoben wird. Um den Abschluss berufsgerichtlicher Verfahren zu beschleunigen und hierdurch eine zeitnahe Ahndung von Berufspflichtverletzungen zu ermöglichen, soll der grundsätzliche Vorrang des Strafverfahrens vor dem Berufsgerichtsverfahren aufgehoben werden.[964] Der WPK wird zukünftig als Pflicht auferlegt, der zuständigen Staatsanwaltschaft berufsgerichtlich oder strafrechtlich verfolgbare Pflichtverletzungen eines Berufsangehörigen anzuzeigen, sobald ihr hinreichende tatsächliche Anhaltspunkte vorliegen.[965] Seitens der Staatsanwaltschaft wird in gleicher Weise eine Unterrichtungspflicht gegenüber der WPK für berufsrechtliche Sachverhalte eingeführt.[966] Die Wirtschaftsprüfer werden verpflichtet, durch Auskünfte und der Vorlage ihrer Arbeitspapiere bei der Aufklärung von möglichen Verstößen mitzuwirken.[967] Eine Befreiung von der Verschwiegenheitspflicht wird nicht mehr vorausgesetzt.[968] Die berufsgerichtlichen Verfahren finden nicht mehr unter Ausschluss der Öffentlichkeit statt, wenn die Anschuldigungen im Zusammenhang mit der Durchführung einer Prüfung nach § 316 HGB stehen.[969] Die berufsgerichtlichen Sanktionsmöglichkeiten sollen nach Vorstellung der Bundesregierung verschärft werden. Die geplante Ergänzung des berufsgerichtlichen Sanktionspotenzials ist für die Vorbeugung von Berufspflichtverletzungen hinreichend. Erwähnt seien an dieser Stelle z. B. die berufsgerichtliche Bestrafung durch eine befristete vollständige Ausschließung von der Berufsausübung[970] und der Erlass einer Unterlassungsverfü-

---

960 Vgl. IDW (2000a), Abschnitt A, Tz. 387.
961 Vgl. IDW (2000a), Abschnitt A, Tz. 390.
962 Vgl. § 68 WPO.
963 Siehe Entwurf eines Gesetzes zur Reform des Zulassungs- und Prüfungsverfahrens des Wirtschaftsprüfungsexamens (Wirtschaftsprüfungsexamens-Reformgesetz – WPRefG). Der Gesetzentwurf und eine Synopse zum Entwurf sind im Internet abrufbar unter: http://www.wpo-novelle.de.
964 Vgl. BR-Drucksache 302/03, S. 62.
965 Vgl. BR-Drucksache 302/03, S. 78.
966 Vgl. BR-Drucksache 302/03, S. 79.
967 Vgl. BR-Drucksache 302/03, S. 15-16, Tz. 40.
968 Vgl. BR-Drucksache 302/03, S. 64.
969 Vgl. BR-Drucksache 302/03, S. 19, Tz. 53.
970 Vgl. BR-Drucksache 302/03, S. 75.

gung[971], um eine noch nicht abgeschlossene oder wiederholte Pflichtverletzung zu verhindern. Im Gesetzentwurf ist ferner vorgesehen, den Beirat der Wirtschaftsprüferkammer um berufsfremde Personen zu erweitern (*Public Oversight*-Element).[972] Der erweiterte Beirat soll die Funktion eines Aufsichtratsorgans der WPK übernehmen.[973] Da den Berufsexternen allerdings weder ein Stimm- noch Wahlrecht zuerkannt wird, sondern lediglich die Aufgabe, die berufsständischen Beiratsmitglieder fachlich zu beraten,[974] kommt ihnen wohl eine „Statistenrolle“ zu.

Eine wesentliche Kontrolle der WPK besteht in der Durchsicht öffentlich zugänglicher[975] Jahres- und Konzernabschlüsse sowie der erteilten Bestätigungsvermerke, um die Prüfungsleistungen ihrer Mitglieder zu untersuchen. Die Durchsicht erfolgt mit dem Ziel, Diskrepanzen zu gesetzlichen und berufsrechtlichen Vorschriften sowie sonstigen relevanten Regelungen (z. B. IAS) festzustellen.[976] Sofern die Wirtschaftsprüferkammer Mängel bei ihrer Überprüfung feststellt, kann sie ein Berufsaufsichtsverfahren einleiten.[977] Im Jahr 2001 wurden beispielsweise 7.980 Abschlüsse (im Vorjahr: 9.746)[978] und 15.378 Testate (im Vorjahr: 14.105) kontrolliert.[979] Dabei wurden auf dem Gebiet der Rechnungslegung 1.127 Normabweichungen (im Vorjahr: 646) konstatiert. Eine Auswertung der identifizierten Abweichungen zeigt, dass die Kammer bei ihrer Durchsicht keineswegs nur formale Mängel (z. B. fehlerhafte Gliederung) moniert. Ihre Überwachungstätigkeit ist auch auf substanzielle Kriterien ausgerichtet. So hat die Wirtschaftsprüferkammer in den Konzernabschlüssen nach IAS und US-GAAP zum Beispiel „fehlende Voraussetzungen zur Bildung von Rückstellungen“[980] und eine „unzulässige Bewertung langfristiger Verbindlichkeiten“[981] beanstandet. Die Wirtschaftsprüferkammer belässt es nicht bei einer Fehlerfeststellung, sondern wendet sich schriftlich an die jeweiligen Abschlussprüfer, um die Ursachen der festgestellten Abweichungen zu analysieren. Demzufolge stellten sich die in den Berichtsjahren 2001 sowie 2000 festgestellten fehlenden Jahresabschlussbestandteile in der Regel als unzulängliche Einreichung der Abschlussdokumente beim Bundesanzeiger oder beim Registergericht (Amtsgericht) heraus und lagen damit im

---

971 Vgl. BR-Drucksache 302/03, S. 75.
972 Vgl. BR-Drucksache 302/03, S. 70-71.
973 Vgl. BR-Drucksache 302/03, S. 71.
974 Vgl. BR-Drucksache 302/03, S. 71.
975 Damit sind Abschlüsse gemeint, die im Bundesanzeiger veröffentlicht werden, beim Registergericht hinterlegt werden und der Deutschen Börse AG in elektronischer Form zur Verfügung gestellt werden. Vgl. WPK (2001), S. 3.
976 Vgl. WPK (2001), S. 4.
977 Vgl. WPK (2001), S. 3.
978 Die Zahl schließt Rechenschaftsberichte von Parteien/Fraktionen und von Kapitalanlagegesellschaften ein.
979 Vgl. WPK (2001), S. 3-4.
980 Vgl. WPK (2002), S. 10; WPK (2001), S. 11.
981 Vgl. WPK (2002), S. 11; WPK (2001), S. 12.

Verantwortungsbereich des Unternehmens.[982] Ein Teil der als nicht regelrecht erscheinenden Sachverhalte erwies sich nach Berücksichtigung der Erläuterungen der Abschlussprüfer als ordnungsgemäß. In nur acht festgestellten Abweichungen (im Vorjahr: zwei der 646) im Bereich der Abschlüsse wurden schwerwiegende Berufspflichtverletzungen identifiziert, die zur Beurteilung an den Vorstand der Wirtschaftsprüferkammer weitergeleitet wurden.[983] Ob diese Fälle an die Generalstaatsanwaltschaft weitergeleitet wurden, wurde im Zusammenhang mit den Ergebnissen aus der Durchsicht der Abschlüsse nicht veröffentlicht.

Die Fachaufsicht der Wirtschaftsprüferkammer repräsentiert ein wesentliches Element der Qualitätskontrolle der Abschlussprüfung. Bei der Genauigkeit der Untersuchung und der Beanstandungen ist davon auszugehen, dass die Aufsicht der Wirtschaftsprüferkammer zu einer Sicherung und Verbesserung der Qualität der Berufsausübung beiträgt. Bei der derzeitigen Durchführung der Kontrolle der Abschlüsse wird jedoch für Außenstehende, speziell für Investoren, im Wesentlichen nur die Art und die Häufigkeit der festgestellten Abweichungen erkennbar. Dagegen wird nicht ersichtlich, welchen Unternehmen und Wirtschaftsprüfern die Mängel zuzuordnen sind. Des Weiteren mangelt es auch an der Angabe, welche tatsächlichen Fehler in den Abschlüssen nach Rücksprache mit den Wirtschaftsprüfern verblieben sind und welche speziellen Sachverhalte jenen Fehlern zugrunde liegen.[984] Nicht zuletzt wegen dieser fehlenden Informationen leidet die Transparenz und Nachvollziehbarkeit des Kontrollverfahrens. Die begrenzte Berichterstattung über die Hintergründe von Fehlern ist auf die Verschwiegenheitspflicht nach § 64 WPO zurückzuführen. Demnach unterliegen unter anderem die Angehörigen der WPK in Bezug auf Angelegenheiten, die ihnen im Rahmen ihrer Tätigkeit bekannt werden, der Verschwiegenheit. Eine Aufhebung der Verpflichtung zur Verschwiegenheit ist im erwähnten Regierungsentwurf nicht geplant. Die Berichterstattung der Wirtschaftsprüferkammer bezüglich ihrer Kontrolltätigkeit stellt damit keine Sanktion im Sinne einer adversen Publizität dar. Ebenso wenig ist die Wirtschaftsprüferkammer befugt, bei einer vermuteten Falschbilanzierung eine Sonderprüfung bei einem Unternehmen anzuordnen.[985] Ohnehin ist die Überwachung der Wirtschaftsprüferkammer nicht darauf ausgerichtet, die Unternehmen zur Korrektur fehlerhafter Abschlüsse anzuhalten. Folglich werden die Abschlüsse auch rückwirkend nicht geändert (*restate*). Die Wirtschaftsprüferkammer kann nur zukunftsgerichtet auf eine einheitliche Anwendung der IAS/IFRS und US-GAAP hinwirken, indem sie die Abschlussprüfer über Fehler unterrichtet und auf deren künftiges Bestreben

---

982 Vgl. WPK (2002), S. 4-5; WPK (2001), S. 5-6.

983 Vgl. WPK (2002), S. 5; WPK (2001), S. 6.

984 Ähnlich verhält es sich mit den Verfahren der disziplinarischen Berufsaufsicht und der Berufsgerichtsbarkeit. Die Wirtschaftsprüferkammer belässt es bei wenigen Anhaltspunkten über den Inhalt der Rechtshandlungen. Vgl. exemplarisch WPK (2002c), S. 44.

985 Vgl. Wiedmann (2002), S. 15. Bei Kreditinstituten kann die BaFin als zuständiges Aufsichtsamt, auch ohne

setzt, Fehler zu vermeiden. Die Wirtschaftsprüferkammer macht selbst darauf aufmerksam, „daß ihre Durchsicht nicht die Einrichtung einer Enforcement-Institution ersetzt, die sich ihrerseits an den Bilanzersteller richtet.“[986]

Die Fachaufsicht der Wirtschaftsprüferkammer unterscheidet sich vom *peer review*, bei dem das interne Qualitätssicherungssystem von Wirtschaftsprüferpraxen durch einen anderen Berufsangehörigen geprüft wird. Beim *peer review* handelt es sich um ein Verfahren der beruflichen Selbstverwaltung. In Deutschland wurde das *peer review*-Verfahren im Rahmen der Abschlussprüfung durch das Wirtschaftsprüferordnungs-Änderungsgesetz (WPOÄG) verbindlich eingeführt.[987] Die Regelungen zur externen Qualitätskontrolle traten zum 1. Januar 2001 in Kraft. Das Verfahren des *peer review* wird von der Wirtschaftsprüferkammer verwaltet.[988] Der Prüfer für die Qualitätskontrolle wird von der zu prüfenden Praxis beauftragt, ohne dass die Wirtschaftsprüferkammer in dieses Rechtsverhältnis einbezogen wird.[989] Nach *Küting/Wohlgemuth* besteht ein Nachteil des *peer review* darin, dass „hierbei Interessenkonflikte eine objektive Überwachung gefährden können.“[990] Der deutsche Gesetzgeber hat das Verfahren mit dem Ziel eingeführt, die Qualität der Abschlussprüfung zu stärken. Der *peer review* dient nicht dem Zweck, die Korrektheit eines geprüften Jahresabschlusses im Sinne einer nochmaligen Abschlussprüfung festzustellen. Werden Fehler im Abschluss festgestellt, erfolgt hierüber keine Mitteilung an die Abschlussadressaten.[991] Die Wirksamkeit der Jahresabschlüsse bleibt durch den *peer review* unberührt.[992] Vielmehr soll anhand einzelner Prüfungsaufträge kontrolliert werden, ob in der Prüfungspraxis eine adäquate Durchführung der Aufträge gewährleistet ist.[993] Das Verfahren des *peer review* ist somit nicht darauf ausgerichtet, eine nachträgliche Korrektur fehlerhafter Abschlüsse zu initiieren.[994]

---

besonderen Anlass, Prüfungen vornehmen. Vgl. § 44 KWG.

986 WPK (2002a), http://www.wpk.de/ (Abfrage: 4.12.2002).

987 Durch das WPOÄG wurde ein fehlender Nachweis über die Teilnahme an der Qualitätskontrolle in § 319 Abs. 2 Satz 2 Nr. 2 und Abs. 3 Nr. 7 HGB als Exklusionstatbestand für die Abschlussprüfung eingefügt. Die konkrete Ausgestaltung des Verfahrens der Qualitätskontrolle ist in §§ 57-57h WPO geregelt.

988 Vgl. § 57 Abs. 2 Nr. 14 WPO. Zu diesem Zweck wurde eigens eine Kommission für Qualitätskontrolle (§ 57e WPO) und ein Qualitätskontrollbeirat (§ 57f WPO) innerhalb der Wirtschaftsprüferkammer eingerichtet.

989 Vgl. § 57a Abs. 6 Satz 1 WPO.

990 Küting/Wohlgemuth (2002), S. 266.

991 Vgl. IDW/F.A.Z.-Institut (2002), S. 84.

992 Vgl. BT-Drucksache 14/3649, S. 19.

993 Vgl. IDW (2000b), Abschnitt Q, Tz. 166.

994 Vgl. IDW (2000), S. 1029.

5.1.4 Registergerichte

Die auf der Grundlage handelsrechtlicher Vorschriften erstellten Jahresabschlüsse werden darüber hinaus von den etwa 400 Registergerichten in Deutschland kontrolliert.[995] Allerdings beschränkt sich die Prüfung der beim Handelsregister einzureichenden Unterlagen auf ihre Vollständigkeit[996] und gegebenenfalls auf die vorgeschriebene Bekanntmachung[997] im Bundesanzeiger.[998] Eine materielle Kontrolle des Inhalts der dem Gericht übergebenen Dokumente wird nicht durchgeführt.[999] Für eine systematische Überprüfung mangelt es oftmals an der adäquaten Personalausstattung der Gerichte. Darüber hinaus fehlt es den Mitarbeitern häufig an der fachlichen Kompetenz im Bereich der Rechnungslegung.

5.1.5 Steuerliche Außenprüfung

Extern veranlasste Änderungen der Rechnungslegung gehen von der steuerlichen Außenprüfung aus.[1000] Um die Gleichmäßigkeit der Besteuerung sicherzustellen,[1001] untersucht der Betriebsprüfer hauptsächlich solche steuerbilanziellen[1002] Sachverhalte, die zu definitiven Steuerausfällen, -erstattungen, -vergünstigungen oder nicht unwesentlichen Gewinnverlagerungen führen können.[1003] Die Frist zwischen der Bekanntgabe der Außenprüfung gegenüber dem Unternehmen und ihrem Beginn beträgt in der Regel vier Wochen.[1004] Die Prüfung findet vorwiegend in den Geschäftsräumen des Steuerpflichtigen statt.[1005] Der Steuerpflichtige ist zur Mitwirkung bei der Klärung der Sachverhalte verpflichtet.[1006] Er hat dem Betriebsprüfer sämtliche Aufzeichnungen, Bücher, Geschäftspapiere und sonstige Unterlagen vorzulegen. Außerdem hat er ihm Auskünfte zu erteilen und Aufzeichnungen zu erläutern.[1007] Die steuerlichen Feststellungen der Betriebsprüfungsstelle können aufgrund der Umkehrung des Maßgeblichkeitsprinzips Auswirkungen auf den handelsrechtlichen Einzelabschluss haben. Die umgekehrte Maßgeblichkeit ermöglicht die Inanspruchnahme von Steuervergünstigungen (z. B. Sonderabschreibungen), sofern auch im handelsrechtlichen Einzelabschluss entsprechend Gebrauch

---

[995] Vgl. Schacht (1980), S. 193-194.
[996] Der Umfang der einzureichenden Dokumente ist in § 325 Abs. 1 bis 3 HGB enthalten.
[997] Die Offenlegung ist in § 325 Abs. 2 und 3 HGB geregelt.
[998] Vgl. § 329 Abs. 1 HGB.
[999] Vgl. Morck (2002), § 329 HGB Rn. 1.
[1000] Vgl. §§ 193-207 AO. Regelungen zur Steuerfahndung finden sich in § 208 AO.
[1001] Vgl. § 2 Abs. 1 Satz 2 BpO i. V. m. §§ 85, 199 Abs. 1 AO.
[1002] Die Steuerbilanz von Gewerbetreibenden ist eine Gewinnermittlung durch Vermögensvergleich nach § 4 Abs. 1 EStG i. V. m. § 5 EStG.
[1003] Vgl. § 7 Satz 3 BpO; generelle Prüfungsschwerpunkte bei Großunternehmen nennt Kaligin (2002), S. 16.
[1004] Vgl. § 5 Abs. 4 Satz 2 BpO. Eine Verschiebung aus „wichtige[n] Gründe[n]“ ist möglich, § 197 Abs. 2 AO.
[1005] Vgl. § 6 BpO.
[1006] Zu den einzelnen Mitwirkungspflichten vgl. Burkhard/Adler (2001), § 200 AO, Tz. 7-18.
[1007] Vgl. § 200 Abs. 1 AO.

von ihnen gemacht wird. Gelegentlich entscheiden sich Unternehmen dazu, steuerliche Beanstandungen bei der Erstellung des Konzernabschlusses zu berücksichtigen, sofern dies mit geltenden Rechnungslegungsvorschriften vereinbar ist.

5.1.6 Rechtsprechung

Die Aufsicht des deutschen Kapitalmarkts durch die beschriebenen Organe wird von der Judikative flankiert. Dabei kommt den Finanzgerichten hinsichtlich der Rechnungslegung in der Praxis wesentlich mehr Bedeutung zu als den Zivil- und Strafgerichten sowie dem Europäischen Gerichtshof (EuGH).[1008]

Für das Steuerrecht existiert mit der Rechtsprechung der Finanzgerichtsbarkeit, insbesondere des BFH, eine Instanz, die durch die Rückkopplung des steuerlichen Maßgeblichkeitsprinzips die handelsrechtlichen Grundsätze ordnungsmäßiger Buchführung auslegt. Die umfassende kasuistische Rechtsprechung des BFH hat das Handelsbilanzrecht signifikant geprägt.[1009]

Ein Grund für die spärliche Rechtsprechung der Zivil- und Strafgerichte sowie des EUGH[1010] zur handelsrechtlichen Rechnungslegung dürfte sein, dass die Rechte der Anleger in Deutschland, ihre durch den Kursverfall der Wertpapiere erlittenen Vermögensverluste aufgrund einer fehlerhaften oder falschen Rechnungslegung auf dem Rechtswege durchzusetzen, begrenzt sind. Überdies ist eine Klage für Kleinaktionäre mit Kosten und Risiken hinsichtlich des Urteils verbunden und damit häufig nicht lohnenswert. Im Übrigen ist zu berücksichtigen, dass die Anteilseigner „allenfalls reflexiv geschützt“[1011] werden. Generell zeichnen sich die Fälle des Anlegerschutzes durch eine Vielzahl von Geschädigten mit vergleichsweise geringen Vermögensverlusten je Investor aus.[1012]

Stützt sich der Investor auf unrichtige oder unvollständige Angaben im Emissionsprospekt, stehen ihm mit der börsenrechtlichen Prospekthaftung der §§ 45 bis 48 BörsG, erweitert um die Regelungen nach § 77 BörsG und § 13 VerkProspG, sowie der allgemein-zivilrechtlichen

[1008] Vgl. Böckem (2000), S. 1-2. Ein Großteil der Urteile im Zivil- und Strafrecht bilden Entscheidungen des Reichsgerichts und des Reichsoberhandelsgerichts. Vgl. die Auswertung von Münzinger (1987).

[1009] Vgl. Moxter (1999), S. 5-6.

[1010] Zur bis dato bestehenden Problematik der Zuständigkeit des EuGH im Bilanzrecht vgl. Hommel/Berndt (2000), S. 1747-1748. *Kahle* gibt einen Überblick der Meinungen in der Literatur in Bezug auf die Frage der Zuständigkeit des EuGH im Handelsbilanzrecht. Sofern ein Rechtsfall den Jahresabschluss einer Kapitalgesellschaft betrifft, bestehen demnach kaum Zweifel an der Zuständigkeit des EuGH. Vgl. Kahle (2002), S. 275-276 m. w. N.

[1011] Regierungskommission Corporate Governance (2001), Rn. 277.

[1012] Vgl. Fleischer/Kalss (2002), S. 334.

Prospekthaftung[1013] Rechtsinstitute zur Verfügung. Bei Verstößen gegen Informationspflichten auf dem Sekundärmarkt gab es lange eine rechtliche Unsicherheit, welche Anspruchsgrundlagen für Schadenersatzansprüche geltend gemacht werden können. Der Gesetzgeber hat daher für den Bereich der Ad-hoc-Publizität[1014] für Klarheit gesorgt, indem er eigenständige Anspruchsgrundlagen geschaffen hat.[1015] Anleger, die durch eine unterlassene oder verspätete Veröffentlichung[1016] oder eine unwahre Behauptung[1017] potenziell kurserheblicher Tatsachen einen Schaden erlitten haben, sind grundsätzlich berechtigt, den entstandenen Schaden gegen den Emittenten geltend zu machen.[1018]

Zur institutionellen Struktur zählen außerdem aktien- und handelsrechtliche Vorschriften zur Nichtigkeit von Jahresabschlüssen gemäß § 256 AktG, die Beantragung einer Sonderprüfung gemäß § 258 AktG und die Straf- und Bußgeldvorschriften sowie die Regelungen zum Zwangsgeld in den §§ 331 bis 332 und 334 bis 335b HGB sowie in § 400 AktG.[1019] Das Strafgesetzbuch untersagt Tatbestände der Konkursstraftat. Die aktienrechtliche Nichtigkeitsklage aufgrund inhaltlicher oder prüferischer Mängel[1020] des Jahresabschlusses ist kein geeignetes Mittel des *enforcement*, da sie die vollständige Rechtsunwirksamkeit des Jahresabschlusses zur Folge hat. Die Sonderprüfung kann gerichtlich wegen einer unzulässigen Unterbewertung von Jahresabschlusspositionen oder fehlenden Anhangsangaben[1021] angeordnet werden. Das Ergebnis der Sonderprüfung hat ausschließlich Wirkung für nachfolgende Jahresabschlüsse, eine rückwirkende Anpassung des Abschlusses erfolgt nicht.[1022]

Nach § 331 HGB können vorsätzlich ausgelöste unrichtige Darstellungen im (Konzern-)Jahresabschluss strafrechtlich geahndet werden. Nach § 332 HGB ist es dem Wirtschaftsprüfer und seinem Gehilfen untersagt, unrichtig über das Ergebnis einer Jahresabschlussprüfung zu berichten. Verstöße des Vorstands oder Aufsichtsrats gegen handelsrechtliche Bestimmungen der Aufstellung oder Feststellung des (Konzern-)Jahresabschlusses können gemäß § 334 HGB in einem Ordnungswidrigkeitsverfahren mit einem Bußgeld in Höhe von maximal 25.000 Euro belegt werden. Das Zwangs- und Ordnungsgeldverfahren nach §§ 335, 335a HGB dient zur Durchsetzung fristgerechter Aufstellungs- und Abschluss-

---

[1013] Vgl. Assmann (1997a), S. 275-301, Tz. 94-182.
[1014] Vgl. § 15 WpHG.
[1015] Vgl. Gesetz zur weiteren Fortentwicklung des Finanzplatzes Deutschland (Viertes Finanzmarktförderungsgesetz) vom 21. Juni 2002, BGBl. I 2002, S. 2010-2072.
[1016] Vgl. § 37b Abs. 1 WpHG.
[1017] Vgl. § 37c Abs. 1 WpHG.
[1018] Vgl. Großmann/Nikoleyczik (2002), S. 2034-2036.
[1019] Vgl. ausführlich Tielmann (2001), S. 136-172.
[1020] Des Weiteren gelten Verfahrensfehler als mögliche Nichtigkeitsgründe. Siehe § 256 Abs. 2 und 3 AktG.
[1021] Dies betrifft die Anhangsangaben nach §§ 284-288 HGB.
[1022] Vgl. § 261 Abs. 1 und 2 AktG.

prüfungspflichten sowie von Offenlegungsvorschriften.[1023] Das Registergericht setzt ein Zwangs- oder Ordnungsgeld auf Antrag Dritter fest. Gemäß § 400 AktG ist die vorsätzlich unrichtige Darstellung der Verhältnisse der Gesellschaft durch Mitglieder des Vorstands und Aufsichtsrats strafbar.[1024] Des Weiteren können gemäß §§ 283 Abs. 1 Nr. 5 und 6, 283b StGB Konkursstraftaten verfolgt werden.

5.2. Vorschläge zur marktergänzenden Einrichtung einer *enforcement*-Stelle in Deutschland

5.2.1 Wissenschaftlicher und politischer Stand der Diskussion in Deutschland

Buxbaum/Hopt kritisieren angesichts einer deutlichen Zunahme von EU-Richtlinien zur Rechtsangleichung in den Mitgliedstaaten: „*Europe .. needs less law in the books and more law in action.*“[1025] Diese Bemerkung kann speziell auch auf die deutsche Entwicklung des *enforcement* übertragen werden. Sofern der deutsche Gesetzgeber im Bereich des *enforcement* Maßnahmen ergriffen hat, waren die Handlungen bislang auf eine Erhöhung der Regelungsdichte begrenzt. Die Stärkung oder Einrichtung von Instanzen, die aktiv in das Marktgeschehen intervenieren, wird zwar angedacht, ist derzeit aber noch nicht umgesetzt.

Unter den deutschen Rechnungslegungsexperten und in politischen Kreisen besteht weitestgehend eine Übereinstimmung darüber, dass die Kontrolle der Rechnungslegung deutscher Unternehmen durch Wirtschaftsprüfer um die Überwachung durch eine unabhängige Instanz ergänzt werden muss.[1026] Uneinigkeit besteht jedoch darin, ob es sich bei einer solchen Einrichtung um eine privatwirtschaftliche oder öffentlich-rechtliche Einrichtung oder um eine Kombination aus beidem handeln soll.[1027] Generell werden in diesem Zusammenhang das privatwirtschaftliche FRRP Großbritanniens und die US-amerikanische Börsenaufsichtsbehörde SEC als idealisierte Beispiele genannt. Ebenso offen ist, ob eine rein nationale oder gar europäische Lösung angestrebt werden soll.

Angesichts der in große finanzielle Schwierigkeiten geratenen Philipp Holzmann AG hat Bundeskanzler *Gerhard Schröder* mit Schreiben vom 29. Mai 2000 eine Regierungskommis-

---

[1023] § 335b HGB findet bei Unternehmen in der Rechtsform der oHG und KG Anwendung.
[1024] Vgl. Regierungskommission Corporate Governance (2001), Rn. 184-185.
[1025] Buxbaum/Hopt (1988), S. 250.
[1026] Vgl. Naumann/Tielmann (2001), S. 1454.
[1027] Dies bestätigte sich jüngst in einer Befragung unter den Hochschullehrern des „Arbeitskreises Steuern und Wirtschaftsprüfung“, die sich uneins über die Organisationsform gezeigt haben. Vgl. Mandler (2003), S. 343-347 und 349.

sion „Corporate Governance“[1028] gebildet, die mögliche Defizite des deutschen Systems der Unternehmensführung und -kontrolle untersuchen und Empfehlungen zu deren Behebung erarbeiten sollte.[1029] Die Regierungskommission hat sich in diesem Zusammenhang für die Gründung einer privatwirtschaftlich finanzierten Instanz nach dem Vorbild des britischen FRRP ausgesprochen. Aufgabe der Institution soll es sein, groben Verstößen von Unternehmen gegen Rechnungslegungsvorschriften nachzugehen. Im Falle einer ablehnenden Haltung der Unternehmen zur Aufklärung des Sachverhalts könnte dieser Einrichtung das Recht eingeräumt werden, Klage zur Feststellung der Nichtigkeit des Jahresabschlusses gemäß § 256 AktG und Klage zur Anfechtung der Feststellung der Jahresabschlusses durch die Hauptversammlung gemäß § 257 AktG[1030] zu erheben.

Politisch scheint im Augenblick ein Modell favorisiert zu werden, in dem eine privatrechtlich organisierte *enforcement*-Instanz einer staatlichen Aufsicht unterstehen soll.[1031] Ein entsprechendes Vorhaben als Bestandteil eines „10-Punkte-Programms“[1032] zur Verbesserung der Unternehmensintegrität und des Anlegerschutzes, das in geltendes Recht umgesetzt werden soll, hat Bundesfinanzminister *Hans Eichel* Anfang September 2002 in einer Rede angekündigt und in einem „Finanzmarktförderplan 2006“[1033] veröffentlicht.[1034] Demnach soll einem privaten „Untersuchungsgremium .. mit der BaFin eine mächtige Verbündete zur Seite gestellt, die mit dem gesamten Instrumentarium öffentlich-rechtlichen Zwangs allen erforderlichen Enforcement-Maßnahmen zur Durchsetzung verhelfen wird.“[1035] Während die

[1028] Die Bezeichnung dieser Kommission lautete „Corporate Governance: Unternehmensführung – Unternehmenskontrolle – Modernisierung des Aktienrechts“. Leiter der Expertenkommission war der Frankfurter Wirtschaftsrechtsprofessor *Theodor Baums*.

[1029] Ausführlicher zum Auftrag der Regierungskommission siehe Schneider (2000), S. 2413.

[1030] Aus welchem Grund die Regierungskommission vorschlägt, dem Gremium das Recht der Anfechtungsklage einzuräumen, bleibt offen. Denn gemäß § 257 Abs. 1 Satz 2 AktG ist die Anfechtung aufgrund von Inhaltsfehlern des Jahresabschlusses ausgeschlossen. Stattdessen können lediglich Verfahrensfehler der Hauptversammlung bei der Feststellung des Jahresabschlusses eine Anfechtung begründen. Vgl. ADS (1997), § 257 AktG, Tz. 1.

[1031] Dieses Vorhaben deckt sich mit einem Vorschlag Hommelhoffs, ein „Zwei-Säulen-Modell“ des *enforcement* mit der Kontrolle einerseits und der Sanktionierung andererseits zu schaffen. Hommelhoff (2001), S. 43. Der Arbeitskreis „Abschlussprüfung und Corporate Governance“ folgt in seinen unlängst veröffentlichten Empfehlungen diesem zweistufigen *enforcement*-System. Bei dem Arbeitskreis handelte es sich um ein Expertengremium unter dem Vorsitz von *Baetge* und *Lutter*, das der Bundesregierung Vorschläge zur Reform der Regulierung der Abschlussprüfung sowie der Regierungskommission „Deutscher Corporate Governance Kodex“ Empfehlungen zur Modifikation des Kodex unterbreitet hat. Vgl. zu den Empfehlungen für die Einrichtung einer *enforcement*-Stelle Baetge/Lutter (2003), S. 17-23.

[1032] Siehe zum konkreten Maßnahmenkatalog BMF (2003a), http://www.bundesfinanzministerium.de/Anlage17029/MassnahmenkatalogderBundes-regierungzur-Staerkung-von-Unternehmensintegritaet-und-Anlegerschutz.pdf (Abfrage: 18.04. 2003).

[1033] BMF (2003).

[1034] Vgl. Eichel (2002), http://www.bundesfinanzministerium.de/Aktuelles/Reden-.394.13887/BM-Hans-Eichel-Die-Modernisierung-des-deutschen-...htm (Abfrage: 25.03.2003); o. V. (2002b), S. 11.

[1035] BMF (2003), S. 6.

(Vor-)Prüfung der Rechnungslegung damit einem privaten Gremium, ähnlich dem FRRP, überlassen werden soll, soll der BaFin die Rolle der Sanktionsinstanz zukommen.

Die Gründung einer deutschen Regulierungsinstanz nach dem Vorbild der SEC wird von Verfechtern einer privaten Instanz aus verfassungsrechtlichen Gründen[1036] kategorisch ausgeschlossen, da die Behörde – wie oben erläutert wurde – legislative, exekutive und judikative Kompetenzen vereint.[1037] Offenbar werden etwaige Modifikationen der SEC für eine deutsche Lösung daher gar nicht in Betracht gezogen.[1038] Dabei kann eine staatliche Institution unter Berücksichtigung des Grundsatzes der Gewaltenteilung sehr wohl für ein *enforcement* in Frage kommen.

Die Befürworter einer privatwirtschaftlichen Einrichtung der *enforcement*-Instanz untermauern ihre Argumentation mit einem angeblich festzustellenden Trend zur Selbstregulierung in der Rechnungslegung.[1039] Als Beispiele werden die Einrichtung des DRSC und die Forderung der Regierungskommission „Corporate Governance" nach einem Deutschen Corporate Governance Kodex[1040] genannt. Aus der bloßen Aufzählung jüngster Beispiele kann jedoch noch kein eindeutiger Trend abgeleitet werden.[1041] Diverse staatliche Lösungen in der unmittelbaren Vergangenheit widerlegen diesen Anschein der Selbstregulierungstendenz. So trat Ende 2001 das „Gesetz zur Regelung von öffentlichen Angeboten zum Erwerb von Wertpapieren und von Unternehmensübernahmen" an die Stelle eines zuvor geltenden privatrechtlichen Übernahmekodexes.[1042] In der Beschlussempfehlung des Finanzausschusses zu dem Gesetz heißt es: „[S]pätestens der Fall Mannesmann/Vodafone habe gezeigt, dass eine gesetzliche Regelung der Übernahmeproblematik erforderlich sei."[1043] Die Überwachung der Einhaltung des Gesetzes wurde der BaFin zugewiesen.[1044] Eine weitere Entkräftung der Deregulierungsthese liefert das Vierte Finanzmarktförderungsgesetz. Darin wird die Position des BaFin unter anderem durch die Zuweisung der Befugnis, Kurs- und Marktmanipulationen zu ahnden, erheblich gestärkt.[1045] Im Übrigen handelt es sich bei dem genannten Beispiel DRSC um eine Selbstregulierung der Normensetzung und nicht der Normendurchsetzung. Tatsächlich wirken auf die

---

1036 Siehe Art. 20 Abs. 2 und 3 GG.
1037 Vgl. Tielmann (2001), S. 321.
1038 Die uneingeschränkte Ablehnung gegenüber einer Instanz nach dem Leitbild der SEC verwundert, wird doch von den Protagonisten eines deutschen *Review Panel* das Beispiel FRRP für deutsche Zwecke angepasst. Ähnlich Hütten/Lorson (2002), S. 123.
1039 Vgl. etwa Tielmann (2001b), S. 1628.
1040 Vgl. Regierungskommission Corporate Governance (2001), Rn. 7.
1041 So auch Hütten/Lorson (2002), S. 124-125.
1042 Vgl. zur mangelnden Akzeptanz des Übernahmekodexes Erhardt/Nowak (2002), S. 343-344.
1043 BT-Drucksache 14/7477 vom 14.11.2001.
1044 Vgl. § 4 WpÜG.
1045 Vgl. die Änderung des § 20 WpHG in BGBl. I, 2002, S. 2032.

deutsche Rechnungslegung derzeit somit sowohl regulierende als auch deregulierende Impulse.[1046] Der deutsche Gesetzgeber hat die Aufgabe der Entwicklung von Rechnungslegungsempfehlungen für die handelsrechtliche Konzernrechnungslegung an das privat organisierte Deutsche Rechnungslegungs Standards Committee (DRSC) übertragen, das diesem Auftrag mit dem Deutschen Standardisierungsrat (DSR) nachkommt.[1047] Durch die Delegation der Standardisierungstätigkeit an ein privates Gremium hat sich Deutschland internationalen Gepflogenheiten angenähert.[1048] Demgegenüber wird die Durchsetzung der Rechnungslegung grundsätzlich nicht privaten Instanzen überlassen. Sofern die kontinentaleuropäischen EU-Mitgliedstaaten eine Aufsichtsinstanz zur Durchsetzung der Rechnungslegung gegründet haben, handelt es sich grundsätzlich um eine staatliche Einrichtung (z. B. Belgien, Frankreich, Italien).[1049] Einigen Staaten mangelt es noch an einer Kontrolle durch eine Aufsichtsinstanz für ein *enforcement* der Rechnungslegung (z. B. Finnland, Luxemburg, Österreich).[1050] Innerhalb der EU existiert einzig in Großbritannien ein privatrechtlich organisiertes Panel.[1051]

5.2.2 Synopse: Gegenüberstellung der Ausgestaltung des britischen *Financial Reporting Review Panel* (FRRP) und der SEC

Zur besseren Veranschaulichung einer möglichen Ausgestaltung einer *enforcement*-Einrichtung in Deutschland bzw. Europa werden nachfolgend die wesentlichen Kompetenzbereiche des FRRP und der SEC synoptisch dargestellt:

[1046] Vgl. Watrin (2001), S. 934.
[1047] Vgl. § 342 Abs. 1 Satz 1 Nr. 1 HGB.
[1048] Die faktische Verbindlichkeit der DRS tritt mit Bekanntmachung der Rechnungslegungsstandards durch das Bundesjustizministerium gemäß § 342 Abs. 2 HGB ein. Vgl. Böcking/Dutzi (2002), § 342 HGB Tz. 61-70.
[1049] Vgl. FEE (2001), S. 12, 22, 31, 41-45.
[1050] Vgl. FEE (2001), S. 12, 20-21, 27-28, 46-47.
[1051] Vgl. FEE (2001), S. 12.

	Britisches *Financial Reporting Review Panel* (FRRP)	*Securities and Exchange Commission* (SEC)
Wesentliche gesetzliche Kodifikationen	*Companies Acts 1985* und *1989.*	*Securities Act 1933, Securities Exchange Act 1934, Sarbanes-Oxley Act 2002.*
Organisationsform	Privatwirtschaftlich organisiertes Gremium	Staatliche Regulierungsbehörde
Personelle Besetzung und formale öffentlich-rechtliche Einflussnahme auf die Zusammensetzung	❑ Mit Ausnahme des Vorsitzenden, seines Stellvertreters und der *assistant secretary* ehrenamtliche Experten verschiedener Wirtschaftszweige (z.Zt. 21 Fachleute). ❑ Bestellung der Experten durch ein Gremium des *Financial Reporting Council* (FRC; (Dachorganisation des *standard setter* ASB und des FRRP). ❑ Formal ist die öffentlich-rechtliche Einflussnahme auf die Besetzung von (Exekutiv-)Positionen im FRC beschränkt.	❑ Ein Vorsitzender und vier Kommissare sowie ca. 3.300 hauptamtliche Mitarbeiter (davon ist ein Großteil Juristen). ❑ In der *Division of Corporation Finance* und in der *Division of Enforcement* sind etwa 830 Mitarbeiter tätig. ❑ Ernennung der fünf Mitglieder durch den US-Präsidenten mit Zustimmung des Senats. ❑ In der Regel gehört der Vorsitzende derselben Partei an wie der Präsident. Zur Wahrung der Neutralität dürfen nur maximal drei Mitglieder derselben politischen Partei angehören.
Regulierungsobjekte	❑ Rechnungslegung: gesetzlich vorgeschriebene Jahresabschlussbestandteile (Bilanz, Gewinn- und Verlustrechnung, Kapitalflussrechnung sowie das *statement of comprehensive income.*[1052] ❑ Weder Bericht der *directors* noch Gewinnankündigungen oder Zwischenberichte etc.[1053]	❑ Registrierungs- und Jahresberichte: darin enthalten: z. B. Bilanz, Gewinn- und Verlustrechnung, Kapitalflussrechnung, Eigenkapitalentwicklung und MD&A. ❑ Weitere periodische Berichte: z. B. Quartalsabschlüsse und Berichte über besondere Ereignisse. ❑ Zusätzlich z. B. Gewinnankündigungen.

1052 Vgl. Böckem (2000), S. 70.
1053 Vgl. Böckem (2000), S. 70.

	Britisches *Financial Reporting Review Panel* (FRRP)	***Securities and Exchange Commission* (SEC)**
Rechnungslegungssystem	UK-GAAP	US-GAAP
Regulierungssubjekte	❑ Börsennotierte und große nichtbörsennotierte britische Unternehmen.[1054] ❑ Die Tätigkeit des Abschlussprüfers ist nicht Untersuchungsgegenstand des FRRP: Weichen die Feststellungen des FRRP von der *audit opinion* ab, wird das *Institute of Chartered Accountants of England and Wales* informiert, das ggf. ein Berufsaufsichtsverfahren einleitet. Das FRRP stellt dem Institut hierzu Informationen zur Verfügung.	❑ Sämtliche Akteure auf der Kapitalangebots- und -nachfrageseite (z. B. SRO, Händler, Makler, Unterzeichner, Abschlussprüfer, Emittenten, Unternehmensvertreter). ❑ Auch Regulierung ausländischer Akteure (z. B. registrierte Unternehmen und deren Wirtschaftsprüfer). ❑ Unterstützung der Aufsicht über die Tätigkeit der Wirtschaftsprüfer durch das PCAOB, das der SEC untersteht.
Proaktive und reaktive Durchsetzungspolitik	❑ Nur reaktive Überprüfungen durch das *Panel* z. B. aufgrund von Beschwerden Dritter oder durch Meldungen in der Finanzpresse und lediglich, wenn ein hinreichender Verdacht für ein Verstoß existiert. ❑ Die *London Stock Exchange* informiert das FRRP zudem über Testatseinschränkungen in den Jahresabschlüssen kotierter Unternehmen.[1055]	❑ Proaktive und reaktive Elemente der Kontrolle. ❑ Proaktive Überprüfung der *Division of Corporation Finance*: Prüfung sämtlicher Berichte von Neuemittenten, Prüfung periodischer Berichte anhand eines *screening process*. ❑ *Screening process*: Auswahl von Berichten aufgrund finanzieller und anderer Faktoren (z. B. *red flags,* Anzahl der noch unbearbeiteten Dokumente, Größe und Wirtschaftszweig des Unternehmens, auffällige Veränderungen von Bilanzkennzahlen und Zeitpunkt der letztmaligen Prüfung (aber: *nonpublic criteria*).

[1054] Vgl. Financial Reporting Council Limited (2002), S. 10.
[1055] Vgl. Böckem (2000a), S. 1187.

	Britisches *Financial Reporting Review Panel* (FRRP)	*Securities and Exchange Commission* (SEC)
		❑ Reaktive Überprüfungen der *Division of Enforcement*, z. B. aufgrund von Beschwerden Dritter, *restatements*, Presseberichten, *whistleblowers*.
Prüfung der publizierten Informationen	Benötigt das FRRP bei der Beschwerdeprüfung zusätzliche Informationen für die Feststellung eines Verstoßes, holt das FRRP durch einen *secretariat letter* an die Unternehmensleitung weitere Auskünfte ein.	❑ Proaktiv: Intensität der Prüfung variiert: Überprüfung einzelner Positionen, ausschließliche Kontrolle der finanziellen Angaben, Prüfung des gesamten Dokuments. ❑ Prüfungsergebnis: keine weitere Maßnahme, *comment letter* zur Sachverhaltsaufklärung und Mittel zur Vereinheitlichung der Rechnungslegung, Weiterleitung des Falls an die *Division of Enforcement*. ❑ *Division of Enforcement*: ggf. (weitere) nichtöffentliche, informelle Befragungen der Unternehmen bzw. Individuen zur Sachverhaltsaufklärung.
Untersuchung möglicher Normverstöße	❑ Liegen Anhaltspunkte für eine Regelverletzung vor, leitet das FRRP durch ein Schreiben an die Unternehmensführung, in dem der Sachverhalt beschrieben wird, ein Untersuchungsverfahren ein. In diesem Schreiben wird das Unternehmen zur Abgabe einer Stellungnahme aufgefordert. ❑ Sofern erforderlich werden darüber hinaus Gespräche mit der Unter-	❑ Liegen Anhaltspunkte für eine Regelverletzung vor, leitet die SEC eine informelle und/oder formelle Untersuchung ein. ❑ Beginn einer Untersuchung mit unangemeldetem Besuch, Telefonanruf oder Benachrichtigung durch die für die Untersuchung zuständigen Mitarbeiter, in der genau festgelegte Dokumente eines bestimmten Zeitraums innerhalb einer bestimmten

[1056] Vgl. FRC (2003), S. 59, Tz. 5.

	Britisches *Financial Reporting Review Panel* (FRRP)	***Securities and Exchange Commission* (SEC)**
	nehmensführung, ggf. unter Einbeziehung der zuständigen Abschlussprüfer, geführt. ❑ Die Wesentlichkeit des Verstoßes entscheidet nicht über die Einleitung einer Untersuchung, sondern nur die Tatsache einer Regelwidrigkeit.[1056]	Frist zur Einsicht erbeten werden. ❑ Keine Angabe des Ziels der Untersuchung nötig. ❑ Die Wesentlichkeit des Verstoßes entscheidet über die Einleitung einer Untersuchung.
Ergebnis der Untersuchung	❑ Zeigt sich das *Panel* mit der Erklärung eines Sachverhalts durch das Unternehmen einverstanden, wird die Untersuchung eingestellt. ❑ Ergebnis der Dialoge während einer Untersuchung ist ein Konsens und kein Urteilsspruch im formalrechtlichen Sinne. ❑ Einigen sich die Parteien auf eine Richtigstellung des Abschlusses, kann das Unternehmen entscheiden, ob der Abschluss rückwirkend geändert wird oder ergänzende Angaben zum Abschluss gemacht werden. ❑ Bei einer fehlenden Kooperationsbereitschaft des Unternehmens oder wenn keine Einigung erzielt wird, kann das FRRP ein Gericht zur Klärung umstrittener Sachfragen über die Regelkonformität des Abschlusses[1057] anrufen. ❑ Bei kleineren Verstößen gibt sich das *Panel* mit einem *improvement letter* des Unternehmens zufrie-	❑ Beschluss über Einleitung eines Rechtsverfahrens auf Basis des Untersuchungsberichts und der *Wells Submission.* ❑ Der Beschluss hängt ab von: z. B. Schwere und Art des Vergehens, strategischen Überlegungen (z. B. Präzedenzfall) und der beabsichtigten Sanktion. ❑ Einleitung eines internen Verwaltungsverfahrens u./o. Übertragung des Falls an ein Zivilgericht u./o. Beantragung eines strafrechtlichen Verfahrens.

[1057] Vgl. Böckem (2000), S. 80.

	Britisches *Financial Reporting Review Panel* (FRRP)	*Securities and Exchange Commission* (SEC)
	den, ein Fehlverhalten im nächsten Abschluss zu korrigieren.[1058] ❑ Handelt es sich um ein weitverbreitetes Fehlverhalten, weist das *Panel* darauf in Form einer Pressenotiz öffentlich hin anstatt zahllose Untersuchungen derselben Art durchzuführen.[1059]	
Auskunfts-, Zeugenvernehmungs- und Einsichtsrecht	❑ Weder Auskunftsrecht noch Berechtigung etwaige Dokumente zur Beweiserhebung einzusehen. ❑ Das FRRP hat kein Recht auf Zeugenvorladung. ❑ Das FRRP ist auf die freiwillige Mitarbeit des Unternehmens angewiesen.	Formelle Untersuchung (*subpoena power*): ❑ Auskunftsrecht, ❑ Einsicht in Unterlagen, Bücher bzw. andere Dokumente, ❑ Recht zur Zeugenvorladung, ❑ Zeugen in Eid nehmen.
Diskretion der Untersuchung	Das Untersuchungsverfahren und die Vorwürfe werden bis zum Abschluss der Untersuchung grundsätzlich vertraulich behandelt.	Das Untersuchungsverfahren und die Vorwürfe werden bis zum Abschluss der Untersuchung grundsätzlich vertraulich behandelt.
Judikative Befugnisse	❑ Keine Kompetenzen, FRRP ist nur Vorprüfungsinstanz für die anzurufenden Gerichte.	❑ Verwaltungsrechtliche Kompetenzen.
Sanktionsmittel (exekutive Kompetenzen)	❑ Je nach Schwere des Vergehens adverse Publizität, da das *Panel* nach Abschluss eines Untersuchungsverfahrens (und evtl. Weitergabe eines Falls an ein Gericht) Pressemitteilungen veröffentlichen kann. ❑ Die sonstige Sanktions-	❑ Eigenständige verwaltungsrechtliche Sanktionsbefugnisse: z. B. Unterlassungsverfügung (*cease and desist order*), Suspendierung oder permanentes Berufsverbot gegen *directors* und *officers* sowie Wirtschaftsprüfer, Verhängung von

[1058] Vgl. Financial Reporting Council Limited (2002), S. 3.
[1059] Vgl. Financial Reporting Council Limited (2002), S. 3.
[1060] Vgl. Böckem (2000), S. 80.

	Britisches *Financial Reporting Review Panel* (FRRP)	*Securities and Exchange Commission* (SEC)
	verhängung (z. B. Bußgelder, Strafzahlungen und Freiheitsstrafen) ist einzig den Gerichten vorbehalten.[1060]	Geldstrafen, Herausgabe unrechtmäßig erwirtschafteter Gewinne, Verhinderung bzw. Widerruf der Wirksamkeit eines Registrierungsantrags, rückwirkende Korrektur von Abschlüssen. ❑ Zivilrechtlich: z. B. dauerhafte oder vorübergehende gerichtliche Verfügung, Herausgabe unrechtmäßiger Gewinne, Einfrieren von Zahlungen an *officers*, rückwirkende Korrektur irreführender oder fehlerhafter Dokumente, Geldstrafen, personelle Neustrukturierung der Unternehmensführung, Beschränkung oder ein Verbot der Berufsausübung eines *officer* oder *director* sowie der Wirtschaftsprüfer. ❑ Strafrechtlich: z. B. Geldstrafen, Freiheitsstrafen. ❑ Adverse Publizität.
Adverse Publizität	❑ Die Pressenotiz enthält: Knappe Zusammenfassung des Sachverhalts, Schlussfolgerungen des *Panel* und die vereinbarte Form der Abhilfe. ❑ Das Unternehmen darf den Entwurf der Pressemitteilung einsehen und Änderungsvorschläge machen. ❑ Oftmals keine Angabe der Beträge.[1061]	❑ Verwaltungsrechtlich: u. a. Berichterstattung in AAER. ❑ Zivil- und strafrechtlich: Veröffentlichung von Klageschriften und AAER. ❑ Inhalt des AAER: Erläuterung Verstoß, Strafmaß, Nennung der missachteten Vorschriften. ❑ Keine Einflussmöglichkeit des Unternehmens auf den Inhalt der Veröffentlichung.

[1061] Siehe die Pressenotizen unter http://www.frrp.org.uk/.

	Britisches *Financial Reporting Review Panel* (FRRP)	*Securities and Exchange Commission* (SEC)
		❑ Regelmäßig Nennung konkreter Jahresabschluss- und Quartalszahlen.
Legislative Kompetenzen	❑ Keine Berechtigung zur Klärung von Bilanzierungs-, Bewertungs- und Ausweisfragen (*advance clearance*). ❑ Keine Berechtigung zur Veröffentlichung von Interpretationen.[1062] ❑ Stattdessen können Sachfragen zur Klärung an das *Urgent Issue Task Force*[1063] abgegeben werden.[1064]	❑ Grundsätzlich Delegation der legislativen Zuständigkeit für die Rechnungslegung an das FASB. ❑ Tatsächlich jedoch Einflussnahme, z. B. durch Teilnahme an den Beratungen des EITF. ❑ Eingriff durch den Erlass eigener Vorschriften oder Außer-Kraft-Setzen von Verlautbarungen des FASB, sofern die Normen des FASB nicht dem Anspruch der SEC genügen. ❑ Klärung von Bilanzierungs-, Bewertungs- und Ausweisfragen („*pre-clearing*"). ❑ Umfassende weitere legislative Befugnisse (z. B. zur Unabhängigkeit von Wirtschaftsprüfern, zur Funktion von *audit committees*).

1062 Vgl. FRC (2003), S. 62, Tz. 19.

1063 Bei dem UITF handelt es sich um ein Gremium des britischen *standard setter* ASB, dessen Aufgabe es ist, das ASB bei der Klärung widersprüchlicher oder unzulänglicher Rechnungs-legungsvorschriften in der Anwendungspraxis durch die Verlautbarung von Lösungsansätzen zu unterstützen. Vgl. Böckem (2000), S. 68-69.

1064 Vgl. FRC (2003), S. 62, Tz. 19.

	Britisches *Financial Reporting Review Panel* (FRRP)	*Securities and Exchange Commission* (SEC)
Finanzierungsquellen und –struktur	Wesentliche Finanzierungsgeber: insbesondere *Consultative Committee of Accountancy Bodies* (Berufsverband), Zulassungsgebühren börsennotierter Gesellschaften mittels *Financial Services Authority*, *Department of Trade and Industry* (Ministerium für Handel und Industrie).[1065]	❑ Budgetzuteilung des Kongresses. ❑ Mittelherkunft: Registrierungsgebühren, Abwicklungsgebühren für Wertpapierverkäufe, sonstige Gebühren.

Tabelle 1: Gegenüberstellung der Ausgestaltungsmerkmale des britischen FRRP und der SEC[1066]

5.3 Mögliche Ausgestaltung eines *enforcement*-Systems in Deutschland

5.3.1 Personelle Besetzung

Eine Überwachungsinstanz sollte mit kompetenten und unabhängigen Fachleuten besetzt werden. Für eine der SEC vergleichbare Behörde müsste im Vergleich zu einer privaten Instanz nach dem Beispiel des FRRP ein Vielfaches an Personen mit Kenntnissen über die Rechnungslegung eingestellt werden. Allerdings sind arbeitssuchende Bilanzexperten derzeit rar auf dem Stellenmarkt. Die Entscheidung der EU, die IAS/IFRS für alle kapitalmarktorientierten EU-Unternehmen im Konzernabschluss verbindlich zu machen, wird diese Personallage weiter verschärfen. Die Anwerbung qualifizierter Mitarbeiter ist sicherlich die größte Herausforderung für eine staatliche Durchsetzungsinstanz. Dennoch sollte die personelle Besetzung gelingen, da gegebenenfalls die Theorie mittels interner Schulungsmaßnahmen vermittelt werden kann. Die rasche Verdrängung handelsrechtlicher Konzernabschlüsse durch die Umstellung auf die internationale Rechnungslegung der prüfungspflichtigen Unternehmen ist ein Nachweis, dass sich auch die Mitarbeiter dieser Unternehmen und die der Wirtschaftsprüfungsgesellschaften die erforderlichen Kenntnisse innerhalb kürzester Zeit angeeignet haben. Im Übrigen können erfahrene Fachkräfte auch mit finanziellen Anreizen gewonnen werden. Die Besoldung im öffentlichen Dienst und die Sicherheit des Arbeitsplatzes bieten durchaus

[1065] Vgl. Page (2001), S. 35.

[1066] Quelle für Großbritannien: FRRP (2000), Nr. 1-56, http://www.frrp.org.uk/aboutprocedures.html (Abfrage:

Rahmenbedingungen, die für eine Anstellung nicht minder attraktiv sind als in der Privatwirtschaft. Dem sollten keine haushaltspolitischen Gründe entgegenstehen,[1067] da es alternative Formen der Finanzierung[1068] gibt. Mitausschlaggebend für die Akzeptanz der *enforcement*-Einrichtung am Kapitalmarkt ist ohnehin die Vergabe der Schlüsselpositionen. Die Anzahl der Führungsposten in einer Behörde dürfte geringer sein als die Zahl der in einem privaten Gremium zu vergebenden Expertenpositionen. Die leitenden Positionen sollten mit Fachleuten besetzt werden, deren Fähigkeiten unbestritten sind.

Die Mitarbeiter sollten ihre Tätigkeit hauptamtlich ausüben.[1069] Für ein nachhaltiges *enforcement* reicht es nicht aus, wenn die führenden Persönlichkeiten und Mitarbeiter lediglich einen Teil ihres beruflichen Zeitbudgets in die Dienste einer Durchsetzungsinstanz stellen. Unter Kostengesichtspunkten ist eine ehrenamtliche Tätigkeit nicht unbedingt kostengünstiger, falls die Mitglieder des Gremiums von ihrem Hauptberuf freigestellt werden müssen.[1070]

Die Experten einer privaten Instanz werden sich schwerlich von Vorbehalten freimachen können, die Mitgliedsunternehmen bzw. ihre abordnenden Unternehmen vor Sanktionen zu bewahren. Hingegen ist bei einer staatlichen Einrichtung eher eine politische Beeinflussung möglich als bei einem privaten Gremium. Korruptionen nicht nahe stehender Dritter sind generell in beiden Varianten des *enforcement* möglich. Für *Moxter* kommt es bei der Frage, ob ein privatwirtschaftliches Gremium „eine der SEC vergleichbare Schutzwirkung für die Rechnungslegungsadressaten"[1071] entwickeln kann, im Wesentlichen auf die „(nicht nur formale) Unabhängigkeit des Gremiums"[1072] an. Die Mitglieder einer *enforcement*-Instanz müssen während der gesamten Regulierungstätigkeit ihre reale Unabhängigkeit wahren. Insbesondere müssen Ermessensentscheidungen, z. B. bei der Frage der Einleitung eines Untersuchungsverfahrens, frei von subjektiven Einflussfaktoren gefällt werden. Etwaige Bedenken hinsichtlich der Existenz einer tatsächlichen Unabhängigkeit hält *Moxter* bei einer privatwirtschaftlichen Lösung durchaus für gerechtfertigt.[1073] Denn wirkliche Unabhängigkeit setzt die Loslösung von Interessengruppen voraus. Für *Kuhner* ist die „Gefangennahme"[1074] einer staatlichen Einrichtung durch die beaufsichtigten Unternehmen kaum vorstellbar. Das Beispiel

15.07.2002), sofern explizit keine anderen Quellen in den Fußnoten genannt werden.

[1067] Zweifel an der Finanzierbarkeit aus dem Staatshaushalt äußert Tielmann (2001), S. 220.

[1068] Siehe Abschnitt 5.3.13.

[1069] A. A. IDW/F.A.Z.-Institut (2002), S. 88.

[1070] Vgl. Hütten/Lorson (2002), S. 125.

[1071] Moxter (2001), S. 607.

[1072] Moxter (2001), S. 607.

[1073] Vgl. Moxter (2001), S. 607.

[1074] Kuhner (1998), S. 112.

USA zeigt, dass gerade die jüngeren juristischen Mitarbeiter ihre Tätigkeit bei der SEC als Ausbildungszeit auffassen, um anschließend eine Karriere als Anwälte des Wertpapierrechts in der Wirtschaft anzustreben. Aus diesem Grund sind sie an der Erhaltung der anlegerschützenden SEC aus reinem Eigennutz interessiert.[1075] Die Autonomie scheint bei einer staatlichen Einrichtung eher gewährleistet zu sein als bei einer privaten Instanz. Eine private Instanz fördert diesbezüglich jedenfalls nicht das Vertrauen der Kapitalmarktteilnehmer.[1076]

5.3.2 Regulierungsobjekte

Die Zuständigkeit der *enforcement*-Instanz könnte auf die Jahresabschlüsse kapitalmarktorientierter Unternehmen begrenzt werden oder sich auf die Jahresabschlüsse aller rechnungslegungspflichtigen Unternehmen erstrecken. Der deutsche Gesetzgeber hat eine Eingrenzung vorgenommen, da eine Pflichtprüfung durch einen Abschlussprüfer grundsätzlich auf die Jahresabschlüsse mittelgroßer und großer Kapitalgesellschaften sowie auf bestimmte Personenhandelsgesellschaften[1077] begrenzt ist.[1078] Insoweit wäre es sachgerecht, den Kompetenzbereich einer Durchsetzungsinstanz nicht darüber hinaus auszuweiten. Eine weitere Beschränkung existiert in Deutschland durch die gesetzliche Festlegung, welche Unternehmen zur Offenlegung ihres Jahresabschlusses verpflichtet sind.[1079] Soll eine Regulierungsinstanz nicht ausschließlich reaktiv, sondern ebenso in proaktiver Weise tätig werden, dann ist die detaillierte Kontrolle aus eigenem Antrieb grundsätzlich auf die Jahresabschlüsse der Unternehmen beschränkt, die ihre wirtschaftliche Lage offen legen. Denn die Jahresabschlüsse nicht offen legender Unternehmen wären nicht oder nur mit erhöhtem Aufwand zugänglich. Entscheidet man sich für die Abschlüsse offen legender Gesellschaften als mögliche Prüfobjekte, sollten die Abschlüsse von Unternehmen, die größenabhängige Befreiungen von der Offenlegungspflicht von Jahresabschlussbestandteilen bzw. -angaben geltend machen können, nicht einbezogen werden.[1080] Ansonsten wäre das Kontrollpotenzial abhängig von dem Umfang der Offenlegung, so dass keine gleichartige Behandlung der offen legenden Unternehmen sichergestellt wäre. Einen sachgerechten Abgrenzungsmaßstab stellt das Kriterium der Inanspruchnahme eines organisierten Markts[1081] dar. Denn die Gesellschaften, die einen organisierten

---

[1075] Vgl. Kuhner (1998), S. 112.
[1076] Siehe zu weiteren Argumenten für eine staatliche Aufsicht S. 168ff.
[1077] Siehe im Einzelnen § 264a Abs. 1 HGB.
[1078] Siehe § 316 Abs. 1 HGB und § 6 Abs. 1 PublG.
[1079] Siehe §§ 324 bis 328 HGB und § 9 PublG.
[1080] Vgl. z. B. § 274a HGB und § 276 HGB.
[1081] Als organisierter Markt gilt gemäß § 2 Abs. 5 WpHG ein Markt, der von staatlich anerkannten Stellen geregelt und überwacht wird, regelmäßig stattfindet und für das Publikum unmittelbar oder mittelbar zugänglich ist. Der Freiverkehr fällt somit nicht unter die Definition. Ohnehin erstreckt sich auch der Anwendungsbereich der EU-Verordnung zur Rechnungslegung nach IAS/IFRS nicht auf Unternehmen des Freiverkehrs. Siehe Fußnote 66.

Markt in Anspruch nehmen, sind zur vollständigen Offenlegung ihres (Konzern-)Jahresabschlusses sowie des (Konzern-)Lageberichts verpflichtet.[1082]

Der Konzern ist als wirtschaftliche Einheit die bedeutendste Organisationsform der Unternehmensaktivität.[1083] Die Informationsfunktion der Rechnungslegung wird primär durch das Instrument des Konzernabschlusses erfüllt. Auf Hauptversammlungen ist regelmäßig der Konzernabschluss im Mittelpunkt des Interesses der Unternehmensführung und der anwesenden Anteilseigner und nicht der Einzelabschluss.[1084] Die Entscheidung über die Festlegung auf den Konzern- und/oder den Einzelabschluss als Prüfobjekt(e) ist eng mit der Bestimmung des zu regulierenden Rechnungslegungssystems verbunden. Gemäß der EU-Verordnung zur Anwendung internationaler Rechnungslegungsstandards sind die Konzernabschlüsse ab Januar 2005 zwingend nach den IAS/IFRS aufzustellen.[1085] Sollte der deutsche Gesetzgeber für den Einzelabschluss ein Wahlrecht oder eine Pflicht zur Anwendung der IAS/IFRS vorgeben, wäre die Einbeziehung des Einzelabschlusses in den Zuständigkeitsbereich einer *enforcement*-Instanz unumgänglich.[1086] Anderenfalls wäre die Voraussetzung für eine einheitliche Anwendung der IAS/IFRS durch die Bilanzersteller nicht gegeben.

Letztlich ist jedoch die Regulierung von Einzelabschlüssen nach IAS/IFRS in der Praxis nicht realisierbar. Ein Blick auf die Statistik macht dies deutlich. Die Zahl der durch die SEC regulierten Unternehmen ist verhältnismäßig gering. Einer Zahl von rund 25,4 Millionen Betrieben[1087] in den USA stehen lediglich ca. 17.000 Unternehmen[1088] gegenüber, die der Regulierung der SEC unterliegen. Die SEC fordert eine konsolidierte Berichterstattung der Unternehmen.[1089] In Deutschland gibt es etwa 2,9 Millionen Gesellschaften.[1090] Eine zweckmäßige

---

1082 Vgl. für Kapitalgesellschaften § 267 Abs. 3 Satz 2 HGB, § 325 Abs. 1 und 2 HGB sowie § 325 Abs. 3 HGB, für Personenhandelsgesellschaften § 293 Abs. 5 HGB und § 15 Abs. 1 Satz 1 PublG i. V. m. § 325 Abs. 3 HGB.

1083 Vgl. Simon et al. (2003), S. A 1.

1084 Vgl. Böcking (2001), S. 1435.

1085 Zu den Ausnahmen siehe Fußnote 67; für weitere Ausführungen zur EU-Verordnung siehe Fußnote 1176 und zur Modernisierung der 4. und 7. EU-Richtlinie zur Übereinstimmung der Richtlinien mit den IAS/IFRS siehe detailliert Böcking/Herold/Wiederhold (2003).

1086 Nach Plänen der Regierung soll der Einzelabschluss nach HGB erhalten bleiben. Die Unternehmen können optional zusätzlich einen Einzelabschluss nach IAS/IFRS erstellen. Zum augenblicklichen Stand der Regierungsplanung siehe BMF (2003a), http://www.bundesfinanzministerium.de/Anlage17029/MassnahmenkatalogderBundesregierungzur-Staerkung-von-Unternehmensintegritaet-und-Anlegerschutz.pdf (Abfrage: 18.04.2003).

1087 Die angegebene Gesamtzahl der Betriebe für das Jahr 2000 teilt sich auf in 17,9 Millionen Einzelunternehmen (*sole proprietorships*), 2 Millionen Personengesellschaften (*partnerships*) und 5,5 Millionen Kapitalgesellschaften (*corporations*). Vgl. U.S. Small Business Administration (2002), http://app1.sba.gov/faqs/faqindex.cfm?areaID=2 (Abfrage: 4.03.2003).

1088 In der genannten Zahl 17.000 sind ausländische Gesellschaften enthalten.

1089 Vgl. zur hohen Bedeutung des Konzernabschlusses in den USA Gingele (1989), S. 47-49.

1090 Bei den Rechtsformen handelt es sich nach steuerlichen Angaben für das Jahr 2000 um etwa 2 Millionen

Regulierung sämtlicher Konzern- und Einzelabschlüsse würde ein enormes Ausmaß an personellen Ressourcen erfordern. Auch die Eingrenzung des *enforcement* auf die Abschlüsse prüfungspflichtiger oder offen legender Unternehmen würde eine in numerischer Hinsicht kaum zu bewältigende Aufgabe darstellen. Denn einzig durch die Verabschiedung des KapCoRiLiG im Jahr 1999 wurden zusätzlich etwa 30.000 bis 40.000 Unternehmen prüfungspflichtig sowie 100.000 Kapitalgesellschaften & Co. zur Offenlegung verpflichtet.[1091] Der hauptsächliche Prüfgegenstand der *enforcement*-Instanz sollte somit der Konzernabschluss einschließlich des Lageberichts von Unternehmen sein, die einen organisierten Markt in Anspruch nehmen.[1092] Sofern der Gesetzgeber auch für die Einzelabschlüsse kapitalmarktorientierter Unternehmen die IAS/IFRS übernimmt bzw. ermöglicht, sollten sie ebenso der Regulierung einer *enforcement*-Instanz unterliegen. Die IAS/IFRS-Abschlüsse kapitalmarktorientierter Unternehmen würden damit im Vergleich zu den Abschlüssen der nicht an einem Kapitalmarkt organisierten Unternehmen einem zusätzlichen Regulierungsmechanismus unterliegen. Sollte es bei ausschließlich handelsrechtlichen Einzelabschlüssen bleiben, würde eine gewisse Anzahl von Unternehmen, die nicht in einen Konzernverbund eingefügt sind, nicht der Überwachung der *enforcement*-Einrichtung unterworfen sein. Eine Entscheidung des Gesetzgebers für die Beibehaltung des Status Quo, d. h. für die Erstellung des Einzelabschlusses nach handelsrechtlichen Grundsätzen, wäre von der Aufrechterhaltung des Gläubigerschutzes und der Ausschüttungsbemessungsfunktion des Einzelabschlusses, gegebenenfalls unter Berücksichtigung des Maßgeblichkeitsgrundsatzes,[1093] geprägt. In diesen Funktionszusammenhang sollte die *enforcement*-Instanz nicht eingreifen.[1094]

Inwieweit des Weiteren Zwischenberichte überprüft werden sollten, ist fraglich. Die geltenden Regelungen zur Zwischenberichterstattung stellen ein Nebeneinander von gesetzlichen und privatrechtlichen Vorschriften dar. Eine gesetzliche Pflicht, innerhalb eines Geschäftsjahrs mindestens einen Zwischenbericht zu erstellen, besteht nur für Unternehmen, die zum Amtli-

---

Einzelunternehmen, ca. 363.000 Personengesellschaften und rund 452.000 Kapitalgesellschaften. Vgl. Hansen (2003), S. 23. In Statistiken mit einer hiervon abweichenden Datenerhebung werden andere Zahlen ausgewiesen (z. B. ca. 850.000 Gesellschaften mit beschränkter Haftung). Vgl. Meyer (2002), S. 177-179.

[1091] Vgl. BR-Drucksache 458/99, S. 30.

[1092] A. A. IDW/F.A.Z.-Institut (2002), S. 85, die eine Nichtberücksichtigung von Einzelabschlüssen sachlich für nicht gerechtfertigt halten.

[1093] Wenn der deutsche Gesetzgeber die Anwendung der IAS/IFRS anstelle der handelsrechtlichen GoB für den Einzelabschluss aller Unternehmen vorschreibt bzw. optional zulässt, werden die IAS/IFRS bei einer Beibehaltung des Maßgeblichkeitsgrundsatzes unter Abwägung der Interessen des Fiskus mit denen der Steuerpflichtigen von der Finanzgerichtsbarkeit ausgelegt. Die IAS/IFRS würden somit durch steuerrechtliche Normzwecke beeinflusst. Zur Vermeidung dessen muss das deutsche Gesetzesorgan die Steuer- von der Einzelbilanz abkoppeln, falls sich der Anwendungsbereich der IAS/IFRS ebenso auf den Einzelabschluss erstrecken soll. Für die Aufgabe des Maßgeblichkeitsprinzips spricht sich Böcking (2002), S. 927, aus; vgl. kritisch zum Maßgeblichkeitsgrundsatz Böcking/Link (2002), S. 32.

[1094] Vgl. Böcking (2001), S. 1435-1439 m. w. N., der Für und Wider der möglichen Anwendung der IAS/IFRS im Einzelabschluss würdigt; zu Überlegungen des Gesetzgebers Ernst (2001), S. 1443-1445.

chen Handel zugelassen sind.[1095] Darüber hinaus fordert die Deutsche Börse AG in ihrer neuen Börsenordnung von Unternehmen des „*Prime Standard*“ die Erstellung von Quartalsberichten.[1096] Ein Zwang zur Prüfung oder prüferischen Durchsicht des Zwischen- bzw. Quartalsabschlusses durch einen Wirtschaftsprüfer wird weder vom Gesetz[1097] noch von der Deutschen Börse AG auferlegt. In den USA existiert in Bezug auf die Quartalsberichte eine Ungleichbehandlung zwischen inländischen und ausländischen Unternehmen. Da für die Pflicht zur Erstellung eines Quartalsabschlusses das Recht des Sitzstaats des Unternehmens maßgeblich ist, müssen deutsche Unternehmen beispielsweise nur einmal jährlich einen Zwischenbericht bei der SEC einreichen, während die US-amerikanischen Unternehmen der Pflicht zur Zwischenberichterstellung vierteljährlich nachkommen müssen.[1098] Der deutsche Gesetzgeber sollte alle börsennotierten Unternehmen zur Aufstellung mindestens eines Zwischenberichts pro Jahr verpflichten. Die Zwischenberichte sollten zudem durch Wirtschaftsprüfer prüferisch durchgesehen werden, um ein gewisses Maß an Regulierung der Abschlüsse sicherzustellen.[1099] Sobald eine solche Verpflichtung gilt, sollten auch Zwischenabschlüsse in den Zuständigkeitsbereich der *enforcement*-Einrichtung fallen.

Im Bereich der sonstigen Kapitalmarktkommunikation ist die BaFin gegenwärtig schon mit der Aufgabe betraut, die Ad-hoc-Publizität kursbeeinflussender Ereignisse sowie Kurs- und Marktmanipulationen durch unrichtige Angaben und Täuschungen zu überwachen. Die Übertragung der Kompetenzen zur Durchsetzung der Rechnungslegung auf die BaFin anstelle der Gründung einer neuen Instanz oder der Anbindung einer privatrechtlichen, (vor-)prüfenden Einrichtung an eine vorhandene Stelle, ist demnach aus pragmatischer Sicht sachgerecht. Für eine Bündelung des *enforcement* auf eine einzige Instanz würden kurze Abstimmungs- und Entscheidungswege zwischen den Mitarbeitern sprechen. Damit wäre ein sicherlich nicht unvorteilhaftes „[e]nforcement aus einer Hand“[1100] gewährleistet, da die Kapitalmarktkommunikation eines Unternehmens ganzheitlich überprüft werden könnte.

Im Übrigen sollte sich der Gesetzgeber angesichts der Tatsache, dass die Durchsetzung der Normen zur Ad-hoc-Publizität durch eine Behörde erfolgt, im Klaren darüber sein, dass eine

---

[1095] Vgl. § 40 BörsG i. V. m. § 53-62 BörsZulV.

[1096] Bis zur Neuordnung der Börse waren lediglich die Unternehmen des Neuen Markts privatrechtlich zur Aufstellung von Quartalsberichten verpflichtet; vgl. Deutsche Börse (2002a), Abschnitt 2, Ziffer 7.1.2 (2) Nr. 7 Regelwerk Neuer Markt. Zu den Verpflichtungsquellen der Zwischenberichterstattung siehe DRS 6.4.

[1097] Vgl. Schindler/Schurbohm/Böckem (2002), S. 88.

[1098] Vgl. KPMG (2003b), S. 353-354. Siehe Abschnitt 4.1.3.

[1099] Die Regierungskommission „Corporate Governance“ empfiehlt die Aufstellung und prüferische Durchsicht von Quartalsberichten. Vgl. Regierungskommission Corporate Governance (2001), Rn. 325. Im Deutschen Corporate Governance Kodex wird ebenso die Aufstellung von Zwischenberichten empfohlen. Vgl. Regierungskommission Corporate Governance Kodex (2003), Tz. 7.1.1.

[1100] Brand (2001), S. 53.

Übertragung der Durchsetzungsbefugnisse für andere Elemente der Kapitalmarktkommunikation auf eine private Einrichtung Fragen nach der Rechtfertigung und der „Ernsthaftigkeit des Vorgehens“[1101] aufwerfen wird.

5.3.3 Rechnungslegungssystem

Mit der Verabschiedung der EU-Verordnung vom 19. Juli 2002 werden europäische Unternehmen, deren Wertpapiere auf einem organisierten Markt gehandelt werden, zur Aufstellung von Konzernabschlüssen nach IAS/IFRS verpflichtet. Dem Beschluss der EU-Kommission ging im Jahr 2000 die Feststellung der EU-Kommission voran: „Nur einwandfrei und rigoros umgesetzte IAS werden .. das Funktionieren des Wertpapiermarkts der EU verbessern.“[1102] Der deutsche Gesetzgeber muss dieser Forderung gerecht werden, indem er eine Durchsetzungsinstanz für die Rechnungslegung nach IAS/IFRS schafft. Die Gründung einer Instanz zum *enforcement* handelsrechtlicher Konzernabschlüsse hat keine Priorität. Aus Sicht des Kapitalmarkts wird das Handelsrecht ab 2005 ohnehin bedeutungslos sein.

5.3.4 Regulierungssubjekte

Die Regulierung darf sich nicht auf die kapitalmarktorientierten Unternehmen beschränken, sondern muss ebenso die Personen des Unternehmens umfassen, die für einen Verstoß gegen geltende Bestimmungen verantwortlich sind. Denn eine unwahre oder falsche Berichterstattung am Kapitalmarkt wird durch das Handeln oder das Unterlassen einer Handlung einer Person begründet. Eine abschreckende Wirkung der Bestrafung eines Fehlverhaltens kann – abgesehen von dem Strafmaß – nur erreicht werden, wenn die an dem Verstoß beteiligten Personen persönlich zur Rechenschaft gezogen werden.[1103] Eine ausschließliche Bestrafung des Unternehmens würde primär die Investoren benachteiligen. Der deutsche Gesetzgeber hat die Notwendigkeit des Schutzes von Anlegern erkannt und, wie oben erwähnt, die Anspruchsgrundlagen für eine persönliche Haftung von Managern bei unterlassenen oder unwahren Ad-hoc-Meldungen erlassen.[1104] Trotz darüber hinaus gehender Empfehlungen der Regierungskommission „Corporate Governance“[1105] und Plänen des Bundesfinanzministeriums[1106], die zivilrechtlichen Durchsetzungsmöglichkeiten von Ansprüchen geschädigter Anleger gegen Manager auszuweiten, sollte die *enforcement*-Instanz ergänzend das Recht erhalten, Sanktio-

---

[1101] Hütten/Lorson (2002), S. 127.
[1102] EU-Kommission (2000a), S. 10, Tz. 26.
[1103] Vgl. Korn (2002), S. 1504.
[1104] Vgl. Eichel (2002), http://www.bundesfinanzministerium.de/Aktuelles/Reden-.394.13887/BM-Hans-Eichel-Die-Modernisierung-des-deutschen-...htm (Abfrage: 25.03.2003).
[1105] Vgl. Regierungskommission Corporate Governance (2001), Rn. 181-190.
[1106] Vgl. BMF (2003), S. 6-7.

nen gegen das Management zu verhängen. Denn eine mit Ermittlungsbefugnissen ausgestattete *enforcement*-Einrichtung kann effektiver und schneller Rechnungslegungssachverhalte aufklären und aufbereiten sowie eine Beweisführung übernehmen als (organisierte) Aktionärsgruppen auf dem Gerichtswege. Dadurch würde sich für das Management ein weitaus größeres Abschreckungspotenzial vor einem Fehlverhalten ergeben.

Die Wirtschaftsprüfer können auf der Grundlage ihres gesetzlichen Auftrags den (überzogenen) Erwartungen der Öffentlichkeit nicht gerecht werden. Wie festgestellt wurde, würde eine *enforcement*-Instanz die Erwartungslücke verringern. Auf der einen Seite haben die Reputation und das Vertrauen in den Berufsstand durch die Bilanzskandale erheblichen Schaden erlitten, so dass die Überwachung der Wirtschaftsprüfer durch eine *enforcement*-Instanz als vertrauensbildende Maßnahme gerechtfertigt wäre. Da es auch unter Wirtschaftsprüfern „schwarze Schafe" gibt, wird der Berufsstand kaum Einwände gegen eine Sanktionierung solcher Kollegen haben. Auf der anderen Seite existiert mit der Wirtschaftsprüferkammer bereits eine Instanz zur Überwachung des Berufsstands. Zudem beabsichtigt die EU-Kommission ein europäisches PCAOB zu gründen, das die nationalen Instanzen beaufsichtigen und ein Mindestmaß an einheitlicher Überwachung durch die Wirtschaftsprüfer festlegen soll.[1107] Damit stellt das europäische PCAOB jedoch voraussichtlich, anders als das US-amerikanische PCAOB, in erster Linie ein Koordinationsorgan der einzelstaatlichen Gremien dar. Noch ungeklärt ist das Verhältnis einer zukünftigen *enforcement*-Instanz und der WPK. Entdeckt die zu gründende Durchsetzungseinrichtung Rechnungslegungsverstöße und stellt sich im Laufe ihrer Ermittlungen ein Mitverschulden des Wirtschaftsprüfers heraus, ist zu klären, welche Instanz Disziplinarmaßnahmen gegen den Wirtschaftsprüfer ergreifen sollte. Da die *enforcement*-Stelle in den konkreten Fällen über die Ermittlungserkenntnisse verfügt, sollte ihr auch die Entscheidungskompetenz zur Einleitung eines Disziplinarverfahrens obliegen. Eine Übertragung des Falls an die Wirtschaftsprüferkammer würde eine mögliche Bestrafung hinauszögern, weil sich die WPK erst den entsprechenden Kenntnisstand der *enforcement*-Stelle verschaffen müsste, um eine berufsaufsichtliche Entscheidung treffen zu können. Im Übrigen verfügt die WPK lediglich über das Recht, eine Rüge gegenüber einem Berufsangehörigen auszusprechen. Für eine schärfere Sanktionierung müsste sie den Fall wiederum an das Landgericht Berlin abgeben.[1108] Eine staatliche *enforcement*-Stelle mit den Sanktionskompetenzen der SEC wäre auch vor diesem Hintergrund am geeignetsten. In den Fällen, in denen die staatliche *enforcement*-Instanz ein schweres berufsrechtliches Fehlverhalten eines Wirtschaftsprüfers feststellen würde, würde sich das durch die Wirtschaftsprüferkammer initiierte Berufsgerichtsverfahren erübrigen, da die staatliche Einrichtung selbst sanktionieren könnte. Diese

---

1107 Vgl. IDW (2003), S. 1-3.

1108 So zumindest noch die Auffassung des IDW im Jahr 2000. Vgl. IDW (2000a), Abschnitt A, Tz. 390.

Ausgestaltung wäre auch deshalb vorteilhaft, weil die *enforcement*-Stelle über den größeren Sachverstand in Rechnungslegungs- und Prüfungssachverhalten verfügt als die ordentlichen Gerichte. Falls die staatliche *enforcement*-Instanz bei ihren Untersuchungen auf berufsrechtliche Pflichtverletzungen der Wirtschaftsprüfer stößt, wäre eine unmittelbare Sanktionierung der Wirtschaftsprüfer durch sie somit weitaus effektiver und zudem aus verfahrensökonomischer Sicht sinnvoller.

5.3.5 Proaktive und reaktive Durchsetzungspolitik

Für eine *enforcement*-Instanz in Deutschland wird verschiedentlich eine proaktive Überprüfung der Rechnungslegung von Unternehmen aus wirtschaftlichen und kostenintensiven Gründen[1109] abgelehnt. Es existieren allerdings keine wissenschaftlichen Untersuchungen, die eine Ineffizienz und die volkswirtschaftlichen Kosten der proaktiven Kontrolle belegen. Sofern europäische Mitgliedstaaten über eine *enforcement*-Instanz verfügen, greifen sie – mit Ausnahme Großbritanniens – auf proaktive Methoden zur Überwachung der Rechnungslegung zurück.[1110] Das ausschließlich reaktiv überwachende FRRP in Großbritannien hat rückwirkend proaktive Untersuchungen durchgeführt und Verstöße festgestellt, die durch ihren reaktiven Prüfungsansatz unentdeckt geblieben sind.[1111] Dennoch lehnte das FRRP die proaktive Kontrolle lange ab. Ausschlaggebend für ihre Haltung war die Sorge der Panel-Mitglieder, dass proaktive Elemente Auswirkungen auf das gegenwärtige Verhältnis mit den vorgelagerten Kontrollinstanzen, wie z. B. den Wirtschaftsprüfern, hätten.[1112] So befürchteten die Mitglieder scheinbar eine implizite Veränderung ihrer bisherigen Stellung zu einer nicht angestrebten Oberaufsicht. Doch eine von der britischen Regierung eingesetzte Kommission (*Co-ordinating Group on Audit and Accounting Issues*) zur Kapitalmarktregulierung und Corporate Governance in Großbritannien hat das FRRP aufgefordert, proaktiv tätig zu werden und konkrete Vorschläge für die Einführung eines proaktiven Elements zu erarbeiten.[1113] Das FRRP hat daraufhin einen Ausschuss eingerichtet, der bis Jahresende Empfehlungen für eine Ausgestaltung der proaktiven Überprüfung vorlegen soll.[1114]

Für eine proaktive Überprüfung sind deutlich mehr Mitarbeiter erforderlich als bei einer ledig-

---

[1109] Vgl. etwa die entsprechende Auffassung des IDW (2000), S. 1029. Inzwischen befürwortet das IDW eine proaktive Durchsetzung nach einer gewissen Tätigkeitsphase des Gremiums.

[1110] Vgl. FEE (2001), S. 14.

[1111] Welche Verstöße durch die proaktive Kontrolle aufgedeckt wurden, ist nicht veröffentlicht worden. Das Panel stellt lediglich fest: „*However, the study revealed examples of non-compliance that might be expected to come to the Panel's attention, but had not.*" FRRP (2002), S. 62.

[1112] Vgl. FRRP (2002), S. 62-63.

[1113] Vgl. FRC (2003), S. 61; IDW (2002c), S. 517.

[1114] Vgl. FRC (2003), S. 14-15.

lich reaktiven Kontrolltätigkeit einer *enforcement*-Stelle. Eine proaktive Kontrolle könnte den Vorteil einer Spezialisierung der Überprüfung mit sich bringen. Die Durchsetzungsinstanz könnte in mehrere Teams von Mitarbeitern innerhalb eines Fachbereichs „Prüfung" unterteilt werden, die ausschließlich für bestimmte Industriezweige (z. B. Chemie-, Automobil- oder Telekommunikationssektor) zuständig sind.

Es ist nicht nachgewiesen, ob mithilfe einer proaktiven Überprüfung schwerwiegendere Rechnungslegungsverstöße als bei einer ausschließlich reaktiven Tätigkeit einer *enforcement*-Instanz entdeckt werden würden. Unstreitig dürfte allerdings sein, dass durch die aktive Kontrolle der Unternehmensabschlüsse die Qualität der Finanzberichterstattung verbessert werden kann. Denn durch die proaktive Kontrolle der Jahres- und Zwischenabschlüsse kann die aktuelle Bilanzierungspraxis analysiert werden. Dies kann insbesondere bei der erstmaligen Anwendung von Rechnungslegungsstandards sinnvoll sein, da sie den Unternehmen mitunter Schwierigkeiten bereitet.[1115] Die *enforcement*-Stelle kann mit den Ergebnissen aus der Überprüfung in einen Feedback-Prozess mit dem Standardisierungsgremium über die aktuelle Bilanzierungspraxis von Unternehmen treten. Was dies betrifft, kann die *enforcement*-Instanz das Rechnungslegungsgremium z. B. über Inkonsistenzen in den Abschlüssen sowie eine uneinheitliche Umsetzung einzelner Vorschriften informieren. Durch die Transparenz der Rechnungslegungspraxis von Seiten der *enforcement*-Instanz wird das Standardisierungsgremium besser in die Lage versetzt, Unzulänglichkeiten in der Anwendung der Rechnungslegungsstandards zu beheben.

Die Effizienz der pro- und reaktiven Kontrolle kann gesteigert werden, indem eine Regulierungsinstanz nicht jeden Fall überprüft, sondern eine Fallauswahl trifft. In diesem Zusammenhang bestehen zwei Ansatzpunkte: Zum einen kann bei der proaktiven Kontrolle eine Selektion der zu überprüfenden Abschlüsse durchgeführt werden, zum anderen kann bei einer pro- und reaktiven Kontrolle für die Entscheidung über die Einleitung von Untersuchungen eine Wesentlichkeitsgrenze in Bezug auf die Art des Verstoßes bestimmt werden.[1116] Das theoretische Anspruchsniveau sollte derart bemessen sein, dass nur Untersuchungen eingeleitet werden, wenn der vermutete Rechnungslegungsverstoß für die (Des-)Investition in Wertpapiere entscheidungsrelevanten Charakter hat. Durch die Option zur Selektion können die zugeteilten Ressourcen nutzenbringender eingesetzt werden. Für die Kontrollen wäre es zudem zweck-

---

[1115] Vgl. IDW/F.A.Z.-Institut (2002), S. 91.

[1116] Das *IDW* fordert bereits bei der Beschwerde Dritter „gewisse Anforderungen an die Begründung der geäußerten Vermutung" IDW/F.A.Z.-Institut (2002), S. 90-91.

mäßig, wenn die der Regulierung unterliegenden Unternehmen ihre Finanzdokumente bei der *enforcement*-Instanz – möglichst elektronisch – einreichen.[1117]

5.3.6 Prüfung der publizierten Informationen

Die Auswahl der Finanzdokumente zur proaktiven Kontrolle sollte ähnlich wie bei der SEC erfolgen. Die Abschlüsse sollten auf der Grundlage intern festgelegter Selektionskriterien ausgewählt werden. Die Durchsicht der Abschlüsse kann von der Überprüfung einzelner Positionen bis hin zur vollständigen Kontrolle des gesamten Abschlusses reichen. Es sollte jedoch keine Kontrolle im Sinne einer erneuten Abschlussprüfung nach § 316 HGB vorgenommen werden. Ein probates Mittel, das zur Vereinheitlichung der Rechnungslegung beitragen könnte, wäre des Weiteren ein Kommentierungsschreiben an die Unternehmen – vergleichbar zum *comment letter* der SEC –, in dem die Rechnungslegung kritisch hinterfragt wird und Erläuterungen des Unternehmens angefordert werden. Sollten nach dem Dafürhalten der *enforcement*-Stelle rückwirkende Anpassungen der Abschlüsse notwendig sein, sollten die Unternehmen dieser Aufforderung „freiwillig", d. h. unter der Androhung von Sanktionen durch die *enforcement*-Instanz, nachkommen. Allerdings muss dem Unternehmen das Recht eingeräumt werden, vor der Beschlussfassung Gespräche mit den Mitarbeitern des Teams einschließlich des Teamleiters der *enforcement*-Instanz zu führen, um die angeblichen Rechnungslegungsverstöße und deren Korrektur zu diskutieren. An den Gesprächen sollten der Wirtschaftsprüfer und ein Anwalt des Unternehmens teilnehmen dürfen. Ist das der Regulierung unterworfene Unternehmen nicht mit der Entscheidung der Durchsetzungsinstanz einverstanden, sollte es ihm möglich sein, Einspruch bei dem Führungsgremium der Einrichtung einzulegen. Sollte das Unternehmen keine Kooperationsbereitschaft zeigen oder dem Beschluss der *enforcement*-Stelle nicht Folge leisten, sollte die Einrichtung mit Unterstützung eines Fachbereichs „Recht", in dem juristische Mitarbeiter tätig sind, die Regelwidrigkeiten rechtlich durchsetzen können. Hat ein Prüfungsteam Hinweise für eine grob fahrlässige oder vorsätzliche Verletzung von Rechnungslegungsbestimmungen, muss es unbedingt den Fachbereich „Recht" in den Fall einbeziehen.

5.3.7 Untersuchung möglicher Normverstöße

Hat die *enforcement*-Stelle Anhaltspunkte für einen Rechnungslegungsverstoß, z. B. aufgrund von Beschwerden geschädigter Anleger oder durch Hinweise in Presseartikeln, sollte sie Untersuchungen aufnehmen können. Die Untersuchungen sollten aufgrund der nötigen juristi-

[1117] *Baums* schlägt die Einrichtung eines elektronischen Unternehmensregisters vor, das vergleichbar zum EDGAR-System ist. Vgl. Baums (2001), S. 8.

schen Kenntnisse hauptsächlich durch den Fachbereich „Recht“ durchgeführt werden. Um die Ressourcen effizient einzusetzen, sollten die Mitarbeiter zuerst prüfen, ob ein Fall aufgegriffen wird. Vor allem in diesem Stadium der Überprüfung wird das Wissen der Mitarbeiter eines Teams „Prüfung“ in Bezug auf die Rechnungslegung und Abschlussprüfung von Unternehmen benötigt, um die Art des Verstoßes einschätzen zu können. Die Untersuchungen werden durchgeführt, um Beweise für eine mögliche Anklage zu sammeln. Die *enforcement*-Stelle sollte grundsätzlich auf die Kooperationsbereitschaft des betroffenen Unternehmens, seines Managements und etwaiger Zeugen setzen. Das Unternehmen sollte schriftlich über die Einleitung einer Untersuchung informiert werden. Verweigert ein Unternehmen oder eine Person die Zusammenarbeit, muss die *enforcement*-Stelle die Befugnis haben, die Mithilfe rechtlich durchzusetzen. Am Ende einer Untersuchung sollte dem Führungsgremium der Beschluss über die Einleitung eines Rechtsverfahrens obliegen.

5.3.8 Auskunfts-, Zeugenvernehmungs- und Einsichtsrecht

Ein (vor-)prüfendes privates Gremium ist im Rahmen seiner Untersuchungen auf die Kooperationsbereitschaft der betroffenen Unternehmen angewiesen. Es hat weder ein Auskunftsrecht noch die Berechtigung, etwaige Dokumente zur Beweiserhebung einzusehen. Außerdem darf es keine Zeugen vernehmen. Die BaFin verfügt hingegen über umfassende Ermittlungsrechte bei der Überwachung des Verbots der Kurs- und Marktmanipulation. Nach § 20b WpHG ist die Behörde berechtigt, „von den Beteiligten Auskünfte und die Vorlage von Unterlagen [zu] verlangen“[1118]. Des Weiteren ist „während der üblichen Arbeitszeit .. Bediensteten der Bundesanstalt und den von ihr beauftragten Personen ... das Betreten der Grundstücke und Geschäftsräume der Beteiligten zu gestatten.“[1119] In der Gesetzesbegründung wird die Übertragung des Instrumentariums zur Überwachung der Kurs- und Marktmanipulation auf die BaFin als Voraussetzung für eine „effektive Durchsetzung“[1120] angesehen. Vor diesem Hintergrund ist nicht nachvollziehbar, warum die Aufgabe der Überwachung unrichtiger Angaben oder das Verschweigen von Tatsachen in Jahres- und Zwischenabschlüssen auf ein (vor-)prüfendes privates Gremium übertragen werden soll, das nicht über die entsprechenden Ermittlungsbefugnisse verfügen kann.

Wird ein (vor-)prüfendes privates Gremium an die BaFin angeschlossen, erscheint es zudem zweifelhaft, ob dieses Gremium bei grenzüberscheitenden Sachverhalten (z. B. Unzulänglichkeiten der Rechnungslegung einer ausländischen Tochtergesellschaft) befugt ist, die bestehen-

[1118] § 20b Abs. 2 Satz 1 WpHG.
[1119] § 20b Abs. 3 Satz 1 WpHG.
[1120] BT-Drucksache 14/8017, S. 64.

den bi- und multilateralen Amtshilfevereinbarungen der BaFin, die mit Wertpapierinstanzen anderer Staaten abgeschlossen wurden, zu nutzen.

5.3.9 Diskretion der Untersuchung

Die Vorwürfe und die Untersuchung sind auf Seiten der *enforcement*-Instanz bis zur Beendigung des Verfahrens geheim zu halten. Allerdings kann das Unternehmen je nach Schwere des Verstoßes verpflichtet sein, die Kapitalmarktteilnehmer über die Auswirkungen des Verfahrens auf die Vermögens- oder Finanzlage oder den allgemeinen Geschäftsverlauf des Unternehmens im Rahmen der Ad-hoc-Publizität zu informieren.[1121]

5.3.10 Judikative Befugnisse

Eine private Instanz hat a priori keine unmittelbaren Sanktionierungsbefugnisse. Eine Option zum Ausgleich dieses Defizits wäre deshalb die Einholung einer rechtsverbindlichen Zustimmung aller Unternehmen, sich den Sanktionsmaßnahmen einer privaten Einrichtung „freiwillig" zu unterwerfen.[1122] In diesem Modell könnte die Aufsicht der privaten Instanz durch ein Schiedsgericht, d. h. ein privates Gericht, flankiert werden. Die praktische Umsetzbarkeit dieses Ansatzes erscheint jedoch wenig erfolgversprechend, da das Einverständnis aller Unternehmen unwahrscheinlich ist. Alternativ kann eine private Instanz gewissermaßen nur in der Funktion einer Sanktionen vorbereitenden Stelle agieren. Die Zwangsmaßnahmen müssen bei dieser Konstellation von den rechtlich ermächtigten Organen beschlossen werden. Als Beispiele für die Sanktionsstellen von Bilanzdelikten werden von den Fürsprechern einer privaten *enforcement*-Instanz unter anderem die Staatsanwaltschaft und die BaFin genannt.

Der Vorschlag der Adressierung des Falls an die Staatsanwaltschaft entspricht dem britischen System. Die Sanktionsbemessung, z. B. der Zwang zur Bilanzkorrektur oder die Verhängung von Bußgeldern, bleibt in Großbritannien den Gerichten vorbehalten. Das Androhungspotenzial eines Gerichtsverfahrens in der Hoffnung auf eine „freiwillige" Korrektur eines Abschlusses ist als Sanktionsmittel unzureichend. Von dem Recht, einen Fall zur Sanktionierung an ein Gericht zu übergeben, hat das britische *Panel* seit seiner Gründung im Jahr 1991 noch nie Gebrauch gemacht. Nach Aussage von *Page*, *Assistant Secretary* des FRRP, versucht das *Panel*, „so weit nur möglich, mittels Diskussionen und Überzeugung zu arbeiten."[1123] In Kenntnis des enormen Prozess- und Kostenrisikos eines Gerichtsverfahrens präferieren beide

[1121] Vgl. § 15 WpHG.
[1122] Die eingegangenen Verpflichtungen sollen Einfluss auf das Verhalten nach dem Vertragsabschluss haben. Zum Konzept der Selbstbindung vgl. Koch/Schmidt (1981), S. 245-247.
[1123] Page (2001), S. 36.

Parteien, sich durch gegenseitiges Nachgeben außergerichtlich zu einigen. Ein privates Gremium „sitzt somit nicht am längeren Hebel". Es sollte außerdem berücksichtigt werden, dass das Drohpotenzial der gerichtlichen Sanktionierung aus Sicht der *enforcement*-Stelle kontraproduktiv wirken kann. Falls ein Gericht die Klage der Durchsetzungsinstanz abweist, kann die Integrität der *enforcement*-Instanz nachhaltig gefährdet werden. Wird die Entscheidung über eine Sanktionierung den Gerichten überlassen, ist außerdem fraglich, ob jeder Richter spezifische Rechnungslegungs- und Wirtschaftsprüfungssachverhalte sachgerecht beurteilen kann.

Die Empfehlung, der BaFin die Sanktionierung zu überlassen, entspricht den derzeitigen politischen Plänen. Wenn die Sanktionierung durch die BaFin erfolgen darf, ist schwer nachvollziehbar, warum dann nicht ebenso die Prüfung des Rechnungslegungssachverhalts durch die Behörde durchgeführt wird. Das Argument, dass „die Kombination privater und staatlicher Elemente die Vorteile der ‚reinen' Organisationsformen ... vereine"[1124] erweist sich als eine allgemeine theoretische Behauptung. Es ist zu erwarten, dass es bei dieser Konstellation zu signifikanten Effizienzverlusten kommt. Das private Gremium ist in seiner Handlungsfähigkeit eingeschränkt, da Beschlüsse dem Vorbehalt der Zustimmung der BaFin unterliegen würden. Die BaFin kann dem privaten Gremium nicht blind vertrauen. Jede Entscheidungsvorlage bedarf zur Zustimmung oder Ablehnung der Behörde unweigerlich einer selbstständigen kritischen Überprüfung des zugrunde liegenden Falls durch die BaFin. Würde dem Gremium eine faktische Entscheidungsfreiheit eingeräumt, würde eine Behörde bei einer derartigen Konstruktion zum Erfüllungsgehilfen eines privaten Gremiums degradiert werden. Zudem wären bei einer zu großen Handlungsfreiheit rechtlich nicht unproblematische Kompetenzüberschreitungen des Gremiums absehbar.

Für eine effektive Durchsetzung von Normen bedarf es folglich umfassender Durchsetzungsrechte einer Instanz und weder eines Konsens- noch eines Delegationsmodells. Im Verwaltungsrecht sind deutschen Behörden (z. B. Finanzbehörde[1125], Kartellbehörde[1126]) schon gegenwärtig umfangreiche Sanktionsbefugnisse eingeräumt worden, ohne zuvor ein Gericht einschalten zu müssen. Der Schutz der Rechnungslegungsadressaten durch eine *enforcement*-Instanz darf in Anbetracht dessen nicht mit minder geeigneten Kompetenzen verfolgt werden als der Schutz des Wettbewerbe respektive der Verbraucher durch die Kartellbehörde. Für die Durchsetzung der regelkonformen Anwendung der Rechnungslegungsvorschriften muss eine *enforcement*-Stelle mit verwaltungsrechtlichen Kompetenzen ausgestattet werden. Insofern

---

1124 Tielmann (2001a), S. 63.
1125 Siehe § 409 AO.
1126 Siehe § 81 Abs. 4 GWB.

kommt ausschließlich eine staatliche Einrichtung in Frage. Neben der Möglichkeit zum Erlass verwaltungsrechtlicher Verfügungen sollte der Behörde das Recht freistehen, zivil- und strafrechtliche Klagen vor einem ordentlichen Gericht zu initiieren.

Losgelöst von der Ausgestaltung der *enforcement*-Instanz, sollte ein Unternehmen oder eine Person, die bestraft wurde, die Möglichkeit zur gerichtlichen Überprüfung der Sanktion haben. Für die Unternehmen könnte ein Anreiz bestehen, durch ein Gerichtsverfahren mit verhältnismäßig milderen Sanktionen davonzukommen. Gleichwohl birgt eine gerichtliche Auseinandersetzung für beide Parteien Risiken. Bis zur Bekanntgabe des Beschlusses sollten allerdings keine gerichtlichen Maßnahmen (z. B. Unterlassungsverfügungen eines Beschuldigten) möglich sein, damit die Arbeit der *enforcement*-Instanz nicht behindert wird. Auf diese Problematik bei einer zum FRRP vergleichbaren Einrichtung weist *Hommelhoff* hin. Falls ein Unternehmen die Feststellung angeblicher Rechnungslegungsverstöße durch die *enforcement*-Instanz nicht teilt, werden die Unternehmen „alles Erdenkliche“[1127] versuchen, die Veröffentlichung von Verstößen durch die *enforcement*-Instanz mittels einer einstweiligen Verfügung zu verhindern. Dieses Risiko wird dadurch bedingt, dass sich ein privates Gremium hierarchisch auf derselben Ebene befindet wie das zu prüfende Unternehmen.[1128]

5.3.11 Sanktionsmittel

Neben der Androhung eines Gerichtsverfahrens gegenüber dem Unternehmen verfügt die britische FRRP über das mittelbare Sanktionsmittel der adversen Publizität. Im Falle eines privaten Gremiums wird diese Sanktion allerdings dadurch abgemildert, dass die Veröffentlichungsmodalitäten mit den betroffenen Unternehmen abgestimmt werden müssen. Zudem ist das Unternehmen, das der Überwachung des FRRP unterliegt, berechtigt, den Entwurf der Pressemitteilung des FRRP einzusehen und Änderungsvorschläge abzugeben.[1129] Da dem Unternehmen bekannt ist, zu welchem Zeitpunkt das *Panel* seine Feststellungen veröffentlicht, kann es zeitgleich Unternehmensinformationen bekannt geben, die die Marktteilnehmer positiv stimmen sollen („*counterpublicity*“[1130]).[1131] Die Sanktion kann sich durch diesen Umstand als unwirksam erweisen. Das Sanktionsmittel der adversen Publizität ist ohnehin ein Instrument, über das kontrovers diskutiert wird, da ein eventueller Rückgang des Aktienkurses die Anteilseigner benachteiligen kann, „die ihrerseits Geschädigte und nicht Verursacher der feh-

---

[1127] Hommelhoff (2001), S. 42.
[1128] Vgl. Hommelhoff (2001), S. 41.
[1129] Vgl. FRRP (2000), Nr. 45, http://www.frrp.org.uk/aboutprocedures.html (Abfrage: 15.07.2002).
[1130] Böckem (2000), S. 94.
[1131] Das *IDW* geht sogar so weit, den Unternehmen die Benachrichtigung der Rechnungslegungsadressaten über die Unregelmäßigkeiten vollständig zu überlassen. Vgl. IDW/F.A.Z.-Institut (2002), S. 93.

lerhaften Berichterstattung sind."[1132] Dennoch sollte die *enforcement*-Instanz die Öffentlichkeit über das Ergebnis ihrer Untersuchung informieren, sofern sie einen Rechtsverstoß festgestellt hat. Die Kommunikationsform sollte der Ad-hoc-Publizität kapitalmarktorientierter Unternehmen entsprechen. Inhaltlich sollte analog zur SEC der Verstoß erläutert sowie das Strafmaß und die missachteten Vorschriften genannt werden. Daneben sollte die *enforcement*-Instanz über ihre Tätigkeit laufend im Internet[1133] berichten und einen Jahresbericht erstellen.

Verfechter einer privaten Lösung erheben die Forderung, einem deutschen Gremium ergänzend das Recht zu gewähren, die Nichtigkeit eines Abschlusses geltend zu machen, sofern ein Unternehmen nicht freiwillig zu einer Korrektur festgestellter Unregelmäßigkeiten bereit ist.[1134] Dieses Sanktionsinstrument ist nicht zweckmäßig, da bei einer Verweigerung des Unternehmens zur Korrektur ein Gerichtsverfahren notwendig ist, das Risiken birgt. Gibt das Gericht der Klage statt, wird der Jahresabschluss – wie erwähnt – vollständig unwirksam.

Zur wirksamen Prävention von Verstößen gegen Rechnungslegungsvorschriften bedarf es zum einen Sanktionen, die prohibitorisch hoch sind, zum anderen Strafen, die die schuldige Person persönlich treffen.[1135] *Korn* stellt zutreffend fest, „dass die Wirksamkeit eines Mechanismus [der Durchsetzung, Anmerkung des Verfassers] zentral davon abhängt, wie hoch die ausgesprochenen Strafen im Fall einer erfolgreichen Aufdeckung [eines Verstoßes, Anmerkung des Verfassers] sind."[1136] Ähnlich zur SEC im Wertpapierrecht ist die deutsche Kartellbehörde bei Rechtsverstößen gegen das Wettbewerbsrecht berechtigt, Bußgelder bis zur dreifachen Höhe des durch die Zuwiderhandlung erlangten Mehrerlöses festzusetzen[1137] und unrechtmäßige Mehrerlöse abzuschöpfen[1138]. Eine staatliche *enforcement*-Behörde sollte mit ähnlichen Befugnissen ausgestattet sein. Die Geldmittel sollten den finanziell geschädigten Interessengruppen des Unternehmens zukommen, wodurch vom *enforcement* eine Kompensationsfunktion ausgehen kann. Als persönliche Strafe sollte die Behörde ein temporäres Berufsverbot über Manager, Wirtschaftsprüfer und Aufsichtsräte verhängen können.[1139] Eine Kontrollinstanz sollte außerdem berechtigt sein, die Korrektur eines normwidrigen Jahresabschlusses durch das Unternehmen anzuordnen. Die zivilrechtlichen Sanktionen sollten dem verwaltungsrecht-

[1132] Korn (2002), S. 1501.
[1133] Vgl. entsprechend Haller/Eierle/Evans (2001), S. 1680.
[1134] Zu den hierfür erforderlichen Gesetzesänderungen siehe IDW/F.A.Z.-Institut (2002), S. 92. Insbesondere weist das *IDW* darauf hin, dass § 256 AktG auf die Feststellung der Nichtigkeit des Jahresabschlusses begrenzt ist. Der Konzernabschluss wird von dieser Regelung nicht erfasst.
[1135] Vgl. Korn (2002), S. 1504.
[1136] Korn (2002), S. 1504.
[1137] Vgl. § 81 Abs. 2 GWB.
[1138] Vgl. § 34 GWB.
[1139] Es gilt im Einzelfall abzuwägen, ob der verfassungsrechtliche Grundsatz der Berufsfreiheit oder der Anlegerschutz höher wiegt.

lichen Sanktionsinstrumentarium entsprechen, während strafrechtliche Vergehen mit Freiheitsstrafen geahndet werden sollten.

5.3.12 Legislative Kompetenzen

Die Zuständigkeit zur Entwicklung der IAS/IFRS-Rechnungslegungsstandards obliegt dem IASB. Das IASB ist in dem Entscheidungsprozess der Normsetzung in ein Gremienumfeld eingebunden.[1140] Neben den nationalen Rechnungslegungsgremien nehmen insbesondere die *European Financial Reporting Advisory Group* (EFRAG) als Gremium der EU-Kommission, das *Standard Advisory Council* (SAC) mit Repräsentanten weltweiter Organisationen (z. B. Weltbank, Internationaler Währungsfonds) und projektbezogene Arbeitskreise (*Steering Committees*) beratend Einfluss auf die Entscheidungen der Normsetzung des IASB.[1141] Darüber hinaus wird die interessierte Öffentlichkeit in den Diskussionsprozess der Normenentwicklung einbezogen (*due process*).[1142] Eine weitere Funktion innerhalb der Organisationsstruktur kommt dem *International Financial Reporting Interpretations Committee* (IFRIC[1143]) zu. Das IFRIC ist funktionell mit dem EITF vergleichbar, weist jedoch wesentlich weniger Kompetenzen auf. Das IFRIC beschäftigt sich mit Rechnungslegungssachverhalten, die in den Jahresabschlüssen von Unternehmen uneinheitlich abgebildet oder missbräuchlich ausgelegt werden.[1144] Sofern das Gremium Handlungsbedarf erkennt, schließt sich an seine Beratung die Verabschiedung von Interpretationen bestehender IAS/IFRS an. Daneben ist der Ausschuss ermächtigt, das IASB auf unklare Vorschriften hinzuweisen, die zwecks besserer Verständlichkeit revidiert werden sollten.[1145] Das In-Kraft-Treten der Interpretationen setzt die Zustimmung des IASB voraus.[1146] Die internationalen Rechnungslegungsgrundsätze werden in einem Anerkennungsverfahren (*endorsement mechanism*) der EU-Kommission im europäischen Bilanzrecht manifestiert.[1147] Durch die Übernahme und der Veröffentlichung der IAS/IFRS im Europäischen Amtsblatt in sämtlichen Amtssprachen werden die IAS/IFRS unmittelbar EU-Recht. Die technische Umsetzung dieses Verfahrens übernimmt die EFRAG. Als Beratungsgremium für Rechnungslegungsfragen der EU-Kommission soll die EFRAG die geplante Übernahme der IAS/IFRS in der EU aktiv begleiten[1148] und auf eine frühzeitige Be-

---

[1140] Vgl. Bruns (2001), S. 70.
[1141] Vgl. Bruns (2001), S. 69-70.
[1142] Vgl. Kleekämper/Kuhlewind/Alvarez (2001), Tz. 77-78.
[1143] Bis zur Neustrukturierung des IASC im Mai 2000 trug das Gremium die Bezeichnung *Standards Interpretations Committee* (SIC).
[1144] Vgl. Fey/Schruff (1997), S. 586, die die Funktion des SIC umfassend darlegen; IASC Foundation (2002), Part B, Sec. 37.
[1145] Vgl. Tweedie (2002), S. 91.
[1146] Vgl. Baetge/Thiele/Plock (2000), S. 1036.
[1147] Vgl. Bruns (2001), S. 68.
[1148] Zur Diskussion des „*worst-case*"-Szenario, d. h. einer fehlenden Anerkennung einzelner IAS/IFRS-

rücksichtigung europäischer Positionen innerhalb des Prozesses der Erarbeitung der IAS/IFRS durch das IASB hinwirken.[1149] Bei der Wahrnehmung dieser Aufgabe arbeitet sie mit den nationalen Rechnungslegungsgremien zusammen.[1150]

Seitens der EU-Kommission gibt es zudem Bestrebungen, die Wahrung der Unabhängigkeit von Wirtschaftsprüfern sicherzustellen. Im vergangenen Jahr hat die EU-Kommission in diesem Zusammenhang eine Empfehlung verabschiedet,[1151] deren Umsetzung von der Bundesregierung gegenwärtig geplant wird.[1152] So sieht die Regierung in ihrem „Maßnahmenkatalog zur Stärkung der Unternehmensintegrität und des Anlegerschutzes" unter anderem ein Verbot von Nicht-Prüfungsleistungen vor, die im Einzelnen in einem Aufzählungskatalog genannt werden.[1153] Im DCG-Kodex wird dem Aufsichtsrat empfohlen, einen Prüfungsausschuss zu bilden, der sich unter anderem mit der notwendigen Unabhängigkeit des Abschlussprüfers befassen soll.[1154] Bevor der Hauptversammlung der Vorschlag zur Wahl des Abschlussprüfers vorgelegt wird, soll der Aufsichtsrat bzw. Prüfungsausschuss Tz. 7.2.1 DCG-Kodex eine Erklärung des Abschlussprüfers einholen, ob und gegebenenfalls welche beruflichen, finanziellen oder sonstigen Beziehungen zwischen dem Abschlussprüfer, seinen Organen und den Prüfungsleitern einerseits und dem zu prüfenden Unternehmen und seinen Organmitgliedern andererseits bestehen, die Zweifel an der Unabhängigkeit des Abschlussprüfers hervorrufen können. Ob der Aufsichtsrat der Empfehlung des DCG-Kodex nachkommt, gibt er gemeinsam mit dem Vorstand jährlich in einer Entsprechenserklärung nach § 161 AktG bekannt.[1155]

Unter Berücksichtigung der klaren legislativen Kompetenzverteilung ist keine *enforcement*-Stelle mit Rechtsetzungsbefugnissen im Bereich der Rechnungslegung und Prüfung erforderlich. Soweit Unternehmen und Wirtschaftsprüfer bei der Erstellung und Prüfung des Abschlusses Fragen zur normkonformen Bilanzierung, Bewertung und zum Ausweis von Rech-

---

Vorschriften siehe Tweedie (2002), S. 83.

1149 Vgl. van Hulle (2001), S. 31-32.

1150 Vgl. van Hulle (2001), S. 32.

1151 Siehe die Empfehlung der EU-Kommission zur Unabhängigkeit vom 16.05.2002, ABlEG Nr. L 191, 2002, S. 22-57 und die daran anküpfende Mitteilung der EU-Kommission (2003) zur Stärkung der Abschlussprüfung in der EU. Ferlings/Lanfermann (2002), S. 2121, haben eine Gegenüberstellung der EU-Empfehlungen und der entsprechenden Regelungen des deutschen Rechts und des SOA erstellt. Zu einer Kommentierung der genannten Mitteilung der EU-Kommission siehe van Hulle/Lanfermann (2003), S. 1323-1328.

1152 Vgl. Ferlings/Lanfermann (2002), S. 2117.

1153 Siehe BMF (2003a), http://www.bundesfinanzministerium.de/Anlage17029/MassnahmenkatalogderBundesregierungzur-Staerkung-von-Unternehmensintegritaet-und-Anlegerschutz.pdf (Abfrage: 18.04.2003).

1154 Vgl. Regierungskommission Deutscher Corporate Governance Kodex (2003), Tz. 5.3.2.

1155 Holt der Aufsichtsrat die Unabhängigkeitserklärung nicht ein, so hat er dies offen zu legen; vgl. zur Entsprechenserklärung Bernhardt (2002), S. 1841. Zur Erstellung eines Corporate Governance Berichts über Abweichungen der Kodexempfehlungen siehe Böcking/Dutzi (2003), S. 228.

nungslegungssachverhalten haben, kann die *enforcement*-Einrichtung als Verbindungsstelle zwischen dem IASB als Normsetzungsorgan und den anfragenden Personen fungieren.

Aus pragmatischen Gründen könnte es notwendig sein, der *enforcement*-Stelle die Möglichkeit zur Festlegung verfahrenstechnischer Regeln zu überlassen. Auf diese Weise kann sie das Verhältnis zwischen ihr und den natürlichen und juristischen Personen, die ihrer Überwachung unterliegen, regeln (z. B. für die Einreichung von Abschlüssen oder bei Anfragen). Einer Behörde kann hierfür eine Verordnungsermächtigung erteilt werden.

5.3.13 Finanzierungsquellen und -struktur

Für die Finanzierung der Einrichtung kommen die öffentliche Hand, privatwirtschaftliche Unternehmen oder bestimmte Interessengruppen der Unternehmen in Frage. Da die an der Rechnungslegung interessierten Personen im Einzelnen nicht hinreichend bestimmt werden können, kommt eine Pflicht zur Zahlung einer Abgabe durch diese Individuen nicht in Frage. Eine ausschließliche Begrenzung der Finanzierung auf die Investoren dürfte verfassungsrechtlich[1156] problematisch sein, da Rechnungslegungsinformationen auch für andere Interessengruppen des Unternehmens nützlich sind. Eine Definitivbelastung der öffentlichen Haushalte ist angesichts der gegenwärtig angespannten finanziellen Lage abzulehnen. Stattdessen sollten für die Finanzierung die Unternehmen aufkommen, die der Regulierung unterliegen. Um das Prinzip der Unabhängigkeit sicherzustellen, sollten die Unternehmen jährlich Gebühren an die öffentliche Hand zahlen, die der Bund wiederum der *enforcement*-Instanz als Budget zur Verfügung stellt. Anders als in den USA würden somit ausschließlich die Unternehmen die entstehenden Kosten übernehmen. In den USA entrichten zusätzlich die Börsen Gebühren für Wertpapiertransaktionen.

5.3.14 Zwischenergebnis

Die dargelegten Empfehlungen zu wesentlichen Ausgestaltungsmerkmalen (z. B. personelle Besetzung, Untersuchungsdurchführung, Auskunfts-, Zeugenvernehmungs- sowie Einsichtsrecht, judikative Kompetenzen und Sanktionsmittel) erfordern die Einrichtung einer Behörde und nicht eines privaten Gremiums. Bei einigen Ausgestaltungskriterien ist es gleichgültig, ob es sich bei der *enforcement*-Stelle um eine Behörde oder ein privates Gremium handelt. Für eine private Einrichtung spricht keines der Ausgestaltungsmerkmale. Grafisch lässt sich das Resultat der Beurteilung, ob die *enforcement*-Einrichtung staatlich oder privat organisiert werden soll, für jedes einzelne Kriterium wie folgt darstellen:

[1156] Vgl. Art. 3 Abs. 1 GG.

Personelle Besetzung	■	Regulierungs-objekte	□	Rechnungslegungs-system	□
Regulierungs-subjekte	□	Durchsetzungs-politik	□	Prüfung der publizierten Informationen	■
Untersuchung möglicher Normverstöße	■	Ermittlungsrechte und Diskretion	■ □	Judikative Befugnisse	■
Sanktionsmittel	■	Legislative Kompetenzen	□	Finanzierungs-quellen und -struktur	□

Pro Behörde ■ Neutral □

Abbildung 10: Ergebnis der Beurteilung der staatlichen oder privaten Organisation der *enforcement*-Stelle je Ausgestaltungsmerkmal

Anstelle der Errichtung einer neuen Behörde erweist es sich als naheliegender, die Kompetenzen der BaFin zu erweitern. Werden die Aufgaben der Durchsetzung ordnungsmäßiger Rechnungslegung auf die BaFin übertragen, dann ist die These[1157], eine private Lösung sei schneller realisierbar als eine Behörde kaum zutreffend. Der Vorschlag, die Aufgabe der (Vor-)Prüfung einer privaten Instanz zu überlassen und die Durchsetzungsbefugnisse einer staatlichen Einrichtung zu übertragen, mag ein theoretisch ausgeklügeltes Modell sein, in der Praxis weist diese Konstruktion jedoch Mängel auf. So bestehen bei diesem Modell beispielsweise in der bedeutenden Phase der Aufklärung von Sachverhalten Zweifel an der Unabhängigkeit der prüfenden Mitarbeiter des privaten Gremiums. Dies ist einer Vertrauensbildung am Kapitalmarkt nicht zuträglich und kann sich bei einer eventuellen rechtlichen Auseinandersetzung nachteilig auswirken.

[1157] Vgl. Naumann (2002), S. 20.

5.4 Internationale Tendenzen

5.4.1 Europäische Gesetzgebungsebene

5.4.1.1 Institutionelle Entwicklungen

Bereits seit Gründung der Europäischen Wirtschaftsgemeinschaft (EWG) gibt es erkennbare Bestrebungen, unter anderem hervorgerufen durch den im Römischen Vertrag festgelegten freien Kapitalverkehr[1158], den Erlass von Richtlinien[1159] und die Einführung der gemeinsamen Währung[1160], einen einheitlichen europäischen Kapitalmarkt zu entwickeln.[1161] Die Grundlage für die vollständige Verwirklichung eines gemeinsamen europäischen Finanzmarkts wurde mit dem Weißbuch der EU-Kommission zur Vollendung des Binnenmarkts von 1985 gelegt, in dem Hunderte von legislativen Maßnahmen zum Abbau von Disparitäten zwischen den Mitgliedstaaten festgelegt wurden.[1162] Zwar wurden seitdem wesentliche Fortschritte in der Integration der Finanzmärkte erreicht, die Kapitalmärkte der EU sind jedoch bis heute fragmentiert geblieben.[1163] Angesichts der noch vorhandenen Strukturdifferenzen hat der Europäische Rat im Juni 1998 die Kommission aufgefordert, ein Maßnahmenprogramm zur Verbesserung des Binnenmarkts für Finanzdienstleistungen zu erstellen.[1164]

Die Kommission reagierte hierauf mit der Bekanntmachung eines allgemeinen Aktionsrahmens[1165], in dem sie unter anderem eine schnellere Anpassung des Aufsichtsrechts, einen strafferen Ansatz der Abfassung von Aufsichtsvorschriften und die Errichtung einer strukturierten Kooperation zwischen den nationalen Aufsichtsgremien für erforderlich hält.[1166] Hinsichtlich der Zusammenarbeit ist nach Meinung der Kommission eine Satzung der Aufsichtsbehörden zur Festlegung der Kompetenzen und der Koordinationsmechanismen notwendig.[1167] Nachdem der Europäische Rat von Wien von der Kommission die Implementierung des Aktionsrahmens in ein konkretes Arbeitsprogramm mit Unterstützung einer Expertengruppe forderte,[1168]

[1158] Vgl. Artikel 3c) EWG-Vertrag.

[1159] Siehe z. B. 4. EU-Richtlinie vom 25.07.1978, ABlEG Nr. L 222, 1978, S. 11-31; 7. EU-Richtlinie vom 13.06.1983, ABlEG Nr. L 193, 1983, S. 1-17.

[1160] Die Schaffung des Ecu als Gemeinschaftswährung wurde 1978 beschlossen. Vgl. Servais (1995), S. 75.

[1161] Das Ziel eines einheitlichen europäisch dimensionierten Kapitalmarkts wurde in der EU erst 1986 durch die angestrebte Errichtung eines europäischen Binnenmarkts des freien Waren-, Personen-, Dienstleistungs- und Kapitalverkehrs vertraglich festgelegt. Vgl. Hoppmann (1998), S. 1.

[1162] Siehe EU-Kommission (1985).

[1163] Vgl. EU-Kommission (1999), S. 3.

[1164] Vgl. Europäischer Rat (1998), Nr. 17.

[1165] Vgl. EU-Kommission (1998).

[1166] Vgl. EU-Kommission (1998), Nr. 6-10, 34-41.

[1167] Vgl. EU-Kommission (1998), Nr. 37.

[1168] Vgl. Europäischer Rat (1998a), Nr. 51.

hat die Kommission im Mai 1999 eine Mitteilung mit ihrer genauen Vorgehensweise[1169] vorgelegt.[1170] In einem Aktionsplan für Finanzdienstleistungen (*Financial Services Action Plan* (FSAP)) werden von der EU-Kommission 42 Projekte[1171] aufgelistet, die erforderlich sind, um die Vorteile eines integrierten europäischen Kapitalmarkts nutzen zu können. Waren zunächst nur „Maßnahmen zur Verbesserung des Binnenmarkts für Finanzdienste“[1172] vorgesehen, wird der Aktionsplan als „Entwurf für einen integrierten Finanzdienstleistungs- und Kapitalmarkt“[1173] gesehen. Die Projekte sind nach ihrer Dringlichkeit in drei Prioritätsstufen eingeteilt. In dem Arbeitsprogramm nennt die Kommission als eine strategische Maßnahme höchster Priorität die Verbesserung der Vergleichbarkeit der Jahresabschlüsse der EU-Unternehmen durch die Vereinheitlichung des Rechnungslegungssystems.[1174] Den Unternehmen wird infolgedessen die Kapitalbeschaffung erleichtert, da ihre Jahresabschlüsse in der gesamten EU bedingungslos anerkannt werden.[1175] Dieses Ziel einer uniformen Rechnungslegungssystematik wurde im Jahr 2002 durch die Verabschiedung der EU-Verordnung betreffend die Anwendung internationaler Rechnungslegungsstandards (IAS/IFRS) verwirklicht.[1176] Für den Bereich der Aufsichtsregelungen hat die Kommission beschlossen, Vorschläge vorzulegen, um die Aufsichtsstrukturen weiterzuentwickeln.[1177] Der gesamte Finanzdienstleistungs-Aktionsplan soll bis spätestens 2005 abgeschlossen sein,[1178] wobei diese Frist angesichts des Umfangs der

---

1169 Vgl. EU-Kommission (1999).

1170 Ihre Konsultationen für ein Aktionsprogramm führte sie mit den persönlichen Vertretern der Wirtschafts- und Finanzminister und der Europäischen Zentralbank (Politische Gruppe für Finanzdienstleistungen). Vgl. EU-Kommission (1999), S. 3. Die Gruppe verfolgte das Ziel, einen Konsens zwischen den Ministern der einzelnen Länder herbeizuführen. Vgl. EU-Kommission (1999a), S. 1.

1171 Vgl. Solbes (2002), http://www.fese.be/initiatives/speeches/2002/efmc2002_solbes speech.htm (Abfrage: 29.11.2002). *Solbes* ist als Mitglied der Europäischen Kommission verantwortlich für das Ressort Wirtschaft und Währung. Die Projekte sind in vier strategische Zielkategorien unterteilt: ein einheitlicher EU-Firmenkundenmarkt, offene und sichere Privatkundenmärkte, moderne Aufsichtsregeln und Überwachung und umfassendere Voraussetzungen für einen optimalen Finanzbinnenmarkt. Die Projekte betreffen ein breites Spektrum an Themenkomplexen: z. B. Wertpapierdienstleistungen, Börsenzulassung, Wertpapierprospekte, Marktmanipulation und Unternehmensübernahmen. Vgl. EU-Kommission (1999), S. 19-30.

1172 Europäischer Rat (1998), Nr. 17.

1173 Ausschuss der Weisen (2000), S. 18. Siehe zur Funktion des Ausschusses der Weisen nachstehend im Text.

1174 Vgl. EU-Kommission (1999), S. 6, 23.

1175 Vgl. EU-Kommission (1999), S. 6.

1176 Vgl. EU-Verordnung vom 19.07.2002, ABlEG Nr. L 243, 2002, S. 1-4. Durch die EU-Verordnung werden die 4. und 7. EU-Richtlinie zur Rechnungslegung nicht außer Kraft gesetzt. Vgl. Busse von Colbe (2002), S. 1588. Divergenzen zwischen den Rechnungslegungsrichtlinien und den IAS/IFRS werden durch Anpassungen der EU-Richtlinien beseitigt. Vgl. Böcking/Dutzi (2002a), S. 360. Sofern Regelungslücken in den IAS/IFRS bestehen (z. B. Lageberichterstattung), sind die EU-Richtlinien insoweit anzuwenden. Vgl. IDW (2002a), S. 698. Zu den zwischenzeitlich beschlossenen Änderungen der Bilanzrichtlinien siehe die Richtlinie des Europäischen Parlaments und des Rates zur Änderung der Richtlinien 78/660/EWG (4. EU-Richtlinie), 83/349/EWG (7. EU-Richtlinie), 86/635/EWG (Banken-Richtlinie) und 91/674/EWG (Versicherungs-Richtlinie) des Rates über den Jahresabschluss und den konsolidierten Abschluss von Gesellschaften bestimmter Rechtsformen, von Banken und anderen Finanzinstituten sowie von Versicherungsunternehmen (so genannte Modernisierungs-Richtlinie). Siehe im Übrigen Böcking/Herold/Wiederhold (2003).

1177 Vgl. EU-Kommission (1999), S. 13.

1178 Vgl. EU-Kommission (2000), S. 2. Die Kommission legt dem Rat der Wirtschafts- und Finanzminister und dem Europäischen Parlament alle sechs Monate Berichte über den Stand der Umsetzung des Aktionsplans

Neuregelungen sowie des politisch beeinflussten Implementierungsprozesses sehr ehrgeizig zu sein scheint.

Aufgrund einer gemeinsamen Initiative der französischen EU-Präsidentschaft und der Kommission hat der Rat der Wirtschafts- und Finanzminister der EU (*Ministers for economic affairs and finance* (ECOFIN)) im Jahr 2000 einen mit unabhängigen Experten besetzten Ausschuss von Weisen einberufen.[1179] Das Mandat dieses Ausschusses unter dem Vorsitz von Baron *Alexandre Lamfalussy* bestand darin:

(1) die aktuellen Bedingungen für die Anwendung der Regulierungsmaßnahmen für die Wertpapiermärkte in der EU zu beurteilen,
(2) zu bewerten, wie mit den Wertpapiervorschriften auf die aktuellen Tendenzen an den Wertpapiermärkten reagiert werden kann und
(3) Verbesserungsvorschläge zu machen, um bei der praktischen Umsetzung von Regelungen eine größere Konvergenz und Kooperation zu erreichen und auf neue Entwicklungen flexibel eingehen zu können.[1180]

Der Ausschuss der Weisen hat ECOFIN zwei Berichte[1181] über seine Arbeit vorgelegt.[1182] Das Gremium kommt zu dem Ergebnis, dass die Integration der europäischen Wertpapiermärkte durch eine Reihe von Faktoren behindert wird. Neben dem Fehlen von Regelungen in Teilbereichen des Kapitalmarktrechts (z. B. alternative Handelssysteme, Erbringung von Wertpapierdienstleistungen)[1183] auf europäischer Ebene bemängelt der Ausschuss hauptsächlich das ineffiziente Rechtsetzungssystem auf der europäischen Ebene[1184] und das inkonsistente Umsetzungsverfahren in den Mitgliedstaaten.[1185] Folglich schlägt er eine Reform des Rechtsetzungs- und Umsetzungsverfahrens vor.[1186] Ein Bestandteil dieser Umgestaltung ist die Errichtung eines EU-Wertpapierausschusses (*European Securities Committee*) und eines unterstützenden Gremiums, das aus den EU-Wertpapierregulierungsinstanzen der Mitgliedstaaten ge-

---

vor. Vgl. etwa EU-Kommission (1999a), S. 1.

[1179] Vgl. ECOFIN (2000).

[1180] Vgl. Ausschuss der Weisen (2000), S. 5-15.

[1181] Der vorläufige Report enthält eine Bestandsaufnahme der europäischen Wertpapiermärkte und nennt künftige Chancen und Risiken eines integrierten Markts. Außerdem werden in dem Bericht die Mängel des damaligen Regulierungssystems beschrieben und mögliche Verbesserungsmaßnahmen aufgeführt. Vgl. Ausschuss der Weisen (2000), S. 16-21. Im Schlussbericht werden der vorgeschlagene Regulierungsansatz präzisiert und Reformvorschläge unterbreitet. Vgl. Ausschuss der Weisen (2001), S. 4.

[1182] Nach seinem Vorsitzenden werden die Empfehlungen des Ausschusses auch als „Lamfalussy-Konzept" bezeichnet.

[1183] Vgl. Ausschuss der Weisen (2001), S. 18.

[1184] Siehe zum so genannten Mitentscheidungsverfahren Artikel 251 EGV.

[1185] Vgl. Ausschuss der Weisen (2001), S. 16.

[1186] Das empfohlene Konzept wird als Vier-Stufen-Verfahren bezeichnet.

bildet wird (*EU-Securities Regulators Committee*).[1187] Das Rechtsetzungsverfahren der EU-Organe Kommission, Ministerrat und Europäisches Parlament soll für den Finanzmarktbereich auf grundsätzliche Vorschriften, d. h. auf die Kernprinzipien begrenzt werden.[1188] Der Ministerrat und das Europäische Parlament erlassen auf der Grundlage des Vorschlags der Europäischen Kommission eine Rahmenrichtlinie bzw. -verordnung (Basisrechtsakt). Die Detailregelungen sollen hingegen von einer nachgeordneten Ebene erlassen werden, wobei die Art und der Umfang der zu erlassenden Durchführungsbestimmungen vom Ministerrat und dem Parlament vorzugeben sind.[1189] Auf der nachgelagerten Stufe befinden sich die beiden Ausschüsse und die Europäische Kommission, die die Einzelheiten für die Umsetzung der Rahmenrichtlinien und -verordnungen beraten und beschließen.[1190] Der Rechtsetzungsprozess soll dadurch effizienter, flexibler und schneller werden. Der EU-Wertpapierausschuss wird als Regelungsausschuss und als beratender Ausschuss für die Kommission im Hinblick auf ihre Durchführungsmaßnahmen tätig sein. Den Vertretern der nationalen Regulierungsinstanzen kommt die Funktion zu, eine kohärente Anwendung der rechtlichen Vorschriften in der täglichen Praxis zu gewährleisten.[1191] Dazu wird der Ausschuss die Koordination unter den europäischen Wertpapierregulierern verbessern, die europäische Kommission mittels eines Konsultationsverfahrens der Marktteilnehmer bei der Ausarbeitung von Durchführungsbestimmungen im Wertpapierbereich beraten und eine konsistente sowie zeitnahe Implementierung der gemeinschaftlichen Vorschriften sicherstellen. Durch seine Beratungsfunktion ist ein formal geregelter Einfluss auf den EU-Gesetzgebungsprozess gegeben. Die Kommission entsprach den grundlegenden Empfehlungen des Ausschusses der Weisen und hat beide vorgeschlagenen Gremien eingesetzt.[1192] Als Folge dieses Beschlusses wurde das zu diesem Zeitpunkt noch existierende *Forum of European Securities Commissions* (FESCO), das 1997 als Vereinigung der siebzehn Wertpapieraufsichtsstellen des Europäischen Wirtschaftsraums (EWR) gegrün-

---

[1187] Das vorgeschlagene Modell kann nach Auffassung des *Ausschusses der Weisen*, anders als das jetzige System der Rechtsetzung und -umsetzung, dazu beitragen, den FSAP innerhalb der vorgesehenen Zeitspanne zu implementieren. Vgl. Ausschuss der Weisen (2001), S. 17-18.

[1188] Vgl. Ausschuss der Weisen (2001), S. 29-30. Die Kommission hat das Initiativmonopol inne, d. h. der Ministerrat wird bei der Rechtsetzung zumeist erst nach einem Kommissionsvorschlag tätig.

[1189] Die Rechtsgrundlage für die Festlegung bestimmter Modalitäten zur Ausübung von Durchführungsbefugnissen ist Art. 202 EU-Vertrag. Das Parlament und der Ministerrat sollen halbjährlich über die Fortschritte auf dem Weg zu einem integrierten Kapitalmarkt von externen Kontrolleuren informiert werden. Zudem ist 2004 eine umfassende Überprüfung geplant. Vgl. Ausschuss der Weisen (2001), S. 50.

[1190] Die Delegierung der Durchführungsbefugnisse vom Europäischen Rat auf die Kommission wird als Komitologie bezeichnet. Die Kommission wird in der Wahrnehmung ihrer Durchführungsbefugnisse von Komitologieausschüssen unterstützt. Gemäß Vorschlag des *Ausschusses der Weisen* ist nur der Wertpapierausschuss ein Komitologieorgan. Der Ausschuss der Regulierungsinstanzen ist als beratendes Element außerhalb des Komitologieverfahrens eingesetzt. Vgl. ausführlich Ausschuss der Weisen (2001), S. 41 und Anhang 5, S. 4-7; zum Komitologieverfahren Ernst (2001), S. 1442-1443.

[1191] Vgl. Ausschuss der Weisen (2001), S. 46.

[1192] Vgl. den Beschluss der Europäischen Kommission (2001) in Bezug auf den Wertpapierausschuss und die Entscheidung der Europäischen Kommission (2001a) hinsichtlich des Ausschusses der europäischen Wertpapierregulierungsbehörden.

det wurde, in den Ausschuss der europäischen Wertpapierregulierungsbehörden (*Committee of European Securities Regulators* (CESR)) umgewandelt.[1193] Die BaFin ist das deutsche Mitglied des CESR.

Der Ausschuss der Weisen erhofft sich mit der Bildung des CESR die Intransparenz unter den Marktteilnehmern in Bezug auf die einzelnen Wertpapiermärkte mit ca. vierzig Regulierungsstellen zu beseitigen.[1194] Denn derzeit ist einer der Hauptmängel des europäischen Rechtsrahmens, dass die Errichtung eines integrierten Finanzmarkts in besonderem Maße durch die große Anzahl an Regulierungsinstanzen für Wertpapiere in den Mitgliedstaaten behindert wird.[1195] Der Ausschuss der Weisen räumt demzufolge auch ein: „sollte die Überprüfung [der neuen Regulierungsstruktur, Anmerkung des Verfassers] ... 2004 (bzw. gegebenenfalls früher) zeigen, dass das Konzept keine Aussicht auf Erfolg hat, könnte sich eine Änderung des EU-Vertrags und damit die Schaffung einer zentralen EU-Regulierungsbehörde für Finanzdienstleistungen generell in der Gemeinschaft als angemessen erweisen."[1196]

Das neu geschaffene CESR muss sich nun bewähren, ob und inwieweit es Impulse zur Vereinheitlichung der Aufsichtssysteme geben kann. Die einzelstaatlichen Regulierungsinstanzen werden sich außerdem bei der Überwachung der Märkte und der Verfolgung von Regelverstößen gegenseitig unterstützen.[1197] Dazu hat das CESR alle bestehenden Vereinbarungen, die im Rahmen der FESCO abgeschlossen wurden, übernommen.

5.4.1.2 Schwächen des europäischen Koordinationsmechanismus der Durchsetzung

Die Strategie, die Aufgabe des *enforcement* in der EU den einzelstaatlichen Regulierungsinstanzen zu belassen, verkennt die Interdependenzbeziehung zwischen Normsetzung und Normdurchsetzung im Bereich der Rechnungslegung. Jede Durchsetzungsinstanz muss – auch bei Fehlen legislativer Kompetenzen – zwangsläufig geltende Normen auslegen und dadurch

---

[1193] CESR wird in deutschen Dokumenten der EU mit AEWRB abgekürzt.

[1194] Vgl. Ausschuss der Weisen (2001), S. 22.

[1195] Vgl. Ausschuss der Weisen (2000), S. 16 und 18.

[1196] Ausschuss der Weisen (2001), S. 50-51. In einem Bericht einer von der Europäischen Wirtschaftsgemeinschaft eingesetzten Sachverständigengruppe, unter Vorsitz von *Claudio Segré*, wurde bereits 1966 eine Institution für die Publizitätskontrolle vergleichbar zur SEC „wegen der Dimension des Markts" für notwendig erachtet. EWG-Kommission (1966), S. 249. Allerdings wurde eine schnelle Implementierung einer solchen Einrichtung für nicht möglich gehalten. Vgl. EWG-Kommission (1966), S. 249. Auch die EU-Kommission hat sich 1999 entsprechend geäußert: In Bezug auf die Aufsichtsstrukturen „könnte sich die Möglichkeit einer einzigen Aufsichtsbehörde für die Überwachung der Wertpapiermärkte als bedeutsamer Vorschlag herausbilden im Lichte der Marktveränderungen." EU-Kommission (1999), S. 13.

[1197] Vgl. CESR (2002) mit entsprechenden Vorschlägen zur Umsetzung des Koordinationsmechanismus; für eine Koordination der einzelstaatlichen Regulierungen spricht sich die FEE (2001), S. 44-47, aus.

fortentwickeln.[1198] Die Normdurchsetzung beeinflusst somit das Maß der Determiniertheit des Rechnungslegungssystems und die Grenze zwischen pflichtgemäßer und regelwidriger Rechnungslegung.

Bei der dezentralen Durchsetzung der IAS/IFRS wird das rechtliche und wirtschaftliche Umfeld der einzelnen Mitgliedstaaten beachtet.[1199] Dadurch ist zu erwarten, dass die Durchsetzung der IAS/IFRS in jedem Staat durch die jeweils Einfluss nehmenden Interessengruppen und den jeweilig vorherrschenden individualstaatlichen Funktionszusammenhang geprägt werden. Gerade eine solche Berücksichtigung würde die mit der EU-Verordnung beabsichtigte Harmonisierung der europäischen Rechnungslegung konterkarieren.[1200] Die Folge wären (wie bisher) „deutsche", „niederländische" und „österreichische" IAS/IFRS etc. Die Vergleichbarkeit der Abschlüsse innerhalb der EU wäre dadurch eingeschränkt. Ferner würden die Schnittstellen zwischen pflichtgemäßer und regelwidriger Rechnungslegung innerhalb der EU-Staaten variieren. Den nationalen Belangen der einzelnen Mitgliedstaaten (z. B. Regelungen der Mitbestimmung in Deutschland) wird bereits auf der Ebene der Normsetzung Rechnung getragen. Als Liaisonpartner des IASB vertritt der Deutsche Standardisierungsrat (DSR) die Interessen der Bundesrepublik Deutschland,[1201] indem er Einfluss auf die künftige Entwicklung der IAS/IFRS nimmt. Der DSR stellt dem IASB seine Fachkompetenz zur Verfügung und sensibilisiert das IASB für spezifische deutsche Aspekte bei der Normsetzung mithilfe eines nationalen Diskurses.[1202] Des Weiteren wurde ein Mitglied des DSR in den für Sachfragen zuständigen technischen Ausschuss der EFRAG berufen, um die Bundesrepublik Deutschland zu vertreten. Eine zusätzliche Alternative, um auf die Rechnungslegung einzuwirken, ist die Beteiligung am Standardisierungsprozess durch eine Abgabe von Stellungnahmen.

Je nach Sachlage werden bei der Normfindung nicht immer alle nationalen Interessen berücksichtigt werden können. Der amtierende Vorsitzende des IASB, *Sir David Tweedie*, weist darauf hin: „*with the pressure for convergence, much of the freedom previously enjoyed by standard setters will be lost if we are to have global standards.*"[1203] Sofern die Normsetzung des IASB von dieser Prämisse bestimmt wird, ist es nicht nachvollziehbar, warum dieser Grundsatz auf der Ebene der Normdurchsetzung unberücksichtigt bleiben soll.

[1198] Dies gilt auch für das FRRP. Vgl. Haller/Eierle/Evans (2001), S. 1677.
[1199] Aus diesem Grund spricht sich Naumann (2002), S. 20, für eine auf Deutschland begrenzte Regulierungsinstanz aus.
[1200] Ein ausschließlich nationales Gremium kommt insoweit allenfalls für die Durchsetzung eines landesspezifischen Rechnungslegungssystems in Frage.
[1201] Vgl. § 342 Abs. 1 Satz 1 Nr. 3 HGB; Schildbach (1999b), S. 647.
[1202] Vgl. Böcking/Dutzi (2002), § 342 HGB Tz. 37-38.
[1203] Tweedie (2002), S. 77.

Werden außerdem bei strittigen Rechnungslegungssachverhalten, z. B. aufgrund unbestimmter IAS/IFRS-Begriffe, die nationalen Gerichte angerufen, wird es zukünftig in den Mitgliedstaaten Auslegungen der IAS/IFRS durch die Rechtsprechung geben.[1204] Zwar wird in einem konkreten Einzelfall entschieden, aber die Auslegung, vor allem von der höchstrichterlichen Rechtsprechung, kann für zukünftige, ähnlich gelagerte Praxisfälle richtungsweisend sein. Daran kann auch die Koordination und Zusammenarbeit der nationalen Durchsetzungsinstanzen zur Sicherstellung eines einheitlichen *enforcement* nichts ändern. Wird hingegen eine zentrale Institution geschaffen, könnten wie im europäischen Wettbewerbsrecht das Europäische Gericht Erster Instanz (EuG)[1205] und für Revisionen der Europäische Gerichtshof (EuGH) für die Klärung von IFRS-Sachverhalten zuständig sein.[1206, 1207]

Als Folge der Verabschiedung der EU-Verordnung zur Anwendung der IAS/IFRS werden etwa 7.000 börsennotierte Unternehmen in der EU ab 2005 ihren Konzernabschluss nach den IAS/IFRS erstellen müssen.[1208] Derzeit wenden in der EU ca. 300 börsennotierte Unternehmen die IAS/IFRS an. Vor diesem Hintergrund ist es kaum vorstellbar, wie die Arbeit der fünfzehn EU-Instanzen in der Praxis einheitlich koordiniert werden soll, falls die Überwachungspolitik der Einrichtungen nicht nur reaktive, sondern auch proaktive Elemente umfasst,[1209] d. h. Tausende von ausgewählten Abschlüssen aus eigenem Antrieb detailliert kontrolliert werden müssen.[1210]

Mit einer europäischen *enforcement*-Instanz würde die Voraussetzung für den notwendigen

---

1204 Es ist davon auszugehen, dass die Zivil- und Strafgerichte weitaus häufiger über zweifelhafte Rechnungslegungssachverhalte zu urteilen haben als das bislang der Fall ist.

1205 Vgl. zur Bildung gerichtlicher Kammern als zusätzliche Stufe der Europäischen Gerichtsbarkeit Lenz (2002), S. 132-133.

1206 Vgl. zur Zuständigkeit der Gerichte im europäischen Wettbewerbsrecht Keim (1998), S. 73-74.

1207 Zwar gilt das europäische Recht definitionsgemäß nur für den europäischen Wettbewerb, d. h. bei einer zwischenstaatlichen Aktivität. Die Voraussetzung wird allerdings sehr weit ausgelegt. Das europäische Wettbewerbsrecht findet selbst dann Anwendung, wenn nur der Markt in einem Mitgliedsland beeinträchtigt wird. Das Kriterium der Zwischenstaatlichkeit sollte bei börsennotierten Unternehmen in der Regel erfüllt sein, solange Anleger eines europäischen Staats ihre Investitionsentscheidung in Aktien jedes europäischen Unternehmens treffen (können).

1208 Vgl. Bruns (2001), S. 70; zu den in der Praxis erforderlichen Maßnahmen der Umstellung der Rechnungslegung auf IAS/IFRS siehe Böcking/Busam/Dietz (2003), S. 457-476.

1209 Eine entsprechende Ausgestaltung für eine deutsche Durchsetzungsinstanz wird (nach einer Einführungsphase) von den meisten Autoren dieses Sachgebiets gefordert. Für einen schrittweisen Ausbau der Kontrolle sind das IDW/F.A.Z.-Institut (2002), S. 91.

1210 Schon die den Mitgliedstaaten auf der Grundlage einer europäischen Richtlinie überlassene Verfolgung rechtswidriger Insidergeschäfte wird in der Praxis unzureichend umgesetzt. Nach *Arlman*, Generalsekretär des *Federation of European Stock Exchanges* (FESE), der Interessensvereinigung der Börsen der Europäischen Union, der Schweiz, Polens und Norwegens verfolgen die Regulierungsinstanzen bzw. die Staatsanwälte die von den Börsen entdeckten Verdachtsfälle oftmals nicht weiter. Als Folge kommt es in Europa selten zu Gerichtsverhandlungen, ferner gelten Verurteilungen in solchen Fällen als Ausnahme. Vgl. Arlman (2001), http://www.fese.be/initiatives/speeches/2001/epfsf_brussels_6_november_2001. htm (Abfrage:

kontinuierlichen und engen Abstimmungsprozess[1211] zwischen dem IASB als Normsetzer und dem Normdurchsetzer geschaffen. Außerdem wäre die Konsistenz der Auslegung und der Sanktionierung grundsätzlich gewährleistet. Gleiche Sachverhalte sollten gleich und verschiedene Fälle unterschiedlich behandelt werden. Die konsistente Auslegung der Normen erhöht die Bestimmtheit der Normen, vermindert dadurch die Rechtsunsicherheit und erhöht deren Durchsetzbarkeit.[1212]

Aus Gründen der einheitlichen Anwendung der Rechnungslegung wäre für Zweifelsfälle der Bilanzierung, Bewertung und des Ausweises eine durch den Normsetzer autorisierte, zentrale Instanz zweckmäßig, die bestimmt, wie Rechnungslegungssachverhalte abzubilden sind. Das IFRIC als das für Interpretationen zuständige Gremium des IASB kann in diesem Zusammenhang diese tragende Rolle einnehmen. Bislang ist die Sitzungsfrequenz des IFRIC gering[1213] und die Anzahl der veröffentlichten Interpretationen hält sich in Grenzen. Der Vorsitzende des IASB, *Sir David Tweedie*, ist jedoch davon überzeugt, dass die Bedeutung des Gremiums erkennbar zunehmen wird.[1214] Sein Aufgabenbereich könnte um das Recht ergänzt werden, tatsächliche Regelungslücken in einer Konsensfindung eigenständig, d. h. ohne Zustimmung des IASB, zu schließen.[1215] Dem Gremium sollte ferner die alleinige Zuständigkeit im Prozess des *pre-clearing* von Rechnungslegungsproblemen zukommen. Bei der Koordination von fünfzehn Wertpapierregulierungsinstanzen in der EU wird es schwieriger sein, derartige Vorabgenehmigungen einzelner Instanzen zu verhindern als bei einer zentralen Wertpapierregulierungsstelle.

5.4.2 Veränderungen auf den europäischen Aktienmärkten

Bedingt durch den technologischen Fortschritt tragen europäische Börsen zu einer Integration der Kapitalmärkte bei, indem sie ihre elektronischen Handelssysteme miteinander vernetzen. Die traditionell als nationale Monopole organisierten Börsen konkurrieren infolge des technischen Fortschritts untereinander und mit neuen Wettbewerbern um Wertpapierordern. Der technologische Wandel hat die Markteintrittsbarrieren gesenkt. Die virtuellen Handelsplätze haben sich über die Grenzen geografischer Gebiete hinweggesetzt. Es haben sich Handelssysteme etabliert, die kein reales Börsenparkett benötigen.[1216] Derzeit bestehen mehrere grenz-

17.02.2003).

1211 Vgl. Böckem (2000), S. 9.

1212 In diesem Wirkungsmechanismus erweist sich die wechselseitige Abhängigkeit zwischen Normsetzung und Normdurchsetzung. Vgl. Böckem (2000), S. 55.

1213 Vgl. Fey/Schruff (1997), S. 586.

1214 Vgl. Tweedie (2002), S. 91.

1215 Vgl. Tweedie (2002), S. 91.

1216 Vgl. Ausschuss der Weisen (2000), S. 13.

überschreitende Kooperationen und strategische Allianzen zwischen verschiedenen EU-Börsen. Das Handelsvolumen an diesen Börsen hat in den vergangenen Jahren beträchtliche Ausmaße angenommen. Die unten beschriebene *Euronext* hat im Jahr 2002 nach eigenen Angaben das höchste Handelsvolumen aller europäischen Börsen erzielt.[1217] Die Initiativen beruhen zum Teil auf eigenständigen Bestrebungen der Börsen, teilweise auf politischen Integrationsbemühungen der EU. Mit der Realisierung der Vorhaben werden neue Indizes geschaffen und neue Börsen errichtet. Besondere europäische Aufsichtsregeln existieren für die Projekte nicht. Diese Entwicklung forciert die Integration der Kapitalmärkte stärker als es möglicherweise eine Richtlinie oder Verordnung vermag.[1218]

Ein bedeutendes Projekt einer neugeschaffenen elektronischen Börsen in Europa soll kurz dargestellt werden. Im Jahr 2000 hat es unter dem Namen „*Euronext*" einen Zusammenschluss von Börsen dreier Länder gegeben. Zu diesem paneuropäischen Netzwerk, dessen Sitz in den Niederlanden ist,[1219] gehörten ursprünglich die drei Börsen Paris, Amsterdam und Brüssel. Das Gemeinschaftsunternehmen verfügt über eine einheitliche Handelsplattform. Das Hauptinteresse der Zusammenarbeit liegt bei diesem Projekt in gemeinsamen Zulassungs-, Regulierungs- und Handelsregeln, um einen Rationalisierungseffekt zu erzielen.[1220] Die nach dem Zusammenschluss zur *Euronext* erfolgte weitere Übernahme der Londoner Derivatebörse *Liffe* sowie die Angliederung der Börse Lissabons an die bestehende Vereinigung sind ein deutlicher Hinweis darauf, dass die Börsennetzwerke weiter Verbreitung finden werden.

Die Börsen Europas befinden sich in einem Umbruch, der auf EU-Ebene Oligopolstrukturen entstehen lässt und am Ende womöglich zu einer einzigen Europa-Börse führen wird.[1221] Während die Börsen in den USA ausschließlich von der SEC beaufsichtigt werden, unterliegen die zusammenwachsenden elektronischen Handelsplattformen und Präsenzbörsen in Europa je nach Sitz der Börse der Aufsicht des betreffenden Hoheitsgebietes. Die reale Veränderung der europäischen Börsenlandschaft beschleunigt die Harmonisierung der Wertpapiermärkte und ihrer Aufsichtsstrukturen. Die EU sieht sich vor neue Herausforderungen gestellt, denen sie

---

[1217] Vgl. Euronext (2003a), S. 35.

[1218] *Großfeld* stellte in einem anderen Zusammenhang fest: „Entscheiden werden die Märkte. Märkte schaffen sich ihre Ordnung, auch ihre Rechtsinstitute, die wiederum auf die Märkte zurückwirken." Großfeld (1994), S. 801, im Hinblick auf eine mögliche Angleichung der Bilanzziele der Rechnungslegungssysteme verschiedener Staaten.

[1219] Vgl. o. V. (2001b), http://www.ftd.de/bm/ne/1073356.html?nv=sl (Abfrage: 12.05.2002).

[1220] Vgl. Euronext (2003), http://www.euronext.com/vgn/images/portal/cit_53424/15/22/62114827euronext_en_0701.pdf (Abfrage: 31.08.2003).

[1221] Auch wenn diese Entwicklung jüngst vor dem Hintergrund der Bekanntgabe der *NASDAQ Europe*, ihre Geschäftstätigkeit einzustellen, einen Rückschlag erlitten hat, wird sich die weitere Konsolidierung der europäischen Börsen sicherlich fortsetzen, da *Euronext* bereits innerhalb weniger Jahre eine bedeutende Marktstellung errungen hat.

mit einer Anpassung der rechtlichen Rahmenbedingungen begegnen muss. Eine Reaktion der EU auf diesen Prozess kann meines Erachtens nur die Gründung einer länderübergreifenden Aufsichtsinstanz sein.

5.4.3 Exterritorialer Einfluss der SEC

Bei Forderungen nach einer ausschließlich nationalen Durchsetzungseinrichtung in Deutschland – ergänzt um einen europäischen Koordinationsmechanismus – wird die Dominanz der SEC ignoriert. Eine deutsche Instanz allein wäre der SEC nicht ebenbürtig und würde von den US-amerikanischen Investoren nicht wahrgenommen werden.[1222] Das Bewusstsein der US-amerikanischen Öffentlichkeit respektive ihrer Anleger ist vielmehr auf Europa im Allgemeinen ausgerichtet.

Ende 2001 waren 345 EU-Unternehmen bei der SEC registriert und ihr gegenüber berichtspflichtig.[1223] Als Publizitätserfordernis sieht die SEC die Erstellung eines US-GAAP-Abschlusses oder eine Überleitungsrechnung auf die US-GAAP vor. Die IAS/IFRS werden von der SEC derzeit noch nicht anerkannt. Einzelne IAS/IFRS-Abschlüsse unterliegen jedoch bereits heute einer Überprüfung[1224] durch die SEC, sofern das Eigenkapital und der Jahresüberschuss nach IAS/IFRS zum Eigenkapital und Ergebnis nach US-amerikanischen Rechnungslegungsvorschriften übergeleitet wird.[1225] Vermutlich wird auch die originäre Anerkennung der IAS/IFRS in nicht allzu langer Zeit folgen.[1226] Im Hinblick auf einige tausend EU-Unternehmen, die IAS/IFRS anwenden, ist anzunehmen, dass die SEC die IAS/IFRS für eine Zulassung am US-Kapitalmarkt akzeptieren wird. Den entsprechenden Druck auf die SEC werden nicht zuletzt die US-amerikanischen Börsen ausüben, die ihren weltweiten Marktanteil durch die Notierung zusätzlicher Unternehmen erhöhen wollen.

Eine Durchsetzung der IAS/IFRS durch die SEC wird unterdessen auch durch ein Projekt des IASB und des FASB wahrscheinlicher. Beide Rechnungslegungsgremien haben beschlossen, eine Konvergenz der IAS/IFRS und der US-GAAP anzustreben („*Norwalk Agreement*"). Bis zur zweiten Jahreshälfte 2003 sollen bestehende Differenzen zwischen den Rechnungslegungssystemen identifiziert und Lösungsvorschläge zu deren Beseitigung in einem gemein-

---

1222 Vgl. ebenso Großfeld (2001), S. 136-137, der einen Alleingang Deutschlands bezüglich der Einrichtung einer Durchsetzungsinstanz ablehnt, da Deutschland allein kein ernstzunehmender Widersacher für die SEC ist.
1223 Vgl. SEC (2002p), http://www.sec.gov/divisions/corpfin/internatl/geo2001.htm (Abfrage: 9.07.2003).
1224 Siehe zur Auswahl der SEC-Berichte Gliederungspunkt 4.1.6.
1225 Vgl. Böcking/Link (2002), S. 32.
1226 Vgl. ebenso Bolkestein (2001), http://www.aei.org/news/newsID.12788/news_detail.asp (Abfrage: 19.06.2003).

samen Standardentwurf benannt werden.[1227] Nach Überwindung der Unterschiede soll durch eine Koordination der Arbeitsprogramme beider Normsetzungsgremien sichergestellt werden, dass die Kompatibilität der Rechnungslegungsnormen gewahrt bleibt.[1228] Durch eine Angleichung der IAS/IFRS und US-GAAP könnte eine komplexe Überleitung zwischen beiden Regelwerken hinfällig werden. Dies könnte die Bereitschaft der SEC, die IAS/IFRS am US-amerikanischen Kapitalmarkt zu akzeptieren, möglicherweise erhöhen.[1229]

Faktisch unterwerfen sich Unternehmen, ihre Manager und Prüfungsgesellschaften in Europa schon gegenwärtig dem Diktat der SEC. Dies zeigt sich am Beispiel einer Vorschrift des SOA und der damit verbundenen Ausführungsbestimmung der SEC. Gemäß Sec. 302 SOA hat die SEC eine Regelung[1230] verabschiedet, wonach die CEO und CFO bzw. Personen in einer ähnlichen Funktion verpflichtet werden, einen „Bilanzeid" zu leisten. Die Unternehmensvertreter müssen demzufolge in Schriftform gegenüber der SEC eidesstattlich versichern, dass sie unter anderem den periodischen Bericht (z. B. Jahres- und Quartalsberichte gemäß *Forms 10-K* und *10-Q*)[1231] an die SEC durchgesehen haben, der Bericht nach ihrem Kenntnisstand keine irreführenden Angaben[1232] enthält und die finanziellen Angaben im Bericht die Finanzlage, die Ergebnisse und die Kapitalflüsse[1233] des Unternehmens in allen wesentlichen Belangen in realistischer Weise wiedergeben.[1234] Zu dem Schwur waren die CEO und CFO von ca. 950 börsennotierten Unternehmen erstmalig Mitte 2002 von der SEC verpflichtet worden. Als Voraussetzung zur Abgabe einer eidesstattlichen Erklärung legte die SEC einen Mindestumsatz des Unternehmens von 1,2 Milliarden US-Dollar fest. Der Bilanzeid erleichtert der SEC ein Rechtsverfahren gegen die Manager einzuleiten, falls sie Unkorrektheiten im Jahresabschluss entdeckt.[1235] Bei einem Verstoß gegen die Vorschrift drohen den Führungskräften Geldbußen von bis zu 5 Millionen US-Dollar und Haftstrafen von bis zu 20 Jahren.[1236] Da sich der Geltungsbereich dieser Vorschrift explizit neben inländischen Gesellschaften auf ausländische Unternehmen erstreckt, die in den USA kotiert sind,[1237] mussten auch die Führungskräfte europäischer Unternehmen den „Bilanzeid" leisten. Die europäischen Manager werden folglich

---

1227 Vgl. IASB (2002), S. 1.

1228 Vgl. FASB/IASB (2002), S. 3.

1229 Vgl. IASB (2002a), S. 2.

1230 Siehe SEC (2002l), http://www.sec.gov/rules/final/33-8124.htm (Abfrage: 11.04.2003).

1231 Die Regelung gilt nicht für die *Forms 8-K* und *6-K*. Vgl. SEC (2002l), http://www.sec.gov/rules/final/33-8124.htm (Abfrage: 11.04.2003).

1232 Siehe zum Tatbestand der Irreführung Abschnitt 4.1.8.2.

1233 Diese Anforderung wurde von der SEC in ihrer Ausführungsbestimmung ergänzt. Vgl. SEC (2002l), http://www.sec.gov/rules/final/33-8124.htm (Abfrage: 11.04.2003).

1234 Vgl. Sec. 302(a) SOA, der von den Unternehmensvertretern für weitere Sachverhalte Bestätigungen erfordert (z. B. Wirksamkeit des internen Kontrollsystems).

1235 Vgl. o. V. (2002a), S. 70.

1236 Vgl. Sec. 906(c) SOA.

1237 Vgl. z. B. Sec. 302 SOA.

einem erhöhten Risiko ausgesetzt, durch die SEC und private Investoren persönlich verklagt zu werden.

Im Juni 2002 gab es zum ersten Mal eine Sanktionierung eines europäischen Wirtschaftsprüfers durch die SEC. Eine Wirtschaftsprüfungsgesellschaft in den Niederlanden hat sich mit der SEC auf Zahlung einer Geldbuße in Höhe von 400.000 US-Dollar geeinigt, da die SEC ihr vorwarf, gegen die Unabhängigkeitsvorschriften der SEC verstoßen zu haben. Das Prüfungsunternehmen hatte zusammen mit seinem zu prüfenden Mandanten gemeinsamen Kunden Beratungsleistungen angeboten, worüber es zudem zu Meinungsverschiedenheiten zwischen beiden Gesellschaften bezüglich der Abrechnung gekommen war.[1238, 1239] Die Reaktion der Europäischen Kommission auf die US-amerikanischen Rechtsvorschriften und die Beschlussfassungen der SEC besteht in erster Linie darin, sich gegen nachteilige Auswirkungen für die europäischen Unternehmen und Individuen zu verwahren.[1240] Es wäre jedoch geeigneter, ein institutionelles Gegengewicht zur SEC auf europäischer Ebene zu schaffen.

Im Grunde genommen kann sich die EU „glücklich schätzen", dass die SEC noch keinen Beschluss zugunsten der IAS/IFRS getroffen hat. Falls Europa bis dahin nicht mit einer ähnlichen Institution gleichgezogen hat, werden die IAS/IFRS faktisch von der mächtigeren SEC durchgesetzt. Wird eine nationale Instanz etabliert, sind Fälle, in denen die größenmäßig überlegene SEC national unentdeckt gebliebene Fehler identifiziert, nur eine Frage der Zeit. Eine Folge wäre die Diskussion über die Existenzberechtigung der nationalen Regulierungseinrichtungen.

[1238] Ausführlich zu diesem Fall siehe die Presseerklärung der SEC (2002), http://www.sec.gov/news/press/2002-95.htm (Abfrage: 8.07.2002). Es handelt sich um den ersten Fall der angeblichen Verletzung der Unabhängigkeitsbestimmungen durch eine ausländische Prüfungsgesellschaft. Die SEC bezichtigte die Gesellschaft einer unangemessenen Berufsausübung auf der Grundlage von 17 CFR § 201.102(e)(1)(ii). Vgl. SEC (2002), http://www.sec.gov/news/press/2002-95.htm (Abfrage 8.07.2002).

[1239] Die Handlungsfähigkeit der Prüfungsgesellschaften wird außer durch den beschriebenen direkten Einfluss der SEC zukünftig in erheblichem Maße durch das PCAOB bestimmt (z. B. finanzielle Belastungen, verwaltungsmäßige Auflagen).

[1240] Siehe zu den problematischen Themen EU-Kommission (2002), S. 13.

5.4 Fazit

Mithin ist eine zweistufige Aufsicht in Europa zu empfehlen: Zusätzlich zum vorhandenen BaFin in Deutschland sollte eine europäische Instanz mit der Regulierung beauftragt werden. Die EU muss sich vor dem Hintergrund dieses Vorschlags fragen lassen, warum das europäische Wettbewerbsrecht durch die Europäische Kommission bzw. eine Generaldirektion und die nationalen Behörden reguliert wird,[1241] während entsprechende Pläne für die Rechnungslegung nicht vorgesehen sind. Eine Übertragung der Aufgabe auf die Europäische Kommission wäre möglich, sollte allerdings in Anbetracht verschiedener Kritikpunkte (z. B. Überlastung, fehlendes Fachwissen, politische Beeinflussbarkeit)[1242] nicht realisiert werden. Stattdessen sollte eine zentrale europäische Institution errichtet werden. Die Überwachung der Jahresabschlüsse, der Zwischenberichte sowie anderer Berichtsinstrumente sollte in erster Linie zentral erfolgen, die nationalen Behörden (für Deutschland die BaFin) sollten lediglich zuarbeitende Funktionen übernehmen. Durch die nationalen Instanzen wird eine erforderliche Marktnähe sichergestellt. Dieser Vorschlag zur Struktur würde dem institutionellen Aufbau in den USA ähneln, da auch die SEC über elf regionale Büros verfügt.

Die Beziehung zwischen der europäischen und der nationalen Wertpapierregulierung sollte unbedingt von vornherein rechtlich geregelt werden. Amtshandlungen der europäischen *enforcement*-Behörde sollten niemals durch eine nationale Behörde konterkariert werden können. Auf Ersuchen der europäischen Behörde können die nationalen Regulierungsinstanzen die europäische Instanz insbesondere bei den Ermittlungen[1243] unterstützen und Informationen beschaffen, die für die Entscheidung eines Falls relevant sind. Die definitive Beschlussfassungskompetenz muss bei der EU-Instanz angesiedelt sein. Auslegungen von Rechnungslegungssachverhalten darf es nur auf der europäischen Ebene geben.

Die Staaten der Europäischen Union befinden sich in einem volkswirtschaftlichen Wettbewerb zueinander und zu Staaten anderer Kontinente. Mit der Globalisierung der Kapital- und Gütermärkte hat sich das Blickfeld vieler Kapitalmarktteilnehmer erweitert. Ein territorialer Fokus ist einer grenzüberschreitenden Ausrichtung gewichen. Die kapitalmarktorientierten Unternehmen unterliegen in Bezug auf ihre mikroökonomische Leistung einer permanenten

---

[1241] Siehe zum institutionellen Aufbau im europäischen Wettbewerbsrecht Keim (1998), S. 61-62.

[1242] Vgl. im Zusammenhang mit dem Wettbewerbsrecht Keim (1998), S. 77, 90.

[1243] Über die geforderten umfangreichen Ermittlungs- und Sanktionskompetenzen für eine *enforcement*-Instanz verfügt die EU-Kommission im Wettbewerbsrecht. Unter anderem darf sie Geschäftsräume durchsuchen sowie Zwangs- und Bußgelder verhängen. Vgl. Keim (1998), S. 64, 71. Insofern wäre die in dieser Arbeit geforderte Ausgestaltung der *enforcement*-Instanz ebenso bei Instanzen auf europäischer Ebene bereits vorhanden und würde somit keine Neuerung darstellen.

Evaluation ihrer weltweit (potenziellen) Interessengruppen.[1244] „*A given corporate governance system may benefit companies and their home country in the competition.*"[1245] Eine Konvergenz der Aufsichtsysteme zwischen den USA und Europa hätte positive Auswirkungen auf die Wettbewerbsfähigkeit der europäischen Unternehmen und der europäischen Volkswirtschaft im Allgemeinen.[1246] Eine gestärkte EU-Wirtschaft erhöht die Attraktivität der EU als Investitionsstandort. Ein weiterer Aspekt ist die Sicherung der deutschen privatvorsorglichen Alterssicherung. Seitens der Bundesbürger wird die Bedeutung der privaten Altersversorgung in Deutschland weiter zunehmen. Im Hinblick darauf sollten die künftigen Investitionen am Kapitalmarkt der Aufsicht einer mächtigen Instanz unterliegen.

Nationale Alleingänge führen in die Irre. Europa muss auf die SEC mit einer autoritären Behörde unter Berücksichtigung des demokratisch institutionellen Gleichgewichts zwischen Europäischer Kommission, Europäischen Parlament und Europäischem Rat antworten. Die EU hat die Wahl zwischen der Amerikanisierung Europas durch den Einfluss der SEC und der Schaffung einer ihr gleichwertigen europäischen Regulierungsinstanz. Die Zeit für eine Entscheidung drängt, zumal die Einrichtung einer *enforcement*-Instanz nicht von heute auf morgen möglich ist. Die Instanz muss in ein rechtliches, wirtschaftliches und kulturelles Umfeld eingebunden werden. Eine verschärfte Aufsicht des Kapitalmarkts wird zunächst neue Skandale, möglicherweise auch größeren Ausmaßes, „ans Licht bringen". Das Vertrauen der Anleger kann demzufolge erst wieder im Laufe der Zeit zurückkehren. Die Gründung einer europäischen Instanz ist ein unabdingbarer Schritt zu einer weltweit einheitlichen Durchsetzung von Rechnungslegungsnormen. Im Falle der Schaffung einer europäischen *enforcement*-Behörde kann es durch eine Zusammenarbeit mit der SEC zu einer deutlichen Annäherung zwischen Europa und den USA in regulatorischen Fragen kommen.[1247] Die IOSCO, als weltweite Vereinigung der Wertpapierregulierer,[1248] könnte beschleunigend zu derartigen Harmonisierungsbestrebungen beitragen.[1249]

1244 Vgl. Liener (1995), S. 207.

1245 Fanto (1996), S. 204-205.

1246 Vgl. Großfeld (2001), S. 131.

1247 Vgl. zu entsprechenden Erfahrungen im Wettbewerbsrecht den Bericht über die Umsetzung des Abkommens zwischen den USA und der EU über die Anwendung von Wettbewerbsnormen, EU-Kommission (2002a). Darin wird unter anderem konstatiert: „*co-operation has been very closely and fruitful; it has facilitated a growing convergence in the EU and US approaches.*" EU-Kommission (2002a), S. 9.

1248 Vgl. IOSCO (1998), http://www.iosco.org/library/pubdocs/pdf/IOSCOPD82-English.pdf (Abfrage: 30.08.2003).

1249 Die internationale Zusammenarbeit der Mitglieder konkretisiert sich in den bi- und multilateralen Amtshilfevereinbarungen der Aufsichtsinstanzen, die auf der Basis von festgelegten Prinzipien der IOSCO (*Principles for Memoranda of Understanding*) ausgehandelt werden. Für eine aktuelle Aufstellung der Amtshilfevereinbarungen siehe IOSCO (2003), http://www.iosco.org/library/index.cfm?whereami=mou (Abfrage: 30.08.2003).

Für das Ansehen des deutschen Kapitalmarkts ist es sicherlich nicht von Vorteil, wenn eine Minimallösung realisiert würde, die nach nicht allzu langer Zeit wieder zur Disposition stünde. Um das am deutschen Kapitalmarkt verloren gegangene Vertrauen der Investoren wieder zurückzugewinnen, ist eine Behörde einem privaten Gremium vorzuziehen. Auf die Dominanz der SEC können die Mitgliedstaaten der EU nur mit einem konzertierten Vorgehen reagieren. Europas Antwort hierauf kann nur eine autoritäre Behörde unter Berücksichtigung des demokratisch institutionellen Gleichgewichts sein. In einer Übersicht zusammengefasst, stellt sich der Vorschlag der Ausgestaltung der *enforcement*-Instanz wie folgt dar:

Ausgestaltungsmerkmal	**Eigener Vorschlag**
Geografische Zuständigkeit	Europa
Organisationsform	Zweistufige staatliche Regulierungsbehörde: in Europa und in den Mitgliedstaaten (in Deutschland: BaFin). Die nationalen Instanzen übernehmen in erster Linie zuarbeitende Funktionen.
Personelle Besetzung	❑ Führungsgremien und Teamleiter: fachlich anerkannte und integre Personen. ❑ Hauptamtliche Tätigkeit. ❑ Errichtung der Fachbereiche „Prüfung" und „Recht".
Regulierungsobjekte	❑ Konzernabschluss und -lagebericht, ❑ ggf. Einzelabschlüsse, ❑ Zwischenberichte, ❑ Ad-hoc-Mitteilungen, ❑ Sonstige Finanzmarktkommunikation: z. B. Interviews.
Rechnungslegungssystem	IFRS
Regulierungssubjekte	❑ Kapitalmarktorientierte Unternehmen[1250], ❑ Gesetzliche Unternehmensvertreter, ❑ Wirtschaftsprüfer.
Proaktive und reaktive Durchsetzungspolitik	❑ Reaktive und proaktive Überwachungsbefugnisse ähnlich zur SEC. ❑ Selektion der zu überprüfenden Abschlüsse anhand interner Auswahlkriterien. ❑ Reaktiv und proaktiv: Die Entscheidung über die Einleitung einer Untersuchung wird durch das Kriterium der Wesentlichkeit bestimmt. ❑ Bei der Frage, ob ein Fall aufgegriffen wird, sollte vor allem der Fachbereich „Prüfung" einbezogen werden.
Prüfung der publizierten Informationen	❑ Proaktiv: Unternehmen reichen ihre Abschlüsse elektronisch bei der Behörde ein. ❑ Proaktive Überwachung durch Teams von Mitar-

[1250] Vgl. zum Anwendungsbereich die Übersicht der EU vom 16.11.2002, ABlEG Nr. C 280, S. 3.

Ausgestaltungsmerkmal	Eigener Vorschlag
	beitern des Fachbereichs „Prüfung". ❑ Organisation des Fachbereichs in Industriezweige (z. B. Chemie, Automobilsektor). ❑ Die Durchsicht der Abschlüsse kann von der Prüfung einzelner Positionen bis hin zur vollständigen Kontrolle des gesamten Abschlusses reichen. ❑ Einsatz eines Kommentierungsschreibens, in dem die Rechnungslegung der Unternehmen hinterfragt wird und Erläuterungen angefordert werden.[1251] ❑ Möglichkeit für Unternehmen zur Diskussion der angeblichen Rechnungslegungsverstöße mit dem Team und dessen Leiter.
Untersuchung möglicher Normverstöße	❑ Zeigt sich ein Unternehmen nicht kooperationsbereit oder liegen Hinweise der Verletzung von Rechnungslegungsvorschriften vor, sollte der Fachbereich „Recht" eine Untersuchung aufnehmen. ❑ Das Unternehmen sollte schriftlich über die Einleitung einer Untersuchung informiert werden.
	❑ Weigert sich ein Unternehmen oder eine Person zur Zusammenarbeit, muss die Behörde das Recht haben, die Mithilfe selbst durchzusetzen.
Ergebnis der Untersuchung	❑ Am Ende einer Untersuchung sollte das Führungsgremium die Entscheidung über die Einleitung eines Rechtsverfahrens treffen.
Auskunfts-, Zeugenvernehmungs- und Einsichtsrecht	❑ Während der Untersuchungen hat die Behörde ein unmittelbares und uneingeschränktes Auskunftsrecht gegenüber den Unternehmen bzw. Individuen. ❑ Zeugen können vernommen werden. ❑ Die Behörde ist berechtigt, Dokumente zur Klärung des Sachverhalts einzusehen.
Diskretion der Untersuchung	Die Untersuchung wird seitens der Behörde geheim gehalten.
Judikative Befugnisse	Verwaltungsbehörde mit Befugnis zur eigenständigen Sanktionsverhängung.
Sanktionsmittel (exekutive Kompetenzen)	❑ Z. B. Zwang zur Korrektur von Abschlüssen, Bußgelder, Herausgabe von Gewinnen, befristete Berufsverbote für Manager, Abschlussprüfer und Aufsichtsräte. ❑ Die Geldstrafen sollten den finanziell geschädigten Interessengruppen zugute kommen. ❑ Übertragung des Falls an ein Zivilgericht oder Beantragung eines strafrechtlichen Verfahrens. ❑ Möglichkeit der Unternehmen, ein ordentliches Gericht zur Überprüfung der verhängten Sanktio-

[1251] Die Korrespondenz sollte grundsätzlich in Englisch erfolgen.

Ausgestaltungsmerkmal	**Eigener Vorschlag**
	nen anzurufen.
Adverse Publizität	❑ Die Behörde sollte die Öffentlichkeit über das Ergebnis ihrer Untersuchung unterrichten, sofern sie einen Rechtsverstoß festgestellt hat.[1252] ❑ Die Art der Kommunikation sollte der Ad-hoc-Publizität kapitalmarktorientierter Unternehmen entsprechen. ❑ Inhaltlich sollte vergleichbar zur SEC der Verstoß erläutert werden sowie das Strafmaß und die missachteten Vorschriften genannt werden.
Legislative Kompetenzen	Keine, nur IASB sowie die bestehenden deutschen und europäischen Legislativorgane
Finanzierungsquellen und -struktur	Erhebung von Gebühren der kapitalmarktorientierten Unternehmen durch die öffentliche Hand.

Tabelle 2: Vorschlag zur Ausgestaltung der *enforcement*-Instanz in Europa und Deutschland

[1252] Die Veröffentlichung der Behörde sollte in allen üblichen EU-Sprachen vorgenommen werden.

6 Thesenförmige Zusammenfassung

(1) Mithilfe der Rechnungslegung stellen Unternehmen den Kapitalmärkten Informationen über ihre wirtschaftliche Lage zur Verfügung. Im Vergleich zum System der Corporate Governance in den USA mangelt es am deutschen Kapitalmarkt an einer Instanz, die berechtigt ist, einer nicht ordnungsgemäßen Anwendung von Rechnungslegungsgrundsätzen nachzugehen, eine Korrektur der Rechnungslegung zu veranlassen und Sanktionen zu verhängen, falls die Normabweichungen auf wesentliche Fehler oder Verstöße zurückzuführen sind (*enforcement*). Eine derartige Instanz kann dazu beitragen, eine unwahre oder unrealistische Wiedergabe der Unternehmenslage, die zu Fehlanreizen bei den Rechnungslegungsadressaten führt, zu verhindern.

(2) Jüngere internationale Entwicklungen verdeutlichen die Notwendigkeit, den Kapitalmarkt in Deutschland um eine *enforcement*-Instanz zu ergänzen. Als Reaktion auf die strategisch begründete globale Ausrichtung deutscher Unternehmen hat der Gesetzgeber mit § 292a HGB beschleunigend zur Anwendung der IAS/IFRS und US-GAAP in Deutschland beigetragen. Infolgedessen hat der Trend zu einer Inanspruchnahme des US-Kapitalmarkts durch deutsche Unternehmen zugenommen. Durch die Hinwendung deutscher Unternehmen zu den US-GAAP wurden Unterschiede der Corporate Governance-Systeme in Deutschland und in den USA evident. Denn anders als in Deutschland besteht in den USA die staatliche SEC, die die normkonforme und einheitliche Anwendung der US-GAAP sicherstellt. Auch die geplante, jedoch letztlich gescheiterte Fusion der Londoner und Frankfurter Börsen hat das Erfordernis zur Harmonisierung der Aufsichtssysteme offenbart. Denn im Gegensatz zu Deutschland existiert in Großbritannien mit dem FRRP ein privatrechtliches Gremium, das die Einhaltung von Rechnungslegungsvorschriften überwacht.

(3) Verstöße gegen Bilanzierungs-, Bewertungs- und Ausweisvorschriften sowie unwahre Aussagen von Managern über die wirtschaftliche Lage ihres Unternehmens haben zu einem Zusammenbruch des Börsensegments „Neuer Markt" beigetragen und Unzulänglichkeiten der Kontrollmechanismen des deutschen Kapitalmarkts erkennbar werden lassen. Die Einrichtung einer *enforcement*-Instanz kann eine geeignete Reform sein, das Vertrauen der Anleger in den Kapitalmarkt zurückzugewinnen.

(4) Der Berufsstand der Wirtschaftsprüfer ist durch Unternehmensschieflagen verstärkt in das öffentliche Interesse gerückt. Umfragen angesichts der Skandalfälle haben verdeutlicht, dass die Öffentlichkeit Erwartungen an die Abschlussprüfung knüpft, die über die gesetzlichen und berufsständischen Vorschriften hinausgehen. Neben der Erwartungslücke der Abschlussprüfung sind Erwartungslücken der Unternehmensüberwachung durch den Aufsichtsrat und der Rechnungslegung festzustellen. Durch die Schaffung einer *enforcement*-Instanz können alle drei Erwartungslücken reduziert werden, denn durch eine

marktergänzende Kontrolle wird möglicherweise eine gesetzlich unzureichende Abschlussprüfung, Überwachung sowie Rechnungslegung kompensiert. Inwieweit eine *enforcement*-Stelle die Erwartungslücken reduzieren kann, hängt maßgeblich von den Kompetenzen der Instanz ab.

(5) Das spieltheoretische Modell des Gefangenendilemmas rechtfertigt die Gründung einer *enforcement*-Instanz. Insbesondere bei Publikumsgesellschaften, die durch eine Trennung von Management und Eigentum charakterisiert sind, können eigennützige Handlungen der Manager zu Lasten der *shareholder* gehen. Sofern die Manager aufgrund einer asymmetrischen Informationsverteilung einen Informationsvorsprung gegenüber externen Investoren haben, können sie von einer wahrheitsgemäßen und realistischen Unternehmensberichterstattung abweichen, um ihre eigenen Interessen (z. B. finanzielle Anreize) zu realisieren. Da ein moralischer Aufruf an die individuell rational Handelnden, sich im gemeinschaftlichen Interesse zu verhalten, realitätsfremd ist, bedarf es verbindlicher Verhaltensvorschriften, einer Instanz, die die Einhaltung der Regelungen überwacht und der Festlegung von Sanktionsmitteln gegen einzelne Manager, die prohibitiv hoch sind.

(6) In den USA existiert mit der SEC eine Wertpapieraufsichtsbehörde, deren wesentliche Ziele der Schutz der Anleger, die Sicherstellung der Kapitalmarktintegrität und die Erleichterung der Kapitalbildung sind. Die Prinzipien, die das Handeln der SEC bestimmen, wurden erst vor wenigen Jahren komprimiert festgelegt und unterliegen einem evolvierenden Prozess. Seit der Zielbestimmung muss sich die Behörde regelmäßig einer öffentlichen Eigenevaluation unterwerfen. Für die Umsetzung ihrer Aufgaben ist die SEC mit umfassenden legislativen, judikativen und exekutiven Befugnissen ausgestattet. Neben der Konkretisierung allgemeiner Bestimmungen im Wertpapierrecht (legislative Gewalt) überwacht sie die Einhaltung des Wertpapierrechts (exekutive Gewalt) und setzt bei Verstößen gegen das Wertpapierrecht Sanktionen fest (judikative Gewalt). Im Rahmen der Regulierung der Rechnungslegung nehmen die *Division of Corporation Finance* (DCF), der *Chief Accountant*, die *Division of Enforcement* und die *Commissioners* die Schlüsselpositionen innerhalb der Behörde ein. Trotz der Delegation der Befugnis zur Rechnungslegungsnormsetzung an private Rechnungslegungsgremien beeinflusst die SEC die Entwicklung der Rechnungslegung nachhaltig, da sie unter anderem Verlautbarungen des FASB für nicht relevant erklären kann und eigenständig umfassende Rechnungslegungsvorschriften für die bei ihr registrierten Unternehmen erlässt.

(7) Die USA hatten mit ihrer aus den 30er Jahren stammenden Wertpapiergesetzgebung schon sehr früh eine umfassende Grundlage für die Kapitalmarktregulierung. Ein wesentlicher Grund für den regulativen Eingriff des Staats in den Markt und die damit verbundene Gründung der SEC waren Manipulationen auf dem Wertpapiermarkt ab den 20er Jahren, die zur Instabilität des Markts und schließlich 1929 zu seinem Zusammen-

bruch führten. Zur Überwindung der wirtschaftlichen Krise wurden die beiden Publizitätsgesetze SA und SEA erlassen, die die Registrierung kapitalmarktorientierter Unternehmen bei der SEC und die permanente Offenlegung umfangreicher Unternehmensinformationen erfordern. In den USA wird die Publizität von Informationen durch Unternehmen als unabdingbare Voraussetzung zum Schutz der Investoren gewertet.

(8) Seitdem sich mehrere Bilanzskandale in den USA in der jüngeren Vergangenheit ereignet haben, ist das System der Selbstverwaltung des Wertpapiermarkts erheblich beschränkt worden. Die Finanzberichterstattung kapitalmarktorientierter Unternehmen unterliegt der Aufsicht der Selbstverwaltungsorganisationen (z. B. NYSE), der Wirtschaftsprüfer und der *audit committees*. Die genannten Kapitalmarktteilnehmer unterstehen wiederum der direkten Überwachung der SEC. Die Aufsicht der Wirtschaftsprüfer wird durch die Überwachung der *State Boards of Accounting* und des neu gegründeten PCAOB flankiert, dessen Vorschriften und Sanktionen sämtlich von der SEC genehmigt werden müssen. Die Rechtsprechung ist allen Instanzen übergeordnet. Im deutschen System der Überwachung der Unternehmenspublizität werden die kapitalmarktorientierten Unternehmen durch vergleichsweise mehr Organe überwacht, nämlich die Börsen, die BaFin, die Wirtschaftsprüfer, die Registergerichte, die steuerliche Außenprüfung und den Aufsichtsrat. Die Wirtschaftsprüfer unterwerfen sich im Rahmen der Selbstverwaltung der Kontrolle der Wirtschaftsprüferkammer. Auch in Deutschland nimmt die richterliche Gewalt eine Vorrangstellung ein.

(9) Im Kreise der an der Rechnungslegung Interessierten in Deutschland besteht weitestgehend ein Konsens darüber, dass zur Durchsetzung von Rechnungslegungsgrundsätzen die Einrichtung einer marktergänzenden Instanz unerlässlich ist. Uneinigkeit besteht in der Frage, ob es sich um eine private (wie z. B. das britische FRRP) oder eine staatliche Instanz (wie z. B. die US-amerikanische SEC) oder eine Kombination aus beidem handeln soll. Des Weiteren ist streitig, ob die Instanz auf nationaler oder europäischer Ebene gegründet werden soll.

(10) Eine Analyse der möglichen Ausgestaltungsmerkmale einer derartigen Instanz zeigt, dass ein wirksames *enforcement* am ehesten durch die Schaffung einer staatlichen Institution gewährleistet werden kann. Einer Behörde mit vergleichbaren gewaltenübergreifenden Kompetenzen wie der SEC bedarf es dazu nicht. Dies wäre im Übrigen auch kaum mit dem verfassungsrechtlichen Grundsatz der Gewaltenteilung vereinbar. Ein privates Gremium eignet sich insbesondere deshalb nicht, weil erhebliche Bedenken hinsichtlich der Wahrung seiner Unabhängigkeit bestehen. Des Weiteren hat es a priori eine begrenzte Handlungsfähigkeit bei der Sachverhaltsaufklärung, so dass es auf die Kooperation des der Regulierung unterliegenden Unternehmens angewiesen ist. Das Modell einer Anbindung eines privaten Gremiums an eine Behörde ist ebenso wenig geeignet. Bei dieser Konstruktion werden in der gleichen Weise Vorbehalte hinsichtlich

der fehlenden Unabhängigkeit existieren, soweit es die wichtige Phase der Aufdeckung von Unregelmäßigkeiten in der Rechnungslegung betrifft. Des Weiteren sind bei dieser Konstellation erhebliche Ineffizienzen zu erwarten, da für jede Entscheidungsvorlage der privaten Instanz an die Behörde eine erneute eigenständige Überprüfung des Falls durch die staatliche Stelle erforderlich wäre.

(11) Für die Untersuchung von Normverstößen muss die *enforcement*-Instanz bei einer fehlenden Kooperationsbereitschaft des Unternehmens auf umfassende Ermittlungsbefugnisse zurückgreifen können. Zur wirksamen Prävention von Rechnungslegungsverstößen sind zudem Sanktionen notwendig, die prohibitorisch hoch sind und insbesondere die Verursacher des Verstoßes persönlich treffen. Über umfangreiche Kompetenzen zur Ermittlung von Rechtsverstößen und zur Verhängung von Sanktionen verfügen deutsche Behörden (z. B. BaFin, Kartellbehörde) im Wirtschaftsrecht schon gegenwärtig. Aus diesem Grund wäre es nicht nachvollziehbar, die *enforcement*-Instanz mit geringeren Rechten auszustatten.

(12) Eine *enforcement*-Instanz sollte die Ordnungsmäßigkeit der publizierten Unternehmensinformationen proaktiv kontrollieren und über das Instrument des Kommentierungsschreibens (*comment letter*) verfügen, um in einen Dialog über die Rechnungslegung mit dem Unternehmen treten zu können. Die Manager kapitalmarktorientierter Unternehmen in den USA müssen jederzeit damit rechnen, dass sie die Abbildung von Rechnungslegungssachverhalten gegenüber der SEC erläutern müssen. Das Instrument des *comment letter* stellt ein brauchbares Mittel dar, zu einer einheitlichen Anwendung von Rechnungslegungsgrundsätzen beizutragen und die Rechnungslegung von Unternehmen zu verbessern. Für die rechnungslegenden Unternehmen ist dieses Instrument aus Wettbewerbsgründen vorteilhaft, da sämtliche Unternehmen und Sachverhalte innerhalb einer Branche grundsätzlich gleich behandelt werden.

(13) Die Forderung nach einer Ausdehnung der Regulierungsobjekte auf die Einzel- und Konzernabschlüsse nicht-kapitalmarktorientierter Unternehmen übersieht die mangelnde praktische Realisierbarkeit dieser Aufgabe. In den USA unterliegen lediglich 17.000 von 25,4 Millionen Unternehmen der Regulierung durch die SEC. Eine zweckmäßige Regulierung könnte bei der Einbeziehung sämtlicher Einzel- und Konzernabschlüsse nicht sichergestellt werden. Insofern ist eine Begrenzung der Regulierung auf die IAS/IFRS-Abschlüsse kapitalmarktorientierter Unternehmen notwendig.

(14) Mit der BaFin existiert in Deutschland eine Behörde, die im Bereich der Kapitalmarktkommunikation der Unternehmen die Ad-hoc-Publizität und die Einhaltung des Verbots der Manipulation des Börsen- oder Marktpreises überwacht. Insofern wäre die Übertragung der *enforcement*-Kompetenzen auf die BaFin aus pragmatischer Sicht sachgerecht, da dadurch die Einhaltung der Rechnungslegungsgrundsätze und die daran anknüpfende Unternehmenspublizität von einer Stelle überwacht werden würden.

(15) Die Schaffung einer nationalen *enforcement*-Instanz konterkariert die legislativen Bemühungen der EU zur Integration der europäischen Kapitalmärkte. Die verabschiedete EU-Verordnung zur Anwendung der IAS/IFRS erfordert eine enge, kontinuierliche Abstimmung zwischen dem Normsetzungsgremium und der Normdurchsetzungsinstanz, weil zwischen der Normsetzung und der Normdurchsetzung eine Interdependenzbeziehung besteht. Da bei dem *enforcement* zwangsläufig geltende Normen ausgelegt werden müssen, würden die IAS/IFRS bei einer dezentralen Durchsetzung in jedem Staat durch verschiedene Interessengruppen und den jeweiligen einzelstaatlichen Funktionszusammenhang der Rechnungslegung geprägt werden. Die Vergleichbarkeit der Abschlüsse innerhalb der EU würde dadurch begrenzt werden. Ferner würden die Schnittstellen zwischen ordnungsgemäßer und regelwidriger Rechnungslegung innerhalb der EU-Staaten voneinander abweichen. Die spezifischen deutschen Rechnungslegungsinteressen werden in ausreichendem Maße durch den DSR als Liaisonpartner des IASB bei der Normsetzung berücksichtigt. Zudem ist ein deutsches Mitglied im technischen Ausschuss der EFRAG, der eine zentrale Rolle als Interessenvertretung der Mitgliedstaaten bei der Übernahme der IAS/IFRS gegenüber dem IASB zukommt.

(16) Die Einrichtung ausschließlich nationaler *enforcement*-Instanzen verkennt die fortschreitende Vernetzung zwischen europäischen Börsen, die Oligopolstrukturen auf den Wertpapiermärkten in Europa entstehen lässt. Die Zusammenschlüsse verschiedener Börsen in Europa beschleunigen die Harmonisierung der Aufsichtsstrukturen, auf die die EU mit der Schaffung eines adäquaten Rechtsrahmens reagieren muss. Eine solche Anpassung könnte die Schaffung einer europäischen Aufsichtsinstanz sein.

(17) Die Gründung nationaler *enforcement*-Instanzen ignoriert die Machtfülle der SEC, die sich auch exterritorial in Europa bemerkbar macht. Da derzeit schon EU-Unternehmen bei der SEC registriert sind und europäische Wirtschaftsprüfungsgesellschaften Unternehmen prüfen, die der Regulierung der SEC unterliegen, unterwerfen sich diese Unternehmen bereits der Aufsicht der SEC. Entschließt sich die SEC zur Anerkennung der IAS/IFRS als Voraussetzung für eine Börsennotierung, so werden schlagartig etwa 7.000 europäische Unternehmen die Möglichkeit haben, sich am US-amerikanischen Kapitalmarkt zuzulassen. Als Folge würden die IAS/IFRS faktisch von der im Vergleich zu nationalen Instanzen mächtigeren SEC durchgesetzt und ausgelegt.

(18) Für die Aufsicht der europäischen Kapitalmärkte wird eine zweistufige Struktur vorgeschlagen. Neben einer europäischen Behörde sollten nationale Instanzen als „verlängerter Arm" der europäischen Instanz fungieren. In Deutschland sollte diese Aufgabe durch die BaFin wahrgenommen werden. Sämtliche Vorschläge zur Gründung privater und nationaler Einrichtungen, gegebenenfalls ergänzt um einen europäischen Koordinationsmechanismus, sind Kompromisslösungen, die die Integration der europäischen Kapitalmärkte nicht vorantreiben. Um ein Gegengewicht zur SEC zu schaffen, müssen die

EU-Mitgliedstaaten konzertiert eine europäische Aufsichtsinstanz gründen. Dieser Schritt würde dazu beitragen, die Wettbewerbsfähigkeit der europäischen Kapitalmärkte zu stärken, die Rechnungslegung weltweit zu harmonisieren und langfristig durch eine Zusammenarbeit mit der SEC eine grundsätzliche Konvergenz der Aufsichtssysteme zwischen den USA und Europa herbeizuführen.

Anhang

Anlage 1:

Registrierungsantrag gemäß SA (*Form S-1*)

Quelle: SEC (2003f), http://www.sec.gov/about/forms/forms-1.pdf (Abfrage: 5.08.2003).

UNITED STATES
SECURITIES AND EXCHANGE COMMISSION
Washington, D.C. 20549

OMB APPROVAL	
OMB Number:	3235-0065
Expires:	April 30, 2003
Estimated average burden hours per response ... 432.00	

FORM S-1

REGISTRATION STATEMENT UNDER THE SECURITIES ACT OF 1933

____
(Exact name of registrant as specified in its charter)

____
(State or other jurisdiction of incorporation or organization)

____
(Primary Standard Industrial Classification Code Number)

____
(I.R.S. Employer Identification Number)

____
(Address, including zip code, and telephone number, including area code, of registrant's principal executive offices)

____
(Name, address, including zip code, and telephone number, including area code, of agent for service)

____
(Approximate date of commencement of proposed sale to the public)

If any of the securities being registered on this Form are to be offered on a delayed or continuous basis pursuant to Rule 415 under the Securities Act of 1933 check the following box: ☐

If this Form is filed to register additional securities for an offering pursuant to Rule 462(b) under the Securities Act, please check the following box and list the Securities Act registration statement number of the earlier effective registration statement for the same offering. ☐

If this Form is a post-effective amendment filed pursuant to Rule 462(c) under the Securities Act, check the following box and list the Securities Act registration statement number of the earlier effective registration statement for the same offering. ☐

If this Form is a post-effective amendment filed pursuant to Rule 462(d) under the Securities Act, check the following box and list the Securities Act registration statement number of the earlier effective registration statement for the same offering. ☐

Persons who are to respond to the collection of information contained in this form are not required to respond unless the form displays a currently valid OMB control number.

SEC 870 (3-03)

If delivery of the prospectus is expected to be made pursuant to Rule 434, please check the following box. ☐

Calculation of Registration Fee

Title of Each Class of Securities to be Registered	Amount to be Registered	Proposed Maximum Offering Price Per Unit	Proposed Maximum Aggregate Offering Price	Amount of Registration Fee

Note: Specific details relating to the fee calculation shall be furnished in notes to the table, including references to provisions of Rule 457 (§230.457 of this chapter) relied upon, if the basis of the calculation is not otherwise evident from the information presented in the table. If the filing fee is calculated pursuant to Rule 457(o) under the Securities Act, only the title of the class of securities to be registered, the proposed maximum aggregate offering price for that class of securities and the amount of registration fee need to appear in the Calculation of Registration Fee table. Any difference between the dollar amount of securities registered for such offerings and the dollar amount of securities sold may be carried forward on a future registration statement pursuant to Rule 429 under the Securities Act.

GENERAL INSTRUCTIONS

I. Eligibility Requirements for Use of Form S-1

This Form shall be used for the registration under the Securities Act of 1933 ("Securities Act") of securities of all registrants for which no other form is authorized or prescribed, except that this Form shall not be used for securities of foreign governments or political subdivisions thereof.

II. Application of General Rules and Regulations

A. Attention is directed to the General Rules and Regulations under the Securities Act, particularly those comprising Regulation C (17 CFR 230.400 to 230.494) thereunder. That Regulation contains general requirements regarding the preparation and filing of the registration statement.

B. Attention is directed to Regulation S-K (17 CFR Part 229) for the requirements applicable to the content of the non-financial statement portions of registration statements under the Securities Act. Where this Form directs the registrant to furnish information required by Regulation S-K and the item of Regulation S-K so provides, information need only be furnished to the extent appropriate.

III. Exchange Offers

If any of the securities being registered are to be offered in exchange for securities of any other issuer, the prospectus shall also include the information which would be required by item 11 if the securities of such other issuer were registered on this Form. There shall also be included the information concerning such securities of such other issuer which would be called for by Item 9 if such securities were being registered. In connection with this instruction, reference is made to Rule 409.

IV. Roll-up Transactions

If the securities to be registered on this Form will be isued in a roll-up transction as defined in Item 901(c) of Regulation S-K (17 CFR 229.901(c)), attention is directed to the requirements of Form S-4 applicable to roll-up transactions, including, but not limited to, General Instruction I.

V. Registration of Additional Securities

With respect to the registration of additional securities for an offering pursuant to Rule 462(b) under the Securities Act, the registrant may file a registration statement consisting only of the following: the facing page; a statement that the contents of the earlier registration statement, identified by file number, are incorporated by reference; required opinions and consents; the signature page; and any price-related information omitted from the earlier registration statement in reliance on Rule 430A that the registrant chooses to include in the new registration statement. The information contained in such a Rule 462(b) registration statement shall be deemed to be a part of the earlier registration statement as of the date of effectiveness of the Rule 462(b) registration statement. Any opinion or consent required in the Rule 462(b) registration statement may be incorporated by reference from the earlier registration statement with respect to the offering, if: (i) such opinion or consent expressly provides for such incorporation; and (ii) such opinion relates to the securities registered pursuant to Rule 462(b). *See* Rule 411(c) and Rule 439(b) under the Securities Act.

PART I—INFORMATION REQUIRED IN PROSPECTUS

Item 1. Forepart of the Registration Statement and Outside Front Cover Page of Prospectus.

Set forth in the forepart of the registration statement and on the outside front cover page of the prospectus the information required by Item 501 of Regulation S-K (§229.501 of this chapter).

Item 2. Inside Front and Outside Back Cover Pages of Prospectus.

Set forth on the inside front cover page of the prospectus or, where permitted, on the outside back cover page, the information required by Item 502 of Regulation S-K (§229.502 of this chapter).

Item 3. Summary Information, Risk Factors and Ratio of Earnings to Fixed Charges.

Furnish the information required by Item 503 of Regulation S-K (§229.503 of this chapter).

Item 4. Use of Proceeds.

Furnish the information required by Item 504 of Regulation S-K (§229.504 of this chapter).

Item 5. Determination of Offering Price.

Furnish the information required by Item 505 of Regulation S-K (§229.505 of this chapter).

Item 6. Dilution.

Furnish the information required by Item 506 of Regulation S-K (§229.506 of this chapter).

Item 7. Selling Security Holders.

Furnish the information required by Item 507 of Regulation S-K (§229.507 of this chapter).

Item 8. Plan of Distribution.

Furnish the information required by Item 508 of Regulation S-K (§229.508 of this chapter).

Item 9. Description of Securities to be Registered.

Furnish the information required by Item 202 of Regulation S-K (§229.202 of this chapter).

Item 10. Interests of Named Experts and Counsel.

Furnish the information required by Item 509 of Regulation S-K (§229.509 of this chapter).

Item 11. Information with Respect to the Registrant.

Furnish the following information with respect to the registrant:

(a) Information required by Item 101 of Regulation S-K (§229.101 of this chapter), description of business;

(b) Information required by Item 102 of Regulation S-K (§229.102 of this chapter), description of property;

(c) Information required by Item 103 of Regulation S-K (§229.103 of this chapter), legal proceedings;

(d) Where common equity securities are being offered, information required by Item 201 of Regulation S-K (§229.201 of this chapter), market price of and dividends on the registrant's common equity and related stockholder matters;

(e) Financial statements meeting the requirements of Regulation S-X (17 CFR Part 210) (Schedules required under Regulation S-X shall be filed as "Financial Statement Schedules" pursuant to Item 15, Exhibits and Financial Statement Schedules, of this Form), as well as any financial information required by Rule 3-05 and Article 11 of Regulation S-X;

(f) Information required by Item 301 of Regulation S-K (§229.301 of this chapter), selected financial data;

(g) Information required by Item 302 of Regulation S-K (§229.302 of this chapter), supplementary financial in formation;

(h) Information required by Item 303 of Regulation S-K (§229.303 of this chapter), management's discussion and analysis of financial condition and results of operations;

(i) Information required by Item 304 of Regulation S-K (§229.304 of this chapter), changes in and disagreements with accountants on accounting and financial disclosure;

(j) Information required by Item 305 of Regulation S-K (§229.305 of this chapter), quantitative and qualitative disclosures about market risk.

(k) Information required by Item 401 of Regulation S-K (§229.401 of this chapter), directors and executive officers;

(l) Information required by Item 402 of Regulation S-K (§229.402 of this chapter), executive compensation;

(m) Information required by Item 403 of Regulation S-K (§229.403 of this chapter), security ownership of certain beneficial owners and management; and

(n) Information required by Item 404 of Regulation S-K (§229.404 of this chapter), certain relationships and related transactions.

Item 12. Disclosure of Commission Position on Indemnification for Securities Act Liabilities.

Furnish the information required by Item 510 of Regulation S-K (§229.510 of this chapter).

PART II—INFORMATION NOT REQUIRED IN PROSPECTUS

Item 13. Other Expenses of Issuance and Distribution.

Furnish the information required by Item 511 of Regulation S-K (§229.511 of this chapter).

Item 14. Indemnification of Directors and Officers.

Furnish the information required by Item 702 of Regulation S-X (§229.702 of this chapter).

Item 15. Recent Sales of Unregistered Securities.

Furnish the information required by Item 701 of Regulation S-K (§229.701 of this chapter).

Item 16. Exhibits and Financial Statement Schedules.

(a) Subject to the rules regarding incorporation by reference, furnish the exhibits as required by Item 601 of Regulation S-K (§229.601 of this chapter).

(b) Furnish the financial statement schedules required by Regulation S-X (17 CFR Part 210) and Item 11(e) of this Form. These schedules shall be lettered or numbered in the manner described for exhibits in paragraph (a).

Item 17. Undertakings.

Furnish the undertakings required by Item 312 of Regulation S-K (§229.512 of this chapter).

SIGNATURES

Pursuant to the requirements of the Securities Act of 1933, the registrant has duly caused this registration statement to be signed on its behalf by the undersigned, thereunto duly authorized in the City of ____________________, State of ________________, on________________, 20__.

____
(Registrant)

____
By (Signature and Title)

Pursuant to the requirements of the Securities Act of 1933, this registration statement has been signed by the following persons in the capacities and on the dates indicated.

____
(Signature)

____
(Title)

____
(Date)

Instructions.

1. The registration statement shall be signed by the registrant, its principal executive officer or officers, its principal financial officer, its controller or principal accounting officer and by at least a majority of the board of directors or persons performing similar functions. If the registrant is a foreign person, the registration statement shall also be signed by its authorized representative in the United States. Where the registrant is a limited partnership, the registration statement shall be signed by a majority of the board of directors of any corporate general partner signing the registration statement.

2. The name of each person who signs the registration statement shall be typed or printed beneath his signature. Any person who occupies more than one of the specified positions shall indicate each capacity in which he signs the registration statement. Attention is directed to Rule 402 concerning manual signatures and to Item 601 of Regulation S-K concerning signatures pursuant to powers of attorney.

INSTRUCTIONS AS TO SUMMARY PROSPECTUSES

1. A summary prospectus used pursuant to Rule 431 (§230.431 of this chapter), shall at the time of its use contain much of the information specified below as is then included in the registration statement. All other information and documents contained in the registration statement may be omitted.

   (a) As to Item 1, the aggregate offering price to the public, the aggregate underwriting discounts and commissions and the offering price per unit to the public;

   (b) As to Item 4, a brief statement of the principal purposes for which the proceeds are to be used;

   (c) As to Item 7, a statement as to the amount of the offering, if any, to be made for the account of security holders;

   (d) As to Item 8, the name of the managing underwriter or underwriters and a brief statement as to the nature of the underwriter's obligation to take the securities; if any securities to be registered are to be offered otherwise than through underwriters, a brief statement as to the manner of distribution; and, if securities are to be offered otherwise than for cash. a brief statement as to the general purposes of the distribution, the basis upon which the securities are to be offered, the amount of compensation and other expenses of distribution, and by whom they are to be borne;

   (e) As to Item 9, a brief statement as to dividend rights, voting rights, conversion rights, interest, maturity;

   (f) As to Item 11, a brief statement of the general character of the business done and intended to be done, the selected financial data (Item 301 of Regulation S-K (§229.301 of this chapter)) and a brief statement of the nature and present status of any material pending legal proceedings; and

(g) A tabular presentation of notes payable, long term debt, deferred credits, minority interests, if material, and the equity section of the latest balance sheet filed, as may be appropriate.

2. The summary prospectus shall not contain a summary or condensation of any other required financial information except as provided above.

3. Where securities being registered are to be offered in exchange for securities of any other issuer, the summary prospectus also shall contain that information as to Items 9 and 11 specified in paragraphs (e) and (f) above which would be required if the securities of such other issuer were registered on this Form.

4. The Commission may, upon the request of the registrant, and where consistent with the protection of investors, permit the omission of any of the information herein required or the furnishing in substitution therefor of appropriate information of comparable character. The Commission may also require the inclusion of other information in addition to, or in substitution for, the information herein required in any case where such information is necessary or appropriate for the protection of investors.

Anlage 2:
Registrierungsantrag gemäß Sec. 12b) oder g) SEA (*Form 10*)
Quelle: SEC (2003g), http://www.sec.gov/about/forms/form10.pdf (Abfrage: 5.08.2003).

OMB APPROVAL	
OMB Number:	3235-0064
Expires:	February 28, 2006
Estimated average burden hours per response.	23

UNITED STATES
SECURITIES AND EXCHANGE COMMISSION
Washington, D.C. 20549

FORM 10

GENERAL FORM FOR REGISTRATION OF SECURITIES

Pursuant to Section 12(b) or (g) of The Securities Exchange Act of 1934

____
(Exact name of registrant as specified in its charter)

____
(State or other jurisdiction of incorporation or organization) (I.R.S. Employer Identification No.)

____
(Address of principal executive offices) (Zip Code)

Registrant's telephone number, including area code ____________________

Securities to be registered pursuant to Section 12(b) of the Act:

Title of each class to be so registered	Name of each exchange on which each class is to be registered

Securities to be registered pursuant to Section 12(g) of the Act:

____
(Title of class)

____
(Title of class)

SEC 1396 (3-03)

Persons who respond to the collection of information contained in this form are not required to respond unless the form displays a currently valid OMB control number.

INFORMATION REQUIRED IN REGISTRATION STATEMENT

Item 1. Business.

Furnish the information required by Item 101 of Regulation S-K (§229.101 of this chapter).

Item 2. Financial Information.

Furnish the information required by Items 301, 303, and 305 of Regulation S-K (§§229.301, 229.303, and 229.305 of this chapter).

Item 3. Properties.

Furnish the information required by Item 102 of Regulation S-K (§229.102 of this chapter).

Item 4. Security Ownership of Certain Beneficial Owners and Management.

Furnish the information required by Item 403 of Regulation S-K (§229.403 of this chapter).

Item 5. Directors and Executive Officers.

Furnish the information required by Item 401 of Regulation S-K (§229.401 of this chapter).

Item 6. Executive Compensation.

Furnish the information required by Item 402 of Regulation S-K (§229.402 of this chapter).

Item 7. Certain Relationships and Related Transactions.

Furnish the information required by Item 404 of Regulation S-K (§229.404 of this chapter).

Item 8. Legal Proceedings.

Furnish the information required by Item 103 of Regulation S-K (§229.103 of this chapter).

Item 9. Market Price of and Dividends on the Registrant's Common Equity and Related Stockholder Matters.

Furnish the information required by Item 201 of Regulation S-K (§229.201 of this chapter).

Item 10. Recent Sales of Unregistered Securities.

Furnish the information required by item 701 of Regulation S-K (§229.701 of this chapter).

Item 11. Description of Registrant's Securities to be Registered.

Furnish the information required by Item 202 of Regulation S-K (§229.202 of this chapter). If the class of securities to be registered will trade in the form of American Depositary Receipts, furnish Item 202(f) disclosure for such American Depositary Receipts as well.

Item 12. Indemnification of Directors and Officers.

Furnish the information required by Item 702 of Regulation S-K (§229.702 of this chapter).

Item 13. Financial Statements and Supplementary Data.

Furnish all financial statements required by Regulation S-X and the supplementary financial information required by Item 302 of Regulation S-K (§229.302 of this chapter).

Item 14. Changes in and Disagreements with Accountants on Accounting and Financial Disclosure.

Furnish the information required by Item 304 of Regulation S-K (§229.304 of this chapter).

Item 15. Financial Statements and Exhibits.

(a) List separately all financial statements filed as part of the registration statement.

(b) Furnish the exhibits required by Item 601 of Regulation S-K (§229.601 of this chapter).

SIGNATURES

Pursuant to the requirements of Section 12 of the Securities Exchange Act of 1934, the registrant has duly caused this registration statement to be signed on its behalf by the undersigned, thereunto duly authorized.

____
(Registrant)

Date: ______________________________ By: ______________________________
(Signature)*

*Print name and title of the signing officer under his signature.

GENERAL INSTRUCTIONS

A. Rule as to Use of Form 10.

Form 10 shall be used for registration pursuant to Section 12(b) or (g) of the Securities Exchange Act of 1934 of classes of securities of issuers for which no other form is prescribed.

B. Application of General Rules and Regulations.

(a) The General Rules and Regulations under the Act contain certain general requirements which are applicable to registration on any form. These general requirements should be carefully read and observed in the preparation and filing of registration statements on this form.

(b) Particular attention is directed to Regulation 12B [17 CFR 240.12b-1 - 240.12b-36] which contains general requirements regarding matters such as the kind and size of paper to be used, the legibility of the registration statement, the information to be given whenever the title of securities is required to be stated, and the filing of the registration statement. The definitions contained in Rule 12b-2 [17 CFR 240.12b-2] should be especially noted.

C. Preparation of Registration Statement.

(a) This form is not to be used as a blank form to be filled in, but only as a guide in the preparation of the registration statement on paper meeting the requirements of Rule 12b-12 [17 CFR 240.12b-12]. The registration statement shall contain the item numbers and captions, but the text of the items may be omitted. The answers to the items shall be prepared in the manner specified in Rule 12b-13 [17 CFR 240.12b-13].

(b) Unless otherwise stated, the information required shall be given as of a date reasonably close to the date of filing the registration statement.

(c) Attention is directed to Rule 12b-20 [17 CFR 240.12b-20] which states: "In addition to the information expressly required to be included in a statement or report, there shall be added such further material information, if any, as may be necessary to make the required statements, in light of the circumstances under which they are made, not misleading.

D. Signature and Filing of Registration Statement.

Three complete copies of the registration statement, including financial statements, exhibits and all other papers and documents filed as a part thereof, and five additional copies which need not include exhibits, shall be filed with the Commission. At least one complete copy of the registration statement, including financial statements, exhibits and all other papers and documents filed as a part thereof, shall be filed with each exchange on which any class of securities is to be registered. At least one complete copy of the registration statement filed with the Commission and one such copy filed with each exchange shall be manually signed. Copies not manually signed shall bear typed or printed signatures.

E. Omission of Information Regarding Foreign Subsidiaries.

Information required by any item or other requirement of this form with respect to any foreign subsidiary may be omitted to the extent that the required disclosure would be detrimental to the registrant. However, financial statements, otherwise required, shall not be omitted pursuant to this instruction. Where information is omitted pursuant to this instruction, a statement shall be made that such information has been omitted and the names of the subsidiaries involved shall be separately furnished to the Commission. The Commission may, in its discretion, call for justification that the required disclosure would be detrimental.

F. Incorporation by Reference.

Attention is directed to Rule 12b-23 [17 CFR 240.12b-23] which provides for the incorporation by reference of information contained in certain documents in answer or partial answer to any item of a registration statement.

Anlage 3:

Jahresbericht gemäß Sec. 13 oder 15d) SEA (*Form 10-K*)

Quelle: SEC (2003h), http://www.sec.gov/about/forms/form10-k.pdf (Abfrage: 31.08.2003).

OMB APPROVAL	
OMB Number:	3235-0063
Expires:	July 31, 2006
Estimated average burden hours per response	. . 2,196.00

UNITED STATES
SECURITIES AND EXCHANGE COMMISSION
Washington, D.C. 20549

FORM 10-K

ANNUAL REPORT PURSUANT TO SECTION 13 OR 15(d) OF THE SECURITIES EXCHANGE ACT OF 1934

GENERAL INSTRUCTIONS

A. Rule as to Use of Form 10-K.

(1) This Form shall be used for annual reports pursuant to Section 13 or 15(d) of the Securities Exchange Act of 1934 (15 U.S.C. 78m or 78o(d)) (the "Act") for which no other form is prescribed. This Form also shall be used for transition reports filed pursuant to Section 13 or 15(d) of the Act.

(2) Annual reports on this Form shall be filed within the following period:

(a) For accelerated filers (as defined in 17 CFR 240.12b-2):

i. 90 days after the end of the fiscal year covered by the report for fiscal years ending on or after December 15, 2002 and before December 15, 2003;

ii. 75 days after the end of the fiscal year covered by the report for fiscal years ending on or after December 15, 2003 and before December 15, 2004; and

iii. 60 days after the end of the fiscal year covered by the report for fiscal years ending on or after December 15, 2004; and

(b) 90 days after the end of the fiscal year covered by the report for all other registrants.

(3) Transition reports on this Form shall be filed in accordance with the requirements set forth in Rule 13a-10 (17 CFR 240.13a-10) or Rule 15d-10 (17 CFR 240.15d-10) applicable when the registrant changes its fiscal year end.

(4) Notwithstanding paragraphs (2) and (3) of this General Instruction A., all schedules required by Article 12 of Regulation S-X (17 CFR 210.12-01 - 210.12-29) may, at the option of the registrant, be filed as an amendment to the report not later than 30 days after the applicable due date of the report

B. Application of General Rules and Regulations.

(1) The General Rules and Regulations under the Act (17 CFR 240) contain certain general requirements which are applicable to reports on any form. These general requirements should be carefully read and observed in the preparation and filing of reports on this Form.

(2) Particular attention is directed to Regulation 12B which contains general requirements regarding matters such as the kind and size of paper to be used, the legibility of the report, the information to be given whenever the title of securities is required to be stated, and the filing of the report. The definitions contained in Rule 12b-2 should be especially noted. *See also* Regulations 13A and 15D.

C. Preparation of Report.

(1) This form is not to be used as a blank form to be filled in, but only as a guide in the preparation of the report on paper meeting the requirements of Rule 12b-12. Except as provided in General Instruction G, the answers to the items shall be prepared in the manner specified in Rule 12b-13.

(2) Except where information is required to be given for the fiscal year or as of a specified date, it shall be given as of the latest practicable date.

(3) Attention is directed to Rule 12b-20, which states: "In addition to the information expressly required to be included in a statement or report, there shall be added such further material information, if any, as may be necessary to make the required statements, in the light of the circumstances under which they are made, not misleading."

D. Signature and Filing of Report.

(1) Three complete copies of the report, including financial statements, financial statement schedules, exhibits, and all other papers and documents filed as a part thereof, and five additional copies which need not include exhibits, shall be filed with the Commission. At least one complete copy of the report, including financial statements, financial statement schedules, exhibits, and all other papers and documents filed as a part thereof, shall be filed with each exchange on which any class of securities of the registrant is registered. At least one complete copy of the report filed with the Commission and one such copy filed with each exchange shall be manually signed. Copies not manually signed shall bear typed or printed signatures.

(2) (a) The report must be signed by the registrant, and on behalf of the registrant by its principal executive officer or officers, its principal financial officer or officers, its controller or principal accounting officer, and by at least the majority of the board of directors or persons performing similar functions. Where the registrant is a limited partnership, the report must be signed by the majority of the board of directors of any corporate general partner who signs the report.

(b) The name of each person who signs the report shall be typed or printed beneath his signature. Any person who occupies more than one of the specified positions shall indicate each capacity in which he signs the report. Attention is directed to Rule 12b-11 (17 CFR 240.12b-11) concerning manual signatures and signatures pursuant to powers of attorney.

(3) Registrants are requested to indicate in a transmittal letter with the Form 10-K whether the financial statements in the report reflect a change from the preceding year in any accounting principles or practices, or in the method of applying any such principles or practices.

E. Disclosure With Respect to Foreign Subsidiaries.

Information required by any item or other requirement of this form with respect to any foreign subsidiary may be omitted to the extent that the required disclosure would be detrimental to the registrant. However, financial statements and financial statement schedules, otherwise required, shall not be omitted pursuant to this Instruction. Where information is omitted pursuant to this Instruction, a statement shall be made that such information has been omitted and the names of the subsidiaries involved shall be separately furnished to the Commission. The Commission may, in its discretion, call for justification that the required disclosure would be detrimental.

F. Information as to Employee Stock Purchase, Savings and Similar Plans.

Attention is directed to Rule 15d-21 which provides that separate annual and other reports need not be filed pursuant to Section 15(d) of the Act with respect to any employee stock purchase, savings or similar plan if the issuer of the stock or other securities offered to employees pursuant to the plan furnishes to the Commission the information and documents specified in the Rule.

G. Information to be Incorporated by Reference.

(1) Attention is directed to Rule 12b-23 which provides for the incorporation by reference of information contained in certain documents in answer or partial answer to any item of a report.

(2) The information called for by Parts I and II of this form (Items 1 through 9A or any portion there of) may, at the registrant's option, be incorporated by reference from the registrant's annual report to security holders furnished to the Commission pursuant to Rule 14a-3(b) or Rule 14c-3(a) or from the registrant's annual report to security holders, even if not furnished to the Commission pursuant to Rule 14a-3(b) or Rule 14c-3(a), provided such annual report contains the information required by Rule 14a-3.
Note 1. In order to fulfill the requirements of Part I of Form 10-K, the incorporated portion of the annual report to security holders must contain the information required by Items 1-3 of Form 10-K; to the extent applicable.

Note 2. If any information required by Part I or Part II is incorporated by reference into an electronic format document from the annual report to security holders as provided in General Instruction G, any portion of the annual report to security holders incorporated by reference shall be filed as an exhibit in electronic format, as required by Item 601(b)(13) of Regulation S-K.

(3) The information required by Part III (Items 10, 11, 12,13 and 14) may be incorporated by reference from the registrant's definitive proxy statement (filed or required to be filed pursuant to Regulation 14A) or definitive information statement (filed or to be filed pursuant to Regulation 14C) which involves the election of directors, if such definitive proxy statement or information statement is filed with the Commission not later than 120 days after the end of the fiscal year covered by the Form 10-K. However, if such definitive proxy statement or information statement is not filed with the Commission in the 120-day period or is not required to be filed with the Commission by virtue of Rule 3a12-3(b) under the Exchange Act, the Items comprising the Part III information must be filed as part of the Form 10-K, or as an amendment to the Form 10-K, not later than the end of the 120-day period. It should be noted that the information regarding executive officers required by Item 401 of Regulation S-K (§ 229.401 of this chapter) may be included in Part I of Form 10-K under an appropriate caption. See Instruction 3 to Item 401(b) of Regulation S-K (§ 229.401(b) of this chapter).

(4) No item numbers of captions of items need be contained in the material incorporated by reference into the report. However, the registrant's attention is directed to Rule 12b-23(e) (17 CFR 240.12b(e)) regarding the specific disclosure required in the report concerning information incorporated by reference. When the registrant combines all of the information in Parts I and II of this Form (Items 1 through 9A) by incorporation by reference from the registrant's annual report to security holders and all of the information in Part III of this Form (Items 10 through 14) by incorporating by reference from a definitive proxy statement or information statement involving the election of directors, then, notwithstanding General Instruction C(1), this Form shall consist of the facing or cover page, those sections incorporated from the annual report to security holders, the proxy or information statement, and the information, if any, required by Part IV of this Form, signatures, and a cross-reference sheet setting forth the item numbers and captions in Parts I, II and III of this Form and the page and/or pages in the referenced materials where the corresponding information appears.

H. Integrated Reports to Security Holders.

Annual reports to security holders may be combined with the required information of Form 10-K and will be suitable for filing with the Commission if the following conditions are satisfied:

(1) The combined report contains full and complete answers to all items required by Form 10-K. When responses to a certain item of required disclosure are separated within the combined report, an appropriate cross-reference should be made. If the information required by Part III of Form 10-K is omitted by virtue of General Instruction G, a definitive proxy or information statement shall be filed.

(2) The cover page and the required signatures are included. As appropriate, a cross-reference sheet should be filed indicating the location of information required by the items of the Form.

(3) If an electronic filer files any portion of an annual report to security holders in combination with the required information of Form 10-K, as provided in this instruction, only such portions filed in satisfaction of the Form 10-K requirements shall be filed in electronic format.

I. Omission of Information by Certain Wholly-Owned Subsidiaries.

If, on the date of the filing of its report on Form 10-K, the registrant meets the conditions specified in paragraph (1) below, then such registrant may furnish the abbreviated narrative disclosure specified in paragraph (2) below.

(1) Conditions for availability of the relief specified in paragraph (2) below.

(a) All of the registrant's equity securities are owned, either directly or indirectly, by a single person which is a reporting company under the Act and which has filed all the material required to be filed pursuant to section 13, 14, or 15(d) thereof, as applicable, and which is named in conjunction with the registrant's description of its business;

(b) During the preceding thirty-six calendar months and any subsequent period of days, there has not been any material default in the payment of principal, interest, a sinking or purchase fund installment, or any other material default not cured within thirty days, with respect to any indebtedness of the registrant or its subsidiaries, and there has not been any material default in the payment of rentals under material long-term leases; and

(c) There is prominently set forth, on the cover page of the Form 10-K, a statement that the registrant meets the conditions set forth in General Instruction (I)(1)(a) and (b) of Form 10-K and is therefore filing this Form with the reduced disclosure format.

(2) Registrants meeting the conditions specified in paragraph (1) above are entitled to the following relief:

(a) Such registrants may omit the information called for by Item 6, Selected Financial Data, and Item 7, Management's Discussion and Analysis of Financial Condition and Results of Operations provided that the registrant includes in the Form 10-K a management's narrative analysis of the results of operations explaining the reasons for material changes in the amount of revenue and expense items between the most recent fiscal year presented and the fiscal year immediately preceding it. Explanations of material changes should include, but not be limited to, changes in the various elements which determine revenue and expense levels such as unit sales volume, prices charged and paid, production levels, production cost variances, labor costs and discretionary spending programs. In addition, the analysis should include an explanation of the effect of any changes in accounting principles and practices or method of application that have a material effect on net income as reported

(b) Such registrants may omit the list of subsidiaries exhibit required by Item 601 of Regulation S-K (§ 229.601 of this chapter).

(c) Such registrants may omit the information called for by the following otherwise required Items: Item 4, Submission of Matters to a Vote of Security Holders; Item 10, Directors and Executive Officers of the Registrant; Item 11, Executive Compensation; Item 12, Security Ownership of Certain Beneficial Owners and Management; and Item 13, Certain Relationships and Related Transactions.

(d) In response to Item l, Business, such registrant only need furnish a brief description of the business done by the registrant and its subsidiaries during the most recent fiscal year which will, in the opinion of management, indicate the general nature and scope of the business of the registrant and its subsidiaries, and in response to Item 2, Properties, such registrant only need furnish a brief description of the material properties of the registrant and its subsidiaries to the extent, in the opinion of the management, necessary to an understanding of the business done by the registrant and its subsidiaries.

OMB APPROVAL	
OMB Number:	3235-0063
Expires:	July 31, 2006
Estimated average burden hours per response . . 2,196o.00	

UNITED STATES
SECURITIES AND EXCHANGE COMMISSION
Washington, D.C. 20549

(Mark One)

FORM 10-K

[ ] **ANNUAL REPORT PURSUANT TO SECTION 13 OR 15(d) OF THE SECURITIES EXCHANGE ACT OF 1934**

For the fiscal year ended ____________________

or

[ ] **TRANSITION REPORT PURSUANT TO SECTION 13 OR 15(d) OF THE SECURITIES EXCHANGE ACT OF 1934**

For the transition period from ____________________ to ____________________

Commission file number ____________________

____
(Exact name of registrant as specified in its charter)

____________________	____________________
State or other jurisdiction of incorporation or organization	(I.R.S. Employer Identification No.)

____
(Address of principal executive offices) (Zip Code)

Registrant's telephone number, including area code ____________________

Securities registered pursuant to Section 12(b) of the Act:

Title of each class	Name of each exchange on which registered
____________________	____________________
____________________	____________________

Securities registered pursuant to section 12(g) of the Act:

____
(Title of class)

____
(Title of class)

Indicate by check mark whether the registrant (1) has filed all reports required to be filed by Section 13 or 15(d) of the Securities Exchange Act of 1934 during the preceding 12 months (or for such shorter period that the registrant was required to file such reports), and (2) has been subject to such filing requirements for the past 90 days. ☐ Yes ☐ No

Indicate by check mark if disclosure of delinquent filers pursuant to Item 405 of Regulation S-K (§ 229.405 of this chapter) is not contained herein, and will not be contained, to the best of registrant's knowledge, in definitive proxy or information statements incorporated by reference in Part III of this Form 10-K or any amendment to this Form 10-K. ☐

SEC 1673 (8-03)

Persons who respond to the collection of information contained in this form are not required to respond unless the form displays a currently valid OMB control number.

Indicate by check mark whether the registrant is an accelerated filer (as defined in Rule 12b-2 of the Act). ☐ Yes ☐ No

State the aggregate market value of the voting and non-voting common equity held by non-affiliates computed by reference to the price at which the common equity was last sold, or the average bid and asked price of such common equity, as of the last business day of the registrant's most recently completed second fiscal quarter.

Note.—If a determination as to whether a particular person or entity is an affiliate cannot be made without involving unreasonable effort and expense, the aggregate market value of the common stock held by non-affiliates may be calculated on the basis of assumptions reasonable under the circumstances, provided that the assumptions are set forth in this Form.

APPLICABLE ONLY TO REGISTRANTS INVOLVED IN BANKRUPTCY

PROCEEDINGS DURING THE PRECEDING FIVE YEARS:

Indicate by check mark whether the registrant has filed all documents and reports required to be filed by Section 12, 13 or 15(d) of the Securities Exchange Act of 1934 subsequent to the distribution of securities under a plan confirmed by a court.

☐ Yes ☐ No

(APPLICABLE ONLY TO CORPORATE REGISTRANTS)

Indicate the number of shares outstanding of each of the registrant's classes of common stock, as of the latest practicable date.

DOCUMENTS INCORPORATED BY REFERENCE

List hereunder the following documents if incorporated by reference and the Part of the Form 10-K (e.g., Part I, Part II, etc.) into which the document is incorporated: (1) Any annual report to security holders; (2) Any proxy or information statement; and (3) Any prospectus filed pursuant to Rule 424(b) or (c) under the Securities Act of 1933. The listed documents should be clearly described for identification purposes (e.g., annual report to security holders for fiscal year ended December 24, 1980).

PART I

[See General Instruction G(2)]

Item 1. Business.

Furnish the information required by Item 101 of Regulation S-K (§ 229.101 of this chapter) except that the discussion of the development of the registrant's business need only include developments since the beginning of the fiscal year for which this report is filed.

Item 2. Properties.

Furnish the information required by Item 102 of Regulation S-K (§ 229.102 of this chapter).

Item 3. Legal Proceedings.

(a) Furnish the information required by Item 103 of Regulation S-K (§ 229.103 of this chapter).

(b) As to any proceeding that was terminated during the fourth quarter of the fiscal year covered by this report, furnish information similar to that required by Item 103 of Regulation S-K (§ 229.103 of this chapter), including the date of termination and a description of the disposition thereof with respect to the registrant and its subsidiaries.

Item 4. Submission of Matters to a Vote of Security Holders.

If any matter was submitted during the fourth quarter of the fiscal year covered by this report to a vote of security holders, through the solicitation of proxies or otherwise, furnish the following information:

(a) The date of the meeting and whether it was an annual or special meeting.

(b) If the meeting involved the election of directors, the name of each director elected at the meeting and the name of each other director whose term of office as a director continued after the meeting.

(c) A brief description of each other matter voted upon at the meeting and state the number of votes cast for, against or withheld, as well as the number of abstentions and broker non-votes as to each such matter, including a separate tabulation with respect to each nominee for office.

(d) A description of the terms of any settlement between the registrant and any other participant (as defined in Rule 14a-11 (17 CFR 240.14a-11) of Regulation 14A under the Act) terminating any solicitation subject to Rule 14a-11, including the cost or anticipated cost to the registrant.

Instructions:

1. If any matter has been submitted to a vote of security holders otherwise than at a meeting of such security holders, corresponding information with respect to such submission shall be furnished. The solicitation of any authorization or consent (other than a proxy to vote at a stockholders' meeting) with respect to any matter shall be deemed a submission of such matter to a vote of security holders within the meaning of this item.

2. Paragraph (a) need be answered only if paragraph (b) or (c) is required to be answered.

3. Paragraph (b) need not be answered if (i) proxies for the meeting were solicited pursuant to Regulation 14A under the Act, (ii) there was no solicitation in opposition to the management's nominees as listed in the proxy statement, and (iii) all of such nominees were elected. If the registrant did not solicit proxies and the board of directors as previously reported to the Commission was re-elected in its entirety, a statement to that effect in answer to paragraph (b) will suffice as an answer thereto.

4. Paragraph (c) must be answered for all matters voted upon at the meeting, including both contested and uncontested elections of directors.

5. If the registrant has furnished to its security holders proxy soliciting material containing the information called for by paragraph (d), the paragraph may be answered by reference to the information contained in such material.

6. If the registrant has published a report containing all the information called for by this item, the item may be answered by a reference to the information contained in such report.

PART II

[(See General Instruction G(2)]

Item 5. Market for Registrant's Common Equity and Related Stockholder Matters.

(a) Furnish the information required by Item 201 of Regulation S-K (§229.201 of this chapter) and Item 701 of Regulation S-K (§229.701 of this chapter) as to all equity securities of the registrant sold by the registrant during the period covered by the report that were not registered under the Securities Act other than unregistered sales made in reliance on Regulation S. Provided that if the Item 701 information previously has been included in a Quarterly Report on Form 10-Q or 10-QSB (§249.308a or 249.308b of this chapter) it need not be furnished.

(b) If required pursuant to Rule 463 (17 CFR 230.463) of the Securities Act of 1933, furnish the information required by Item 701(f) of Regulation S-K (§229.701(f) of this chapter).

Item 6. Selected Financial Data.

Furnish the information required by Item 301 of Regulation S-K (§ 229.301 of this chapter).

Item 7. Management's Discussion and Analysis of Financial Condition and Results of Operation.

Furnish the information required by Item 303 of Regulation S-K (§ 229.303 of this chapter).

Item 7A. Quantitative and Qualitative Disclosures About Market Risk.

Furnish the information required by Item 305 of RegulationS-K (§ 229.305 of this chapter).

Item 8. Financial Statements and Supplementary Data.

Furnish financial statements meeting the requirements of Regulation S-X (§ 210 of this chapter), except § 210.3-05 and Article 11 thereof, and the supplementary financial information required by Item 302 of Regulation S-K (§ 229.302 of this chapter). Financial statements of the registrant and its subsidiaries consolidated (as required by Rule 14a-3(b)) shall be filed under this item. Other financial statements and schedules required under Regulation S-X may be filed as "Financial Statement Schedules" pursuant to Item 13, Exhibits, Financial Statement Schedules, and Reports on Form 8-K, of this form.

Notwithstanding the above, if the issuer is subject to the reporting provisions of Section 15(d) and such obligation results solely from the issuer having filed a registration statement on Form S-18 which became effective under the Securities Act of 1933 during the last fiscal year, or such obligation applies as to the first or second fiscal year after the registration statement on Form S-18 became effective solely because the issuer had on the first day of the pertinent fiscal year 300 or more record holders of any of its securities to which the Form S-18 related, audited financial statements for the issuer, or for the issuer and its predecessors, may be presented as provided below. The report of the independent accountant shall in all events comply with the requirements of Article 2 of Regulation S-X.

(a) A Form 10-K filed for the fiscal year during which the registrant had a registration statement on Form S-18 become effective may include the following financial statements prepared in accordance with generally accepted accounting principles:

(l) A balance sheet as of the end of each of the two most recent fiscal years; and

(2) Consolidated statements of income, statements of cash flows, and statements of other stockholders' equity for each of the two fiscal years preceding the date of the most recent audited balance sheet being filed.

(b) A Form 10-K filed for the first fiscal year after the registrant had a registration statement on Form S-18 become effective may include financial statements prepared as follows:

(l) Financial statements for the most recent fiscal year prepared in accordance with Regulation S-X, Form and Content of and Requirements for Financial Statements; and

(2) Financial statements previously disclosed in accordance with paragraph (a) for the prior year. These statements do not need to include the compliance items and schedules of Regulation S-X, but should be recast to show the same line items as are set forth for the most recent fiscal year.

(c) A Form 10-K filed for the second fiscal year after the registrant had a registration statement on Form S-18 become effective may include financial statements for the two most recent fiscal years prepared in accordance with Regulation S-X (17 CFR 210).

Item 9. Changes in and Disagreements With Accountants on Accounting and Financial Disclosure.

Furnish the information required by Item 304 of Regulation S-K (§ 229.304 of this chapter).

Item 9A. Controls and Procedures.

Furnish the information required by Item 307 and 308 of Regulation S-K (§229.307 and §229.308 of this chapter).

PART III

[See General Instruction G(3)]

Item 10. Directors and Executive Officers of the Registrant.

Furnish the information required by Items 401,405 and 406 of Regulation S-K (§ 229.401, § 229.405 and § 229.406 of this chapter).

Instruction

Checking the box provided on the cover page of this Form to indicate that Item 405 disclosure of delinquent Form 3, 4, or 5 filers is not contained herein is intended to facilitate Form processing and review. Failure to provide such indication will not create liability for violation of the federal securities laws. The space should be checked only if there is no disclosure in this Form of reporting person delinquencies in response to Item 405 and the registrant, at the time of filing the Form 10-K, has reviewed the information necessary to ascertain, and has determined that, Item 405 disclosure is not expected to be contained in Part III of the Form 10-K or incorporated by reference.

Item 11. Executive Compensation.

Furnish the information required by Item 402 of Regulation S-K (§ 229.402 of this chapter).

Item 12. Security Ownership of Certain Beneficial Owners and Management.

Furnish the information required by Item 201(d) of Regulation S-K (§ 229.201(d) of this chapter) and Item 403 of Regulation S-K (§ 229.403 of this chapter).

Item 13. Certain Relationships and Related Transactions.

Furnish the information required by Item 404 of Regulation S-K (§ 229.404 of this chapter).

Item 14. Principal Accounting Fees and Services.

Furnish the information required by Item 9(e) of Schedule 14A (§240.14a-101 of this chapter).

(1) Disclose, under the caption Audit Fees, the aggregate fees billed for each of the last two fiscal years for professional services rendered by the principal accountant for the audit of the registrant's annual financial statements and review of financial statements included in the registrant's Form 10-Q (17 CFR 249.308a) or 10-QSB (17 CFR 249.308b) or services that are normally provided by the accountant in connection with statutory and regulatory filings or engagements for those fiscal years.

(2) Disclose, under the caption Audit-Related Fees, the aggregate fees billed in each of the last two fiscal years for assurance and related services by the principal accountant that are reasonably related to the performance of the audit or review of the registrant's financial statements and are not reported under Item 9(e)(1) of Schedule 14A. Registrants shall describe the nature of the services comprising the fees disclosed under this category.

(3) Disclose, under the caption Tax Fees, the aggregate fees billed in each of the last two fiscal years for professional services rendered by the principal accountant for tax compliance, tax advice, and tax planning. Registrants shall describe the nature of the services comprising the fees disclosed under this category.

(4) Disclose, under the caption All Other Fees, the aggregate fees billed in each of the last two fiscal years for products and services provided by the principal accountant, other than the services reported in Items 9(e)(1) through 9(e)(3) of Schedule 14A. Registrants shall describe the nature of the services comprising the fees disclosed under this category.

(5) (i) Disclose the audit committee's pre-approval policies and procedures described in paragraph (c)(7)(i) of Rule 2-01 of Regulation S-X.

(ii) Disclose the percentage of services described in each of Items 9(e)(2) through 9(e)(4) of Schedule 14A that were ap proved by the audit committee pursuant to paragraph (c)(7)(i)(C) of Rule 2-01 of Regulation S-X.

(6) If greater than 50 percent, disclose the percentage of hours expended on the principal accountant's engagement to audit the registrant's financial statements for the most recent fiscal year that were attributed to work performed by persons other than the principal accountant's full-time, permanent employees.

Instruction to Item 14.

A registrant that is an Asset-Backed Issuer (as defined in §240.13a-14(g) and §240.15d-14(g) of this chapter) is not required to disclose the information required by this Item.

PART IV

Item 15. Exhibits, Financial Statement Schedules, and Reports on Form 8-K.

(a) List the following documents filed as a part of the report:

(1) All financial statements;

(2) Those financial statement schedules required to be filed by Item 8 of this form, and by paragraph (d) below.

(3) Those exhibits required by Item 601 of Regulation S-K (§ 229.601 of this chapter) and by paragraph (c) below. Identify in the list each management contract or compensatory plan or arrangement required to be filed as an exhibit to this form pursuant to Item 14(c) of this report.

(b) Reports on Form 8-K. State whether any reports on Form 8-K have been filed during the last quarter of the period covered by this report, listing the items reported, any financial statements filed and the dates of any such reports.

(c) Registrants shall file, as exhibits to this form, the exhibits required by Item 601 of Regulation S-K (§ 229.601 of this chapter).

(d) Registrants shall file, as financial statement schedules to this form, the financial statements required by Regulation S-X (17 CFR 210) which are excluded from the annual report to shareholders by Rule 14a-3(b) including (1) separate financial statements of subsidiaries not consolidated and fifty percent or less owned persons; (2) separate financial statements of affiliates whose securities are pledged as collateral; and (3) schedules.

SIGNATURES

[See General Instruction D]

Pursuant to the requirements of Section 13 or 15(d) of the Securities Exchange Act of 1934, the registrant has duly caused this report to be signed on its behalf by the undersigned, thereunto duly authorized.

(Registrant) ____________________

By (Signature and Title)* ____________________

Date ____________________

Pursuant to the requirements of the Securities Exchange Act of 1934, this report has been signed below by the following persons on behalf of the registrant and in the capacities and on the dates indicated.

By (Signature and Title)* ____________________

Date ____________________

By (Signature and Title)* ____________________

Date ____________________

*Print the name and title of each signing officer under his signature.

Supplemental Information to be Furnished With Reports Filed Pursuant to Section 15(d) of the Act by Registrants Which Have Not Registered Securities Pursuant to Section 12 of the Act

(a) Except to the extent that the materials enumerated in (1) and/or (2) below are specifically incorporated into this Form by reference (in which case *see* Rule 12b-23(d)), every registrant which files an annual report on this Form pursuant to Section 15(d) of the Act shall furnish to the Commission for its information, at the time of filing its report on this Form, four copies of the following:

(1) Any annual report to security holders covering the registrant's last fiscal year; and

(2) Every proxy statement, form of proxy or other proxy soliciting material sent to more than ten of the registrant's security holders with respect to any annual or other meeting of security holders.

(b) The foregoing material shall not be deemed to be "filed" with the Commission or otherwise subject to the liabilities of Section 18 of the Act, except to the extent that the registrant specifically incorporates it in its annual report on this Form by reference.

(c) If no such annual report or proxy material has been sent to security holders, a statement to that effect shall be included under this caption. If such report or proxy material is to be furnished to security holders subsequent to the filing of the annual report of this Form, the registrant shall so state under this caption and shall furnish copies of such material to the Commission when it is sent to security holders.

Literaturverzeichnis

Ackermann, Günther (2002):
Der Binnenmarkt hat hier und dort seine Tücken, in: DB, 55. Jg. (2002), Editorial vom 14.06.2002.

ADS (1997):
Rechnungslegung und Prüfung der Unternehmen, Kommentar zum HGB, AktG, GmbHG, PublG nach den Vorschriften des Bilanzrichtlinien-Gesetzes, neu bearbeitet von Karl-Heinz Forster et al., 6. Auflage, Teilband 4, Stuttgart 1997 (Stand der Erläuterungen: 1.06.1996).

Aha, Christof (2002):
Die Cross-Border Rules der SEC und ihre Bedeutung für das deutsche Kapitalmarktrecht, in: AG, 47. Jg. (2002), S. 313-328.

AICPA (1998):
Facts about AcSEC, abrufbar im Internet unter: http://www.usc.edu/dept/accounting/fasb/10'98acsec.doc (Abfrage: 13.12.2002).

AICPA (2002):
Sarbanes-Oxley Act: Conference Call – Question and Answers, 28.08.2002, New York, NY 2002, abrufbar im Internet unter: http://www.pcps.org/download/SarbanesSummary-ofQandA82802final2.pdf (Abfrage: 13.03.2003).

AICPA (2003):
Communications with SEC Staff, abrufbar im Internet unter: http://www.aicpa.org/members/div/secps/lit/best/comsec.htm (Abfrage: 30.08.2003).

Akerlof, George A. (1970):
The Market for "Lemons": Quality Uncertainty and the Market Mechanism, in: The Quarterly Journal of Economics, Vol. 84 (1970), S. 488-500.

Allen, Mike/Lardner, George Jr. (2002):
Harken Papers Offer Details on Bush Knowledge, einzusehen im Internet unter: http://www.washingtonpost.com/wp-dyn/articles/A1447-2002Jul13.html (Abfrage: 15.07.2002).

Altendorfer, Christian (1995):
Die US-amerikanische Kapitalmarktaufsicht (SEC) – Ein Modell für Österreich?, Wien 1995.

Alvarez, Manuel/Wotschofsky, Stefan (2000):
Zwischenberichterstattung nach Börsenrecht, IAS und US-GAAP: Konzeptionelle Grundlagen mit einer Analyse des Publizitätsverhaltens der DAX100-Unternehmen, Bielefeld 2000.

Arbeitskreis Externe und Interne Überwachung der Unternehmung der Schmalenbach-Gesellschaft für Betriebswirtschaft (2000):
Auswirkungen des KonTraG auf die Unternehmensüberwachung, in: DB, 53. Jg. (2000), Beilage Nr. 11, Rn. 1-190.

Arbeitskreis Externe Unternehmensrechnung der Schmalenbach-Gesellschaft für Betriebswirtschaft (2002):
Enforcement der Rechnungslegung, in: DB, 55. Jg. (2002), S. 2173-2176.

Arlman, Paul (2001):
Market Abuse: is legislation necessary?, Rede vor dem „European Parliamentary Financial Services Forum", 6.11.2001, Brüssel, abrufbar im Internet unter: http://www.fese.be/initiatives/speeches/2001/epfsf_brussels_6_november_2001.htm (Abfrage: 17.02.2003).

Arthur Andersen (2000):
New responsibilities and requirements for audit committees, Chicago/IL 2000.

Assmann, Heinz-Dieter (1997):
Kapitalmarkt – Kapitalmarktrecht – Kapitalanlagerecht, in: Assmann, Heinz-Dieter/Schütze, Rolf A. (Hrsg.), Handbuch des Kapitalanlagerechts, 2., neubearbeitete Auflage, München 1997, S. 1-57.

Assmann, Heinz-Dieter (1997a):
Prospekthaftung, in: Assmann, Heinz-Dieter/Schütze, Rolf A. (Hrsg.), Handbuch des Kapitalanlagerechts, 2., neubearbeitete Auflage, München 1997, S. 241-316.

Atkins, Paul S. (2003):
Der Sarbanes-Oxley Act: Zielsetzungen, Inhalt und Implementierungsstand, Vortrag bei der Rechtswissenschaftlichen Fakultät, 5.02.2003, Köln, abrufbar im Internet unter: http://www.sec.gov/news/speech/spch020503psag.htm (Abfrage: 15.03.2003).

Ausschuss der Weisen (2000):
Erster Bericht des Ausschusses der Weisen über die Reglementierung der europäischen Wertpapiermärkte, 9.11.2000, Brüssel 2000.

Ausschuss der Weisen (2001):
Schlussbericht des Ausschusses der Weisen über die Regulierung der europäischen Wertpapiermärkte, 15.02.2001, Brüssel 2001.

Axelrod, Robert (1997):
Die Evolution der Kooperation, 4. Auflage, München und Wien 1997.

Baetge, Jörg/Armeloh, Karl-H./Schulze, Dennis (1997):
Anforderungen an die Geschäftsberichterstattung aus betriebswirtschaftlicher und handelsrechtlicher Sicht, in: DStR, 35. Jg. (1997), S. 176-180.

Baetge, Jörg/Lutter, Marcus (Hrsg.) (2003):
Abschlussprüfung und Corporate Governance – Bericht des Arbeitskreises „Abschlussprüfung und Corporate Governance", Köln 2003.

Baetge, Jörg/Thiele, Stefan/Plock, Marcus (2000):
Die Restrukturierung des International Accounting Standards Committee – Das IASC auf dem Weg zum globalen Standardsetter?, in: DB, 53. Jg. (2000), S. 1033-1038.

Ballwieser, Wolfgang (1987):
Kapitalmarkt, Managerinteressen und Rolle des Wirtschaftsprüfers, in: Schneider, Dieter (Hrsg.), Kapitalmarkt und Finanzierung, Jahrestagung des Vereins für Socialpolitik, Gesellschaft für Wirtschafts- und Sozialwissenschaften 1986, Berlin 1987, S. 351-362.

Ballwieser, Wolfgang (2001):
Rechnungslegung und Prüfung am Neuen Markt, in: ZfbF, 53. Jg. (2001), S. 840-853.

Ballwieser, Wolfgang (2002):
Rechnungslegung im Umbruch – Entwicklungen, Ziele, Missverständnisse, in: Schweizer Treuhänder, 76. Jg. (2002), S. 295-304.

Ballwieser, Wolfgang/Kuhner, Christoph (1994):
Rechnungslegungsvorschriften und wirtschaftliche Stabilität, Bergisch Gladbach 1994.

Baltensperger, Ernst (1988):
Finanzmärkte und ihre Regulierung – Internationale Koordination oder Konkurrenz?, in: Dürr, Ernst/Sieber, Hugo (Hrsg.), Weltwirtschaft im Wandel, Festgabe für Egon Tuchtfeldt zum 65. Geburtstag, Bern und Stuttgart 1988, S. 165-178.

Baums, Theodor (2001):
Die Empfehlungen der Regierungskommission Corporate Governance, in: WPg-Sonderheft 2001, 54. Jg. (2001), S. 6-8.

BAWe et al. (2000):
iX international exchanges – Gemeinsame Erklärung des Bundesaufsichtsamts für den Wertpapierhandel, des Hessischen Ministeriums für Wirtschaft, Verkehr und Landesentwicklung und der Financial Services Authority, einzusehen im Internet unter: http://www.bawe.de/down/erkl_ix.pdf (Abfrage: 29.10.2002).

BAWe (2002):
Statistik I/2002, Frankfurt am Main (Abfrage: 31.03.2002).

Baxter, William T. (1979):
Accounting Standards – Boon or Curse?, in: Zeff, Stephen A./Dharan, Bala G. (Hrsg.) (1985), Readings & Notes on Financial Accounting: issues and controversies, 4th edition, New York/NY et al. 1985, S. 9-22.

Bayless, Robert A. (2000):
Speech by SEC Staff: How the Division of Corporation Finance Influences Accounting Practices and Financial Reporting Standards, Vortrag vom 19.07.2000, Washington/DC, abrufbar im Internet unter: http://www.sec.gov/news/speech/spch394.htm (Abfrage: 10.12.2002).

Bealing, William Earl Jr. (1991):
Institutional aspects of auditing regulation: The budgeting relationships among the SEC, Congress and the President, Ann Arbor/MI 1991.

Bear Stearns (2000):
Accounting Issues: SEC Issues Additional Guidance on SAB 101: Revenue Recognition, Research Note vom 13.10.2000, New York/NY 2000.

Beaver, William H. (1998):
Financial Reporting: An Accounting Revolution, 3rd edition, Upper Saddle River/NJ 1998.

Becker, Michael (1997):
Börsen- und Kapitalmarktrecht der Vereinigten Staaten, in: Hopt, Klaus J./Rudolph, Bernd/Baum, Harald (Hrsg.), Börsenreform – Eine ökonomische, rechtsvergleichende und rechtspolitische Untersuchung, Stuttgart 1997, S. 755-904.

Behr, Giorgio (1996):
Expectation Gap – Rolle der Rechnungslegung, in: Schweizer Treuhänder, 70. Jg. (1996), S. 539-546.

Benz, Nadja/Kiwitz, Thorsten (1999):
Der Neue Markt der Frankfurter Wertpapierbörse – Zulassung und Folgepflichten, in: DStR, 37. Jg. (1999), S. 1162-1168.

Berger, Axel/Lütticke, Stefan (2003):
Kommentierung zu § 292a HGB, in: Berger, Axel et al. (Hrsg.), Beck'scher Bilanz-Kommentar, Handels- und Steuerrecht – §§ 238 bis 339 HGB, 5. völlig neubearbeitete Auflage, München 2003.

Berle, Adolf A. Jr./Means, Gardiner C. (1932/1968):
The Modern Corporation and Private Property, revised edition, New York/NY 1932/1968.

Bernhardt, Wolfgang (2002):
Der Deutsche Corporate Governance Kodex: Zuwahl (comply) oder Abwahl (explain)? – Unternehmensführung zwischen „muss", „soll", „sollte" und „kann" –, in: DB, 55. Jg. (2002), S. 1841-1846.

Bhattacharya, Neil et al. (2002):
Assessing the Relative Informativeness and Permanence of Pro Forma Earnings and GAAP Operating Earnings, Working Paper, Salt Lake City/UT, Provo/UT, May 2002, abrufbar im Internet unter: http://papers.ssrn.com/sol3/delivery.cfm/SSRN_ID311302_code020510670.pdf?abstractid=311302 (Abfrage: 28.03.2003).

Biener, Herbert (1996):
Fortentwicklung des Bilanzrechts aus deutscher Sicht, in: Bilanzrecht unter dem Einfluß internationaler Reformzwänge: Schruff, Lothar (Hrsg.), Bericht über die Göttinger Bilanztage „10 Jahre BiRiLiG: Bilanzrecht vor neuen Reformzwängen" am 7. und 8. Dezember 1995, Düsseldorf 1996, S. 61-83.

Bitner, Larry N./Dolan, Robert (1998):
"Does Smoothing Earnings Add Value?", in: Management Accounting, Vol. 80 (1998), S. 44-47.

Bitz, Michael/Schneeloch, Dieter/Wittstock, Wilfried (2000):
Der Jahresabschluß, 3., überarbeitete Auflage, München 2000.

Blankart, Charles B. (1994):
Öffentliche Finanzen in der Demokratie – Eine Einführung in die Finanzwissenschaft, 2., völlig überarbeitete Auflage, München 1994.

Blitzer, David M. (2002):
Financial Services in a Wider Perspective, Sixth European Financial Markets Con-vention, Rede vom 31.05.2002, Brüssel, abrufbar im Internet unter: http://www.fese.be/initiatives/speeches/2002/efmc2002_blitzer_speech.htm (Abfrage: 31.08.2003).

Blue Ribbon Committee (1999):
Report and Recommendations of the Blue Ribbon Committee on Improving the Effectiveness of Corporate Audit Committees, New York/NY 1999.

BMF (2001):
4. Finanzmarktförderungsgesetz vom Bundeskabinett beschlossen, Pressemitteilung vom 14.11.2001, F. 211 (D. 98), S. 1-8.

BMF (2003):
Eckpunktepapier: Der Finanzmarktförderplan 2006, 5.03.2003, Berlin, abrufbar im Internet unter: http://www.bundesfinanzministerium.de/Anlage17319/Finanzmarktfoerderplan-2006.pdf (Abfrage: 19.04.2003).

BMF (2003a):
Maßnahmenkatalog der Bundesregierung zur Stärkung der Unternehmensintegrität und des Anlegerschutzes, abrufbar im Internet unter: http://www.bundesfinanzministerium.de/Anlage17029/Massnahmenkatalog-derBundesregierung-zur-Staerkung-von-Unternehmensintegritaet-und-Anlegerschutz.pdf (Abfrage: 18.04.2003).

Board of Accountancy Washington State (2002):
The Board's Investigation Process, abrufbar im Internet unter: http://www.cpaboard.wa.gov/complain/Default.htm (Abfrage: 2.03.2003).

Böckem, Hanne (2000):
Die Durchsetzung von Rechnungslegungsstandards – Eine kapitalmarktorientierte Untersuchung, Frankfurt am Main 2000.

Böckem, Hanne (2000a):
Die Durchsetzung von Rechnungslegungsstandards in Deutschland, in: DB, 53. Jg. (2000), S. 1185-1191.

Böcking, Hans-Joachim (1997):
Betriebswirtschaftslehre und wirtschaftliche Betrachtungsweise im Bilanzrecht, in: Budde, Wolfgang Dieter/Moxter, Adolf/Offerhaus, Klaus (Hrsg.): Handelsbilanzen und Steuerbilanzen – Festschrift zum 70. Geburtstag von Prof. Dr. h.c. Heinrich Beisse, Düsseldorf 1997, S. 85-103.

Böcking, Hans-Joachim (1998):
Zum Verhältnis von Rechnungslegung und Kapitalmarkt: Vom „financial accounting" zum „business reporting", in: Ballwieser, Wolfgang/Schildbach, Thomas (Hrsg.), Rechnungslegung und Steuern international, ZfbF-Sonderheft 40, Düsseldorf, Frankfurt am Main 1998, S. 17-53.

Böcking, Hans-Joachim (1999):
Auswirkungen der neuen Rechnungslegungs- und Prüfungsvorschriften auf die Erwartungslücke, in: Dörner, Dietrich/Menold, Dieter/Pfitzer, Norbert (Hrsg.), Reform des Aktienrechts, der Rechnungslegung und Prüfung, Stuttgart 1999, S. 717-743.

Böcking, Hans-Joachim (2001):
IAS für Konzern- und Einzelabschluss?, in: WPg, 54. Jg. (2001), S. 1433-1440.

Böcking, Hans-Joachim (2002):
IAS für Konzern- und Einzelabschluss! – Replik zum Beitrag von *Zabel,* IAS zwingend für Konzern- und Einzelabschluss?; zugleich Würdigung der Aussagen der Deutschen Bundesbank zur Umsetzung der Mitgliedstaatenwahlrechte im Rahmen der EU-Verordnung und eine Empfehlung an den Gesetzgeber, in: WPg, 55. Jg. (2002), S. 925-928.

Böcking, Hans-Joachim/Benecke, Birka (1998):
Neue Vorschriften zur Segmentberichterstattung nach IAS und US-GAAP unter dem Aspekt des Business Reporting, in: WPg, 51. Jg. (1998), S. 92-107.

Böcking, Hans-Joachim/Busam, Dirk/Dietz, Stephanie (2003):
IFRS 1 First-time Adoption of International Financial Reporting Standards vom 19.6.2003 – Zur Umstellung der Rechnungslegung von HGB auf IFRS und zur Bedeutung des *Framework* –, in: Der Konzern, 1. Jg. (2003), S. 457-476.

Böcking, Hans-Joachim/Dietz, Stephanie/Kiefer, Marcus (2001):
Discontinuing Operations – Ein Vergleich der Behandlung einzustellender Geschäftsbereiche im Jahresabschluss nach IAS und US-GAAP, in: WPg, 54. Jg. (2001), S. 373-387.

Böcking, Hans-Joachim/Dutzi, Andreas (2002):
Kommentierung zu den §§ 285 Nr. 16, 342, 342a HGB, in: Baetge, Jörg/Kirsch, Hans-Jürgen/Thiele, Stefan (Hrsg.), Bilanzrecht: Handelsrecht mit Steuerrecht und den Regelungen des IASB (Loseblattsammlung), Bonn/Berlin 2002 (Stand: September 2002).

Böcking, Hans-Joachim/Dutzi, Andreas (2002a):
Internationale Rechnungslegung mit Blick auf 2005, in: DSWR, 31. Jg (2002), S. 358-361.

Böcking, Hans-Joachim/Dutzi, Andreas (2003):
Corporate Governance und Value Reporting, Verbesserung der Corporate Governance durch wertorientierte Unternehmensberichterstattung, in: Seicht, Gerhard (Hrsg.), Jahrbuch für Controlling und Rechnungswesen 2003, Wien 2003, S. 213-239.

Böcking, Hans-Joachim/Herold, Christian/Wiederhold, Philipp (2003):
Modernisierung des HGB in Richtung IAS/IFRS – Auswirkungen der Änderungen der 4. und 7. EU-Richtlinie vom 6.05.2003 –, in: Der Konzern, 1. Jg. (2003), S. 394-409.

Böcking, Hans-Joachim/Kiefer, Marcus (2002):
Eine europäische Finanzaufsichtsbehörde ist notwendig – Ein Plädoyer für ein schlagkräftiges Pendant zur amerikanischen Börsenaufsichtsbehörde SEC, in: FAZ vom 23.09.2002, S. 28.

Böcking, Hans-Joachim/Kiefer, Marcus (2002a):
Kommentierung zu IAS 35 – Einstellung von Geschäftsbereichen, in: Baetge, Jörg/Dörner, Dietrich/Kleekämper, Heinz/Wollmert, Peter/Kirsch, Hans-Jürgen (Hrsg.), Rechnungslegung nach International Accounting Standards (IAS) – Kommentar auf der Grundlage des deutschen Bilanzrechts (Loseblattsammlung), 2. Auflage, Stuttgart 2002, Teil B (Stand der Literatur: 15.04.2002).

Böcking, Hans-Joachim/Link, Robert (2002):
Grundlagen für eine bessere Corporate Governance in Deutschland – US-GAAP und HGB sind beide problembehaftet – Neuer internationaler Bilanzierungsstandard nach IFRS stellt guten Kompromiss aus beiden Welten dar, in: Börsen-Zeitung vom 31.12.2002, S. 32.

Böcking, Hans-Joachim/Löcke, Jürgen (1997):
Abschlußprüfung und Beratung – eine ökonomische Analyse, in: WPK-Mitteilungen, 36. Jg. (1997), S. 178-187.

Böcking, Hans-Joachim/Müßig, Anke (2003):
Neue Herausforderungen für den Konzernlagebericht durch das Transparenz- und Publizitätsgesetz sowie den Deutschen Corporate Governance Kodex? – Zugleich ein Ausschnitt aus dem gegenwärtigen Anforderungsprofil an Vorstand, Aufsichtsrat und Abschlussprüfer –, in: Der Konzern, 1. Jg. (2003), S. 38-50.

Böcking, Hans-Joachim/Orth, Christian (1998):
Kann das „Gesetz zur Kontrolle und Transparenz im Unternehmensbereich (KonTraG)" einen Beitrag zur Verringerung der Erwartungslücke leisten? – Eine Würdigung auf Basis von Rechnungslegung und Kapitalmarkt, in: WPg, 51. Jg. (1998), S. 351-364.

Böcking, Hans-Joachim/Orth, Christian (2002):
Beratung und Prüfung, Vereinbarkeit von, in: Ballwieser, Wolfgang/Coenenberg, Adolf G./von Wysocki, Klaus (Hrsg.), Handwörterbuch der Rechnungslegung und Prüfung, 3. Auflage, Stuttgart 2002, Sp. 257-267.

Böcking, Hans-Joachim/Orth, Christian/Brinkmann, Ralph (2002):
Die Anwendung der International Standards on Auditing (ISA) im Rahmen der handelsrechtlichen Konzernabschlussprüfung und deren Berücksichtigung im Bestätigungsvermerk, in: WPg, 53. Jg. (2000), S. 216-234.

Böckli, Peter (2000):
Corporate Governance auf Schnellstrassen und Holzwegen, in: Der Schweizer Treuhänder, 74. Jg. (2000), S. 133-152.

Bolkestein, Fritz (2001):
Reinventing Europe's Financial Markets, Rede vom 10.05.2001, Washington/DC, abrufbar im Internet unter: http://www.aei.org/news/newsID.12788/news_detail.asp (Abfrage: 19.06.2003).

Boltz, Gerald E./Boydston, Michelle D. (1998):
SEC Investigations of Public Reporting Companies, Santa Monica/CA 1998.

Brand, Werner (2001):
Einleitendes Statement zur Podiums- und Plenardiskussion: Panel oder SEC – Welchen Anforderungen muss ein international anerkanntes Enforcement genügen?, in: WPg-Sonderheft 2001, 54. Jg. (2001), S. 51-53.

Bremer, Heinz (1970):
Die neuen Schwerpunkte der Börsenreform, in: BB, 25. Jg. (1970), S. 1-3.

Brotte, Jörg (1997):
US-amerikanische und deutsche Geschäftsberichte – Notwendigkeit, Regulierung und Praxis jahresabschlußergänzender Informationen, Wiesbaden 1997.

Bruns, Hans-Georg (2001):
Anforderungen an die handelsrechtliche Rechnungslegung im europäischen und internationalen Kontext, in: WPg-Sonderheft 2001, 54. Jg. (2001), S. 67-74.

Buchanan, James M. (1984):
Die Grenzen der Freiheit – Zwischen Anarchie und Leviathan, Tübingen 1984.

Buchanan, James M./Tullock, Gordon (1962/1997):
The Calculus of Consent – Logical Foundations of Constitutional Democracy –, Ann Arbor/MI 1962/1997.

Buckley, John W./Buckley, Marlene H./Plank, Tom H. (1980):
SEC Accounting, New York/NY et al. 1980.

Büschgen, Hans E. (1998):
Bankbetriebslehre – Bankgeschäfte und Bankmanagement, 5., vollständig überarbeitete und erweiterte Auflage, Wiesbaden 1998.

Burkhard, Jörg/Adler, Jens H. (2001):
Betriebsprüfung und Steuerfahndungsprüfung: Praktikerkommentar der §§ 193-208 AO, Neuwied, Kriftel 2001.

Busse von Colbe, Walther (2002):
Kleine Reform der Konzernrechnungslegung durch das TransPuG – Ein weiterer Schritt zur Internationalisierung und Kapitalmarktorientierung, in: BB, 57. Jg. (2002), S. 1583-1588.

Buxbaum, Richard M./Hopt, Klaus J. (1988):
Legal Harmonization and the Business Enterprise, Berlin, New York/NY 1988.

Campbell, Rutheford B. Jr. (1997):
Blue Sky Laws and the Recent Congressional Preemption Failure, in: The Journal of Corporation Law, Vol. 22 (1997), S. 175-210.

Cassel, Dieter (1989):
Schattenwirtschaft und Deregulierung: Wohlfahrtsstaatliche Reglementierungen der Wirtschaft als Ursache der Expansion des informellen Sektors und ordnungspolitische Gestaltungsaufgabe, in: Seidenfus, Hellmuth St. (Hrsg.), Deregulierung – Eine Herausforderung an die Wirtschafts- und Sozialpolitik in der Marktwirtschaft, Berlin 1989, S. 37-90.

CCH (Hrsg.) (2001):
Enforcement Proceedings, in: SEC Today, Vol. 203 (2001), Ausgabe vom 22.10.2001, S. 1-12.

CESR (2002):
Proposed Statement of Principles of Enforcement of Accounting Standards in Europe, Consultation Paper, October 2002, abrufbar im Internet unter: http://www.europefesco.org/DOCUMENTS/CONSULTATIVE/02-188b.pdf (Abfrage 29.03.2003).

Clemm, Hermann (1984):
Erwartungen an die Abschlußprüfung, in: WPg, 37. Jg. (1984), S. 645-655.

Collingwood, Harris (2001):
The Earnings Game: Everyone Plays, Nobody Wins, in: HBR, Vol. 79 June (2001), S. 65-74.

d'Arcy, Anne (2001):
Hat sich die internationale Bilanzierung für den Neuen Markt bewährt?", in: Coenenberg, Adolf G./Pohle, Klaus (Hrsg.), Internationale Rechnungslegung – Konsequenzen für Unternehmensführung, Rechnungswesen, Standardsetting, Prüfung und Kapitalmarkt, Stuttgart 2001, S. 165-177.

d'Arcy, Anne/Leuz, Christian (2000):
Rechnungslegung am Neuen Markt – Eine Bestandsaufnahme, in: DB, 53. Jg. (2000), S. 385-391.

Deckert, Martina R./von Rüden, Jens (1998):
Anlegerschutz durch Europäisches Kapitalmarktrecht, in: EWS, 9. Jg. (1998), S. 46-54.

Degeorge, François/Patel, Jayendu/Zeckhauser, Richard (1999):
Earnings Management to Exceed Thresholds, in: The Journal of Business, Vol. 72 January (1999), S. 1-33.

Deutsches Aktieninstitut (Hrsg.) (2002):
Rechnungslegung der Unternehmen am Neuen Markt: Die Einhaltung der Ausweispflichten nach IAS und US-GAAP, Frankfurt am Main 2002.

Deutsche Börse (Hrsg.) (2001):
Neuer-Markt-Report: Zugang zum Europäischen Kapitalmarkt – Schlüssel für Wachstum, Frankfurt am Main 2001.

Deutsche Börse (2001a):
Rechnungslegung in den Indizes und Marktsegmenten der Deutsche Börse AG, Stand: 30.11.2001, abrufbar im Internet unter: http://deutsche-boerse.com/ (Abfrage: 17.02.2003).

Deutsche Börse (2002):
Neusegmentierung des Aktienmarktes, Rundschreiben Listing 06/2002 vom 22.11.2002, abrufbar im Internet unter: http://deutsche-boerse.com/ (Abfrage: 17.02.2003).

Deutsche Börse (2002a):
Regelwerk Neuer Markt, Stand: 1.07.2002, Frankfurt am Main 2002.

Deutsche Börse (2003):
Börsenordnung für die Frankfurter Wertpapierbörse, Stand: 27.03.2003, Frankfurt am Main 2003.

Deutsche Börse (2003a):
Neusegmentierung des Aktienmarktes abgeschlossen, Pressemitteilung vom 3.06.2003, abrufbar im Internet unter: http://deutsche-boerse.com/ (Abfrage: 30.06.2003).

Dickey, Jonathan C. et al. (2001):
SEC Investigations and Enforcement Actions: An Overview and Discussion of Recent Trends in Accounting Fraud Investigations, abrufbar im Internet unter: http://www.gdclaw.com/fstore/documents/pubs/SEC_Investigations.pdf (Abfrage: 22.12.2002).

Diehl, Ulrike/Loistl, Otto/Rehkugler, Heinz (1998):
Effiziente Kapitalmarktkommunikation, Stuttgart 1998.

Dörner, Dietrich (2000):
Zusammenarbeit von Aufsichtsrat und Wirtschaftsprüfer im Lichte des KonTraG – Schlüssel zur Verbesserung der Corporate Governance –, in: DB, 53. Jg. (2000), S. 101-105.

Doherty, David P. et al. (1991):
The Enforcement Role of the New York Stock Exchange, in: Northwestern University Law Review, Vol. 85 (1991), S. 637-651.

Doyle, Jeffrey T./Lundholm, Russell J./Soliman, Mark T. (2002):
The Predictive Value of Expenses Excluded from 'Pro Forma' Earnings, Working Paper, Ann Arbor/MI, June 2002, abrufbar im Internet unter: http://www.gsb.columbia.edu/divisions/accounting/LUNDHOLM.pdf (Abfrage: 3.01.2003).

Dunn, Malcolm H. (1998):
Die Unternehmung als ein soziales System – Ein sozialwissenschaftlicher Beitrag zur Neuen Mikroökonomie, Berlin 1998.

DVFA (2000):
Scorecard for German Corporate Governance, Dreieich 2000.

ECOFIN (2000):
Regulation of European Securities Markets – Terms of reference for the Committee of Wise Men, 17.07.2000, Brüssel 2000.

EDGAR Online (2003):
Corporate Services: EDGARpro Legal, Stand: 17.03.2003, abrufbar im Internet unter: http://www.edgar-online.com/corporate/products/edgarpro_legal.asp (Abfrage: 17.03.2003).

Eichel, Hans (2002):
Die Modernisierung des deutschen Kapitalmarkts – Rückblick und Ausblick, Rede anlässlich

der Kapitalmarktveranstaltung der Deutschen Börse am 3. September 2002 in Frankfurt, abrufbar im Internet unter: http://www.bundesfinanzministerium.de/Aktuelles/Reden-.394. 13887/BM-Hans-Eichel-Die-Modernisierung-des-deutschen-...htm (Abfrage: 25.03.2003).

Eisolt, Dirk (1992):
US-amerikanische und deutsche Konzernrechnungslegung, Hamburg 1992.

Eisolt, Dirk (1993):
Die rechtlichen Grundlagen der amerikanischen Konzernrechnungslegung, in: AG, 38. Jg. (1993), S. 209-233.

Ekkenga, Jens (1998):
Anlegerschutz, Rechnungslegung und Kapitalmarkt – Eine vergleichende Studie zum europäischen, deutschen und britischen Bilanz-, Gesellschafts- und Kapitalmarktrecht, Tübingen 1998.

Elsing, Siegfried H./Van Alstine, Michael P. (1999):
US-amerikanisches Handels- und Wirtschaftsrecht, 2., völlig neubearbeitete und erweiterte Auflage, Heidelberg 1999.

EMNID-Institut (2000):
„Wirtschaftsprüfer in der öffentlichen Meinung", eine Studie im Auftrag von KPMG Deutschland, vorgestellt im Rahmen einer Pressekonferenz am 30. Mai 2000 in Berlin.

Energy West (2001):
Changes in registrant's certifying accountant, Form 8-K, 1.11.2001, http://www.sec.gov/ Archives/edgar/data/43350/000095013701504216/c65728e8-k.txt (Abfrage: 2.01.2003).

Engels, Wolfram (1992):
Das Trilemma der Finanzmärkte, in: Engels, Wolfram (Hrsg.), Anlegerschutz und Vertrauensbildung an Finanzmärkten, Frankfurt am Main 1992, S. 11-35.

Engler, Georg Wilhelm (1967):
Vor Aktien wird gewarnt – Sind Volksaktionäre die Radikalen von morgen?, München et al. 1967.

Enron (2001):
Form 8-K, Bericht vom 8.11.2001, abrufbar im Internet unter: http://www.sec.gov/Archives/edgar/data/1024401/000095012901503835/h91831e8-k.txt (Abfrage: 16.03.2003).

Ehrhardt, Olaf/Nowak, Eric (2002):
Die Durchsetzung von Corporate-Governance-Regeln, in: AG, 47. Jg. (2002), S. 336-345.

Ernst, Christoph (2001):
Bilanzrecht: quo vadis? – Die kommende Reform des europäischen Bilanzrechts und mögliche Auswirkungen auf die deutsche Rechnungslegung –, in: WPg, 54. Jg. (2001), S. 1440-1445.

Ernst & Young (2001):
Letter from Ernst & Young, Exhibit 16.1 to Form 8-K of Energy West Inc., 1.11.2001, abrufbar im Internet unter: http://www.sec.gov/Archives/edgar/data/43350/000095013701504216/c65728ex16-1.txt (Abfrage: 2.01.2003).

EU-Kommission (1985):
Vollendung des Binnenmarktes – Weißbuch der Kommission an den Europäischen Rat, Brüssel 1985.

EU-Kommission (1995):
Harmonisierung auf dem Gebiet der Rechnungslegung: Eine neue Strategie im Hinblick auf die internationale Harmonisierung, KOM (1995) 508 vom 14.11.1995, Brüssel 1995.

EU-Kommission (1998):
Finanzdienstleistungen: Abstecken eines Aktionsrahmens, KOM (1998) 625 vom 28.10.1998, Brüssel 1998.

EU-Kommission (1999):
Finanzdienstleistungen: Umsetzung des Finanzmarktrahmens: Aktionsplan, KOM (1999) 232 vom 11.05.1999, Brüssel 1999.

EU-Kommission (1999a):
Financial Services Action Plan – First Progress Report, 10.10.1999, Brüssel 1999.

EU-Kommission (2000):
Aktueller Stand auf dem Gebiet der Finanzdienstleistungen – Zweiter Bericht, KOM (2000) 336 vom 30.05.2000, Brüssel 2000.

EU-Kommission (2000a):
Mitteilung der Kommission an den Rat und das europäische Parlament – Rechnungslegungsstrategie der EU: Künftiges Vorgehen, KOM (2000) 359 vom 13.06.2000, Brüssel 2000.

EU-Kommission (2001):
Beschluss der Kommission zur Einsetzung des Europäischen Wertpapierausschusses, KOM (2001) 1493 vom 6.06.2001, Brüssel 2001.

EU-Kommission (2001a):
Beschluss der Kommission zur Einsetzung des Ausschusses der europäischen Wertpapierregulierungsbehörden, KOM (2001) 1501 vom 6.06.2001, Brüssel 2001.

EU-Kommission (2002):
Finanzdienstleistungen: Erfüllung der Prioritäten von Barcelona und Ausblick: Umsetzung, Siebenter Fortschrittsbericht vom 3.12.2002, Brüssel 2002.

EU-Kommission (2002a):
Report from the Commission to the Council and the European Parliament on the application of the agreements between the European Communities and the Government of the United States of America and the Government of Canada regarding the application of their competition laws, COM (2002) 45 vom 29.01.2002, Brüssel 2002.

EU-Kommission (2003):
Mitteilung der Kommission an den Rat und das Europäische Parlament – Stärkung der Abschlussprüfung in der EU, KOM (2003) 286 endgültig vom 21.05.2003, Brüssel 2003.

Euronext (2003):
From Amsterdam, Brussels and Paris exchanges to Euronext, abrufbar im Internet unter: http://www.euronext.com/vgn/images/portal/cit_53424/15/22/62114827euronext_en_0701.pdf (Abfrage: 31.08.2003).

Euronext (2003a):
Annual Report 2002, Amsterdam 2003.

Europäischer Rat (1998):
Schlussfolgerungen des Vorsitzes, 15. und 16.06.1998, Cardiff 1998.

Europäischer Rat (1998a):
Schlussfolgerungen des Vorsitzes, 11. und 12.12.1998, Wien 1998.

Ewert, Ralf (2002):
Unabhängigkeit und Unbefangenheit, in: Ballwieser, Wolfgang/Coenenberg, Adolf G./von Wysocki, Klaus (Hrsg.), Handwörterbuch der Rechnungslegung und Prüfung, 3. Auflage, Stuttgart 2002, Sp. 2386-2395.

Ewert, Ralf (2003):
Prüfung, Beratung und externe Rotation: Ökonomische Forschungsergebnisse zur aktuellen Regulierungsdebatte im Bereich der Wirtschaftsprüfung, in: Der Konzern, 1. Jg. (2003), S. 528-539.

EWG-Kommission (1966):
Der Aufbau eines Europäischen Kapitalmarkts – Bericht einer von der EWG-Kommission eingesetzten Sachverständigengruppe (Segré-Bericht), Brüssel 1966.

Fama, Eugene F. (1970):
Efficient Capital Markets: A review of theory and empirical work, in: The Journal of Finance, Vol. 25 (1970), S. 383-417.

Fama, Eugene F. (1991):
Efficient Capital Markets: II, in: The Journal of Finance, Vol. 46 (1991), S. 1575-1617.

Fanto, James A. (1996):
The Absence of Cross-Cultural Communication: SEC Mandatory Disclosure and Foreign Corporate Governance, in: Northwestern Journal of International Law & Business, Vol. 17 Fall (1996), S. 119-206.

FASB (1999):
Facts about FASB, Norwalk/CT 1999, S. 1-6.

FASB (2002):
FASB Facts, abrufbar im Internet unter: http://www.fasb.org/facts/bd_members_staff.shtml (Abfrage: 12.12.2002).

FASB (2002a):
Financial Accounting Standards Advisory Council, abrufbar im Internet unter: http://www.fasb.org/fasac/fasacmem.shtml (Abfrage: 12.12.2002).

FASB (2002b):
Proposal: Principles-Based Approach to U.S. Standard Setting, File No. 1125-001, Entwurf vom 21.10.2002, Norwalk/CT.

FASB/IASB (2002):
FASB and IASB Agree to Work Together toward Convergence of Global Accounting Standards, Presseerklärung vom 29.10.2002, London 2002.

FEE (2001):
Enforcement Mechanisms in Europe – A Preliminary Investigation of Oversight Systems, Stand: April 2001, Brüssel 2001.

FEI (2002):
About FEI, abrufbar im Internet unter: http://www.fei.org/about/us.cfm (Abfrage: 12.12.2002).

FEI Research Foundation (2001):
Quantitative Measures of the Quality of Financial Reporting, Studie in Folienformat, abrufbar im Internet unter: http://www.fei.org/download/QualFinRep-6-13-2k1.ppt (Abfrage: 7.08.2002).

Feldhoff, Michael (1992):
Die Regulierung der Rechnungslegung – Eine systematische Darstellung der Grundlagen mit einer Anwendung auf die Frage der Publizität, Frankfurt am Main 1992.

Ferlings, Josef/Lanfermann, Georg (2002):
Unabhängigkeit von deutschen Abschlussprüfern nach Verabschiedung des Sarbanes-Oxley Acts, in: DB, 55. Jg. (2002), S. 2117-2122.

Fey, Gerd/Schruff, Wienand (1997):
Das Standing Interpretations Committee (SIC) des International Accounting Standards Committee, in: WPg, 50. Jg. (1997), S. 585-595.

Financial Reporting Council Limited (2002):
Report and Financial Statements as of 31 March 2002, London 2002.

Fischer, Norbert/Iannaconi, Teresa E./Lechner, Harald W. (2001):
USA Individual Accounts, in: Ordelheide, Dieter und KPMG (Hrsg.), Transnational Accounting, 2nd edition, Vol. 3, Bath 2001, S. 2851-2986.

Fischer, Norbert/Iannaconi, Teresa E./Lechner, Harald W. (2001a):
USA Group Accounts, in: Ordelheide, Dieter und KPMG (Hrsg.), Transnational Accounting, 2nd edition, Vol. 3, Bath 2001, 2987-3054.

Fitzgerald, Julie/Carnall, Wayne (1999):
What an accountant should know about the SEC – The United States Securities and Exchange Commission, in: Der Schweizer Treuhänder, 73. Jg. (1999), S. 975-982.

Fleischer, Holger/Kalss, Susanne (2002):
Kapitalmarktrechtliche Schadensersatzhaftung und Kurseinbrüche an der Börse, in: AG, 47. Jg. (2002), S. 329-336.

Fortune (2002):
The 2002 Fortune 500 – America's Largest Corporations, Stand: 15.04.2002, abrufbar im Internet unter: http://www.fortune.com/fortune/fortune500 (Abfrage: 17.03.2003).

Fowler, Melanie A. (1996):
Working with SEC Staff in the Registration and Filing Process – 23rd Annual National AICPA Conference on Current SEC Developments, Vortrag vom 16.02.1996, abrufbar im Internet unter: http://www.sec.gov/news/speech/speecharchive/1996/spch083.txt (Abfrage: 17.12.2002).

Fox, Justin (1997):
Learn to play The Earnings Game (and Wall Street will love you), in: Fortune vom 31.03.1997, S. 48-52.

Francfort, Alfred J./Rudolph, Bernd (1992):
Zur Entwicklung der Kapitalstrukturen in Deutschland und in den Vereinigten Staaten von Amerika – Eine vergleichende empirische Untersuchung, in: ZfbF, 44. Jg. (1992), S. 1059-1079.

Frank, Robert H. (1992):
Die Strategie der Emotionen – (Passions within Reason), München 1992.

FRC (2002):
2001 Annual Review, London 2002.

FRC (2003):
2002 Annual Review, London 2003.

Friedman, Howard M. (1981):
Securities and Commodities Enforcement, Lexington/Massachusetts 1981.

FRRP (2000):
Operating Procedures, Stand: 12.07.2000, Nr. 1-56, einzusehen im Internet unter: http://www.frrp.org.uk/aboutprocedures.html (Abfrage: 15.07.2002).

FRRP (2002):
Chairman's Report 2002, London, einzusehen im Internet unter: http://www.frc.org.uk/publications/content/frrp_annual_review_02.pdf (Abfrage: 12.03.2003).

FTC (1999):
Vision, Mission & Goals, einzusehen im Internet unter: http://www.ftc.gov/ftc/mission.htm (Abfrage: 20.11.2002).

Fuchs, Markus (1997):
Jahresabschlußpolitik und International Accounting Standards, Wiesbaden 1997.

Fülbier, Rolf Uwe (1998):
Regulierung der Ad-hoc-Publizität – Ein Beitrag zur ökonomischen Analyse des Rechts, Wiesbaden 1998.

Galbraith, John Kenneth (1987):
A History of Economics – The Past as the Present –, London 1987.

GAO (Hrsg.) (1996):
The Accounting Profession – Major Issues: Progress and Concerns, GAO Report to the Ranking Minority Member, Committee on Commerce, House of Representatives, GAO/AIMD-96-

98, September 1996, abrufbar im Internet unter: http://www.gao.gov/archive/1996/ ai96098.pdf (Abfrage: 14.12.2002).

GAO (Hrsg.) (1996a):
The Accounting Profession – Appendixes to Major Issues: Progress and Concerns, Report to the Ranking Minority Member, Committee on Commerce, House of Representatives, GAO/AIMD-96-98A, September 1996, abrufbar im Internet unter: http://www.gao.gov/ archive/1996/ai96098a.pdf (Abfrage: 14.12.2002).

GAO (Hrsg.) (2001):
Securities and Exchange Commission – Reviews of Accounting Matters Related to Public Filings, Report to the Ranking Minority Member, Subcommittee on Financial Institutions, Committee on Banking, Housing, and Urban Affairs, U.S. Senate, GAO-01-718, Juni 2001, abrufbar im Internet unter: http://www.gao.gov/new.items/d01718.pdf (Abfrage: 16.12.2002).

GAO (Hrsg.) (2001a):
Securities and Exchange Commission – Human Capital Challenges Require Management Attention, GAO-01-947, September 2001, abrufbar im Internet unter: http://www.gao.gov/cgi-bin/getrpt?GAO-01-947 (Abfrage: 20.12.2002).

GAO (Hrsg.) (2002):
About GAO, einzusehen im Internet unter: http://www.gao.gov (Abfrage: 21.11.2002).

GAO (Hrsg.) (2002a):
SEC Operations – Increased Workload Creates Challenge, Report to Congressional Requesters, GAO-02-302, März 2002, abrufbar im Internet unter: http://www.gao.gov/cgi-bin/ getrpt?GAO-02-302 (Abfrage: 4.08.2002).

GAO (Hrsg.) (2002b):
SEC Operations – Implications of Alternative Funding Structures, Report to Congressional Requesters, GAO-02-864, Juli 2002, abrufbar im Internet unter: http://www.gao.gov/cgi-bin/ getrpt?GAO-02-864 (Abfrage: 3.09.2002).

GAO (Hrsg.) (2002c):
Protecting the Public Interest Selected Governance – Regulatory Oversight, Auditing, Accounting, and Financial Reporting Issues, GAO-02-483T, März 2002 , abrufbar im Internet unter: www.gao.gov/new.items/d02483t.pdf (Abfrage: 14.12.2002).

GAO (Hrsg.) (2002d):
Human Capital – Major Human Capital Challenges at SEC and Key Trade Agencies, GAO-02-662T, April 2002, abrufbar im Internet unter: www.gao.gov/new.items/d02662t.pdf (Abfrage: 14.12.2002).

GAO (Hrsg.) (2002e):
SEC Enforcement – More Actions Needed to Improve Oversight of Disgorgement Collections, GAO-02-771, Juli 2002, abrufbar im Internet unter: http://www.gao.gov/cgi-bin/getrpt?GAO-02-771 (Abfrage: 10.01.2003).

GAO (Hrsg.) (2002f):
Financial Statement Restatements – Trends, Market Impacts, Regulatory Responses, and Remaining Challenges, GAO-03-138, Oktober 2002, abrufbar im Internet unter: http://www.gao.gov/cgi-bin/getrpt?GAO-03-138 (Abfrage 10.01.2003).

Gehrmann, Dieter (1978):
Die Effizienz des Euro-Kapitalmarktes, Hamburg 1978.

Gerke, Wolfgang (1993):
Informationsasymmetrien am Markt für Beteiligungen an mittelständischen Unternehmen, in: Gebhardt, Günther et al. (Hrsg.), Handbuch des Finanzmanagements, München 1993, S. 619-640.

Gingele, Rudolf (1989):
Der konsolidierte Abschluss in den Vereinigten Staaten von Amerika – Rechtliche, historische und theoretische Grundlagen unter besonderer Berücksichtigung des Konsolidierungskreises und der Kapitalkonsolidierung, Frankfurt am Main et al. 1989.

Girnghuber, Gudrun (1998):
Das US-amerikanische Audit Committee als Instrument zur Vermeidung von Defiziten bei der Überwachungstätigkeit der deutschen Aufsichtsräte, Frankfurt am Main 1998.

Gischer, Horst/Hommel, Michael (2003):
Unternehmen in Krisensituationen und die Rolle des Staates als Risikomanager: Weniger ist mehr, in: BB, 58. Jg. (2003), S. 945-952.

Glaum, Martin/Mandler, Udo (1996):
Rechnungslegung auf globalen Kapitalmärkten: HGB, IAS und US-GAAP, Wiesbaden 1996.

Grass, Doris (2000):
Künftige Großbörse iX peilt Fusion mit der Nasdaq an, in: Financial Times Deutschland vom 18.07.2000, einzusehen im Internet unter: http://www.ftd.de/bm/ma/FTD963864922149.html?nv=se (Abfrage: 24.07.2000).

Goldschmid, Harvey J. (1990):
Securities Regulation: Securities and Exchange Commission, in: Green, Mark/Pinsky, Mark (Hrsg.), America's Transition – Blueprints For The 1990s, Lanham/MD 1990, S. 353-367.

Groß, Oliver/Beyhs, Oliver (2001):
Börsenaufsicht reagiert auf Anschläge – Notfallmaßnahmen der SEC, in: FAZ vom 6.11.2001, S. 29.

Großfeld, Bernhard (1994):
Bilanzziele und kulturelles Umfeld: Zur Zukunft des Bilanzrechts, in: WPg, 47. Jg. (1994), S. 795-803.

Großfeld, Bernhard (2001):
Wirtschaftsprüfer und Globalisierung: Zur Zukunft des Bilanzrechts, in: WPg, 54. Jg. (2001), S. 129-139.

Großmann, Klaus/Nikoleyczik, Tobias (2002):
Praxisrelevante Änderungen des Wertpapierhandelsgesetzes – Die Auswirkungen des Vierten Finanzmarktförderungsgesetzes, in: DB, 55. Jg. (2002), S. 2031-2037.

Grundfest, Joseph A. (1990):
Subordination of American Capital, in: Journal of Financial Economics, 27. Jg. (1990), S. 89-114.

Gruson, Michael/Wiegmann, William J. (1995):
Die Ad-hoc-Publizitätspflicht nach amerikanischem Recht und die Auslegung von § 15 WpHG, in: AG, 40. Jg. (1995), S. 173-181.

Häuser, Karl (1995)
Kapitalmarkt, in: Handwörterbuch des Bank- und Finanzwesens, Gerke, Wolfgang/Steiner, Manfred (Hrsg.), 2., überarbeitete und erweiterte Auflage, Stuttgart 1995, Sp. 1123-1135.

Haller, Axel (1990):
Die „Generally Accepted Accounting Principles“ – Die Normen der externen Rechnungslegung in den USA, in: ZfbF, 42. Jg. (1990), S. 751-777.

Haller, Axel (1994):
Die Grundlagen der externen Rechnungslegung in den USA – Unter besonderer Berücksichtigung der rechtlichen, institutionellen und theoretischen Rahmenbedingungen, 4., unveränderte Auflage, Stuttgart 1994.

Haller, Axel (2000):
Wesentliche Ziele und Merkmale US-amerikanischer Rechnungslegung, in: Ballwieser, Wolfgang (Hrsg.), US-amerikanische Rechnungslegung, 4., überarbeitete und erweiterte Auflage, Stuttgart 2000, S. 1-27.

Haller, Axel/Eierle, Brigitte/Evans, Elisabeth (2001):
Das britische Financial Reporting Review Panel – ein Vorbild für ein deutsches Enforcement-Gremium?, in: BB, 56. Jg. (2001), S. 1673-1680.

Hansen, Herbert (2003):
Die Rechtsformen deutscher Unternehmen und ihr wirtschaftliches Gewicht, in: GmbHR, 94. Jg. (2003), S. 22-25.

Hartmann-Wendels, Thomas (1991):
Rechnungslegung der Unternehmen und Kapitalmarkt aus informationsökonomischer Sicht, Heidelberg 1991.

Havermann, Hans (1989):
Wirtschaftsprüfung in den USA, in: Erik Sonnemann (Hrsg.), Rechnungslegung, Prüfung, Wirtschaftsrecht und Steuern in den USA, Wiesbaden 1989, S. 123-141.

Hax, Herbert (1988):
Rechnungslegungsvorschriften – Notwendige Rahmenbedingungen für den Kapitalmarkt?, in: Domsch, Michel et al. (Hrsg.), Unternehmungserfolg, Wiesbaden 1988, S. 187-201.

Healy, Paul M./Wahlen, James M. (1999):
A review of the earnings management literature and its implications for standard setting, in: Accounting Horizons, Vol. 13 December (1999), S. 365-383.

Heinze, Stephan (1999):
Europäisches Kapitalmarktrecht – Recht des Primärmarktes, München 1999.

Heitger, Dan L./Ballou, Brian (2002):
The Decision to Regulate Pro Forma Earnings – Are Pro Forma Earnings a Value-Adding Measure of Performance or A Gimmick for Managing Investors' Perception of Performance?, Working Paper, Auburn/AL, July 2002, abrufbar im Internet unter: www.business.auburn.edu/~bballou/proformaRESUBMISSIONCPA.pdf (Abfrage: 3.01.2003).

Herdman, Robert K. (2001):
Speech by SEC Staff: Advancing Investors' Interests – American Institute of Certified Public Accountants Twenty-Ninth Annual National Conference on Current SEC Developments, Vortrag vom 6.12.2001 in Washington/DC, abrufbar im Internet unter: http://www.sec.gov/news/speech/spch526.htm (Abfrage: 9.02.2002).

Herdman, Robert K. (2002):
Testimony Concerning The Roles of the SEC and the FASB in Establishing GAAP – Before the House Subcommittee on Capital Markets, Insurance, and Government Sponsored Enterprises, Committee on Financial Services, Aussage vom 14.05.2002, abrufbar im Internet unter: http://www.sec.gov/news/testimony/051402tsrkh.htm (Abfrage: 9.02.2002).

Herz, Robert H. et al. (1997):
The Coopers & Lybrand SEC Manual, 7th edition, New York et al. 1997.

Herzog, Peter (1989):
Einführung in das Rechtssystem der Vereinigten Staaten, in: Erik Sonnemann (Hrsg.), Rechnungslegung, Prüfung, Wirtschaftsrecht und Steuern in den USA, Wiesbaden 1989, S. 169-204.

Heß, Frank Michael (1995):
Anlegerschutz bei Termingeschäften, Frankfurt am Main 1995.

Hilber, Marc/Hartung, Jürgen (2003):
Auswirkungen des Sarbanes-Oxley Act auf deutsche WP-Gesellschaften: Konflikte mit der Verschwiegenheitspflicht der Wirtschaftsprüfer und dem Datenschutzrecht, in: BB, 58. Jg. (2003), S. 1054-1060.

Hillebrandt, Franca/Sellhorn, Thorsten (2002):
„Earnings before bad stuff" – Pro forma earnings disclosures in German annual reports, Discussion Paper, Bochum, Stand: April 2002, abrufbar im Internet unter: ftp://ftp.iur.ruhr-uni-bochum.de/pub/dp/dp02-11.pdf (Abfrage: 8.04.2003).

Hilton, George W. (1972):
The Basic Behavior of Regulatory Commissions, in: AER, Vol. 62 May (1972), S. 47-54.

Hoffmann, Wolf-Dieter (2000):
Lehren aus der bayerischen Großbanken-Fusion für die Bilanzierungs- und Prüfungspraxis in Deutschland, in: DB, 53. Jg. (2000), S. 485-490.

Hoffmann, Wolf-Dieter (2002):
Gastkommentar: Darstellung des Bilanzierungsermessens im Prüfungsbericht?, in: DB, 55. Jg. (2002), Gastkommentar vom 22.02.2002, S. I.

Hommel, Michael/Berndt, Thomas (2000):
Wertaufhellung und funktionales Abschlussstichtagsprinzip, in: DStR, 38. Jg. (2000), S. 1745-1752.

Hommelhoff, Peter (1998):
Die neue Position des Abschlußprüfers im Kraftfeld der aktienrechtlichen Organisationsverfassung (Teil II), BB, 53. Jg. (1998), S. 2625-2631.

Hommelhoff, Peter (2001):
Für ein spezifisch deutsches Durchsetzungsystem – Schaffung einer Kontrollinstanz zur Sicherstellung der internationalen Wettbewerbsfähigkeit des deutschen Enforcement-Systems –, in: WPg-Sonderheft 2001, 54. Jg. (2001), S. 39-50.

Honeygold, Derek (1989):
Internationale Finanzmärkte, Cambridge 1989.

Hopf, Michael (1983):
Informationen für Märkte und Märkte für Informationen, Frankfurt am Main 1983.

Hoppmann, Carsten (1998):
Europarechtliche Entwicklungen im Börsenrecht, Arbeitspapier Nr. 60 am Institut für Han-

dels- und Wirtschaftsrecht der Universität Osnabrück, 1998, abrufbar im Internet unter: http://www.jura.uos.de/institut/hwr/PDF/paper60.pdf (Abfrage: 29.11.2002).

Hopt, Klaus J. (1975):
Der Kapitalanlegerschutz im Recht der Banken, München 1975.

Hopt, Klaus J. (1985):
Segmentspezifischer Anlegerschutz für börsengehandelte Titel, in: Gerke, Wolfgang (Hrsg.), Risikokapital über die Börse, Mannheimer Bankenforum Symposium, 25.01.1985, Berlin et al. 1985, S. 103-123.

Hopt, Klaus J./Baum, Harald (1997):
Börsenrechtsreform in Deutschland, in: Hopt, Klaus J./Rudolph, Bernd/Baum, Harald (Hrsg.), Börsenreform – Eine ökonomische, rechtsvergleichende und rechtspolitische Untersuchung, Stuttgart 1997, S. 287-467.

Hüffer, Uwe (2002):
Aktiengesetz: Beck'sche Kurz-Kommentare, 5., neubearbeitete Auflage, München 2002.

Hütten, Christoph (2000):
Der Geschäftsbericht als Informationsinstrument: Rechtsgrundlagen – Funktionen – Optimierungsmöglichkeiten, Düsseldorf 2000.

Hütten, Christoph/Brakensiek, Sonja (2000):
„Deutsche US-GAAP" ohne eine SEC – Auto ohne Bremsen?, in: BB, 55. Jg. (2000), S. 870-872.

Hütten, Christoph/Lorson, Peter (2002):
Staatliches versus privates Enforcement, in StuB, 4. Jg. (2002), S. 122-128.

Hunger, Joe R. (1981):
Die deutschen Wirtschaftsprüfer – Image und Selbstverständnis einer Profession, Düsseldorf 1981.

Huron Consulting Group (2003):
An Analysis of Restatement Matters: Rules, Errors, Ethics, For the Five Years Ended December 31, 2002, Chicago/IL 2003, abrufbar im Internet unter: http://www.huronconsultinggroup.com/files/tbl_s6News/PDF134/140/Huron_RestatementStudy02.pdf (Abfrage: 22.02.2003).

IASB (2002):
IASB and FASB agree to work for convergence, in: IASB Insight, October 2002, S. 1.

IASB (2002a):
Regulators welcome IASB and FASB accord, in: IASB Insight, October 2002, S. 2.

IASC Foundation (2002):
The IASC Foundation Constitution, revised, London 2002.

IDW (1998):
Stellungnahme HFA 7/1997: Zur Aufdeckung von Unregelmäßigkeiten im Rahmen der Abschlußprüfung, in: WPg, 51. Jg. (1998), S. 29-33.

IDW (1999):
IDW Prüfungsstandard: Grundsätze für die ordnungsmäßige Erteilung von Bestätigungsvermerken bei Abschlußprüfungen (IDW PS 400), in: WPg, 52. Jg. (1999), S. 641-657.

IDW (1999a):
IDW Prüfungsstandard: Grundsätze ordnungsmäßiger Berichterstattung bei Abschlußprüfungen (IDW PS 450), in: WPg, 52. Jg. (1999), S. 601-613.

IDW (2000):
Stellungnahme des IDW zum Fragenkatalog der Regierungskommission „Corporate Governance: Unternehmensführung – Unternehmenskontrolle – Modernisierung des Aktienrechts", in: WPg, 53. Jg. (2000), S. 1027-1034.

IDW (Hrsg.) (2000a):
Wirtschaftsprüfer-Handbuch 2000, Handbuch für Rechnungslegung, Prüfung und Beratung, bearbeitet von Geib, Gerd et al., 12. Auflage, Band I, Düsseldorf 2000.

IDW (2000b):
IDW Prüfungsstandard: Ziele und allgemeine Grundsätze der Durchführung von Abschlussprüfungen (IDW PS 200), in: WPg, 53. Jg. (2000), S. 706-710.

IDW (2001):
IDW Prüfungsstandard: Die Prüfung von geschätzten Werten in der Rechnungslegung (IDW PS 314), in: WPg, 54. Jg. (2001), S. 906-909.

IDW (2002):
Diskussionspapier der FEE: Enforcement of IFRS within Europe, in: IDW-Fachnachrichten, o. Jg. (2002), S. 273-281.

IDW (2002a):
Bericht des Vorstands anlässlich der Verwaltungsratssitzung am 12.11.2002 in Baden-Baden, in: IDW-Fachnachrichten, o. Jg. (2002), S. 694-707.

IDW (Hrsg.) (2002b):
Wirtschaftsprüfer-Handbuch 2002, Handbuch für Rechnungslegung, Prüfung und Beratung, bearbeitet von Gelhausen, Hans Friedrich et al., 12. Auflage, Band II, Düsseldorf 2002.

IDW (2002c):
Interim Report der Co-ordinating Group on Audit and Accounting Issues des britischen Department of Trade and Industries (DTI), in: IDW-Fachnachrichten, o. Jg. (2002), S. 515-517.

IDW (2003):
Europäisches Qualitätskontroll- und Berufsaufsichtssystem für Abschlussprüfer, Presseinformation 1/03 vom 20. Januar 2003, Düsseldorf 2003.

IDW (Hrsg.) (2003a):
IDW Prüfungsstandard: Zur Aufdeckung von Unregelmäßigkeiten im Rahmen der Abschlussprüfung (IDW PS 210), Düsseldorf 2003.

IDW/F.A.Z.-Institut (Hrsg.) (2002):
Wirtschaftsprüfung und Corporate Governance, Frankfurt am Main 2002.

IFAC (Hrsg.) (2001):
International Standard on Auditing (ISA 240): The Auditor's Responsibility to Consider Fraud and Error in an Audit of Financial Statements, New York/NY 2001.

IFAC (Hrsg.) (2001a):
International Standard on Auditing (ISA 250): Consideration of Laws and Regulations in an Audit of Financial Statements, New York/NY 2001.

Illiano, Gary (1999):
Size doesn't Matter: SEC Releases SAB 99 on Materiality, abrufbar im Internet unter: http:/www.nysscpa.org/cpajournal/d641299a.html (Abfrage: 28.06.2000).

International Business Publications (2002):
United States – Securities & Exchange Commission Handbook, Washington/DC 2002.

IOSCO (1998):
Objectives and Principles of Securities Regulation, September 1998, abrufbar im Internet unter: http://www.iosco.org/library/pubdocs/pdf/IOSCOPD82-English.pdf (Abfrage: 30.08.2003).

IOSCO (2002):
An IOSCO Technical Committee Release: Cautionary Statement Regarding Non-GAAP Results Measures, 19.05.2002, abrufbar im Internet unter: http://www.iosco.org/news/pdf/IOSCONEWS4.pdf (Abfrage: 30.08.2003).

IOSCO (2003):
Memoranda of Understanding, Stand: Oktober 2003, abrufbar im Internet unter: http://www.iosco.org/library/index.cfm?whereami=mou (Abfrage: 30.08.2003).

iX-international exchanges (2000):
Bericht des Vorstands über den Zusammenschluss der Deutsche Börse AG mit der London Stock Exchange plc durch Einbringung in die iX-International Exchanges plc und über die in diesem Zusammenhang durchzuführenden Maßnahmen, London 2000.

Jaffe, Charles A. (2002):
New SEC Head Faces Big Tasks, abrufbar im Internet unter: http://finance.pro2net.com/x36473.xml (Abfrage: 30.08.2003).

Johnson, Norman S. (1999):
Remarks at the Harvard Club, Vortrag vom 29.04.1999 in New York, abrufbar im Internet unter: http://www.sec.gov/news/speech/speecharchive/1999/spch272.htm (Abfrage: 10.03.2003).

Johnson, W. Bruce/Schwartz, William C. Jr. (2002):
Are Investors Misled by "Pro Forma" Earnings?, Working Paper, Iowa City/IA, Tucson/AZ, revised August 2002, abrufbar im Internet unter: http://www.rhsmith.umd.edu/finance/Bill_Schwartz.pdf (Abfrage: 3.01.2003).

Kahle, Holger (2002):
Internationale Rechnungslegung und ihre Auswirkungen auf Handels- und Steuerbilanz, Wiesbaden 2002.

Kaligin, Thomas (2002):
Keine Angst vor Betriebsprüfung und Steuerfahndung: Verhaltensregeln und Abwehrstrategien, Neuwied, Kriftel 2002.

Kant, Immanuel (1869):
Kritik der praktischen Vernunft, in: Kirchmann, J. H. v. (Hrsg.), Philosophische Bibliothek, Berlin 1869.

Kaplan, Robert S. (1980):
Should Accounting Standards Be Set in the Public or Private Sector, in: Buckley, John W./ Weston, J. Fred (Hrsg.), Regulation and the Accounting Profession, Belmont/CA 1980, S. 178-195.

Keim, Christian (1998):
Der institutionelle Rahmen im Wettbewerbsrecht der Europäischen Union und mögliche Reformmodelle, Frankfurt am Main 1998.

Kelly, Harvey R. (2000):
Getting New Audited Financial Statements, in Young, Michael R., Accounting Irregularities and Financial Fraud, San Diego/CA et al. 2000, S. 55-72.

Ketz, Edward J. (1999):
Update: How Goes SEC's War against Earnings Management?, in: The Journal of Corporate Accounting and Finance, Vol. 10 Spring (1999), S. 41-52.

Kitch, Edmund (1991):
Business Organization Law: State or Federal? An Inquiry Into the Allocation of Political Competence in Relation to Issues of Business Organization Law in a Federal System, in: Buxbaum, Richard M. et al. (Hrsg.), European Business Law, Berlin, New York 1991, S. 35-50.

Kleekämper, Heinz/Kuhlewind, Andreas-Markus/Alvarez, Manuel (2001):
Ziele, Organisation, Entwicklung und Bedeutung des IASB, in: Baetge, Jörg/Dörner, Dietrich/Kleekämper, Heinz/Wollmert, Peter/Kirsch, Hans-Jürgen (Hrsg.), Rechnungslegung nach International Accounting Standards (IAS) – Kommentar auf der Grundlage des deutschen Bilanzrechts (Loseblattsammlung), 2. Aufl., Stuttgart 2002, Teil A, Kapitel I (Stand der Literatur: 15.11.2001).

Kley, Christoph R./Vater, Hendrik J. (2002):
Pro-forma-Gewinne im Visier von Standard & Poor's, in: Der Schweizer Treuhänder, 76. Jg. (2002), S. 1085-1094.

Kley, Christoph R./Vater, Hendrik J. (2003):
Pro-forma-Gewinne: des Kaisers neue Kleider?, in: KoR, 3. Jg. (2003), S. 45-50.

Kloock, Josef (1996):
Bilanz- und Erfolgsrechnung, 3., überarbeitete und erweiterte Auflage, Düsseldorf 1996.

Knief, Peter (1976):
Der Wirtschaftsprüfer im Spannungsfeld zwischen gesetzlichem Auftrag und öffentlicher Erwartung, in: BFuP, 28. Jg. (1976), S. 114-139.

Koch, Hans-Dieter/Schmidt, Reinhard H. (1981):
Ziele und Instrumente des Anlegerschutzes, in: BFuP, 33. Jg. (1981), S. 231-250.

Köndgen, Johannes (2000):
Die Aufsichtsbehörde muß einen Entzug der Börsenzulassung prüfen – Ist die Fusion von Deutscher Börse und London Stock Exchange rechtswidrig? / Auf britische Regeln einstellen, in: FAZ vom 22.08.2000, S. 32.

Korn, Evelyn (2002):
Enforcement von Rechnungslegungsstandards: Welche Wirkung hat das Strafmaß?, in: DStR, 40. Jg. (2002), S. 1500-1504.

Koslow, Philip (1990):
The Securities and Exchange Commission, New York 1990.

KPMG (Hrsg.) (2001):
Corporate Governance in der Schweiz – Verwaltungsrat zwischen Verantwortung und Haftung, Zürich 2001.

KPMG (2002):
Neue Corporate Governance – Wege aus der Vertrauenskrise, in: editVALUE, November 2002, S. 4-8.

KPMG (Hrsg.) (2003):
2003 SEC Rules and Regulations, Boston/MS 2003.

KPMG (Hrsg.) (2003a):
U.S. and German Corporate Governance Rules – An Overview –, Berlin 2003.

KPMG (Hrsg.) (2003b):
Rechnungslegung nach US-amerikanischen Grundsätzen – Grundlagen der US-GAAP und SEC-Vorschriften, 3. überarbeitete und erweiterte Auflage, Düsseldorf 2003.

Krawitz, Norbert/Albrecht, Christian/Büttgen, Dagmar (2000):
Internationalisierung der deutschen Konzernrechnungslegung aus Sicht deutscher Mutterunternehmen – Ergebnisse einer empirischen Studie zur Anwendung und zur Folgeregelung von § 292a HGB –, in: WPg, 53. Jg. (2000), S. 541-556.

Kress, Sabine L. (1996):
Effizienzorientierte Kapitalmarktregulierung – eine Analyse aus institutionen-ökonomischer Perspektive, Wiesbaden 1996.

Krumnow, Jürgen (1994):
Die deutsche Rechnungslegung auf dem Weg ins Abseits? – Ein Ausblick nach der vorläufig abgeschlossenen EG-Harmonisierung, in: Ballwieser, Wolfgang et al. (Hrsg.), Bilanzrecht und Kapitalmarkt, Festschrift zum 65. Geburtstag von Professor Dr. Dr. h.c. Adolf Moxter, Düsseldorf 1994, S. 679-698.

Kühne, Mareike (2002):
Kapitalmarktorientierte Rechnungslegung nach US-GAAP: Weiterentwicklung deutscher Rechnungslegungsregeln vor dem Hintergrund US-amerikanischer Einflüsse, Bielefeld 2002.

Kümpel, Siegfried (1996):
Wertpapierhandelsgesetz – Eine systematische Darstellung –, Berlin 1996.

Kümpel, Siegfried (2000):
Bank- und Kapitalmarktrecht, 2. neubearbeitete und wesentlich erweiterte Auflage, Köln 2000.

Küting, Karlheinz (1993a):
Europäisches Bilanzrecht und Internationalisierung der Rechnungslegung, in: BB, 48. Jg. (1993), S. 30-38.

Küting, Karlheinz (1993b):
US-amerikanische und deutsche Bilanzierung im Vergleich – unter besonderer Berücksichtigung der Konzernrechnungslegung und des Daimler-Benz-Listing in New York, in BFuP, 45. Jg. (1993), S. 357-379.

Küting, Karlheinz (2000):
Perspektiven der externen Rechnungslegung – Auf dem Weg zu einem umfassenden Business Reporting –, in: BB, 55. Jg. (2000), S. 451-456.

Küting, Karlheinz (2001):
Bilanzierung und Bilanzanalyse am Neuen Markt, Stuttgart 2001.

Küting, Karlheinz/Hayn, Sven (1993):
Börseneinführungsmodalitäten in den USA, in: WPg, 46. Jg. (1993), S. 401-411.

Küting, Karlheinz/Dürr, Ulrike/Zwirner, Christian (2002):
Internationalisierung der Rechnungslegung in Deutschland – Ausweitung durch die Unternehmen des SMAX ab 2002, in: KoR, 2. Jg. (2002), S. 1-13.

Küting, Karlheinz/Lorson, Peter (1999):
Anmerkungen zur unternehmenswertorientierten Unternehmensführung, in: FAZ vom 4.10.1999, S. 33.

Küting, Karlheinz/Lorson, Peter (1999a):
Die schleichende Amerikanisierung deutscher Unternehmen, in: FAZ vom 29.11.1999, S. 28.

Küting, Karlheinz/Wohlgemuth, Frank (2002):
Internationales Enforcement – Bestandsaufnahme und Entwicklungstendenzen –, in: KoR, 2. Jg. (2002), S. 265-276.

Kuhlewind, Andreas-Markus (1997):
Grundlagen einer Bilanzrechtstheorie in den USA, Frankfurt am Main et al. 1997.

Kuhner, Christoph (1998):
Verfügungsrechte an Unternehmensinformationen – Die Verrechtlichung des Informationsflusses zwischen Unternehmen und Kapitalmarkt im Blickfeld ökonomischer Analysen –, München 1998.

Kunz, Harald (1985):
Marktsystem und Information, Tübingen 1985.

Kunzi, Daniel/Hasbargen, Ulrike/Kahre, Burkhard (2000):
Gestaltungsmöglichkeiten von Aktienoptionsprogrammen nach US-GAAP, in: DB, 53. Jg. (2000), S. 285-288.

Landis, James M. (1938):
The Administrative Process, London 1938.

Lanfermann, Georg/Maul, Silja (2002):
Auswirkungen des Sarbanes-Oxley Acts in Deutschland, in: DB, 55. Jg. (2002), S. 1725-1732.

Lanfermann, Georg/Maul, Silja (2003):
SEC-Ausführungsregelungen zum Sarbanes-Oxley Act, in: DB, 56. Jg. (2003), S. 349-355.

Lanfermann, Georg/Maul, Silja (2003a):
Registrierung von deutschen Abschlussprüfern bei der neuen US-Berufsaufsicht PCAOB, in: DB, 56. Jg. (2003), S. 1237-1239.

Lang, Neil S./Lipton, Robyn J. (1997):
Litigating Administrative Proceedings – The SEC's Increasingly Important Enforcement Alternative, in: Phillips, Richard M. (Hrsg.), The Securities Enforcement Manual – Tactics and Strategies, Chicago/IL 1997, S. 239-304.

Langenbucher, Günther/Blaum, Ulf (1995):
Ist ein deutsches Rechnungslegungsgremium notwendig? – Ein Organisationsvorschlag auf der Grundlage einer Analyse ausländischer Standard Setting Bodies –, in: DB, 48. Jg. (1995), S. 2325-2335.

Langsam, Sheldon A./Kreuze, Jerry G./Newell, Gale E. (1997):
Is CEO Compensation Related to Company Performance?, in: The Journal of Corporate Accounting and Finance, Vol. 9 Autumn (1997), S. 91-99.

Law Library of Congress (2003):
Enron Hearings, abrufbar im Internet unter: http://www.loc.gov/law/guide/enronhrgs.html (Abfrage: 16.03.2003).

Lenz, Carl-Otto (2002):
Die Reform der Gerichtsbarkeit der Europäischen Gemeinschaften und der Rechtsschutz in Wettbewerbssachen, in: Schwarze, Jürgen (Hrsg.), Europäisches Wettbewerbsrecht im Zeichen der Globalisierung, Baden-Baden 2002, S. 127-141.

Lenz, Hansrudi (1999):
Meinungsspiegel zum Thema: KonTraG – Mehr Kontrolle und Transparenz?, in: BFuP, 51. Jg. (1999), S. 437-453.

Lenz, Hansrudi (2001):
Unabhängigkeit des Abschlussprüfers und Non-Audit Services – Neue Vorschriften der SEC, in: BB, 56. Jg. (2001), S. 299-304.

Lenz, Hansrudi (2002a):
Sarbanes-Oxley Act of 2002 - Abschied von der Selbstregulierung der Wirtschaftsprüfer in den USA, in: BB, 57. Jg. (2002), S. 2270-2275.

Lenzen, Ursula (2002):
Das neue Recht der Kursmanipulation, Arbeitspapier Nr. 101 am Institut für Bankrecht der Johann Wolfgang Goethe-Universität Frankfurt am Main, 2002, abrufbar im Internet unter: http://www.uni-frankfurt.de/fb01/baums/files/paper101.pdf (Abfrage: 29.03.2003).

Lev, Baruch (2002):
The Reform of Corporate Reporting and Auditing, Testimony before the House of Representatives Committee on Energy and Commerce am 6.02.2002, abrufbar im Internet unter: http:// www.baruch-lev.com (Abfrage: 1.09.2002).

Levinsohn, Alan (2000):
SEC Wants Audit Integrity Disclosed, in: Strategic Finance, Vol. 82 August (2000), S. 74.

Levitt, Arthur (1998):
Spielen mit Zahlen - „The Numbers Game“, Übersetzung der Bemerkungen von Arthur Levitt, Chairman der US-amerikanischen Börsenaufsichtsbehörde Securities and Exchange

Commission (SEC), vor dem NYU Center for Law and Business, New York, am 29.09.98, in: DB, 51. Jg. (1998), S. 2544-2547.

Liebert, Nicola (2002):
Harvey Pitt: Der Reformer wider Willen, in: Financial Times Deutschland vom 20.06.2002, abrufbar im Internet unter: http://www.ftd.de/bm/bo/1014399217561.html?nv=rs (Abfrage: 6.01.2003).

Liener, Gerhard (1995):
Konzernrechnungslegung im Umfeld von HGB und SEC, in: Küting, Karlheinz/Weber, Claus-Peter (Hrsg.), Das Rechnungswesen im Konzern, Stuttgart 1995.

Löw, Christoph (1973):
Der Informationsanspruch des Aktionärs im amerikanischen Recht, Basel 1973.

Loomis, Carol J. (1999):
Lies, Damned Lies, and Managed Earnings, in: Fortune vom 2.08.1999, S. 74-92.

Lorie, James H./Hamilton, Mary T. (1973):
The Stock Market – Theories and Evidence, Homewood/IL 1973.

Loss, Louis/Seligman, Joel (2001):
Fundamentals of Securities Regulation, 4th edition, Gaithersburg/MD, New York/NY 2001.

Lougee, Barbara A./Marquardt, Carol A. (2002):
Earnings Quality and Strategic Disclosure: An Empirical Examination of 'Pro Forma' Earnings, Working Paper, Irvine/CA, New York/NY, Stand: August 2002, abrufbar im Internet unter: http://www.rhsmith.umd.edu/finance/Carol_Marquardt.pdf (Abfrage: 3.01.2003).

Luce, Duncan R./Raiffa, Howard (1957):
Games and Decisions, New York/NY 1957.

Ludewig, Rainer (2000):
KonTraG – Aufsichtsrat und Abschlussprüfer, in: DB, 53. Jg. (2000), S. 634-636.

Lüdenbach, Norbert/Hoffmann, Wolf-Dieter (2002):
Enron und die Umkehrung der Kausalität bei der Rechnungslegung, in: DB, 55. Jg. (2002), S. 1169-1175.

Maletta, Jeffrey B. (1997):
Litigating SEC Injunctive Actions – The SEC's Increasingly Important Enforcement Alternative, in: Phillips, Richard M. (Hrsg.), The Securities Enforcement Manual – Tactics and Strategies, Chicago/IL 1997, S. 201-238.

Maletta, Jeffrey B./Lang, Neil S. (1997):
Sanctions and Collateral Consequences – The Stakes in SEC Enforcement Actions, in: Phillips, Richard M. (Hrsg.), The Securities Enforcement Manual – Tactics and Strategies, Chicago/IL 1997, S. 131-178.

Mandler, Udo (2003)
Enforcement und Unabhängigkeit des Abschlussprüfers: Ergebnisse einer Professorenbefragung, in: KoR, 3. Jg. (2003), S. 343-349.

Marshall, Richard D. (1997):
SEC Inspections – The Preventable Prelude to Enforcement Action, in: Phillips, Richard M. (Hrsg.), The Securities Enforcement Manual – Tactics and Strategies, Chicago/IL 1997, S. 11-26.

Mautz, R. K./Sharaf, Hussein A. (1961):
The Philosophy of Auditing, Menasha/WI 1961.

May, Axel (1994):
Pressemeldungen und Aktienindizes, Kiel 1994.

McCraw, Thomas K. (1984):
Prophets of Regulation, Cambridge/Massachusetts 1984.

McNamee, Mike et al. (2000):
Accounting Wars – Powerful auditor-consultants are the targets of Arthur Levitt's crusade, in: BusinessWeek (European Edition) vom 25.09.2000, S. 68-72.

Meek, Vicky (1997):
Big is Beautiful, in: Accountancy, Vol. 119 June (1997), S. 30-31.

Mellwig, Winfried (1993):
Handlungstheorie, in: Wittmann, Waldemar et al. (Hrsg.), Handwörterbuch der Betriebswirtschaft, Teilband I, Stuttgart 1993, Sp. 1603-1615.

Menichetti, Marco J. (1996):
Aktien-Optionsprogramme für das Top-Management – Mit kritischer Analyse aktueller Beispiele –, in: DB, 49. Jg. (1996), S. 1688-1692.

Meyer, Justus (2002):
Die GmbH und andere Handelsgesellschaften im Spiegel empirischer Forschung (I), in: GmbHR, 93. Jg. (2002), S. 177-189.

Miller, Paul B. W./Redding, Rodney J./Bahnson, Paul R. (1994):
The FASB: The People, the Process, and the Politics, 3rd edition, Burr Ridge/IL 1994.

Miranti, Paul J. Jr. (2000):
U.S. Financial Reporting Standardization, 1840-2000, New Brunswick and Newark/NJ 2000.

Morck, Winfried (2002):
Kommentierung zu § 329 HGB, in: Koller, Ingo/Roth, Wulf-Henning/Morck, Winfried (Hrsg.), Handelsgesetzbuch: Kommentar, 3. Auflage, München 2002.

Moxter, Adolf (1962):
Der Einfluß von Publizitätsvorschriften auf das unternehmerische Verhalten, Köln und Opladen 1962.

Moxter, Adolf (1984):
Bilanzlehre, Band I: Einführung in die Bilanztheorie, 3., vollständig umgearbeitete Auflage, Wiesbaden 1984.

Moxter, Adolf (1986):
Bilanzlehre, Band II: Einführung in das neue Bilanzrecht, 3., vollständig umgearbeitete Auflage, Wiesbaden 1986.

Moxter, Adolf (1999):
Bilanzrechtsprechung, Fünfte, ergänzte Auflage, Tübingen 1999.

Moxter, Adolf (2001):
Die Zukunft der Rechnungslegung? Anmerkungen zu den Thesen eines Arbeitskreises der Schmalenbach-Gesellschaft, in: DB, 54. Jg. (2001), S. 605-607.

Moxter, Adolf (2003):
Grundsätze ordnungsgemäßer Rechnungslegung, Düsseldorf 2003.

Müller, Wolfgang (1992):
Bilanzinformation und Aktienbewertung, Frankfurt am Main 1992.

Müller, Jürgen/Vogelsang, Ingo (1979):
Regulierung öffentlicher Unternehmen in den USA, Köln und Frankfurt am Main 1979.

Müller, Jürgen/Vogelsang, Ingo (1979a):
Staatliche Regulierung – Regulated Industries in den USA und Gemeinwohlbindung in wettbewerblichen Ausnahmebereichen in der Bundesrepublik Deutschland, Baden-Baden 1979.

Müller, Stefan/Wulf, Inge (2001):
Jahresabschlusspolitik nach HGB, IAS und US-GAAP, in: BB, 56. Jg. (2001), S. 2206-2213.

Münzinger, Rudolf (1987):
Bilanzrechtsprechung der Zivil- und Strafgerichte, Wiesbaden 1987.

Mulford, Charles W./Comiskey, Eugene E. (1996):
Financial Warnings, New York/NY et al. 1996.

Mulford, Charles W./Comiskey, Eugene E. (2002):
The Financial Numbers Game – Detecting Creative Accounting Practices, New York/NY 2002.

Nadvornik, Wolfgang (1994):
Künftiger Ertrag im Jahresabschluß – Ein Beitrag zur verbesserten Aussagefähigkeit der Unternehmensrechnung, Wien 1994.

Naumann, Klaus-Peter (2002):
Die Wirtschaftsprüfung unter modernen Kapitalmarktbedingungen, in: FAZ vom 26.08.2002, S. 20.

Naumann, Klaus-Peter/Tielmann, Sandra (2001):
Die Anwendung der IAS im Kontext der deutschen Corporate Governance, in: WPg, 54. Jg. (2001), S. 1445-1458.

Nelligan, James L. (1980):
Regulation and the Accounting Profession: The Congressional View, in: Buckley, John W./Weston, J. Fred (1980), Regulation and the Accounting Profession, Belmont/CA 1980, S. 109-122.

Niehus, Rudolf J. (2002):
Wirtschaftsprüfung in rauer See – Ende der Deregulierung? in: DB, 55. Jg. (2002), Gastkommentar vom 17.05.2002, S. I.

Niehus, Rudolf J./Thyll, Alfred (2000):
Konzernabschluß nach U.S. GAAP – Grundlagen und Gegenüberstellung mit den deutschen Vorschriften, 2., überarbeitete und erweiterte Auflage, Stuttgart 2000.

Niskanen, William A. Jr. (1933/1996):
Bureaucracy and Public Economics, 2nd edition, Cheltenham, England 1933/1996.

NLRB (2002):
Fact Sheet on the National Labor Relations Board, einzusehen im Internet unter: http://www.nlrb.gov/facts.html (Abfrage: 20.11.2002).

Nocera, Joseph (2002):
System failure – Corporate America has lost its way. Here's a road map for restoring confidence, in: Fortune vom 24.06.2002, S. 36-44.

Nonnenmacher, Rolf (1996):
Abschlußprüfung und wirtschaftliche Lage des Unternehmens, in: Ballwieser, Wolfgang/Moxter, Adolf/Nonnenmacher, Rolf (Hrsg.), Rechnungslegung – Warum und Wie – Festschrift für Hermann Clemm zum 70. Geburtstag, München 1996, S. 261-285.

Nonnenmacher, Rolf (2003):
Stärkung der Abschlussprüfung durch strengere Unabhängigkeitsregeln und erweiterte Haftung? – in: Der Konzern, 1. Jg. (2003), S. 476-479.

Nowak, Karsten (2000):
Marktorientierte Unternehmensbewertung, Wiesbaden 2000.

NYSE (2003):
Enforcement – Disciplinary Process, abrufbar im Internet unter: http://www.nyse.com/

regulation/p1020656068597.html?displayPage=%2Fregulation%2F1022221392702.html (Abfrage: 30.08.2003).

NYSE (2003a):
Listed Company Manual, Stand: 18.08.2003.

NYSSCPA (2003):
SEC Accounting Probes Reach Record Levels, abrufbar im Internet unter: http://www.nysscpa.org/home/2002/402/1week/article7.htm (Abfrage: 16.03.2003).

Office of Inspector General (1998):
Comment Letter Process, abrufbar im Internet unter: http://www.ignet.gov/internal/sec/sec259.htm (Abfrage: 20.12.2002).

Office of Inspector General (2000):
Benchmarking Commission Procedures, Audit No. 310, 17.03.2000, abrufbar im Internet unter: http://www.ignet.gov/internal/sec/310fin.htm (Abfrage 20.12.2002).

Office of Inspector General (2000a):
Review of Periodic Reports, Audit No. 298, 23.02.2000, abrufbar im Internet unter: http://www.ignet.gov/internal/sec/298fin.htm (Abfrage: 20.12.2002).

Office of Inspector General (2001):
Comment Letter Follow-Up, Audit No. 326, 15.08.2001, abrufbar im Internet unter: http://www.ignet.gov/internal/sec/326fin.htm (Abfrage: 20.12.2002).

Office of Inspector General (2001a):
Disgorgements, Audit No. 311, 11.01.2001, abrufbar im Internet unter: http://www.ignet.gov/internal/sec/aud311.htm (Abfrage: 20.12.2002).

Oldenburger, Iris (2000):
Die Bilanzierung von Pensionsgeschäften nach HGB, US-GAAP und IAS – Die wirtschaftliche Betrachtungsweise als Konvergenzkriterium, Wiesbaden 2000.

Olson, Mancur Jr. (1968):
Die Logik des kollektiven Handelns, Tübingen 1968.

OMB Watch (2000):
GPRA: Background Information, abrufbar im Internet unter: http://www.ombwatch.org/article/articleview/406/1/90/ (Abfrage: 27.11.2002).

OMB Watch (2001):
What we do, abrufbar im Internet unter: http://www.ombwatch.org/article/articlestatic/31/1/7/ (Abfrage: 27.11.2002).

Ordelheide, Dieter (1996):
Internationalisierung der Rechnungslegung deutscher Unternehmen – Anmerkungen zum Entwurf eines Kapitalaufnahmeerleichterungsgesetzes, in: WPg, 49. Jg. (1996), S. 545-552.

Orth, Christian (2000):
Abschlussprüfung und Corporate Governance, Wiesbaden 2000.

Ossadnik, Wolfgang (1995):
Materiality als Grundsatz externer Rechnungslegung, in: WPg, 48. Jg. (1995), S. 33-42.

o. V. (1994):
Bridging the GAAP to Germany, in: The Economist (European Edition) vom 17.09.1994, S. 89.

o. V. (1999):
Überzogene Gewinnerwartungen lassen Kursblase entstehen, in: FAZ vom 30.07.1999, S. 26.

o. V. (1999a):
Amerikanische Aufsicht sagt der Bilanzkosmetik den Kampf an, in: FAZ vom 3.08.1999, S. 26.

o. V. (1999b):
Bilanzkosmetik als Ursache von Kursgewinnen an der Wall Street, in: FAZ vom 25.08.1999, S. 26.

o. V. (2000):
Strenges Regelwerk sorgt für hohe Transparenz am Neuen Markt, in: FAZ vom 25.09.2000, S. 32.

o. V. (2000a):
Börsenfusion: Deutsche Börse und LSE stehen vor dem Zusammenschluss, in: Financial Times Deutschland vom 28.04.2000, abrufbar im Internet unter: http://www.ftd.de/bm/ma/1050999.html?nv=rs (Abfrage: 24.07.2000).

o. V. (2000b):
„Nicht den Stecker aus der Steckdose ziehen", in: FAZ vom 23.08.2000, S. 30.

o. V. (2000c):
iX-Fusion für Briten vom Tisch, in: Financial Times Deutschland vom 5.10.2000, abrufbar im Internet unter: http://www.ftd.de/ub/fi/1058765.html?nv=se (Abfrage: 15.10.2000).

o. V. (2000d):
Die Deutsche Börse verschiebt Abstimmung über die Fusion, in: FAZ vom 12.09.2000, S. 29.

o. V. (2000e):
OM Gruppen erhöht Angebot für Londoner Börse, in: Financial Times Deutschland vom 13.10.2000, abrufbar im Internet unter: http://www.ftd.de/bm/bo/1059231.html?nv=se (Abfrage: 15.10.2000).

o. V. (2000f):
Holzmann-Prüfer am Pranger, in: Spiegel vom 13.01.2000, einzusehen im Internet unter: http://www.spiegel.de/wirtschaft/0,1518,59719,00.html (Abfrage: 25.05.2000).

o. V. (2000g):
Zahme Wachhunde, in: Financial Times Deutschland vom 18.05.2000, einzusehen im Internet unter: http://www.ftd.de/ub/di/1051785.html?nv=se (Abfrage: 25.05.2000).

o. V. (2001):
Poacher or gamekeeper?, in: The Economist (U.S. Edition) vom 12.05.2001, S. 74.

o. V. (2001a):
Der Advokat der Anleger, in: FAZ vom 3.02.2001, S. 21.

o. V. (2001b):
Euronext trotzt dem schwachen Umfeld, in: Financial Times Deutschland vom 22.06.2001, abrufbar im Internet unter: http://www.ftd.de/bm/ne/1073356.html?nv=sl (Abfrage: 12.05.2002).

o. V. (2002):
250 Andersen-Partner wollen gehen, in: FAZ vom 18.03.2002, S. 17.

o. V. (2002a):
Harvey Pitt fights back: in: The Economist (European Edition) vom 6.07.2002, S. 69-70.

o. V. (2002b):
Eichel will Befugnisse der Finanzaufsicht ausweiten, in: FAZ vom 4.09.2002, S. 11.

o. V. (2002c):
Erfolgsboni nach Bilanzgewinn statt Aktienoptionen, in: FAZ vom 20.09.2002, S. 16.

o. V. (2002d):
Wirtschaftsprüfer legen sich Selbstbeschränkung auf, in: FAZ vom 5.02.2002, S. 24.

Pacter, Paul/Nolan, James (1973):
Paper Shuffling an Economic Reality, in: JoA, Vol. 135 Issue 1 (1973), S. 20-28.

Page, Carol (2001):
Erfahrungsbericht über die Tätigkeit des Financial Reporting Review Panel, in: WPg-Sonderheft 2001, 54. Jg. (2001), S. 34-38.

Palmiter, Alan R. (1998):
Securities Regulation – Examples and Explanations, New York/NY 1998.

Panel on Audit Effectiveness (2000):
The Panel on Audit Effectiveness – Report and Recommendations, Bericht vom 31.08.2000, Stamford/CT 2000.

Park, Tido (2003):
Kapitalmarktstrafrechtliche Neuerungen des Vierten Finanzmarktförderungsgesetzes, in: BB, 58. Jg. (2003), S. 1513-1517.

Pellens, Bernhard (2001):
Internationale Rechnungslegung, 4., überarbeitete und erweiterte Auflage, Stuttgart 2001.

Pfitzer, Norbert/Oser, Peter/Orth, Christian (2002):
Zur Reform des Aktienrechts, der Rechnungslegung und Prüfung durch das TransPubG – Dar-

stellung und kritische Würdigung des Referentenentwurfs vom 26. 11. 2001, in: DB, 55. Jg. (2002), S. 157-165.

Phillips, Richard M. (1997):
Overwiew: The Multilayered Securities Enforcement System, in: Phillips, Richard M. (Hrsg.), The Securities Enforcement Manual – Tactics and Strategies, Chicago/IL 1997, S. 1-10.

Phillips, Richard M. et al. (1997):
SEC Investigations – The Heart of SEC Enforcement Practice in: Phillips, Richard M. (Hrsg.), The Securities Enforcement Manual – Tactics and Strategies, Chicago/IL 1997, S. 27-132.

Phillips, Susan M./Zecher, J. Richard (1981):
The SEC and the Public Interest, Cambridge/MS und London 1981.

Pitt, Harvey L. (2002):
Public Statement by SEC Chairman: Regulation of the Accounting Profession, Vortrag vom 17.01.2002 in Washington/DC, abrufbar im Internet unter: http://www.sec.gov/news/speech/ spch535.htm (Abfrage: 2.03.2002).

POB (2002):
The Road to Reform – A White Paper From The Public Oversight Board On Legislation to Create a New Private Sector Regulatory Structure for the Accounting Profession, Stellungnahme vom 19.03.2002, Stamford/CT 2002.

POB (2002a):
About the POB, Stand: 2002, abrufbar im Internet unter: http://www.publicoversightboard. org/about.htm (Abfrage: 21.03.2003).

POB Staff (2002):
Status Report: The Recommendations of The Panel on Audit Effectiveness, Bericht vom 15.02.2002, Stamford/CT 2002, abrufbar im Internet unter: http://www.publicoversightboard. org/StatusReport.pdf (Abfrage: 21.03.2003).

Pointer, Larry Gene/Schroeder, Richard G. (1986):
An Introduction to the Securities and Exchange Commission, Plano/TX 1986.

Posner, Richard (1993):
Recht und Ökonomie: Eine Einführung, in: Assmann, Heinz-Dieter et al. (Hrsg.), Ökonomische Analyse des Rechts, Tübingen 1993, S. 79-98.

Powers, William C./Troubh, Raymond S./Winokur, Herbert S. Jr. (2002):
Report of Investigation by the Special Investigative Committee of the Board of Directors of Enron Corp., vorgelegt am 1.02.2002, Austin/TX 2002.

Preißler, Gerald (2002):
„Prinzipienbasierung" der IAS?, in: DB, 55. Jg. (2002), S. 2389-2395.

Previts, Gary J./Merino, Barbara D. (1998):
A History of Accountancy in the United States: The Cultural Significance of Accounting, Columbus 1998.

PricewaterhouseCoopers (Hrsg.) (2002):
2001 Securities Litigation Study, New York/NY 2002.

Princeton University (1995):
Albert William Tucker, Nachruf am 26.01.1995 zu seinem Tode, abrufbar im Internet unter: http://www.princeton.edu/pr/news/95/q1/0126tucker.html (Abfrage: 14.11.2002).

Rappaport, Louis H. (1972):
SEC Accounting Practice and Procedure, 3rd edition, New York/NY 1972.

Regierungskommission Corporate Governance (2001):
Bericht der Regierungskommission Corporate Governance: Unternehmensführung, Unternehmenskontrolle, Modernisierung des Aktienrechts, hrsg. von Baums, Theodor, Köln 2001.

Regierungskommission Deutscher Corporate Governance Kodex (2003):
Deutscher Corporate Governance Kodex, Stand: 21.05.2003, abrufbar im Internet unter: http://www.dcgk.de/HV-DATEN/DCGK_D%2021-05-03.pdf (Abfrage: 31.08.2003).

Renner, Volker (1976):
Der Schutz des Kapitalanlegers gegen die Ausnützung von Informationsvorteilen im Aktienhandel, Mannheim 1976.

Richter, Martin (1975):
Die Sicherung der aktienrechtlichen Publizität durch ein Aktienamt, Saarbrücken 1975.

Rödl, Bernd/Zinser, Thomas (1999):
Going Public – Der Gang mittelständischer Unternehmen an die Börse, Frankfurt am Main 1999.

Romacorp (2002):
Form 10-K, Geschäftsjahresende 24.03.2002, abrufbar im Internet unter: http://www.sec.gov/Archives/edgar/data/1067457/000106745702000006/form10kpdf.pdf (Abfrage: 19.12.2002).

Rosen, Harvey S. (2002):
Public Finance, 6th edition, Boston et al. 2002.

Ruhnke, Klaus/Deters, Eric (1997):
Die Erwartungslücke bei der Abschlußprüfung, in: ZfB, 67. Jg. (1997), S. 923-945.

Sagalow, Ty R./Young, Michael R. (2000):
Dealing with the D&O Insurer, in: Young, Michael R. (Hrsg.), Accounting Irregularities and Financial Fraud, San Diego/CA et al. 2000, S. 133-156.

SAP (2003):
Form 6-K, Geschäftsjahresende 30.06.2003, abrufbar im Internet unter: http://www.sec.gov/Archives/edgar/data/1000184/000115697303001251/f00610e6vk.htm (Abfrage: 31.08.2003).

Sapusek, Annemarie (1998):
Informationseffizienz auf Kapitalmärkten: Konzepte und empirische Ergebnisse, Wiesbaden 1998.

Sauermilch, Thomas (1996):
Publizitätspflichten aus US-Sicht – Cross-Border-Situationen, in: ZfgK, 49. Jg. (1996), S. 300-308.

Schacht, Guido (1980):
Die deutsche Kapitalmarktaufsicht im internationalen Vergleich – Ein Beitrag zur Diskussion um die Notwendigkeit eines Wertpapieramtes in der Bundesrepublik Deutschland, München 1980.

Schäfer, Wolf (1970):
Die Rechenschaftsberichte nach den Vorschriften der Securities and Exchange Commission, Düsseldorf 1970.

Scheffler, Eberhard (2003):
Aufgaben und Zusammensetzung von Prüfungsausschüssen (Audit Committees), in: ZGR, 32. Jg. (2003), S. 236-263.

Scherreik, Susan (2002):
Unlocking the Secrets of a Proxy Statement, in: BusinessWeek (U.S. Edition) vom 4.03.2002, S. 108.

Schildbach, Thomas (1997):
Der handelsrechtliche Jahresabschluß, 4. Auflage, Herne/Berlin 1995.

Schildbach, Thomas (1999):
Rechnungslegung nach US-GAAP: Hoffnung und Wirklichkeit (Teil I), in: BB, 54. Jg. (1999), S. 359-365.

Schildbach, Thomas (1999a):
Rechnungslegung nach US-GAAP: Hoffnung und Wirklichkeit (Teil II), in: BB, 54. Jg. (1999), S. 411-415.

Schildbach, Thomas (1999b):
Das private Rechnungslegungsgremium gemäß § 342 HGB und die Zukunft der Rechnungslegung in Deutschland, in: DB, 52. Jg. (1999), S. 645-652.

Schimmöller, Heinrich (1974):
Kapitalmarktstrukturen im internationalen Vergleich, Osnabrück 1974.

Schindler, Joachim/Schurbohm, Anne/Böckem, Hanne (2002):
Praktische Fragestellungen der Rechnungslegung und Prüfung von Zwischenberichten, in: KoR, 2. Jg. (2002), S. 88-95.

Schmidt, Matthias (2000):
Das Konzept einer kapitalmarktorientierten Rechnungslegung – Legitimation, Ableitung einer Sollvorstellung und Brauchbarkeit nationaler sowie internationaler Regelungen, Bielefeld 2000.

Schmidt, Stefan (2000a):
Empfehlungen des Panels on Audit Effectiveness zur Verbesserung der Qualität der Abschlussprüfung, in: WPg, 53. Jg. (2000), S. 793-810.

Schneider, Dieter (1981):
Kapitalmarkteffizienz durch Jahresabschlußreformen?, Göttingen 1981.

Schneider, Uwe H. (2000):
Kapitalmarktorientierte Corporate Governance-Grundsätze, in: DB, 53. Jg. (2000), S. 2413-2417.

Schroeder, Mike (1996):
Commentary: NASDAQ: The SEC can pick up where Justice Left Off, in: BusinessWeek vom 29.07.1996, S. 40.

Schroeder, Michael (2000):
SEC, Accounting Industry Compromise May Solidify Auditor-Independence Rules, in: Wall Street Journal vom 15.11.2000, abrufbar im Internet unter: http://interactive.wsj.com/archive/retrieve.cgi?id=SB974252070298334338.djm (Abfrage: 16.03.2003).

Schubarth, Andreas (1997):
Die Regulierung der Rechnungslegung in der Schweiz und in Deutschland, Zürich 1997.

Schumann, Jochen (1992):
Grundzüge der mikroökonomischen Theorie, 6., überarbeitete und erweiterte Auflage, Berlin et al. 1992.

Schwark, Eberhard (1979):
Anlegerschutz durch Wirtschaftsrecht, München 1979.

Schwegler, Iren (1995):
Die Stellung des Wirtschaftsprüfers zu den Organen Hauptversammlung, Aufsichtsrat und Vorstand, in: BB, 50. Jg. (1995), S. 1683-1685.

SEC (1982):
Adoption of Integrated Disclosure System, Release Nos. 33-6383, 34-18524, 16.03.1982, LEXSEE 47 FR 11380.

SEC (1995):
Securities and Exchange Commission Announces Agreement to Promote Coordinated Industry Examinations, abrufbar im Internet unter: http://www.sec.gov/info/smallbus/mouind.txt (Abfrage: 28.12.2002).

SEC (1996):
Relief From Reporting by Small Issuers, Release No. 34-37157, 9.05.1996, 61 FR 21354-21355.

SEC (1997):
Pursuant to Section 509(5) of the National Securities Markets Improvement Act of 1996 – Report on Promoting Global Preeminence of American Securities Markets, abrufbar im Internet unter: http://www.sec.gov/news/studies/acctgsp.htm (Abfrage: 7.12.2002).

SEC (Hrsg.) (1997a):
The Work of the SEC – A Quick Reference Guide, Washington/DC 1997.

SEC (Hrsg.) (2000):
Division of Corporation Finance: Accounting Disclosure Rules And Practices – Training Material, Washington/DC, Stand: 31.03.2000.

SEC (2000a):
GPRA; 1999 Annual Performance Report; 2001 Annual Performance Plan, Februar 2000, abrufbar im Internet unter: http://www.sec.gov/about/gpra1999-2000.shtml (Abfrage: 26.11.2002).

SEC (2000b):
SEC 1999 Annual Performance Report; 2001 Annual Performance Plan: Graphs and Tables, Februar 2000, abrufbar im Internet unter: http://www.sec.gov/about/gpra1999-2000a.htm (Abfrage: 26.11.2002).

SEC (2000c):
Administrative Proceeding in the Matter of E.ON AG, Release No. 43372, 28.09.2000, abrufbar im Internet unter: http://www.sec.gov/litigation/admin/34-43372.htm (Abfrage: 6.12.2002).

SEC (2000d):
The Laws That Govern the Securities Industry, abrufbar im Internet unter: http://www.sec.gov/about/laws.shtml (Abfrage: 10.12.2002).

SEC (2000e):
Current Issues and Rulemaking Projects, erstellt durch die Division of Corporation Finance am 14.11.2000, Washington/DC 2000.

SEC (2000f):
SEC Concept Release: International Accounting Standards, Release Nos. 33-7801, 34-42430, abrufbar im Internet unter: http://www.sec.gov/rules/concept/34-42430.htm (Abfrage: 12.12.2002).

SEC (2000g):
Use of Electronic Media, Release Nos. 33-7856, 34-42728, abrufbar im Internet unter: http://www.sec.gov/rules/interp/34-42728.htm (Abfrage: 28.12.2002).

SEC (2000h):
Final Rule: Audit Committee Disclosure, Release No. 34-42266, abrufbar im Internet unter: http://www.sec.gov/rules/final/34-42266.htm (Abfrage: 1.12.02).

SEC (2000i):
Proposed Rule: Revision of the Commission's Auditor Independence Requirements, Release Nos. 33-7870, 34-42994, abrufbar im Internet unter: http://www.sec.gov/rules/proposed/34-42994.htm (Abfrage: 12.03.2003).

SEC (2000j):
Final Rule: Selective Disclosure and Insider Trading, Release Nos. 33-7881, 34-43154, abrufbar im Internet unter: http://www.sec.gov/rules/final/33-7881.htm (Abfrage: 26.03.2003).

SEC (2001a):
Annual Report 2000, Washington/DC 2001.

SEC (2001b):
Action: Cautionary Advice Regarding the Use of "Pro-forma" Financial Information in Earnings Releases: Release Nos. 33-8039, 34-45124, abrufbar im Internet unter: http://www.sec.gov/rules/other/33-8039.htm (Abfrage: 2.01.2003).

SEC (2001c):
"Pro Forma" Financial Information: Tips for investors, abrufbar im Internet unter: http://www.sec.gov/investor/pubs/proforma12-4.htm (Abfrage: 2.01.2003).

SEC (2001d):
Administrative Proceeding File No. 3-10513 in the Matter of Arthur Andersen LLP, Accounting and Auditing Enforcement Release No. 1405, abrufbar im Internet unter: http://www.sec.gov/litigation/admin/34-44444.htm (Abfrage: 10.12.2002).

SEC (2001e):
Final Rule: Revision of the Commission's Auditor Independence Requirements, Release Nos. 33-7919, 34-43602, abrufbar im Internet unter: http://www.sec.gov/rules/final/33-7919.htm (Abfrage: 15.03.2003).

SEC (2001f):
Administrative Proceeding in the Matter of Joseph M. Salvani and Mainstreetipo.com, Inc., Release No. 44590, 16.07.2001, abrufbar im Internet unter: http://www.sec.gov/litigation/admin/34-44590.htm (Abfrage: 1.12.2002).

SEC (2001g):
Administrative Proceeding in the Matter of Louis P. Reames, Sr., Release Nos. 33-8002, 34-44780, 10.09.2001, abrufbar im Internet unter: http://www.sec.gov/litigation/admin/33-8002.htm (Abfrage: 1.12.2002).

SEC (2001h):
Action: Cautionary Advice Regarding Disclosure About Critical Accounting Policies, Release Nos. 33-8040, 34-45149, 12.12.2001, abrufbar im Internet unter: http://www.sec.gov/rules/other/33-8040.htm (Abfrage: 8.10.2002).

SEC (2001i):
Division of Corporation Finance: Current Accounting and Disclosure Issues, Stand: 31.08.2001, abrufbar im Internet unter: http://www.sec.gov/divisions/corpfin/acctdisc.htm#P706_123620 (Abfrage: 2.03.2003).

SEC (2002):
SEC Censures Dutch Ernst & Young Firm and Orders It to Pay $400,000 Civil Penalty, Pressenotiz vom 27.06.2002, abrufbar im Internet unter: http://www.sec.gov/news/press/2002-95.htm (Abfrage: 8.07.2002).

SEC (2002a):
Annual Report 2001, Washington/DC 2002.

SEC (2002b):
Order Making Fiscal 2003 Annual Adjustments to the Fee Rates Applicable Under Section 6(b) of the Securities Act of 1933 and Sections 13(e), 14(g), 31(b) and 31(c) of the Securities Exchange Act of 1934, Release Nos. 33-8095, 34-45842, 29.04.2002, abrufbar im Internet unter: http://www.sec.gov/rules/other/33-8095.htm (Abfrage: 25.11.2002).

SEC (2002d):
Electronic Filing and the EDGAR System: A Regulatory Overview – An outline of the SEC's EDGAR rules as applied to filings processed by the Divisions of Corporation Finance and Investment Management, abrufbar im Internet unter: http://www.sec.gov/info/edgar/regoverview.htm (Abfrage: 19.12.2002).

SEC (2002e):
Final Rule: Mandated EDGAR Filing for Foreign Issuers, Release Nos. 33-8099, 34-45922, abrufbar im Internet unter: http://www.sec.gov/rules/final/33-8099.htm (Abfrage: 29.12.2002).

SEC (2002f):
Acceleration of Periodic Report Filing Dates and Disclosure Concerning Website Access to Reports, Release Nos. 33-8128, 34-46464, abrufbar im Internet unter: http://www.sec.gov/rules/final/33-8128.htm (Abfrage: 20.12.2002).

SEC (2002g):
Administrative Proceeding File No. 3-10680 in the Matter of Trump Hotels & Casino Resorts, Inc., Accounting and Auditing Enforcement Release No. 1499, abrufbar im Internet unter: http://www.sec.gov/litigation/admin/34-45287.htm (Abfrage: 2.01.2003).

SEC (2002h):
SEC Brings First Pro Forma Financial Reporting Case – Trump Hotels Charged With Issuing Misleading Earnings Release, abrufbar im Internet unter: http://www.sec.gov/news/press/2002-6.txt (Abfrage: 2.01.2003).

SEC (2002i):
SEC Brings First Regulation FD Enforcement Actions, Pressemitteilung vom 25.11.2002,

abrufbar im Internet unter: http://www.sec.gov/news/press/2002-169.htm (Abfrage 26.03.2003).

SEC (2002j):
Pay Parity Implementation Plan and Report, 6.03.2002, abrufbar im Internet unter: http://www.sec.gov/news/studies/payparity.htm (Abfrage: 18.10.2002).

SEC (2002k):
Civil Action: Complaint, United States District Court Southern District of Texas Houston Division, United States SEC vs. Andres S. Fastow, abrufbar im Internet: http://www.sec.gov/litigation/complaints/comp17762.htm (Abfrage: 17.03.2003).

SEC (2002l):
Final Rule: Certification of Disclosure in Companies' Quarterly and Annual Reports, Release Nos. 33-8124, 34-46427, abrufbar im Internet unter: http://www.sec.gov/rules/final/33-8124.htm (Abfrage: 11.04.2003).

SEC (Hrsg.) (2002m):
Speech by SEC Chairman: Remarks before the U.S. Department of Justice Corporate Fraud Conference by Chairman Harvey L. Pitt, 26.09.2002, Washington/DC, abrufbar im Internet unter: http://www.sec.gov/news/speech/spch585.htm (Abfrage: 23.03.2003).

SEC (2002n):
First Amended Complaint (Securities Fraud), United States District Court Southern District of New York, SEC vs. Worldcom, Inc., abrufbar im Internet: http://www.sec.gov/litigation/complaints/comp17829.htm (Abfrage: 29.08.2003).

SEC (2002o):
Administrative Proceeding File No. 3-10789 in the Matter of Microsoft Corporation, Accounting and Auditing Enforcement Release No. 1563, abrufbar im Internet unter: http://www.sec.gov/litigation/admin/34-46017.htm (Abfrage 31.08.2003).

SEC (2002p):
Foreign Companies Registered and Reporting With the U.S. Securities and Exchange Commission December 31, 2001 – Geographic Listing by Country of Incorporation, abrufbar

im Internet unter: http://www.sec.gov/divisions/corpfin/internatl/geo2001.htm (Abfrage: 9.07.2003).

SEC (2003):
Final Rule: Conditions for Use of Non-GAAP Financial Measures, Release Nos. 33-8176, 34-47226, abrufbar im Internet unter: http://www.sec.gov/rules/final/33-8176.htm (Abfrage: 2.02.2003).

SEC (2003a):
The Investor's Advocate: How the SEC Protects Investors and Maintains Market Integrity, abrufbar im Internet unter: http://www.sec.gov/about/whatwedo.shtml (Abfrage: 26.02.2003).

SEC (2003b):
Summary by the Division of Corporation Finance of Significant Issues Addressed in the Review of the Periodic Reports of the Fortune 500 Companies – Monitor of the Fortune 500 by the Division of Corporation Finance, abrufbar im Internet unter: http://www.sec.gov/divisions/corpfin/fortune500rep.htm (Abfrage: 17.03.2003).

SEC (Hrsg.) (2003c):
Report Pursuant to Section 704 of the Sarbanes-Oxley Act of 2002, Washington/DC 2003

SEC (2003d):
Final Rule: Strengthening the Commission's Requirements Regarding Auditor Independence, Release Nos. 33-8183, 34-47265, abrufbar im Internet unter: http://www.sec.gov/rules/final/33-8183.htm (Abfrage:19.03.2003).

SEC (2003e):
Annual Report 2002, Washington/DC 2003.

SEC (2003f):
Registrierungsantrag gemäß SA (Form S-1), Stand: März 2003, abrufbar im Internet unter: http://www.sec.gov/about/forms/forms-1.pdf (Abfrage: 5.08.2003).

SEC (2003g):
Registrierungsantrag gemäß Sec. 12b) oder g) SEA (Form 10), Stand: März 2003, abrufbar im Internet unter: http://www.sec.gov/about/forms/form10.pdf (Abfrage: 5.08.2003).

SEC (2003h):
Jahresbericht gemäß Sec. 13 oder 15d) SEA (Form 10-K), Stand: August 2003, abrufbar im Internet unter: http://www.sec.gov/about/forms/form10-k.pdf (Abfrage: 31.08.2003).

SEC (2003i):
Final Rule: Disclosure Required by Sections 406 and 407 of the Sarbanes-Oxley Act of 2002, Release Nos. 33-8177, 34-47235, abrufbar im Internet unter: http://www.sec.gov/rules/final/33-8177.htm (Abfrage: 28.03.2003).

SEC (2003j):
Final Rule: Standards Relating To Listed Company Audit Committees, Release Nos. 33-8220, 34-47654, abrufbar im Internet unter: http://www.sec.gov/rules/final/33-8220.htm (Abfrage: 30.06.2003).

SEC (2003k):
SEC Files Supplement to Proposed Worldcom Penalty Settlement; Proposal Subject to District and Bankruptcy Court Review and Approval, abrufbar im Internet unter: http://www.sec.gov/news/press/2003-79.htm (Abfrage: 30.08.2003).

SEC (2003l):
Guidance for Consulting with The Office of the Chief Accountant, abrufbar im Internet unter: http://www.sec.gov/info/accountants/ocasubguidance.htm (Abfrage: 31.08.2003).

SEC (2003m):
Internet Enforcement Program, abrufbar im Internet unter: http://www.sec.gov/divisions/enforce/internetenforce.htm (Abfrage: 25.08.2003).

SEC (2003n):
Frequently Asked Questions Regarding the Use of Non-GAAP Financial Measures, abrufbar im Internet unter: http://www.sec.gov/divisions/corpfin/faqs/nongaapfaq.htm (Abfrage: 15.08.2003).

SEC (2003o):
U.S. Securities and Exchange Commission Government Performance and Results Act (GPRA); 2004 Annual Performance Plan; 2002 Annual Performance Report, abrufbar im Internet unter: http://www.sec.gov/about/gpra2004_2002.pdf (Abfrage: 31.08.2003).

SECPS (2002):
Communications with SEC Staff, abrufbar im Internet unter: http://www.aicpa.org/members/div/secps/lit/best/comsec.htm (Abfrage: 19.12.2002).

SECPS (2003):
SEC Practice Section, abrufbar im Internet unter: http://www.aicpa.org/members/div/secps/index.htm (Abfrage: 30.08.2003).

SEC Historical Society (2003):
SEC Chairmen + Commissioners, Stand: 13.03.2003, abrufbar im Internet unter: http://www.sechistorical.org/museum/museum_chairmen.shtml (Abfrage: 13.03.2003).

SEC Regulations Committee (2002):
Joint Meeting with SEC Staff, Sitzung am 12.03.2002, Washington/DC 2002.

Segna, Ulrich (1999):
Die Rechtsform deutscher Wertpapierbörsen – Anmerkungen zur Reformdiskussion –, Arbeitspapier Nr. 75 am Institut für Handels- und Wirtschaftsrecht der Universität Osnabrück, abrufbar im Internet unter: http://www.jura.uos.de/institut/hwr/PDF/paper75.pdf (Abfrage: 29.11.2002).

Seifert, Werner G. (2000):
Der Börsenzusammenschluß nutzt der ganzen Volkswirtschaft, in: FAZ vom 23.08.2000, S. 30.

Seligman, Joel (1983):
The Historical Need for a Mandatory Corporate Disclosure System, in: The Journal of Corporation Law, 9. Jg. Fall (1983), S. 1-61.

Seligman, Joel (1995):
The Transformation of Wall Street, revised edition, Boston 1995.

Sell, Kirsten (1999):
Die Aufdeckung von Bilanzdelikten bei der Abschlußprüfung: Berücksichtigung von Fraud & Error nach deutschen und internationalen Vorschriften, Düsseldorf 1999.

Servais, Dominique (1995):
Ein europäischer Finanzraum, Dritte, überarbeitete und auf den neuesten Stand gebrachte Auflage, Brüssel 1995.

Shapiro, Susan P. (1984):
Wayward Capitalists – Target of the Securities and Exchange Commission, New Haven und London 1984.

SIA (2002):
About SIA, abrufbar im Internet unter: http://www.sia.com/about_sia/ (Abfrage: 12.12.2002).

Siebert, Henning (1996):
Grundlagen der US-amerikanischen Rechnungslegung: Ziele und Inhalte der Verlautbarungen der SEC und des FASB sowie ihre Unterschiede zum deutschen Bilanzrecht, Köln 1996.

Simon, Stefan et al. (Hrsg.) (2003):
Editorial zur ersten Ausgabe der Zeitschrift, in: Der Konzern, 1. Jg. (2003), S. A 1.

Skousen, Fred K. (1987):
An Introduction to the SEC, 4th edition, Cincinnati/OH et al. 1987.

Soderquist, Larry D. (1988):
Securities Regulation, 2nd edition, Westbury/NY 1988.

Solbes, Pedro (2002):
Financial integration and growth, Rede anlässlich des „Sixth European Financial Market Convention", 30.05.2002, Brüssel, abrufbar im Internet unter: http://www.fese.be/initiatives/speeches/2002/efmc2002_solbes_speech.htm (Abfrage: 29.11.2002).

Sonnemann, Erik (1989):
Institutionelle und konzeptionelle Grundlagen der externen Rechnungslegung in den USA, in: Sonnemann, Erik (Hrsg.), Rechnungslegung, Prüfung, Wirtschaftsrecht und Steuern in den USA, Wiesbaden 1989, S. 17-52.

Spanheimer, Jürgen/Koch, Christian (2000):
Internationale Bilanzierungspraxis in Deutschland – Ergebnisse einer empirischen Untersuchung der Unternehmen des DAX und MDAX sowie des Neuen Marktes –, in: WPg, 53. Jg. (2000), S. 301-310.

Staff to the Senate Committee on Governmental Affairs (2002):
Financial Oversight of Enron: The SEC and Private-Sector Watchdogs, Report of the Staff to the Senate Committee on Governmental Affairs vom 8.10.2002, Washington/DC 2002.

Steinberg, Marc I. (1998):
Securities Regulation, 3rd edition, New York/NY 1998.

Stobbe, Alfred (1991):
Mikroökonomik, 2., revidierte Auflage, Berlin et al. 1991.

Störk, Ulrich Viktor (1999):
Die Erwartungslücke und Ansätze zu ihrer Reduktion – Informationsgewinnung, -verarbeitung und -weitergabe im Rahmen der Jahresabschlußprüfung im Hinblick auf die Reduktion der Erwartungslücke unter Berücksichtigung der Entwicklung in den USA, München 1999.

Subcommittee on Oversight and Investigations (2002):
The Financial Collapse of Enron –Part 2, Hearing before the Subcommittee on Oversight and Investigations of the Committee on Energy and Commerce, House of Representatives, 107th Congress, 2nd Session am 7.02.2002, Washington/DC 2002.

Sullivan & Cromwell (2002):
Memorandum: Congress Passes Broad Reform Bill in Substantially the Form Passed by the Senate Last Week: President's Signature Expected Shortly, 26.07.2002, New York/NY 2002.

Teweles, Richard J./Bradley, Edward S./Teweles, Ted M. (1992):
The Stock Market, 6th edition, New York/NY et al. 1992.

Theisen, Manuel René (1999):
Vergabe und Konkretisierung des WP-Prüfungsauftrags durch den Aufsichtsrat, in: DB, 52. Jg. (1999), S. 341-346.

Thomson Financial Disclosure (Hrsg.) (2000):
Guide to SEC Filings and Government Documents, Bethesda/Maryland, 2000.

Tielmann, Sandra (2001):
Durchsetzung ordnungsmäßiger Rechnungslegung – Ein Beitrag zur aktuellen Enforcement-Diskussion, Düsseldorf 2001.

Tielmann, Sandra (2001a):
Panel oder SEC: Welchen Anforderungen muss ein international anerkanntes Enforcement genügen? – Bericht über die Podiums- und Plenardiskussion –, in: WPg-Sonderheft, 54. Jg. (2001), S. 60-66.

Tielmann, Sandra (2001b):
Durchsetzung ordnungsmäßiger Rechnungslegung, in: DB, 54. Jg. (2001), S. 1625-1634.

Tielmann, Sandra (2002):
Wirtschaftsprüfer wollen keine europäische SEC, in: FAZ vom 6.05.2002, S. 24.

Tokar, Mary (1998):
Capital Market Standards for Financial Reporting: Perspective from the Securities and Exchange Commission, in: IDW (Hrsg.), Weltweite Rechnungslegung und Prüfung, Bericht über die Fachtagung 1997 des IDW in Deutschland e. V., Düsseldorf 1998, S. 45-51.

Treumann, Walter/Peltzer, Martin/Kuehn, Angelika M. (1990):
US-Amerikanisches Wirtschaftsrecht, 2. neubearbeitete und erweiterte Auflage, Köln 1990.

Trouet, Patrick M. (1998):
Derivate und Wirtschaftsaufsicht – Rechtliche Maßstäbe und künftige Gestaltungsmöglichkeiten, Frankfurt am Main 1998.

Turner, Lynn E. (1999):
Speech by SEC Staff: 21st Century Financial Reporting – Bringing Back the Q – 27th Annual National AICPA Conference on Current SEC Developments, Vortrag vom 7.12.1999, abrufbar im Internet unter: http://www.sec.gov/news/speech/speecharchive/1999/spch326.htm (Abfrage: 10.12.2002).

Turner, Lynn E. (1999a):
Brief von Lynn E. Turner an Michael Conway vom 9.12.1999, in: Practising Law Institute (Hrsg.), The SEC Speaks in 2000, Vol. One, New York/NY (2000).

Turner, Lynn E. (2000):
Speech by SEC Staff: The Future is Now, Rede vom 10.11.2000, abrufbar im Internet unter: http://www.sec.gov/news/speech/spch428.htm (Abfrage: 10.12.2002).

Turner, Lynn E. (2001):
Speech by SEC Staff: Audit Committees: A Call to Action, Rede vom 21.02.2001, abrufbar im Internet unter: http://www.sec.gov/news/speech/spch468.htm (Abfrage: 2.01.2003).

Tweedie, David Sir (2002):
Interview: An Interview with Sir David Tweedie, in: Journal of International Financial Management and Accounting, Vol. 13 (2002), S. 73-100.

Unger, Laura S. (2001):
Speech by SEC Acting Chairman: What's New in the Land of Regulation?, Rede vom 2.03.2001, abrufbar im Internet unter: http://www.sec.gov/news/speech/spch465.htm (Abfrage: 25.02.2003).

Unger, Laura S. (2001a):
Interview: SEC Chief Calls Andersen Case "Smoking Gun", in: Wall Street Journal (U.S. Edition) vom 26.06.2001, S. 18.

United States Senate (1976):
The Accounting Establishment – A Staff Study –, Prepared by the Subcommittee on Reports, Accounting and Management of the Committee on Government Operations, Washington/DC 1976.

van Hulle, Karel (2001):
Anforderungen an ein wirksames Enforcement aus Sicht der EU-Kommission, in: WPg-Sonderheft 2001, 54. Jg. (2001), S. 30-34.

van Hulle, Karel/Lanfermann, Georg (2003):
Mitteilung der Europäischen Kommission zur Stärkung der Abschlussprüfung, in: BB, 58. Jg. (2003), S. 1323-1328.

von Keitz, Isabel (2003):
Praxis der IASB-Rechnungslegung, Stuttgart 2003.

von Rosen, Rüdiger (1998):
Aktien als „Akquisitionswährung", in: Börsen-Zeitung vom 9.09.1998, S. 17.

Vorwold, Gerhard (1999):
Gewinn-Management in den USA – Beobachtungen aus deutscher Sicht, in: DB, 52. Jg. (1999), S. 2321-2328.

U.S. Small Business Administration (2002):
Small Business Statistics and Research, abrufbar im Internet unter: http://app1.sba.gov/faqs/faqindex.cfm?areaID=2 (Abfrage: 4.03.2003).

Walker, Richard H. (1998):
Auditor Independence – The Issues, Rede anlässlich des Symposiums „The CPA and Independence" am 17.12.1998, abrufbar im Internet unter: http://www.sec.gov/news/speech/speecharchive/1998/spch246.txt (Abfrage: 23.03.2003).

Walker, David M. (2002):
Protecting the Public Interest – Selected Governance, Regulatory Oversight, Auditing, Accounting, and Financial Reporting Issues, abrufbar in der Kategorie „General Accounting Office" in der Datenbank „Comperio" von PWC: http://www.pwccomperio.com/search97cgi/s97is_english.dll (Abfrage: 5.01.2003).

Watrin, Christoph (2001):
Sieben Thesen zur künftigen Regulierung der Rechnungslegung – Anmerkungen zu den Vorschlägen des Arbeitskreises Externe Rechnungslegung der Schmalenbach-Gesellschaft –, in: DB, 54. Jg. (2001), S. 933-938.

Watrin, Christoph (2001a):
Internationale Rechnungslegung und Regulierungstheorie, Wiesbaden 2001.

Watts, Ross L./Zimmerman, Jerold L. (1979):
The Demand for and Supply of Accounting Theories: The Market for Excuses, in: The Accounting Review, Vol. LIV April (1979), S. 273-305.

Weber, Wolfgang (1994):
Insider-Handel, Informationsproduktion und Kapitalmarkt – Eine institutionen-ökonomische Analyse, Wiesbaden 1994.

Weimann, Joachim (2001):
Wirtschaftspolitik – Allokation und kollektive Entscheidung, 2., überarbeitete und erweiterte Auflage, Berlin et al. 2001.

Wenger, Ekkehard (1996):
Kapitalmarktrecht als Resultat deformierter Anreizstrukturen, in: Sadowski, Dieter/Czap, Hans/Wächter, Hartmut (Hrsg.), Regulierung und Unternehmenspolitik, Wiesbaden 1996, S. 419-458.

Wessling, Ewald (1991):
Individuum und Information, Tübingen 1991.

Wetzel, Daniel (2000):
Geprüfte Kontrolleure – Kommentar, in: Die Welt vom 24.03.2000, abrufbar im Internet unter: http://www.welt.de/daten/2000/03/24/0324un158556.htx (Abfrage: 25.10.2002).

Weygandt, Jerry J./Kieso, Donald E./Kimmel, Paul D. (2003):
Financial Accounting, 4th edition, New York/NY 2003.

White, Gerald I./Sondhi, Ashwinpaul C./Fried, Dov (1998):
The analysis and use of financial statements, 2nd edition, New York/NY 1998.

White House (2003):
Restoring Economic Confidence and Tackling Corporate Fraud, Pressemitteilung vom 11.01.2003, abrufbar im Internet unter: http://www.whitehouse.gov/news/releases/2003/01/20030111-1.html (Abfrage: 27.03.2003).

Wiedmann, Harald (2001):
Wirtschaftsprüfer werden Finanzberichterstatter in Echtzeit, in: FAZ vom 9.12.2001, S. 25.

Wiedmann, Harald (2002):
Interview: Mehr Macht für die Wertpapieraufsicht, in: Handelsblatt vom 20.03.2002, S. 15.

Wiedmann, Harald (2002a):
Interview: Betrug wie bei Enron ist in Deutschland schwieriger, in: FAZ vom 19.02.2002, S. 16.

Wiemann, Hans-Ulrich (1987):
Unternehmenspublizität nach amerikanischem Kapitalmarktrecht: Entwicklungsstand und Vergleich zur deutschen Lösung, Baden-Baden 1987.

Wiener, Heinrich/Goldschmidt, Julian/Behrend, Jakob F. (1873):
Zur Reform des Actiengesellschaftswesens – Drei Gutachten auf Veranlassung der Eisenacher Versammlung zur Besprechung der Socialen Frage, Leipzig 1873.

Wiest, David Nevin (1992):
The Effect of SEC Sanctions on Auditor Switches, Ann Arbor/MI 1992.

Wilhelm, Christiane (1997):
Die Registrierungs- und Publizitätspflichten bei der Emission und dem Handel von Wertpapieren auf dem US-amerikanischen Kapitalmarkt, Köln 1997.

Wilhelm, Christiane (1998):
Die Registrierungs- und Publizitätspflichten bei der Emission und dem Handel von Wertpapieren auf dem US-amerikanischen Kapitalmarkt, WPg, 51. Jg. (1998), S. 364-375.

Winer, Kenneth B. /Bruch, Gregory S. /Winer, Samuel J. (2002):
What Finance and Accounting Executives should know about SEC Enforcement, Washington/DC 2002.

Wollmert, Peter/Oser, Peter (2002):
Der IAS-Abschluss als befreiender Konzernabschluss, in: Baetge, Jörg/Dörner, Dietrich/Kleekämper, Heinz/Wollmert, Peter/Kirsch, Hans-Jürgen (Hrsg.), Rechnungslegung nach International Accounting Standards (IAS) – Kommentar auf der Grundlage des deutschen Bilanzrechts (Loseblattsammlung), 2. Aufl., Stuttgart 2002, Teil A, Kapitel VI (Stand der Literatur: 30.10.2001).

Worthy, Ford S. (1984):
Manipulating Profits: How It's done, in: Fortune vom 25.06.1984, S. 34-38.

WPK (Hrsg.) (2001):
Bericht der Wirtschaftsprüferkammer über die Abschlußdurchsicht im Jahr 2000, in: WPK-Mitteilungen (2001), Beilage zu Heft 4/2001.

WPK (Hrsg.) (2002):
Bericht der Wirtschaftsprüferkammer über die Abschlußdurchsicht im Jahr 2001, in: WPK-Mitteilungen (2002), Beilage zu Heft 4/2002.

WPK (2002a):
Abschlußprüfungen von Wirtschaftsprüfern erfüllen gesetzliche Vorgaben, Presseinformation vom 16.09.2002, abrufbar im Internet unter: http://www.wpk.de (Abfrage: 4.12.2002).

WPK (2002b):
Stellungnahme zum Referentenentwurf eines Transparenz- und Publizitätsgesetzes, 18.01.2002, abrufbar im Internet unter: http://www.wpk.de (Abfrage: 25.02.2003).

WPK (Hrsg.) (2002c):
Die WPK 1999-2002 – Berichte von Vorstand und Beirat, Berlin 2002.

Wüstemann, Jens (1996):
US-GAAP: Modell für das deutsche Bilanzrecht?, in: WPg, 49. Jg. (1996), S. 421-431.

Wüstemann, Jens (2002):
Normdurchsetzung in der deutschen Rechnungslegung – Enforcement nach dem Vorbild der USA?, in: BB, 57. Jg. (2002), S. 718-725.

Young, Michael R. (2000):
Accounting Irregularities and Financial Fraud: A Corporate Governance Guide, San Diego/CA et al. 2000.

Zeff, Stephen A. (1984):
Some Junctures in the Evolution of the Process of Establishing Accounting Principles in the U.S.A.: 1917-1972, in: The Accounting Review, Vol. LIX July (1984), S. 447-468.

Ziemons, Hildegard (2000):
Erteilung des Prüfungsauftrages an den Abschlussprüfer einer Aktiengesellschaft durch einen Aufsichtsratsausschuss?, in: DB, 53. Jg. (2000), S. 77-81.

Zielke, Wolfgang/Kronner, Markus (2003):
Umstrukturierung der Deutschen Börse, in: FB, 5. Jg. (2003), S. 44-49.

Zünd, André (1992):
„Expectation Gap“ – Die Revision im Clinch von Erwartung und Auftrag, in: Der Schweizer Treuhänder, 66. Jg. (1992), S. 371-379.

Rechtsprechungsverzeichnis

Basic, Inc. vs. Levinson
485 U.S. 224, 224-263 (Supreme Court of the United States, 7.03.1988).

Bily vs. Arthur Young & Co.
3 Cal. 4th 370, 370-434 (Supreme Court of California, 27.08.1992).

Dupuy vs. Dupuy
511 F.2d 641, 643-644 (5th Circuit, 16.04.1975).

Hall vs. Geiger-Jones Co.
242 U.S. 539, 539-559 (Supreme Court of the United States, 22.01.1917).

SEC vs. ESM Government Securities, Inc.
645 F.2d 310, 310-318 (5th Circuit, 18.05.1981).

SEC vs. Midwest Investments, Inc. et al.
1996 U.S. App. LEXIS 14424, 1-23 (6th Circuit, 6.05.1996).

SEC vs. Olsen
354 F.2d 166, 166-170 (2nd Circuit, 17.12.1965).

SEC vs. Steadman
967 F.2d 636, 636-648 (District of Columbia Circuit, 26.06.1992).

SEC vs. Zubkis
1998 U.S. Dist. LEXIS 10871, 1-10 (Court for the Southern District of New York, 17.07.1998).

United States vs. Arthur Young & Co.
465 U.S. 805, 805-820 (Supreme Court of the United States, 21.03.1984).

(Sämtliche Urteile abrufbar unter *LexisNexis*, Rubrik *Legal*, *Cases – U.S.*)

Sonstiges Quellenverzeichnis

1. Gesetze

FinDaG
Gesetz über die integrierte Finanzdienstleistungsaufsicht vom 22.04.2002, in: BGBl. I 2002, S. 1310-1337.

Government Performance and Results Act
An Act to provide for the establishment of strategic planning and performance measurement in the Federal Government, and for other purposes, 3.08.1993, Public Law 103-62, abrufbar im Internet unter: http://www.orau.gov/pbm/links/PL103_62.pdf (Abfrage: 10.04.2003).

Investor and Capital Markets Fee Relief Act
To amend the Securities Exchange Act of 1934 to reduce fees collected by the Securities and Exchange Commission, and for other purposes, 16.01.2002, Public Law 107-123, abrufbar im Internet unter: http://frwebgate.access.gpo.gov/cgi-bin/getdoc.cgi?dbname=107_cong_public_laws&docid=f:publ123.107.pdf (Abfrage: 10.04.2003).

KapAEG
Gesetz zur Verbesserung der Wettbewerbsfähigkeit deutscher Konzerne an Kapitalmärkten und zur Erleichterung der Aufnahme von Gesellschafterdarlehen (Kapitalaufnahmeerleichterungsgesetz – KapAEG) vom 20.04.1998, in: BGBl. I 1998, S. 707-709.

KonTraG
Gesetz zur Kontrolle und Transparenz im Unternehmensbereich (KonTraG) vom 27.04.1998, in: BGBl. I 1998, S. 786-794.

National Securities Markets Improvement Act
To amend the Federal securities laws in order to promote efficiency and capital formation in the financial markets, and to amend the Investment Company Act of 1940 to promote more efficient management of mutual funds, protect investors, and provide more effective and less burdensome regulation, 11.10.1996, Public Law 104-290, abrufbar im Internet unter: http://www.mfainfo.org/images/pdf/nsmia1996.pdf (Abfrage: 15.08.2003).

Sarbanes-Oxley Act
To protect investors by improving the accuracy and reliability of corporate disclosures made pursuant to the securities laws, and for other purposes, 30.07.2002, Public Law 107-204,

abrufbar im Internet unter: http://www.pcaobus.org/rules/Sarbanes_Oxley_Act_of_2002.pdf (Abfrage: 15.08.2003).

TransPuG
Gesetz zur weiteren Reform des Aktien- und Bilanzrechts, zu Transparenz und Publizität (Transparenz- und Publizitätsgesetz) vom 19.07.2002, in: BGBl. I 2002, S. 2681-2687.

Viertes Finanzmarktförderungsgesetz
Gesetz zur weiteren Fortentwicklung des Finanzplatzes Deutschland (Viertes Finanzmarktförderungsgesetz) vom 21.07.2002, in: BGBl. I 2002, S. 2010-2072.

Zweites Finanzmarktförderungsgesetz
Gesetz über den Wertpapierhandel und zur Änderung börsenrechtlicher und wertpapierrechtlicher Vorschriften (Zweites Finanzmarktförderungsgesetz) vom 26.07.1994, in: BGBl. I 1994, S. 1749-1760.

2. Gesetzentwürfe und Begründungen

BR-Drucksache 458/99 vom 13.08.1999:
Entwurf eines Gesetzes zur Durchführung der Richtlinie des Rates der Europäischen Union zur Änderung der Bilanz- und der Konzernbilanzrichtlinie hinsichtlich ihres Anwendungsbereichs (90/605/EWG), zur Verbesserung der Offenlegung von Jahresabschlüssen und zur Änderung anderer handelsrechtlicher Bestimmungen (Kapitalgesellschaften- und Co-Richtlinie-Gesetz - KapCoRiLiG).

BR-Drucksache 302/03 vom 9.05.2003:
Entwurf eines Gesetzes zur Reform des Zulassungs- und Prüfungsverfahrens des Wirtschaftsprüfungsexamens (Wirtschaftsprüfungsexamens-Reformgesetz – WPRefG).

BT-Drucksache 12/6679 vom 27.01.1994:
Entwurf eines Gesetzes über den Wertpapierhandel und zur Änderung börsenrechtlicher und wertpapierrechtlicher Vorschriften (Zweites Finanzmarkt-förderungsgesetz).

BT-Drucksache 13/7141 vom 6.03.1997:
Entwurf eines Gesetzes zur Verbesserung der Wettbewerbsfähigkeit deutscher Konzerne an

internationalen Kapitalmärkten und zur Erleichterung der Aufnahme von Gesellschafterdarlehen (Kapitalaufnahmeerleichterungsgesetz – KapAEG).

BT-Drucksache 13/9712 vom 28.01.1998:
Entwurf eines Gesetzes zur Kontrolle und Transparenz im Unternehmensbereich (KonTraG); Gesetzentwurf der Bundesregierung.

BT-Drucksache 14/3649 vom 23.06.2000:
Entwurf eines Gesetzes zur Änderung von Vorschriften über die Tätigkeit der Wirtschaftsprüfer (Wirtschaftsprüferordnungs-Änderungsgesetz – WPOÄG); Gesetzentwurf der Bundesregierung.

BT-Drucksache 14/7477 vom 14.11.2001:
Beschlussempfehlung und Bericht des Finanzausschusses (7. Ausschuss).

BT-Drucksache 14/8017 vom 18.01.2002:
Entwurf eines Gesetzes zur weiteren Fortentwicklung des Finanzplatzes Deutschland (Viertes Finanzmarktförderungsgesetz); Gesetzentwurf der Bundesregierung.

3. EU-Empfehlungen, Richtlinien, Übersicht, EU-Verordnungen und EU-Vertrag

EU-Empfehlung zur Unabhängigkeit des Abschlussprüfers
Empfehlung der Kommission vom 16. Mai 2002: Unabhängigkeit des Abschlussprüfers in der EU – Grundprinzipien, in: ABlEG Nr. L 191 vom 16.05.2002, 45. Jg. (2002), S. 22-57.

EU-Verordnung zur Anwendung der IAS
Verordnung (EG) Nr. 1606/2002 des Europäischen Parlaments und des Rates vom 19. Juli 2002 betreffend die Anwendung internationaler Rechnungslegungsstandards, in: ABlEG Nr. L 243 vom 11.09.2002, 45. Jg. (2002), S. 1-4.

Modernisierungs-Richtlinie
Richtlinie des Europäischen Parlaments und des Rates zur Änderung der Richtlinien 78/660/EWG, 83/349/EWG, 86/635/EWG und 91/674/EWG des Rates über den Jahresabschluss und den konsolidierten Abschluss von Gesellschaften bestimmter Rechtsformen, von Banken und anderen Finanzinstituten sowie von Ver-sicherungsunternehmen, 6. Mai 2003,

abrufbar im Internet unter: http://register.consilium.eu.int/pdf/de/03/st03/st03611de03.pdf (Abfrage: 30.06.2003).

Siebente Richtlinie (Konzernrichtlinie)
Siebente Richtlinie des Rates vom 13. Juni 1983 aufgrund von Artikel 54 Absatz 3 Buchstabe g) des Vertrages über den konsolidierten Abschluß (83/349/EWG), in: ABlEG Nr. L 193 vom 18.07.1983, 26. Jg. (1983), S. 1-17.

Übersicht über die geregelten Märkte
Mit Anmerkungen versehene Übersicht über die geregelten Märkte und einzelstaatliche Rechtsvorschriften zur Umsetzung der entsprechenden Anforderungen der Wertpapierdienstleistungsrichtlinie (Richtlinie 93/22/EWG des Rates), in: ABlEG Nr. C 280 vom 16.11.2002, 45. Jg. (2002), S. 2-7.

Vertrag zur Gründung der Europäischen Wirtschaftsgemeinschaft
Vertrag zur Gründung der Europäischen Wirtschaftsgemeinschaft vom 25. März 1957, in: BGBl. II 1957, S. 766.

Vierte Richtlinie (Bilanzrichtlinie)
Vierte Richtlinie des Rates vom 25. Juli 1978 aufgrund von Artikel 54 Absatz 3 Buchstabe g) des Vertrages über den Jahresabschluß von Gesellschaften bestimmter Rechtsformen (78/660/EWG), in: ABlEG Nr. L 222 vom 14.08.1978, 21. Jg. (1978), S. 11-31.

4. Übrige Quellen

Accounting Series Release No. 4 vom 25.04.1938
1938 SEC LEXIS 1340.

Accounting Series Release No. 142 vom 15.03.1973
1973 SEC LEXIS 3129.

Accounting Series Release No. 280 vom 2.09.1980
1980 SEC Lexis 798.

AICPA (Hrsg.) (1994)
Professional Standards, Band 1 und 2, Chicago/IL 1994.

Betriebsprüfungsordnung (BpO)
Allgemeine Verwaltungsvorschrift für die Betriebsprüfung vom 15.03.2000, in: BStBl. I 2000, S. 368.

FASB (Hrsg.) (2002)
Original Pronouncements, 2002/2003 Edition, Volume I-III, Norwalk/CT 2002.

Federal Rules of Criminal Procedure
The Committee on the Judiciary House of Representatives (Hrsg.), Federal Rules of Criminal Procedure, Stand: 1.12.2001, abrufbar im Internet unter http://www.house.gov/judiciary/crim2001.pdf (Abfrage: 29.03.2003).

Financial Reporting Release No. 1 vom 17.05.1982
LEXSEE 47 FR 21028.

New York Stock Exchange Constitution and Rules
The Official Constitution and Rules of the New York Stock Exchange, 1999, abrufbar unter LexisNexis: File-Name: NYSECR.

www.ingramcontent.com/pod-product-compliance
Lightning Source LLC
Chambersburg PA
CBHW061236270726
48828CB00016BA/1037

* 9 7 8 3 8 2 4 4 7 9 6 0 3 *